职业教育新形态教材 | 校企合作项目教材

汽车发动机构造与维修

▶▶ 第三版

李 彦 主编
傅华娟 王胜山 副主编

QICHE FADONGJI
GOUZAO YU WEIXIU

化学工业出版社

·北京·

内 容 简 介

本书将汽车发动机的构造、理论与维修有机融合,以国产主流轿车为主,对接1+X汽车运用与维修职业标准,系统地介绍了现代汽车发动机的总体结构、基本工作原理和各总成、部件的结构与工作原理,以及相应的检测、维修方法,突出了现代汽车新技术、新标准和维修方法的介绍。本书共分十个单元,介绍了发动机的曲柄连杆机构、配气机构、燃油供给系统、进排气系统、冷却系统、润滑系统的构造和维修,以及发动机装配调整与试验。为方便学生自学和重点内容的掌握,检验学习效果,书中每单元后有多样化的单元练习。

本书可作为高职高专和普通高校汽车类各专业教材,也可作为职工大学、成人教育等汽车类专业教材,或汽车运用与维修"1+X"考证培训教材。

图书在版编目（CIP）数据

汽车发动机构造与维修/李彦主编. —3版. —北京：化学工业出版社，2022.6
职业教育新形态教材
ISBN 978-7-122-41209-6

Ⅰ.①汽⋯ Ⅱ.①李⋯ Ⅲ.①汽车-发动机-构造-职业教育-教材②汽车-发动机-车辆修理-职业教育-教材 Ⅳ.①U472.43

中国版本图书馆CIP数据核字（2022）第060603号

责任编辑：韩庆利
责任校对：王　静　　　　　　　　　　　　装帧设计：史利平

出版发行：化学工业出版社（北京市东城区青年湖南街13号　邮政编码100011）
印　　装：三河市双峰印刷装订有限公司
787mm×1092mm　1/16　印张16¼　字数413千字　2022年7月北京第3版第1次印刷

购书咨询：010-64518888　　　　　　　　售后服务：010-64518899
网　　址：http://www.cip.com.cn
凡购买本书,如有缺损质量问题,本社销售中心负责调换。

定　价：49.80元　　　　　　　　　　　　　　　　　　　版权所有　违者必究

第三版前言

我国汽车产业的快速发展，急需大量的高素质汽车技术技能人才。汽车发动机构造与维修是汽车类各专业的必修核心课程之一，对学生的专业技能的发展非常重要。根据《国家职业教育改革实施方案》的精神，结合多年的教学改革和探索，我们在原有《汽车发动机构造与维修》（第二版）的基础上，重新修订，编写了本书。

本书根据职业教育的课程改革方向，以项目为主体，按照就业岗位的实际要求出发，对接"1+X"汽车运用与维修职业资格标准，以工作任务为中心，充分考虑到职业技能的专项性和专业知识的系统性，突出实践能力培养，将理论知识与实践项目有机融合，以国产主流轿车为主，系统地介绍了现代汽车发动机的总体结构、各部件的结构与工作原理，以及相应的检测、维修方法，突出了现代汽车新技术（如可变配气正时和气门升程系统、直喷汽油机、发动机复合增压、高压共轨柴油机等）、新标准和检测维修方法的介绍。本书共分十个单元，介绍了发动机的曲柄连杆机构、配气机构、燃油供给系统、进排气系统、冷却系统、润滑系统以及发动机装配调整与试验，删除了原先部分陈旧内容，增加了现代发动机新技术，单元练习更加多样化，利于学生的自学和重点内容的掌握。

本书力争语言简洁，图文并茂，突出工学结合特色，注重职业工作岗位的要求，探索了课程思政和劳动教育融入专业课程的新路径，强化了学生职业能力的提高和综合素质的培养。各个单元提出了专业能力、思政和劳动素养学习目标，通过学习本书，掌握必需的汽车发动机构造、原理知识和维修方法，实现理论与实践的高度融合。

本书可作为高职高专和普通高校汽车类各专业教材，可采用项目教学或理实一体化教学方式，也可作为职工大学、成人教育等汽车运用类专业教材，或汽车运用与维修"1+X"考证培训教材。

本书由常州机电职业技术学院车辆工程学院李彦任主编，常州机电职业技术学院傅华娟、王胜山任副主编。参加编写的还有常州机电职业技术学院任萍丽、郑利锋、樊瑞军、陈松，常州公路运输集团有限公司乔淼，常柴股份有限公司逄大庆，常州市高级职业技术学校刁慧平。

本书编写过程中，得到常州机电职业技术学院、江苏理工学院、常柴股份有限公司、常州公路运输集团有限公司的大力支持与帮助，谨此致谢。

由于水平所限，加上汽车技术的快速发展和职业教育理念的不断更新，书中疏漏之处在所难免，诚恳期望得到同行专家和广大读者的批评指正。

编　者

目录

总体认知 — 1
- 0.1 汽车的分类与编号 …… 1
- 0.2 汽车技术的发展趋势 …… 6
- 0.3 汽车总体构造 …… 7
- 0.4 汽车行驶的基本原理 …… 8

单元一 发动机的工作原理和总体构造 — 10
- 1.1 基本认知 …… 10
- 1.2 发动机工作原理与总体构造 …… 13
- 1.3 汽车发动机的性能指标 …… 21
- 单元练习 …… 23

单元二 曲柄连杆机构与维修 — 25
- 2.1 基本认知 …… 25
- 2.2 机体组与检修 …… 28
- 2.3 活塞连杆组与检修 …… 37
- 2.4 曲轴飞轮组与检修 …… 52
- 2.5 曲柄连杆机构故障检修 …… 61
- 单元练习 …… 65

单元三 配气机构与维修 — 67
- 3.1 基本认知 …… 67
- 3.2 气门组与检修 …… 72
- 3.3 气门传动组与检修 …… 81
- 3.4 配气机构故障检修 …… 88
- 3.5 可变配气机构与检修 …… 92
- 单元练习 …… 99

单元四 汽油机燃油系统与维修 — 100
- 4.1 基本认知 …… 100
- 4.2 电控歧管喷射燃油系统 …… 104
- 4.3 空气供给系统与检修 …… 111
- 4.4 燃油供给系统与检修 …… 118
- 4.5 电子控制系统与检修 …… 124
- 4.6 电控歧管喷射系统故障检修 …… 133
- 4.7 电控缸内直喷式燃油系统 …… 138
- 单元练习 …… 141

单元五 柴油机燃油系统与维修 — 143
- 5.1 基本认知 …… 143
- 5.2 喷油器与检修 …… 148
- 5.3 喷油泵与检修 …… 153
- 5.4 柴油供给系统其他装置 …… 162
- 5.5 电控柴油喷射系统 …… 168
- 5.6 柴油供给系统故障检修 …… 175
- 单元练习 …… 180

单元六 进排气系统、排放控制装置与维修 — 182
- 6.1 进气系统与排气系统 …… 182
- 6.2 排放污染控制装置与维修 …… 187
- 单元练习 …… 198

单元七　冷却系统与维修 —————————————————— 199

    7.1　基本认知 ·················· 199　　单元练习 ························ 214
    7.2　水冷却系统部件与检修 ·········· 202

单元八　润滑系统与维修 —————————————————— 216

    8.1　基本认知 ·················· 216　　单元练习 ························ 228
    8.2　润滑系统部件与检修 ·········· 220

单元九　汽车发动机增压 —————————————————— 230

    9.1　基本认知 ·················· 230　　9.3　涡轮增压 ···················· 233
    9.2　机械增压 ·················· 231　　单元练习 ························ 239

单元十　发动机装配调整与试验 ———————————————— 241

    10.1　发动机装配与磨合 ·········· 241　　单元练习 ························ 250
    10.2　发动机特性与试验 ·········· 247

参考文献 ——————————————————————————— 251

总体认知

 学习目标

1. 能够区分不同类型的汽车
2. 能够根据汽车编号获得汽车相关的技术信息
3. 掌握汽车总体结构和工作原理
4. 掌握汽车分类、结构参数与编号的原则
5. 培养职业意识和专业兴趣

0.1 汽车的分类与编号

0.1.1 汽车的分类

国家标准 GB/T 3730.1—2001《汽车和挂车类型的术语和定义》中对汽车的定义：汽车是由动力驱动，具有四个或四个以上车轮的非轨道承载的车辆，主要用于载运人员和/或货物；牵引载运人员和/或货物的车辆；特殊用途。

汽车可以按照不同的方法分成几种类型。

(1) 根据 GB/T 15089—2001 进行分类　根据 GB/T 15089—2001《机动车辆及挂车分类》，机动车辆及挂车分为 L、M、N、O 和 G 五种类型，该分类主要用于型式认证，是型式认证各技术法规适用范围的依据。

① L 类车辆　指两轮或三轮机动车。根据车辆使用的发动机排量、最高设计车速以及车轮数，又分为 L1、L2、L3、L4 和 L5 五类。

② M 类车辆　指至少有四个车轮并且用于载客的机动车。根据乘员数或座位数、最大设计总质量等分为 M1、M2 和 M3 三类。其中，M1、M2 类车辆根据乘员数及对乘员的要求，又可分为 A 级、B 级、Ⅰ级、Ⅱ级和 Ⅲ级五级细类。

③ N 类车辆　指至少有四个车轮并且用于载货的机动车。根据最大设计总质量分为 N1、N2 和 N3 三类。

④ O 类机动车　指挂车，包括半挂车。根据最大设计总质量分为 O1、O2、O3 和 O4 四类。

⑤ G 类机动车　指满足 M 类和 N 类车辆要求的越野车。

(2) 根据 GB/T 3730.1—2001 进行分类　根据 GB/T 3730.1—2001《汽车和挂车类型的术语和定义》中车辆的设计和技术特性，分为汽车、挂车和汽车列车。该分类是通用性的分类，是一般概念、统计、牌照、保险、政府政策和管理的依据。

① 汽车 分为乘用车和商用车辆两类。

a. 乘用车 在其设计和技术特性上主要用于载运乘客及其随身行李和/或临时物品的汽车，包括驾驶员座位在内最多不超过9个座位。它也可以牵引一辆挂车。

乘用车种类繁多，主要包括普通乘用车、活顶乘用车、高级乘用车、小型乘用车、敞篷车、仓背乘用车、旅行车、多用途乘用车（MPV）、短头乘用车、越野乘用车（SUV）、专用乘用车11种（前六种称为基本乘用车，俗称轿车），其中专用乘用车又可分为旅居车、防弹车、救护车、殡仪车。

通常将乘用车简单分为轿车类和其他乘用车类（包括多用途车和运动用车）。

b. 商用车辆 是指在设计和技术特性上用于运送人员和货物的汽车，并且可以牵引挂车，乘用车不包括在内。

ⅰ. 客车 在设计和技术特性上用于载运乘客及其随身行李的商用车辆，包括驾驶员座位在内座位数超过9座。客车有单层的或双层的，也可牵引一挂车。客车分为小型客车、城市客车、长途客车、旅游客车、铰接客车、无轨电车、越野客车、专用客车八种。

ⅱ. 半挂牵引车 装备特殊装置用于牵引半挂车的商用车辆。

ⅲ. 货车 一种主要为载运货物而设计和装备的商用车辆，能否牵引一挂车均可。货车分为普通货车、多用途货车、全挂牵引车、越野货车、专用货车、专用作业车六种。

② 挂车 指在其设计和技术特性上需由汽车牵引，才能正常使用的一种无动力的道路车辆，用于载运人员和/或货物；特殊用途。包括牵引杆挂车、半挂车、中置轴挂车。

a. 牵引杆挂车 至少有两根轴的挂车。一轴可转向；通过角向移动的牵引杆与牵引车连接；牵引杆可垂直移动，连接到底盘上，因此不能承受任何垂直力。具有隐藏支地架的半挂车也作为牵引杆挂车。牵引杆挂车又可分为客车挂车、牵引杆货车挂车、通用牵引杆挂车、专用牵引杆挂车四类。

b. 半挂车 车轴置于车辆重心（当车辆均匀受载时）后面，并且装有可将水平或垂直力传递到牵引车的连接装置的挂车，包括客车半挂车、通用货车半挂车、专用半挂车和旅居半挂车。

c. 中置轴挂车 牵引装置不能垂直移动（相对于挂车），车轴紧靠挂车的重心（当均匀载荷时）的挂车，这种车辆只有较小的垂直静载荷作用于牵引车，不超过相当于挂车最大重量的10%或1000N的载荷（两者取较小者）。其中一轴或多轴可由牵引车来驱动。

③ 汽车列车 指一辆汽车与一辆或多辆挂车的组合。汽车列车主要可分为乘用车列车、客车列车、货物列车、牵引杆挂车列车、铰接列车和平板列车等。

(3) 其他形式的分类 汽车的分类方式有很多种：按照动力装置类型（如内燃机汽车、电动汽车、燃气轮机汽车等）分类；按照行驶道路条件分类（如公路用车，包括越野汽车和机场、矿山等场地用车在内的非公路用车等）。这里主要介绍按用途分类的汽车情况。按照用途分类，汽车分为运输汽车和特种用途汽车两大类。

① 运输汽车 可以分为轿车、客车、货车和牵引汽车等，可按照汽车的主要特征参数分级。

a. 轿车 可以根据发动机排量分级。

ⅰ. 微型轿车：发动机排量为1.0L以下的轿车。

ⅱ. 普通型轿车：发动机排量为1.0～1.6L的轿车。

ⅲ. 中级轿车：发动机排量为1.6～2.5L的轿车。

ⅳ. 中高级轿车：发动机排量为2.5～4L的轿车。

ⅴ．高级轿车：发动机排量为 4L 以上的轿车。

前三种级别的轿车的主要特点是尺寸较小，机构紧凑，前排座椅是较舒适的乘坐位置，而后排座椅通常供辅助使用。因此，这些轿车最宜作为车主自己驾驶的家庭用车。

后两种级别的轿车的主要特点是体积大、装备齐全考究、性能优良，较舒适的座位设置在后排。

b. 客车　乘坐 9 位以上乘员，主要供公共服务使用的汽车。客车按照车辆长度分级。

ⅰ．微型客车：长度为 3.5m 以下的客车。

ⅱ．轻型客车：长度为 3.5～7m 的客车。

ⅲ．中型客车：长度为 7～10m 的客车。

ⅳ．大型客车：长度为 10～12m 的客车。

ⅴ．特大型客车：包括铰接式客车（车辆长度大于 12m）和双层客车（长度为 10～12m）两种。

c. 货车　用于运载各种货物的车辆，其驾驶室内还可容纳 2～6 位乘员。由于所运载货物的种类繁多，货车又可以分为普通货车和专用货车两大类。货车可以按其总质量分级。

ⅰ．微型货车：总质量小于 1.8t 的货车。

ⅱ．轻型货车：总质量为 1.8～6t 的货车。

ⅲ．中型货车：总质量为 6～14t 的货车。

ⅳ．重型货车：总质量大于 14t 的货车。

d. 牵引汽车　主要用于牵引挂车的汽车，通常可分为半挂牵引汽车和全挂牵引汽车等。半挂牵引汽车后部设有牵引座，用来牵引和支承半挂车前端。全挂牵引汽车本身带有车厢，其外形虽与货车相似，但其车辆长度和轴距较短，而且尾部设有拖钩。

② 特种用途汽车　这种汽车根据特殊的使用要求设计和改装，主要是执行运输以外的任务，具有装甲和武器的军用作战车辆不属于此类。

a. 娱乐汽车　随着人民物质生活水平的不断提高，要求汽车不仅要满足运输需要，而且还要满足精神生活的需要，设计师们推出了专供假日娱乐消遣的汽车，运输已不是此种汽车的主要任务。娱乐汽车如旅游汽车、高尔夫球场专用汽车、海滩游玩汽车以及备有卧具和炊具、并具有流动住房功能的旅游汽车等。

b. 竞赛汽车　它是按照特定的竞赛规范而设计的汽车。著名的竞赛规范有一级方程式竞赛、拉力赛等。由于竞赛过程中汽车的各种零部件及其性能都需要经受极其严峻的考验，往往在竞赛汽车上集中使用了大量高新技术。因此，举办汽车竞赛对促进汽车科技发展具有重要的作用，也是汽车制造厂商及其赞助者相互竞争和进行广告宣传的好时机。

c. 特种作业汽车　是在汽车上安装各种专用设备，可以进行特种作业的汽车，如商业售货车、环卫环保作业车、市政建设工程作业车、石油地质作业车、医疗救护车、公安消防车、机场作业车及冷藏货物运输车等。

0.1.2　汽车编号

国家标准 GB/T 9417—1988 规定了编制各类汽车产品型号的术语及构成，适用于新设计定型的各类汽车和半挂车，不包括军事特种车辆（如装甲车、水陆两用车等）。国产汽车型号应能表明其厂牌、类型和主要特征参数等，该型号由字母和阿拉伯数字组成，包括首部、中部和尾部三部分。

① 首部：由2个或3个字母组成，是识别企业的代号。例如，"CA"代表一汽；"EQ"代表二汽；"SH"代表上汽；"BJ"代表北汽等。

② 中部：由4个阿拉伯数字组成，分为首位、中间两位和末位数字三部分，其含义见表0-1。

③ 尾部：由字母或加上阿拉伯数字组成，可表示变型车与基本型的区别或专用汽车的分类。

表0-1 汽车型号中数字的含义

车辆类别（用首位数字1~9表示）		汽车主要特征参数（用中间两位数字表示）	末位数字
1	载货汽车	数字表示汽车的总质量（t）①	表示产品序号
2	越野汽车		
3	自卸汽车		
4	牵引汽车		
5	专用汽车		
6	客车	数字×0.1m 表示车辆的总长度②	
7	轿车	数字×0.1L 表示发动机排量	
9	半挂车	数字表示汽车的总质量（t）	

① 汽车总质量超过100t时允许用3位数字。
② 汽车总长度大于10m时，用数字×1m 表示。

XMQ6122：XMQ代表厦门金龙旅行车制造有限公司，6代表汽车类型为客车，12代表主参数为车长12m，2代表生产序号，为第三次设计。

TJ7131U：TJ代表天津汽车制造厂，7代表轿车，13代表排气量为1.3L，1代表该车为第二代产品，U为厂家自定义（三厢车）。

CA1092：CA代表第一汽车制造厂，1代表货车，09代表厂定最大总质量9t，末位数字2表示在原车型的基础上改进的车型，是第三代车型。

0.1.3 汽车主要技术参数和性能指标

（1）汽车的主要技术参数

① 尺寸参数

a. 车长：垂直于车辆纵向对称平面并分别抵靠在汽车前、后最外端凸出部位的两垂面间的距离（单位为mm，以下各尺寸参数选用的单位与之相同）。

b. 车宽：平行于车辆纵向对称平面并分别抵靠车辆两侧固定凸出部位（除后视镜、侧面标志灯、方位灯及转向指示灯等）的两平面之间的距离。

c. 车高：车辆支承平面与车辆最高凸出部位相抵靠的水平面之间的距离。

d. 轴距：汽车直线行驶位置时，同侧相邻两轴的车轮落地中心点到车辆纵向对称平面的两条垂线间的距离。

e. 轮距：在支承平面上，同轴左右车轮两轨迹中心间的距离（轴两端为双轮时，为左右两条双轨迹的中线间的距离）。

f. 前悬：在直线行驶位置时，汽车前端刚性固定件的最前点到通过两前轮轴线的垂面间的距离。

g. 后悬：汽车后端刚性固定件的最后点到通过最后车轮轴线的垂面间的距离。

h. 最小离地间隙：满载时，车辆支承平面与车辆最低点之间的距离。

i. 接近角：汽车前端凸出点向前轮引的切线与地面的夹角。

j. 离去角：汽车后端凸出点向后轮引的切线与地面的夹角。

k. 转弯直径：外转向轮（转向盘转到极限位置）的中心平面在车辆支承平面上的轨迹圆。

国家标准GB 1589—2016《道路车辆外廓尺寸、轴荷及质量限值》和GB 7258—2017《机动车运行安全技术条件》均对我国道路车辆的极限尺寸作了规定：货车、乘用车及两轴客车的长度不大于12m，宽度不大于2.5m，高度不大于4m。

② 质量参数

a. 轴荷　是指汽车满载时各车轴对地面的垂直载荷。

国家标准GB 1589—2016《道路车辆外廓尺寸、轴荷及质量限值》，以及国家标准GB 7258—2017《机动车运行安全技术条件》均规定：两轴货车的最大允许轴荷不得超过10t；客车及三轴以上（含三轴）货车的最大允许轴荷不得超过10t。

b. 汽车总质量　是指装备齐全时的汽车自身质量与按规定装满客（包括驾驶员）、货时的载质量之和，也称满载质量。

即总质量＝自身质量（整备质量）＋载质量

c. 汽车载质量　是指在硬质良好路面上行驶时所允许的额定载质量，也称最大装载质量。当汽车在碎石路面上行驶时，载质量应有所减少（约为良好路面的75%～80%）。越野汽车的载质量是指越野行驶或土路上行驶的载质量。

轿车的装载量以座位数表示。城市公共汽车的装载量等于座位数并包括站立乘客数（一般按每人不小于$0.125m^2$面积计），其他城市客车按每人不小于$0.15m^2$面积计。长途客车和旅游客车的装载量等于座位数。

d. 整车整备质量　是指汽车完全装备好的质量（单位为kg）。包括完整的发动机、底盘、车身、全部电气设备和车辆正常行驶所需要的辅助设备的质量；燃料、润滑油及冷却液的质量；随车工具、备用车轮及备品等的质量。

(2) 汽车的主要性能指标

① 动力性　汽车的动力性可用最高车速、加速能力、爬坡能力三个指标来评定。

a. 汽车的最高车速　是指汽车满载时，在平直良好的路面上（水泥路面和沥青路面）所能达到的最高行驶速度。

b. 汽车的加速能力　是指汽车在行驶中迅速增加行驶速度的能力。汽车的加速能力常用汽车的原地起步加速性和超车加速性来评价。

c. 汽车的爬坡能力　是指汽车满载时，在良好的路面上以最低前进挡所能爬行的最大坡度。

② 燃油经济性　汽车在一定的使用条件下，以最小的燃油消耗量完成单位运输工作的能力。

L/(100km)——我国与欧洲采用。同排量汽车，其数值越大，燃油经济性越差。

mile/US gal——美国采用。同排量汽车，其数值越大，表明燃油经济性越好。

L/(100t·km)——货车采用。不同载质量的汽车，其数值越小，表明燃油经济性越好。

③ 制动性　汽车的制动性主要由制动效能、制动抗热衰退性和制动时汽车的方向稳定性三个方面来评价。

a. 制动效能　是指汽车迅速降低行驶速度直至停车的能力。制动效能是制动性最基本的评价指标,它由一定初速度下的制动距离、制动减速度和制动时间来评定。

b. 制动抗热衰退性　是指汽车高速制动、短时间多次重复制动或下长坡连续制动时制动效能的热稳定性。

c. 制动时汽车的方向稳定性　是指汽车在制动时按指定轨迹行驶的能力,即不发生跑偏、侧滑或失去转向的能力。通常规定一定宽度的试验通道,制动稳定性良好的汽车,在试验时不允许产生不可控的效能使它偏离这条通道。

④ 操纵稳定性　汽车的操纵稳定性包含着互相联系的两部分内容,一个是操纵性;另一个是稳定性。操纵性是指汽车能够及时而准确地执行驾驶员的转向指令的能力。稳定性是指汽车受到外界扰动(路面扰动或突然阵风扰动)后,能自行尽快地恢复正常行驶状态和方向,而不发生失控,以及抵抗倾覆、侧滑的能力。

⑤ 行驶平顺性　汽车行驶时,对路面不平度的隔振特性,称为汽车的行驶平顺性。

路面不平度达到一定程度时,将使乘客感到不舒适和疲劳,或是损坏运载的货物。路面不平度激起的振动引起的附加动载荷将加速有关零件的磨损,缩短汽车的使用寿命。车轮载荷的波动会影响车轮与地面之间的附着性能,关系到汽车的操纵稳定性。

汽车的振动随行驶速度的提高而加剧。在汽车的使用过程中,常因车身的强烈振动而限制了行驶速度的发挥。

⑥ 排放污染物　汽车排放污染物主要有三个排放源:一是由发动机排气管排出的燃料燃烧后的废气;二是曲轴箱排放物;三是燃料蒸发排放物。

从2000年开始,我国对轻型车、重型车等各类车型机动车的污染物排放的控制目标进行分阶段实施,目前已达到第Ⅵ阶段排放标准,基本与国际水平接轨。

⑦ 噪声　按照噪声产生的过程,汽车噪声源大致可分为与发动机转速有关的声源和与车速有关的声源。国家标准GB 1495—2020《汽车加速行驶车外噪声限值及测量方法》中规定轿车加速行驶车外噪声限值为71dB(A)。

0.2　汽车技术的发展趋势

当今汽车技术的发展方向主要集中在节能性、环保性、安全性、智能化四个方面。

(1) 节能性　随着石油储备的减少和地球温室效应,节能已成为汽车技术发展的首位,出现了高效直喷汽油发动机和稀薄燃烧、HCCI均质燃烧技术,以及共轨直喷、涡轮增压柴油发动机,大大提高了热效率;采用多气门机构、可变进气系统、可变定时和可变升程气门机构、电控电动气门等技术,以提高换气质量;采用超轻钢、铝合金、铝镁合金、复合材料等新型车身材料,降低汽车自重;使用风阻系数小的流线型车身以及滚动摩擦因数更小的新型轮胎。

(2) 环保性　采用废气三元催化、二次空气喷射、废气再循环、控制缸内燃烧等技术,降低有害物的排放;改善燃油质量和燃油添加剂及使用代用燃料如液化石油气(LPG)、天然气(压缩CNG、液化LNG)、含氧燃料如醇类(甲醇、乙醇)、醚类(二甲醚)、脂类(菜籽、大豆、玉米、棉籽等植物制成);采用电动汽车、混合动力车等新型动力系统;同时注重低噪声和材料回收与再生技术。

(3) 安全性　随着汽车行驶速度的不断提高,安全性也越来越重要,除了广泛使用的防抱死制动系统(ABS)、牵引力控制系统(TCS)、车辆稳定性控制系统(ESP)外,出现了轮胎气压过低警报系统、火警隐患警报系统、驾驶员状态识别技术、汽车环境识别技术（路面状态、周围车辆及障碍物、行人状况）以及汽车故障自动诊断装置。在被动安全技术方面，出现了承受碰撞吸收能量的车身及车门、智能安全带和安全气囊、乘员保护系统（正、侧、气袋式、帘封式安全气囊，座椅自动后移，收缩式方向柱等）、紧急门锁释放装置、灭火系统、行车记录仪、紧急事故自动通报系统等技术。

（4）智能化　利用信息处理、计算机及控制、数据通信等先进技术，创造人与外界沟通的新界面，使汽车驾驶与乘坐前所未有的舒适、便利，如发动机、传动和行驶电子集中控制系统的应用，局域网、总线技术的应用，车辆动态管理系统、车内环境控制系统、舒适娱乐设施、车上办公系统、智能交通系统的开发等。

0.3　汽车总体构造

汽车是由上万个零部件组成的结构复杂的机动交通工具，根据其动力装置、运送对象和使用条件的不同，汽车的总体构造有较大差异，但基本结构都由发动机、底盘、车身和电气设备四大部分组成。图 0-1 所示为典型轿车的总体构造。

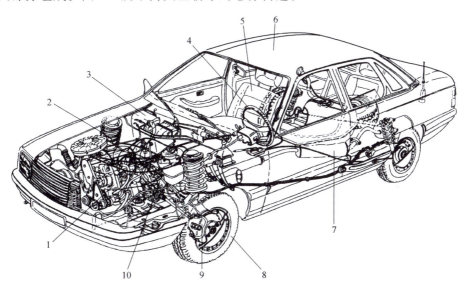

图 0-1　典型轿车的总体构造
1—发动机；2—悬架；3—空调装置；4—方向盘；5—座椅；6—车身；7—消声器；
8—转向驱动轮；9—制动器；10—变速器

（1）发动机　是汽车的动力装置。当前汽车发动机广泛采用的是往复活塞式内燃机，它一般由曲柄连杆机构、配气机构、燃油供给系统、润滑系统、冷却系统和启动系统组成，汽油机还包括点火系统。

（2）底盘　由传动系统、行驶系统、转向系统和制动系统四大部分组成。作为汽车的装配基体，发动机、车身、电气设备及各种附属设备都直接或间接地安装在底盘上。

① 传动系统　用来将发动机的动力传输给各驱动轮。传动系统包括离合器、变速器、驱动桥、传动轴等部件。

② 行驶系统　由汽车的行驶机构和承载机构组成。它包括车轮、车轴和桥壳、悬架、

车架等部件。汽车行驶系统的功用是支承整车质量,传递和承受路面作用于车轮的各种力和力矩,并缓和冲击、吸收振动,以保证汽车在各种条件下正常行驶。

③ 转向系统　是通过对左、右转向车轮不同转向角之间的合理匹配来保证汽车沿着设想的轨迹运动的机构。它由转向操纵机构、转向器和转向传动机构组成。采用动力转向时,还应有转向动力系统。多数两轴及三轴汽车仅采用前轮转向。为了提高操作稳定性和机动性,越野汽车和某些现代轿车采用全四轮转向。

④ 制动系统　使汽车减速或停车,并保证驾驶员离去后汽车可靠地停驻。汽车的制动系统包括行车、驻车、应急和辅助制动等制动装置。

(3) 车身　用来安置驾驶员、乘客和货物等。轿车和客车车身一般是整体壳体,有承载式车身和非承载式车身之分。具有承载式车身的轿车和客车,不需再安装车架,它本身就起着承受汽车载荷的作用,并能传递和承受路面作用于车轮的各种力和力矩。非承载式车身则只起车身作用,不能承受汽车载荷,因此它必须支撑在车架上。中级和中级以下轿车多采用承载式车身,非承载式车身常用于中、高级轿车和一部分客车。货车车身由驾驶室和货厢(或封闭室货厢)两部分组成。

车身应具有隔声、隔振和保温等功能,制造工艺性和密封性要好,应能为乘员提供安全而舒适的乘坐环境。其外形应能保证汽车在高速行驶时空气阻力小,且造型美观,并能反映当代车身造型的发展趋势。

(4) 电气设备　汽车电气设备由电器设备和电子设备两部分组成。汽车电器设备由电源(蓄电池、发电机)、汽油机点火设备、发动机启动电动机、照明与信号设备、仪表、空调、刮水器、收录机、门窗玻璃电动升降设备等组成。汽车电子设备由电控燃油喷射、电控点火控制、变速器控制以及舒适系统控制等装置组成。

0.4　汽车行驶的基本原理

要使汽车行驶,必须具备两个基本行驶条件,即驱动条件和附着条件。

(1) 驱动条件　汽车必须有足够的驱动力以克服各种阻力。

汽车的驱动力由发动机产生。发动机发出的转矩经传动系统传到车轮上的转矩 M_t,力图使车轮旋转。由此,在驱动轮与地面接触处向地面施加一个力 F_0,其数值为 M_t 与车轮半径 r 之比:

$$F_0 = M_t / r$$

与此同时,地面对车轮施加一个与 F_0 数值相等、方向相反的反作用力 F_t,如图 0-2 所示。F_t 就是驱动力。

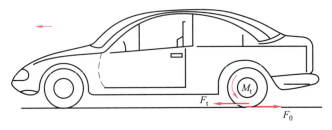

图 0-2　驱动力产生示意

汽车的行驶总阻力ΣF，包括滚动阻力F_f、空气阻力F_w和上坡阻力F_i：
$$\Sigma F = F_f + F_w + F_i$$

滚动阻力F_f主要由于车轮滚动时轮胎与路面变形而产生，空气阻力F_w由于汽车行驶时与其周围的空气相互作用而产生，上坡阻力F_i是汽车重力沿坡道上的分力。

汽车行驶的过程，是驱动力能否克服各种阻力的交替变化过程：当$F_t = \Sigma F$时，汽车匀速行驶；当$F_t > \Sigma F$时，汽车速度增加，同时空气阻力也随车速的增加而急剧增大，在某个较高速度处达到新的平衡然后匀速行驶；当$F_t < \Sigma F$时，汽车减速乃至停驶，这时，如果要维持较高的车速，就需要加大发动机的输出功率或将变速器换入较低的挡位以维持较大的驱动力。

（2）附着条件　驱动力的最大值一方面取决于发动机可能发出的最大转矩和变速器换入最低挡位时的传动比，另一方面又受轮胎与地面的附着作用限制。

当汽车在平整干硬路面上，车轮的附着作用是由于轮胎与路面存在着摩擦力。这个摩擦力阻碍车轮的滑动，使车轮能够正常地向前滚动并承受路面的反作用力——驱动力。如果驱动力大于摩擦力，车轮与路面之间就会发生滑动。在松软地面上，除了轮胎与地面的摩擦之外，还加上嵌入轮胎花纹凹部的软地面凸起部所起的抗滑作用。由附着作用所决定阻碍车轮滑动的力的最大值称为附着力，用F_ϕ表示。附着力与车轮承受垂直于地面的法向力G（称为附着重力）成正比：
$$F_\phi = \phi G$$

由此可知，附着力是汽车所能发挥驱动力的极限，其表达式如下：
$$F_t \leqslant F_\phi$$

此式称为汽车行驶的附着条件。

在冰雪或泥泞地面上，由于附着力很小，汽车的驱动力受到附着力的限制而不能克服较大的阻力，导致汽车减速甚至不能前进，即使加大节气门开度或换入低挡位，车轮只会滑转而驱动力不会增大。为了增加车轮在冰雪路面上的附着力，可采用特殊花纹的轮胎、镶钉轮胎或者在普通轮胎上绕装防滑链，以提高对冰雪路面的抓着作用。非全轮驱动汽车的附着重力仅为分配到驱动轮上的那一部分汽车总重力，而全轮驱动汽车的附着重力则为全车的总重力，因而其附着力较前者显著增大。

单元一
发动机的工作原理和总体构造

 学习目标

1. 能够分析往复活塞发动机各个工作过程
2. 能够对发动机性能进行评价
3. 掌握四冲程汽油机和柴油机工作原理
4. 熟悉汽车发动机的总体构造
5. 培养社会主义核心价值观

1.1 基本认知

1.1.1 汽车发动机的基本概念

1.1.1.1 发动机的基本概念

发动机是将其他形式的能量转化为机械能的机器。按照转变能量的方法，发动机可分为热力机、电力机、水力机、风力机及原子能发动机等类型。

热力发动机通过借助工质的状态变化将燃料燃烧而得的热能转变为机械能。它包括内燃机和外燃机。燃料在发动机外部燃烧的热力发动机叫做外燃机，如活塞式蒸汽机、蒸汽轮机；燃料在发动机内部燃烧的热力发动机叫做内燃机，如活塞式内燃机、燃气轮机、喷气式发动机。

 内燃机具有结构紧凑、体积小、质量小、容易启动等特点，因而获得了广泛应用。而外燃机热效率低、体积大、笨重，现代汽车上很少应用。以下介绍汽车中应用最多的活塞式内燃机。

1.1.1.2 活塞式内燃机的分类

① 按活塞运动方式的不同，活塞式内燃机可分为往复活塞式和旋转活塞式两种。

② 按使用的燃料分为汽油机、柴油机、气体燃料发动机（天然气、液化石油气和其他可燃气体）。汽油机与柴油机比较各有特点：汽油机转速高，质量小，噪声小，启动容易，制造成本低；柴油机压缩比大，热效率高，经济性能和排放性能都比汽油机好。

③ 按冷却方式分为水冷发动机、风冷发动机。水冷发动机是利用在气缸体和气缸盖冷却水套中进行循环的冷却液作为冷却介质进行冷却的；而风冷发动机是利用流动于气缸体与气缸盖外表面散热片之间的空气作为冷却介质进行冷却的。水冷发动机冷却均匀，工作可靠，冷却效果好，被广泛地应用于现代车用发动机。

④ 按活塞行程数分类，内燃机按照完成一个工作循环所需的行程数可分为四冲程内燃

机和二冲程内燃机。把曲轴转两圈，活塞在气缸内上下往复运动四个行程，完成一个工作循环的内燃机称为四冲程内燃机；而把曲轴转一圈，活塞在气缸内上下往复运动两个行程，完成一个工作循环的内燃机称为二冲程内燃机。汽车发动机广泛使用四冲程内燃机。

⑤ 按进气状态不同，活塞式内燃机还可分为增压和非增压两类。若进气是在接近大气状态下进行的，则为非增压内燃机或自然吸气式内燃机；若利用增压器将进气压力增高，进气密度增大，则为增压内燃机。增压可以提高内燃机功率。

⑥ 按照气缸数目分类可以分为单缸发动机和多缸发动机。仅有一个气缸的发动机称为单缸发动机；有两个以上气缸的发动机称为多缸发动机。如双缸、三缸、四缸、五缸、六缸、八缸、十二缸等都是多缸发动机。现代车用发动机多采用四缸、六缸、八缸发动机。

⑦ 按照气缸排列方式不同可以分为单列式和双列式。单列式发动机的各个气缸排成一列，一般是垂直布置的，但为了降低高度，有时也把气缸布置成倾斜的甚至水平的；双列式发动机把气缸排成两列，两列之间的夹角<180°（一般为90°）称为V型发动机，若两列之间的夹角=180°称为对置式发动机。

目前，应用最广、数量最多的汽车发动机为水冷、四冲程往复活塞式内燃机，其中汽油机用于轿车和轻型客、货车上，而大客车和中、重型货车发动机多为柴油机。少数轿车和轻型客、货车发动机也有用柴油机的。

1.1.2　往复活塞式内燃机的基本结构和名词术语

1.1.2.1　往复活塞式内燃机基本结构

如图 1-1 所示为单缸汽油发动机的基本结构。内燃机的工作腔称为气缸，气缸内表面为圆柱形。在气缸内作往复运动的活塞通过活塞销与连杆的一端铰接，连杆的另一端则与曲轴相连，构成曲柄连杆机构。活塞在气缸内作往复运动时，连杆推动曲轴旋转，或者相反。气缸的顶端用气缸盖封闭，气缸盖上装有进气门和排气门。通过进、排气门的开闭实现向气缸内充气和向气缸外排气。进、排气门的开闭由凸轮轴驱动。凸轮轴由曲轴通过齿形带或齿轮驱动。构成气缸的零件称为气缸体，支承曲轴的零件称为曲轴箱，气缸体与曲轴箱的连铸体称为机体。曲轴在曲轴箱内转动，并通过飞轮对外输出动力。

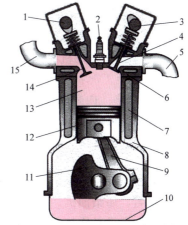

图 1-1　单缸四冲程汽油机结构示意图

1—进气凸轮；2—火花塞；3—排气凸轮；
4—排气门；5—排气管；6—气缸盖；
7—水套；8—机体；9—连杆；10—油底壳；
11—曲轴；12—活塞；13—气缸；
14—进气门；15—进气管

1.1.2.2　往复活塞式内燃机的基本名词术语

（1）工作循环　活塞式内燃机的工作循环是指由进气、压缩、做功和排气四个工作过程组成的封闭过程。周而复始地进行这些过程，内燃机才能持续地做功。

（2）上、下止点　如图 1-2 所示，活塞顶离曲轴回转中心最远处为上止点；活塞顶离曲轴回转中心最近处为下止点。在上、下止点处，活塞的运动速度为零。

（3）活塞行程　上、下止点间的距离 S 称为活塞行程。曲轴的回转半径 R 称为曲柄半径。显然，曲轴每回转一周，活塞移动两个活塞行程。对于气缸中心线通过曲轴回转中心的内燃机，其 $S=2R$。

(4) 气缸工作容积　上、下止点间所包容的气缸容积称为气缸工作容积 V_h，单位为 L。

$$V_h = (\pi D^2/4) S \times 10^{-6}$$

式中　D——气缸直径，mm；
　　　S——活塞行程，mm。

(5) 发动机排量　发动机所有气缸工作容积的总和称为内燃机排量 V_L。

$$V_L = i V_h \quad (i \text{ 为气缸数})$$

(6) 燃烧室容积　活塞位于上止点时，活塞顶面以上气缸盖底面以下所形成的空间称为燃烧室，其容积称为燃烧室容积 V_c，也称压缩容积。

(7) 气缸总容积　气缸工作容积与燃烧室容积之和为气缸总容积 V_a。

$$V_a = V_h + V_c$$

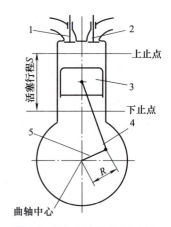

图 1-2　单缸四冲程发动机示意
1—进气门；2—排气门；3—活塞；
4—连杆；5—曲轴

(8) 压缩比　气缸总容积与燃烧室容积之比称为压缩比 ε。压缩比的大小表示活塞由下止点运动到上止点时，气缸内的气体被压缩的程度。压缩比越大，压缩终了时气缸内的气体压力和温度就越高。现代汽车发动机压缩比，汽油机为 6～11，柴油机为 16～23。

$$\varepsilon = V_a / V_c = 1 + V_h / V_c$$

(9) 工况　内燃机在某一时刻的运行状况简称工况，以该时刻内燃机输出的有效功率 P_e 和曲轴转速表示。曲轴转速即为内燃机转速 n。

以下是几种比较典型的工况。

① 怠速工况：指发动机在最低空载稳定转速下运转。
② 标定工况：发动机在铭牌规定的最大功率状态下运转。
③ 最大转矩工况：在某一转速下，发动机输出的转矩最大。

(10) 负荷率　内燃机在某一转速下发出的有效功率与相同转速下所能发出的最大有效功率的比值称为负荷率，以百分数表示。负荷率通常简称为负荷。

1.1.3　内燃机编号规则

内燃机的名称和型号必须符合国家标准 GB/T 725—2008 的规定：内燃机名称均按所采用的燃料命名，如柴油机、汽油机、煤气机等；内燃机型号由阿拉伯数字、字母、气缸布置符号组成。内燃机名称与型号编制规则如图 1-3 所示。

内燃机型号编制示例如下。

柴油机：

YZ6102Q——六缸直列、四冲程、缸径 102mm、水冷、汽车用、YZ 为厂代号

12VE230ZC$_Z$——12 缸、V 型、二冲程、缸径 230mm、水冷、增压、船用左机

汽油机：

1E65F——单缸、二冲程、缸径 65mm、风冷、通用型

BJ492QA——四缸直列、四冲程、缸径 92mm、水冷、汽车用、BJ 为厂代号、A 为变形产品

CA488——四缸直列、四冲程、缸径 88mm、水冷、通用型、CA 为厂代号

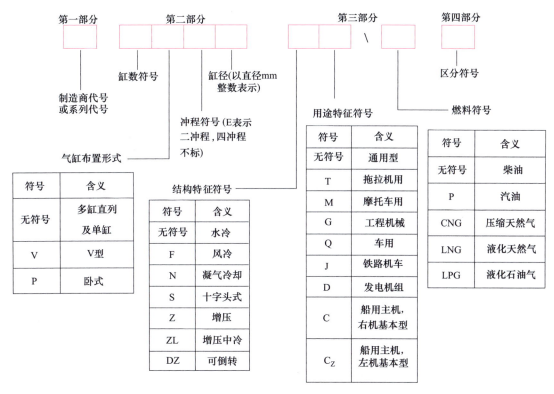

图 1-3 内燃机名称与型号编制规则

1.2 发动机工作原理与总体构造

1.2.1 往复活塞式内燃机工作原理

1.2.1.1 四冲程发动机工作原理

四冲程往复活塞式内燃机在四个活塞行程内完成进气、压缩、做功和排气四个过程,即在一个活塞行程内只进行一个过程。因此,活塞行程可分别用四个过程命名。

(1) 四冲程汽油机的工作原理

① 进气行程　如图 1-4（a）所示,曲轴旋转,活塞从上止点向下止点运动,这时排气门关闭,进气门打开。进气过程开始时,活塞位于上止点,气缸内残存有上一循环未排净的废气,因此气缸内的压力稍高于大气压力。随着活塞下移,气缸内容积增大,压力减小,当压力低于大气压时,在气缸内产生真空吸力,空气经空气滤清器并与供给的汽油混合成可燃混合气,通过进气门被吸入气缸,直至活塞向下运动到下止点。在进气过程中,受空气滤清器、进气管道、进气门等阻力影响,进气终了时,气缸内气体压力略低于大气压,约为 0.075～0.09MPa,同时受到残余废气和高温机件加热的影响,温度达到 370～400K。实际汽油机的进气门是在活塞到达上止点之前打开,并且延迟到下止点之后关闭,以便吸入更多的可燃混合气。

② 压缩行程　如图 1-4（b）所示,曲轴继续旋转,活塞从下止点向上止点运动,这时

进气门和排气门都关闭,气缸内成为封闭容积,可燃混合气受到压缩,压力和温度不断升高,当活塞到达上止点时压缩行程结束。此时气体的压力和温度主要随压缩比的大小而定,可燃混合气压力可达 0.6~1.2MPa,温度可达 600~700K。压缩比越大,压缩终了时气缸内的压力和温度越高,则燃烧速度越快,发动机功率也越大。汽油机的压缩比一般为 $\varepsilon=6\sim11$。

③ 做功行程　如图 1-4(c) 所示,做功行程包括燃烧过程和膨胀过程,在这一行程中,进气门和排气门仍然保持关闭。当活塞位于压缩行程接近上止点(即点火提前角)位置时,火花塞产生电火花点燃可燃混合气,可燃混合气燃烧后放出大量的热使气缸内气体温度和压力急剧升高,最高压力可达 3~5MPa,最高温度可达 2200~2800K,高温高压气体膨胀,推动活塞从上止点向下止点运动,通过连杆使曲轴旋转并输出机械功,除了用于维持发动机本身继续运转外,其余用于对外做功。随着活塞向下运动,气缸内容积增加,气体压力和温度降低,当活塞运动到下止点时,做功行程结束,气体压力降低到 0.3~0.5MPa,气体温度降低到 1300~1600K。

④ 排气行程　如图 1-4(d) 所示,当做功接近终了时,排气门开启,进气门仍然关闭,靠废气的压力先进行自由排气,活塞到达下止点再向上止点运动时,继续把废气强制排出到大气中去,活塞越过上止点后,排气门关闭,排气行程结束。实际汽油机的排气行程也是排气门提前打开,延迟关闭,以便排出更多的废气。由于燃烧室容积的存在,不可能将废气全部排出气缸。受排气阻力的影响,排气终止时,气体压力仍高于大气压力,约为 0.105~0.115MPa,温度约为 900~1200K。

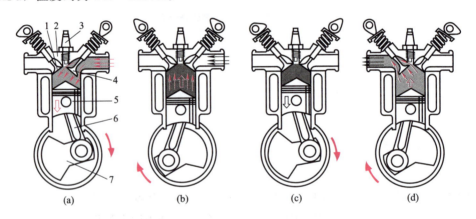

图 1-4　四冲程汽油机工作原理示意

1—排气门；2—气缸盖；3—火花塞；4—进气门；5—活塞；6—连杆；7—曲轴

曲轴继续旋转,活塞从上止点向下止点运动,又开始了下一个新的循环过程。可见四行程汽油机经过进气、压缩、做功、排气四个行程完成一个工作循环,这期间活塞在上、下止点往复运动了四个行程,相应地曲轴旋转了两圈。

(2) 四冲程柴油机的工作原理　四冲程柴油机和四冲程汽油机的工作过程相同,每一个工作循环同样包括进气、压缩、做功和排气四个行程,但由于柴油机使用的燃料是柴油,柴油与汽油有较大的差别,柴油黏度大、不易蒸发、自燃温度低,故可燃混合气的形成、着火方式、燃烧过程以及气体温度压力的变化都和汽油机不同。

① 进气行程　如图 1-5(a) 所示,柴油机在进气行程中吸入气缸的是纯空气而不是可燃混合气,在进气通道中没有节气门,进气阻力小。进气终了时气体压力约为 0.0785~

0.0932MPa，气体温度约为300~370K。

② 压缩行程　如图1-5（b）所示，在压缩行程接近上止点时，喷油器将高压柴油以雾状喷入燃烧室，柴油和空气在气缸内形成可燃混合气并着火燃烧。柴油机的压缩比比汽油机的压缩比大很多（一般为16~23），压缩终了时气体温度和压力都比汽油机高，大大超过了柴油机的自燃温度。压缩终了时，气体压力约为3.5~5MPa，气体温度约为800~1000K，柴油机是压缩后自燃着火的（柴油的自燃温度约为600K），不需要点火，故柴油机又称为压燃机。

③ 做功行程　如图1-5（c）所示，柴油喷入气缸后，在很短的时间内与空气混合后便立即着火燃烧，且此后一段时间内边喷油边燃烧，气缸内压力和温度急剧升高，推动活塞下行做功。柴油机的可燃混合气是在气缸内部形成的，而不像汽油机那样，混合气主要是在气缸外部形成的。柴油机燃烧过程中气缸内出现的最高压力要比汽油机高得多，可高达6~10MPa，最高温度也可高达2000~2500K。做功终了时，气体压力约为0.2~0.4MPa，气体温度约为1200~1500K。

④ 排气行程　如图1-5（d）所示，柴油机的排气行程和汽油机一样，废气同样经排气管排入到大气中去，排气终了时，气缸内气体压力约为0.105~0.125MPa，气体温度约为800~1000K。

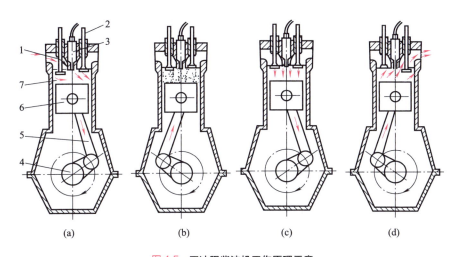

图1-5　四冲程柴油机工作原理示意
1—进气门；2—排气门；3—喷油器；4—曲轴；5—连杆；6—活塞；7—气缸

（3）四冲程汽油机与柴油机的比较　四冲程汽油机与四冲程柴油机的共同点如下。

① 每个工作循环都包含进气、压缩、做功和排气四个活塞行程，每个行程各占180°曲轴转角，即曲轴每旋转两周完成一个工作循环。

② 四个活塞行程中，只有一个做功行程，其余三个是耗功行程。显然，在做功行程曲轴旋转的角速度要比其他三个行程时大得多，即在一个工作循环内曲轴的角速度是不均匀的。为了改善曲轴旋转的不均匀性，可在曲轴上安装转动惯量较大的飞轮或采用多缸内燃机并使其按一定的工作顺序依次进行工作。

两者不同之处如下。

① 汽油机的可燃混合气在气缸外部开始形成并延续到进气和压缩行程终了，时间较长。柴油机的可燃混合气在气缸内部形成，从压缩行程接近终了时开始，并占小部分做功行程，时间很短。

② 汽油机的可燃混合气用电火花点燃，柴油机则是自燃，所以又称汽油机为点燃式内燃机，称柴油机为压燃式内燃机。

综上所述，柴油机与汽油机由于工作过程的差异，形成了各自的特点。柴油机的压缩比高，热效率高，燃油消耗率低，同时柴油价格较低，因此柴油机的燃料经济性能好，而且柴油机的排气污染少，排放性能较好。但它的主要缺点是转速低，重量大，噪声大，振动大，制造和维修费用高。随着技术的进步，上述缺点也逐渐得以解决。

1.2.1.2 二冲程发动机工作原理

（1）二冲程汽油机工作原理　二冲程汽油机在结构上与四冲程汽油机的不同之处在于没有了进、排气门，取而代之的是进气孔、排气孔和换气孔。图1-6所示为单缸二冲程汽油机的工作原理示意。

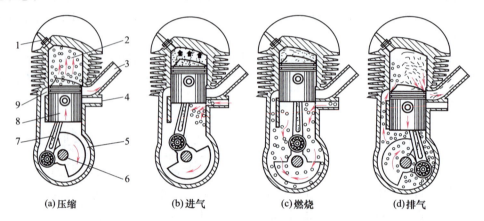

图1-6　单缸二冲程汽油机工作原理示意

1—火花塞；2—气缸；3—排气孔；4—进气孔；5—曲轴箱；6—曲轴；7—连杆；8—活塞；9—换气孔

① 第一行程　活塞由曲轴带动从下止点向上止点移动，当活塞上行至关闭换气孔和排气孔时，已进入气缸的新鲜混合气被压缩，直至上止点时，压缩结束；与此同时，随着活塞上行，其下方曲轴箱内形成一定真空度，当活塞上行到进气孔开启时，新鲜混合气被吸入曲轴箱。

② 第二行程　活塞接近上止点时，火花塞产生电火花，点燃被压缩的可燃混合气，燃烧形成的高温、高压气体推动活塞下行做功，当活塞下行到关闭进气孔后，曲轴箱内的混合气被预压缩，活塞继续下行至排气孔开启时，燃烧后的废气靠自身压力经排气孔排出；紧接着，换气孔开启，曲轴箱内经预压的混合气进入气缸，并排除气缸内残余废气，这一过程称为换气过程，它将一直延续到下一行程活塞再上行关闭换气孔和排气孔时为止。

由上述工作原理可知，第一行程时，活塞上方进行换气、压缩，活塞下方进行进气；第二行程时，活塞上方进行做功、换气，活塞下方预压混合气。换气过程跨越两个行程。

（2）二冲程柴油机的工作原理　如图1-7所示。

① 第一行程　活塞由下止点移至上止点。当活塞还处于下止点位置时，进气孔和排气门均已开启。扫气泵将纯净的空气增压到0.12～0.14MPa后，经空气室和进气孔送入气缸，扫除其中的废气，废气经气缸顶部的排气门排出。当活塞上移将进气孔关闭的同时，排气门也关闭，进入气缸内的空气开始被压缩。活塞运动至上止点时，压缩过程结束。

② 第二行程　活塞由上止点移至下止点。当压缩过程终了时，高压柴油经喷油器喷入气缸，并自行着火燃烧。高温高压的燃烧气体推动活塞做功。当活塞下移2/3行程时，排气门开启，废气经排气门排出。活塞继续下移，进气孔开启，来自扫气泵的空气经进气孔进入

气缸进行扫气。扫气过程将持续到活塞上移时将进气孔关闭为止。

(3) 二冲程发动机与四冲程发动机的比较

① 四冲程发动机的进、排气是两个分开的专门过程，而二冲程发动机单纯的排气（或进气）时间极短，主要是一个几乎完全重叠的，以新鲜气体清扫废气的换气过程。这样的换气过程不可避免地会发生新鲜气体和废气混合，造成废气难以排净和新鲜气体随废气排出的后果，经济性较差。

② 完成一个工作循环，二冲程发动机只需转一转，而四冲程发动机需要转两转。因此当发动机工作容积、压缩比和转速相等时，从理论上讲，二冲程发动机的功率应为四冲程发动机功率的两倍，但实际上，只有 1.5～1.6 倍，这是由于二冲程发动机难以将废气排净，以及为了安排换气过程而较多地损失了高压气体的做功能力，另外还有可燃混合气随废气排出等原因。

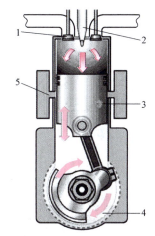

图 1-7 二冲程柴油机
工作原理示意

1—排气门；2—喷油器；3—活塞；
4—曲轴箱；5—进气孔

③ 当转速相同时，二冲程发动机的做功次数较四冲程发动机多一倍。因此，二冲程发动机运转较平稳，这对单缸发动机来说更为明显。

④ 由于没有气门或只有排气门，也就省去了配气机构或使配气机构较为简单，简化了发动机的结构，易受磨损和经常需要修理的运动部件数量较少。

由于二冲程汽油机有混合气损失，故经济性差，在大、中型汽车上的应用受到了限制。但由于其结构简单、重量轻、制造成本低等优点，轻便摩托车和微型汽车的小排量发动机广泛采用。二冲程柴油机由于换气时进入气缸的是纯空气，没有燃料损失，为某些汽车所采用。

1.2.2 汽车发动机的总体构造

1.2.2.1 汽车发动机的组成

发动机通常由两大机构和五大系统组成，即曲柄连杆机构、配气机构、进排气系统、燃料供给系统、润滑系统、冷却系统和启动系统。若是汽油机还包括点火系统，若为增压发动机，则还应有增压系统。图 1-8 所示为汽车用四缸四冲程汽油机的立体图。

(1) 曲柄连杆机构　由机体组、活塞连杆组、曲轴飞轮组三部分组成。其中机体组由机体 14、气缸盖 16、气缸套、气缸垫及油底壳 7 等组成；活塞连杆组由活塞 13、活塞环、活塞销、连杆 12 等组成；曲轴飞轮组由曲轴 4、飞轮 11、扭转减振器、平衡重等组成。机体是发动机各机构、各系统的装配基体，其本身的许多部分又分别是曲柄连杆机构、配气机构、燃料供给系统、冷却系统和润滑系统的组成部分。气缸盖和气缸的内壁共同组成燃烧室的一部分，是承受高温、高压的机件。它的功用是将燃料燃烧时产生的热量转变为活塞往复运动的机械能，再通过连杆将活塞的往复运动变为曲轴的旋转运动而对外输出动力。

(2) 配气机构　由进气门 20、排气门 19、挺柱、推杆、摇臂、凸轮轴 24 以及凸轮轴正时齿轮 25（由曲轴正时齿轮 3 驱动）等组成。它的功用是使可燃混合气及时充入气缸并及时从气缸排出废气，实现发动机的工作循环。

(3) 燃料供给系统　汽油机燃料供给系统的功用是根据发动机的要求，配制出一定数量和浓度的混合气，供入气缸。供给系统由汽油箱、汽油泵、汽油滤清器、喷油器等组成。

(4) 进排气系统　由空气滤清器、进气管、排气管、排气消声器以及排气污染控制装置

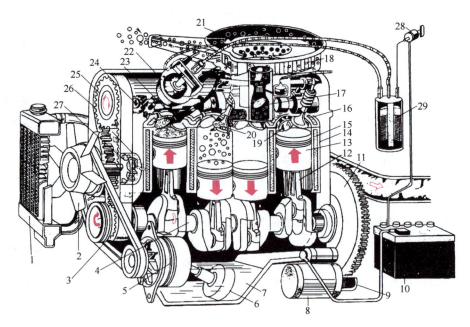

图 1-8　四缸四冲程汽油机总体结构

1—散热器；2—冷却风扇；3—曲轴正时齿轮；4—曲轴；5—发电机；6—机油集滤器；7—油底壳；8—启动机；
9—启动机齿轮；10—蓄电池；11—飞轮；12—连杆；13—活塞；14—机体；15—水套；16—气缸盖；
17—节气门；18—空气滤清器滤芯；19—排气门；20—进气门；21—空气滤清器壳；22—分电器；
23—火花塞；24—凸轮轴；25—凸轮轴正时齿轮；26—正时皮带；27—水泵；
28—点火开关；29—点火线圈

图 1-9　本田雅阁 F22B1 汽油机

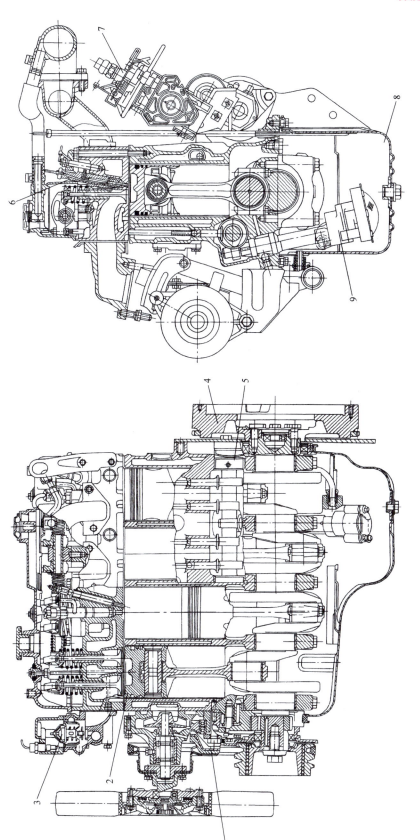

图1-10 五十铃4JB1型柴油机总成纵剖面图

1—正时轮室总成；2—活塞连杆总成；3—节温器总成；4—曲轴飞轮总成；5—凸轮轴总成；6—喷油器总成；7—VE型喷油泵；8—油底壳总成；9—机油泵总成

等组成。它的功用是对空气进行清洁后送入气缸,以供燃烧,并将燃烧生成的废气降噪和清洁处理后排出发动机。

(5) 润滑系统　由机油泵、机油集滤器、限压阀、润滑油道、机油粗滤器、机油细滤器和机油冷却器等组成。它的功用是将润滑油供给作相对运动的零件以减少它们之间的摩擦阻力,减轻机件的磨损,并部分地冷却摩擦零件,清洗摩擦表面。

(6) 冷却系统　主要由水泵27、散热器1、冷却风扇2、分水管、机体放水阀以及机体和气缸盖里铸出的空腔——水套等组成。它的主要功用是把受热机件的热量散到大气中去,以保证发动机的正常工作。

(7) 启动系统　由启动机8、蓄电池10及其附属装置组成,它的功用是用以使静止的发动机启动并转入自行运转。要使发动机由静止状态过渡到工作状态,必须先用外力转动发动机的曲轴,使气缸内的可燃混合气燃烧膨胀做功,推动活塞向下运动使曲轴旋转,发动机才能自行运转,工作循环才能自动进行。

(8) 点火系统　在汽油机中,气缸内的可燃混合气是靠电火花点燃的,为此在汽油机的气缸盖上装有火花塞,火花塞头部伸入燃烧室内。能够按时在火花塞电极间产生电火花的全部设备称为点火系统。点火系由将低压电流变成高压电流的断电器(与分电装置等组合成分电器22)和点火线圈29、火花塞23等组成。它的功用是保证按规定时刻及时点燃气缸中被压缩的混合气。

1.2.2.2　典型汽车发动机的总体构造

图1-9所示为本田雅阁F22B1汽油机,为直列四缸水冷,排量2.2L,压缩比8.8。配气结构采用双顶置凸轮,每缸四气门,特有的VTEC可变气门升程系统,使得发动机获得了在低速时的经济性和高速时的动力性。在发动机管理上,采用带氧传感器控制的顺序多点燃油喷射系统(PGM-FI)。

图1-10所示为车用高速柴油机剖面图,该柴油机机体与气缸盖为合金铸铁,每缸两气门,直喷式燃烧系统;下置凸轮轴,齿形带传动;供油系采用VE喷油泵、P型喷油器。该柴油机广泛应用在轻型车上。

图1-11所示为水平对置式汽油机,布置在轿车上,利于轿车高度尺寸的控制。

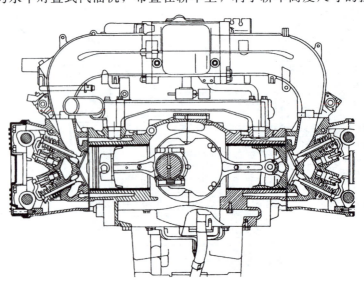

图1-11　富士重工EJ20型汽油机剖面图

1.3 汽车发动机的性能指标

发动机的性能指标用来表征发动机的性能特点,并作为评价各类发动机性能优劣的依据。因此,发动机构造的变革和多样性是与发动机性能指标的不断完善和提高密切相关的。常见的性能指标有动力性指标、经济性指标、运转性能指标和可靠性、耐久性指标等。

1.3.1 动力性指标

动力性指标是表征发动机做功能力大小的指标,一般用发动机的有效转矩 T_e、有效功率 P_e、转速 n 和平均有效压力 p_{me} 等作为评价发动机动力性好坏的指标。

(1) 有效转矩　发动机对外输出的转矩称为有效转矩,记作 T_e,单位为 N·m。有效转矩与曲轴角位移的乘积即为发动机对外输出的有效功。

(2) 有效功率　发动机在单位时间对外输出的有效功称为有效功率,记作 P_e,单位为 kW。它等于有效转矩与曲轴角速度的乘积。发动机的有效功率可以用台架试验方法测定,也可用测功器测定有效转矩和曲轴角速度,然后用公式计算出发动机的有效功率:

$$P_e = T_e \frac{2\pi n}{60} \times 10^{-3} = \frac{T_e n}{9550} \text{ (kW)}$$

式中　T_e——有效转矩,N·m;
　　　n——曲轴角速度,r/min。

(3) 发动机转速　发动机曲轴每分钟的回转数称为发动机转速,单位为 r/min。发动机转速的高低,关系到单位时间内做功次数的多少或发动机有效功率的大小。因此,在说明发动机有效功率的大小时,必须同时指明其相应的转速。

在发动机产品标牌上规定的有效功率及其相应的转速分别称为标定功率和标定转速。发动机在标定功率和标定转速下的工作状况称为标定工况。标定功率不是发动机所能发出的最大功率,它是根据发动机用途而制定的有效功率最大使用限度。同一种型号的发动机,当其用途不同时,其标定功率并不相同。我国内燃机功率标定分以下四级,如表1-1所示。

表1-1　我国内燃机功率标定

分级	含义	应用
15min功率	在标准环境条件下,内燃机能连续稳定运转15min时的最大有效功率	汽车等
1h功率	在标准环境条件下,内燃机能连续稳定运转1h时的最大有效功率	工程机械、拖拉机等
12h功率	在标准环境条件下,内燃机能连续稳定运转12h时的最大有效功率	部分拖拉机和电站等
持续功率	在标准环境条件下,内燃机能长期连续稳定运转的最大有效功率	铁路机车、船舶和发电机组等

1.3.2 经济性指标

发动机经济性指标包括有效热效率和有效燃油消耗率等。

(1) 有效热效率　燃料燃烧所产生的热量转化为有效功的百分数称为有效热效率,记作 η_e。显然,为获得一定数量的有效功所消耗的热量越少,有效热效率越高,发动机的经济性越好。

$$\eta_e = \frac{W_e}{Q_1}$$

式中　W_e——发动机有效功，kJ；

　　　Q_1——燃料中所含的热量，kJ。

现代汽车汽油机 η_e 值一般在 0.30 左右，柴油机在 0.40 左右。

（2）有效燃油消耗率　发动机每输出 1kW·h 的有效功所消耗的燃油量称为有效燃油消耗率，记作 g_e，单位为 g/(kW·h)。

$$g_e = \frac{B}{P_e} \times 10^3$$

式中　B——发动机在单位时间内的耗油量，kg/h；

　　　P_e——发动机的有效功率，kW。

显然，有效燃油消耗率越低，经济性越好。

1.3.3　强化指标

强化指标是发动机承受热负荷和机械负荷能力的评价指标。

（1）升功率　发动机在标定工况下，单位发动机排量输出的有效功率称为升功率。升功率大，表明每升气缸工作容积发出的有效功率大，发动机的热负荷和机械负荷都高。

$$P_l = \frac{P_e}{V_h i}$$

（2）活塞平均速度

活塞平均速度 C_m 是指发动机在标定转速下工作时，活塞往复运动速度的平均值。

$$C_m = \frac{S n_b}{30} \times 30^{-3} (\text{m/s})$$

式中　S——活塞行程，mm；

　　　n_b——发动机标定转速，r/min。

活塞平均速度高，使发动机的热负荷和机械负荷增高，因此一定程度上代表了发动机的技术水平。

1.3.4　运转性能指标

（1）排放指标　发动机的排气中含有多种对人体有害的物质，主要有一氧化碳（CO）、碳氢化合物（HC）、氮氧化物（NO_x）、二氧化硫（SO_2）、醛类和微粒（含碳烟）等。汽车排气污染已成为大气污染的重要因素。我国排放标准参照欧洲法规体系，从 2000 年开始执行第Ⅰ阶段标准开始，至目前轻型汽油车遵照《轻型汽车污染物排放限值及测量方法（中国第六阶段）》(GB 18352.6—2016)，2020 年 7 月 1 日执行；重型柴油车遵照《重型柴油车污染物排放限值及测量方法（中国第六阶段）》(GB 17691—2018)，2019 年 7 月 1 日执行（表 1-2）。

表 1-2　车用压燃式、气体燃料点燃式发动机排放限值及实施日期

阶段	型式核准执行日期	一氧化碳(CO)/[g/(kW·h)]	碳氢化合物(HC)/[g/(kW·h)]	氮氧化物(NO_x)/[g/(kW·h)]	颗粒物(PM)/[g/(kW·h)]
Ⅲ	2007.1.1	2.1	0.66	5.0	0.1
Ⅳ	2010.1.1	1.5	0.46	3.5	0.02
Ⅴ	2012.1.1	1.5	0.46	2.0	0.02
Ⅵ	2019.7.1	1.5	0.13	0.4	0.01

(2) 噪声　是发动机工作时发出的一种声强和频率无一定规律的声音，主要有燃烧噪声和机械噪声。它不仅损害人的听觉器官，还伤害神经系统、心血管系统、消化系统和内分泌系统，容易使人性情烦躁，反应迟钝，甚至耳聋，诱发高血压和神经系统的疾病。汽车是城市主要噪声源之一，发动机又是汽车的主要噪声源，应该给予控制。我国的噪声标准中规定，小型水冷汽油机噪声不大于110dB（A），轿车的噪声不大于82dB（A）。

(3) 启动性能　是表征发动机启动难易的指标。发动机启动性能好，便于汽车起步行驶，同时减少了启动时的功率消耗和发动机的磨损。

启动性能一般以一定条件下的启动时间长短来衡量。我国标准规定，不采用特殊的低温启动措施，汽油机在－10℃、柴油机在－5℃以下的气温条件下启动，能在15s以内达到自行运转。

1.3.5　可靠性与耐久性指标

可靠性与耐久性也是汽车发动机使用中的两个重要指标。

(1) 可靠性　是指发动机在规定的运转条件下，具有持续工作，不致因为故障而影响正常运转的能力。通常以首发故障行驶里程、平均故障间隔里程、保证期内的不停车故障数、停车故障数、更换主要零件和重要零件数等具体指标来衡量。按照汽车发动机可靠性试验方法的规定，我国汽车发动机应能在标定工况下连续运行300～1000h。

(2) 耐久性　是指发动机在规定的运转条件下，长期工作而不大修的性能。一般以发动机从开始使用到第一次大修前累计汽车行驶的里程数来衡量。

上述发动机的动力性能指标、经济性能指标、运转性能指标和可靠性、耐久性等指标，对不同用途的发动机要求是不同的。各项指标之间既相互联系又相互制约，往往为了降低排气污染，而不得不牺牲发动机的动力和经济性指标。

单 元 练 习

一、选择题

1. 汽车用发动机一般按（　　　）来分类。
　A. 排量　　　　　　B. 气门数目　　　　　C. 所用燃料　　　　D. 活塞的行程
2. 气缸工作容积是指（　　　）的容积。
　A. 活塞运行到下止点活塞上方　　　　B. 活塞运行到上止点活塞上方
　C. 活塞上、下止点之间　　　　　　　D. 进气门从开到关所进空气
3. 汽车发动机的标定功率是指（　　　）。
　A. 15min功率　　B. 1h功率　　　C. 12h功率　　　D. 持续功率
4. 发动机的有效转矩与曲轴角速度的乘积称为（　　　）。
　A. 指示功率　　　B. 有效功率　　C. 最大转矩　　　D. 最大功率
5. 燃油消耗率最低的负荷是（　　　）。
　A. 发动机怠速时　B. 发动机大负荷时　C. 发动机中等负荷时　D. 发动机小负荷时

二、判断题

1. 柴油机的压缩比通常小于汽油机的压缩比。（　　　）
2. 四冲程发动机完成一个工作循环，曲轴旋转360°。（　　　）
3. 节气门全开或油泵手柄在最大位置时测得的速度特性称为外特性。（　　　）

4. 可以根据升功率来衡量发动机的强化程度。（　　）

5. 发动机压缩比越高，燃油经济性越好。（　　）

三、问答题

1. 简述汽车发动机如何进行分类。

2. 分析四冲程汽油机和柴油机的工作过程，两者有何异同？

3. CA488型四冲程汽油机有4个气缸，气缸直径87.5mm，活塞行程92mm，压缩比为8.1，试计算其气缸工作容积、燃烧室容积和发动机排量。

4. 分析当前汽油机和柴油机的应用情况，并说明原因。

5. 查阅某种在用轿车的发动机性能参数，并对其进行评价。

单元二
曲柄连杆机构与维修

学习目标

1. 能够熟练拆装曲柄连杆机构
2. 能够对曲柄连杆机构零部件进行检修
3. 能够对曲柄连杆机构的故障进行分析判断
4. 掌握曲柄连杆机构主要部件的结构和工作原理
5. 培养爱国主义精神和团队意识

2.1 基本认知

2.1.1 曲柄连杆机构的作用和组成

曲柄连杆机构是往复活塞式发动机实现能量转换的主要机构,其作用是将燃气作用在活塞顶上的压力转变为曲轴的转矩,使曲轴产生旋转运动而对外输出动力。

曲柄连杆机构的主要零件可以分为三部分,机体组、活塞连杆组和曲轴飞轮组,如图 2-1 所示。

① 机体组 主要包括气缸套、气缸体、曲轴箱、气缸盖 5、气缸垫 6、油底壳 24 等。
② 活塞连杆组 主要包括活塞 11、活塞环 10、活塞销、连杆 12 等。
③ 曲轴飞轮组 主要包括曲轴 22、飞轮、曲轴带轮 18 等部件。

2.1.2 曲柄连杆机构中的作用力及力矩

在发动机做功时,气缸内的最高温度可达 2500K 以上,最高压力可达 5～9MPa,现代工程机械和车用发动机最高转速可达 3000～7000r/min,则活塞每秒要进行 100～200 个行程,可见其线速度极高,此外,与可燃混合气和燃烧废气接触的机件(如气缸、气缸盖、活塞组等)还将受到化学腐蚀。因此,曲柄连杆机构是在高温、高压、高速和化学腐蚀的条件下工作的。由于曲柄连杆机构是在高压下作变速运动,因此它在工作时的受力情况是很复杂的,在此只对其受力情况作一简单的分析。曲柄连杆机构受到的力主要有气体压力、往复惯性力、旋转运动的离心力以及相对运动件接触表面的摩擦力。

(1) 气体压力 在每个工作循环的四个行程中,气体压力是始终存在的,但由于进气、排气两个行程中气体压力较小,对机件的影响不大,故在这里主要研究做功和压缩两个行程中的气体作用力。

在做功行程中,气体压力是推动活塞向下运动的。这时,燃烧气体产生的高压直接作用

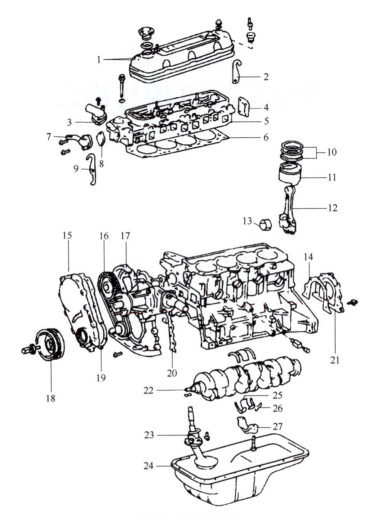

图 2-1 曲柄连杆机构

1—气门室盖；2,9—发动机挂钩；3—节温器座；4—气缸盖后盖；5—气缸盖；6—气缸垫；7—热源装置；
8—气缸盖前盖；10—活塞环；11—活塞；12—连杆；13—轴瓦；14—密封衬垫；15—正时链罩；
16—正时链；17—正时链箱；18—曲轴带轮；19,20—密封衬垫；21—后油封座；22—曲轴；
23—机油泵；24—油底壳；25—曲轴主轴承；26—曲轴止推垫圈；27—主轴承盖

在活塞顶部，如图 2-2（a）所示，设活塞所受总压力为 F_p，传到活塞销上，可分解为 F_{p1} 和 F_{p2}，分力 F_{p1} 通过活塞销传给连杆，并沿连杆方向作用在曲柄上。F_{p1} 可分解为两个分力 R 和 S。沿曲柄方向的分力 R 使曲柄主轴颈与主轴承间产生压紧力；与曲柄相垂直的分力 S 除了使主轴颈和主轴承之间产生压紧力外还对曲柄形成转矩 T，推动曲柄旋转。水平力 F_{p2} 把活塞压向气缸壁，形成活塞与气缸壁间的侧压力，使两者产生摩擦，并有使机体翻转的趋势。

在压缩行程中，气体压力是阻碍活塞向上运动的阻力，如图 2-2（b）所示。这时作用在活塞顶的气体总压力 F'_p 也可以分解为两个分力 F'_{p1} 和 F'_{p2}，而 F'_{p1} 又分解为 R' 和 S'。R' 使曲轴主轴颈与主轴承间产生压紧力；S' 对曲轴造成一个旋转阻力矩 T'，企图阻止曲轴旋转。而 F'_{p2} 则将活塞压向气缸的另一侧壁，也使两者产生摩擦。

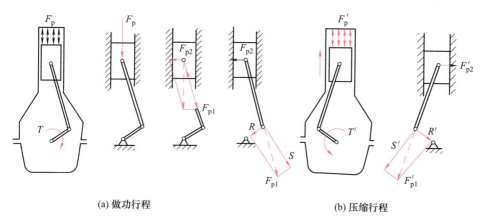

(a) 做功行程　　　　　　　　　(b) 压缩行程

图 2-2　气体压力作用情况示意

在工作循环的任何行程中，气体作用力的大小都是随活塞位移而变化的，再加上连杆左右摇摆，因而作用在缸套、活塞、活塞销和曲轴轴颈的表面上的压力和作用点是不均匀的，从而造成各处磨损不均匀。

（2）往复惯性力和离心力　往复运动的物体，当运动速度变化时，就要产生往复惯性力。物体绕某一中心作旋转运动时，就会产生离心力。活塞和连杆小头在气缸中作往复直线运动时，速度很高，而且数值不断变化。当活塞从上止点向下止点运动时，其速度变化的规律是：从零开始，逐渐增大，临近中间达最大值，然后又逐渐减小至零。也就是说，当活塞向下运动时，前半程是加速运动，惯性力向上，以 F_j 表示，如图 2-3（a）所示，后半程是减速运动，惯性力向下，以 F_j' 表示，如图 2-3（b）所示。同理当活塞向上时，前半程惯性力向下，后半程惯性力向上。

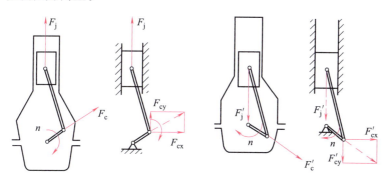

(a) 活塞在上半行程的惯性力　　　(b) 活塞在下半行程的惯性力

图 2-3　往复惯性力和旋转惯性力作用情况示意

活塞、活塞销和连杆小头的质量越大，曲轴转速越高，则往复惯性力也越大。它使曲轴连杆机构的各零件和所有轴颈承受周期性的附加载荷，加快轴承的磨损；未被平衡的变化着的惯性力传到气缸体后，还会引起发动机的振动。

偏离曲轴轴线的曲柄和连杆大头绕曲轴轴线旋转，产生旋转惯性力，即离心力，其方向沿曲柄半径向外，其大小与曲轴半径、旋转部分的质量及曲轴转速有关。曲柄半径长，旋转质量大，曲轴转速高，则离心力大。如图 2-3（a）所示，离心力 F_c 在垂直方向分力 F_{cy} 与往复惯性力方向总是一致的，因而加剧了发动机的上下振动。而水平方向分力 F_{cx} 则使发动机产生水平方向的振动。离心力使连杆大头的轴瓦和活塞销、曲轴主轴颈及其轴承受到又一个载荷,增加了它们的变形和磨损。

(3) 摩擦力　曲柄连杆机构中相互接触的表面作相对运动时都存在摩擦力,其大小与正压力和摩擦因数成正比,其方向总是与相对运动的方向相反。摩擦力的存在是造成配合表面磨损的根源。

综上所述,曲柄连杆机构产生的惯性力和摩擦力都是有害的,现代高速发动机尽量减少运动件的质量和活塞的行程,以便减少惯性力。同时,保证运动件有较高的加工精度和装配精度,以减少摩擦力。

2.2 机体组与检修

2.2.1 组成及功用

现代汽车发动机机体组主要由机体、气缸盖、气缸盖罩、气缸衬垫、主轴承盖以及油底壳等组成。镶气缸套的发动机,机体组还包括干式或湿式气缸套。

机体组是发动机的骨架,是曲柄连杆机构、配气机构和发动机各系统主要零部件的装配基体。气缸盖用来封闭气缸顶部,并与活塞顶和气缸壁一起形成燃烧室。另外,气缸盖和机体内的水套和油道以及油底壳又分别是冷却系统和润滑系统的组成部分。

2.2.2 机体

2.2.2.1 机体的工作条件及要求

机体(图2-4)是气缸体与曲轴箱的连铸体,机体是发动机中最大最重的零件。在发动机工作时,机体承受拉、压、弯、扭等不同形式的机械负荷,同时还因为气缸壁面与高温燃气直接接触而承受很大的热负荷。因此,机体应具有足够的强度和刚度,且耐磨损和耐腐蚀,并应对气缸进行适当的冷却,以免机体损坏和变形。机体应有较高的尺寸精度,力求结构紧凑、重量轻,以减小整机的尺寸和重量。

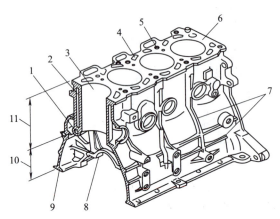

图2-4　发动机机体
1—主油道孔;2—冷却水套;3—气缸;4—冷却液孔;
5—螺纹孔;6—机体上平面;7—加强筋;8—主轴承座;
9—机体下平面;10—曲轴箱;11—气缸体

2.2.2.2 机体材料

机体一般用高强度的灰铸铁、球墨铸铁或铝合金铸造。最近,在轿车发动机上采用铝合金机体的越来越普遍。铝合金机体具有以下优点。

① 铝合金机体与铝活塞热膨胀系数相同,因此活塞与气缸的间隙可以控制到最小,降低噪声和机油耗。

② 导热性好,可以提高压缩比,提高功率和经济性。

③ 重量轻,有利于前置前驱轿车的前后轴荷分配。

④ 散热性好,可以减少冷却液容量,减小散热器尺寸。

缺点：制造成本高，强度低，仅用于汽油机。

2.2.2.3 机体的构造

机体的构造与气缸排列方式、气缸结构和曲轴箱结构有关。

（1）根据气缸排列方式，机体分为三种：直列式、V型和水平对置式。

如图 2-5 所示，直列式高度和长度大，加工容易，振动较小，适合六缸以下发动机；V型机体宽度大，高度和长度小，形状复杂，刚度大，尺寸小，加工困难，适合六缸以上大功率发动机；水平对置式重心低，平衡性好，应用较少。

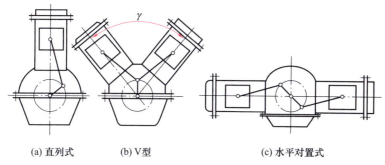

(a) 直列式　　(b) V型　　(c) 水平对置式

图 2-5　气缸的排列方式

（2）气缸结构有三种，即无气缸套式、干气缸套式和湿气缸套式。

气缸内表面由于受高温高压燃气的作用并与高速运动的活塞接触而极易磨损。为了提高气缸的耐磨性和延长气缸的使用寿命而有不同的气缸结构和表面处理方法，如图 2-6 所示。

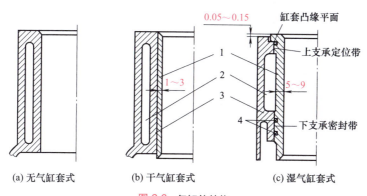

(a) 无气缸套式　　(b) 干气缸套式　　(c) 湿气缸套式

图 2-6　气缸的结构

1—气缸套；2—水套；3—机体；4—密封圈

① 无气缸套式　气缸直接镗在机体上称为无气缸套式或整体式气缸。整体式气缸强度和刚度都好，缸心距小，能承受较大的载荷，工艺性好。这种气缸对材料要求高，成本高，维修不便。为了提高表面耐磨性，整个缸体材料都必须加入价格较高的合金。一旦拉缸，必须重新镗孔，或报废。红旗 488、捷达 EA827、桑塔纳 JV 发动机等都采用无气缸套结构。

铝合金机体是铸铁缸套与铝浇铸在一起，或铝缸套表面多孔镀铬，以提高耐磨性。

对于风冷发动机气缸体，由于金属对空气的换热系数仅是金属对水的换热系数的 1/33。因此必须在风冷气缸的外壁铸制散热片，以增加散热面积，增强散热能力。

② 干气缸套式　在一般灰铸铁机体的气缸套座孔内压入干式气缸套，气缸套不与冷却液接触。干式气缸套的外圆表面和气缸套座孔内圆表面均需精加工，以保证必要的形位精度和便于拆装。壁厚较薄，一般为 1～3mm。它具有整体式气缸体的优点，强度和刚度都较

好,中心距小,重量轻,便于维修,但加工比较复杂,拆装不方便,温度不均匀,散热不良,易发生局部变形,形成窜气。因此,气缸套外圆尺寸通常与气缸套配合座孔选配,标有尺寸记号,装配时应注意。

③ 湿气缸套式 气缸套的外壁与冷却液直接接触。用合金铸铁制造的湿式气缸套的壁厚一般为5~9mm。它散热良好,冷却均匀,加工容易,通常只需要精加工内表面,而与水接触的外表面不需要加工,拆装方便,但强度、刚度都不如干式气缸套好,而且容易产生漏水现象,故应采取一些防漏措施。湿式气缸套下部用1~3道耐热耐油的橡胶密封圈进行密封,防止冷却液泄漏。湿式气缸套上部的密封利用气缸套装入机体后,气缸套顶面高出机体顶面0.05~0.15mm。

为了提高气缸内表面的耐磨性、润滑性,气缸表面需经珩磨加工成深度为4~6.5μm的网纹,以利于储油,无缸套气缸表面可采用激光淬火工艺。

(3) 按照曲轴箱结构的不同,机体有一般式、龙门式和隧道式三种(图2-7)。

① 一般式 此种机体的底平面与曲轴轴线平齐。这种机体高度小、重量轻、加工方便,但与另外两种机体相比刚度较差。

② 龙门式 此种机体是指底平面下沉到曲轴轴线以下的机体,底平面到曲轴轴线的距离称为龙门高度。龙门式机体由于高度增加,其弯曲刚度和扭转刚度均比一般式机体有显著提高,机体底平面与油底壳之间的密封也比较简单,维修方便,但加工工艺性差。

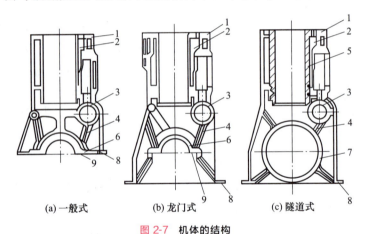

图 2-7 机体的结构
1—气缸体;2—水套;3—凸轮轴座孔;4—加强筋;5—湿式缸套;6—主轴承座;
7—主轴承座孔;8—油底壳安装面;9—主轴承盖安装面

③ 隧道式 此种机体是指主轴承孔不剖分的机体结构。这种机体配以窄型滚动轴承可以缩短机体长度。隧道式机体的刚度大,主轴承孔的同轴度好,装拆比较麻烦。由于大直径滚动轴承的圆周速度不能很大,而且滚动轴承价格较贵,因此限制了隧道式机体在高速发动机上的应用。

2.2.2.4 主轴承盖和主轴承盖螺栓

(1) 主轴承盖 其功用是与机体主轴承孔共同组成曲轴的轴承座孔,因而承受较高的机械负荷。其材料通常采用钢、合金铸铁或球墨铸铁。在安装条件下加工,即所有主轴承盖安装好后用同一镗刀加工至准确尺寸,故主轴承盖不能互换,方向也不能调换。其与机体安装的定位方式有侧面定位和套筒定位两种。

(2) 主轴承盖螺栓 其功用是压紧主轴承盖并使轴瓦产生必要的预紧力,以防止在工作力的作用下，主轴承盖和气缸体分开，并阻止主轴承盖在横向力的作用下发生侧移。其在工作中承受较高的拉力，多用合金钢制造，不能随意替代，装配时需按规定的力矩和顺序拧紧。

2.2.3 气缸盖

2.2.3.1 气缸盖工作条件及要求

气缸盖承受气体力和紧固气缸盖螺栓所造成的机械负荷，同时还由于与高温燃气接触而承受很高的热负荷。为了保证气缸的良好密封，气缸盖既不能损坏，也不能变形。为此，气缸盖应具有足够的强度和刚度。为了使气缸盖的温度分布尽可能均匀，避免进、排气门座之间产生热裂纹，应对气缸盖进行良好的冷却。

2.2.3.2 气缸盖材料

气缸盖一般都由优质灰铸铁或合金铸铁铸造，轿车用的汽油机则多采用铝合金气缸盖，具有重量轻、易浇铸、散热好等特点。

2.2.3.3 气缸盖构造

气缸盖是结构复杂的箱形零件。如图 2-8 所示，其上加工有进、排气门座孔、气门导管孔、火花塞安装孔（汽油机）或喷油器安装孔（柴油机）。在气缸盖内还铸有水套及进、排气道和燃烧室或燃烧室的一部分。若凸轮轴安装在气缸盖上，则气缸盖上还加工有凸轮轴承孔或凸轮轴承座及其润滑油道。气缸盖的具体结构受每缸气门数、凸轮轴位置、冷却方式和进、排气道及燃烧室形状等因素的影响。

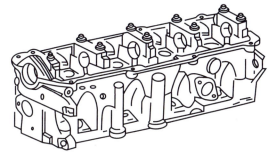

图 2-8 气缸盖

水冷发动机的气缸盖有整体式、分块式和单体式三种结构。在多缸发动机中，全部气缸共用一个气缸盖的，则称该气缸盖为整体式气缸盖；若每两缸一盖或三缸一盖，则该气缸盖为分块式气缸盖；若每缸一盖，则为单体式气缸盖。风冷发动机均为单体式气缸盖。

2.2.3.4 燃烧室

当活塞位于上止点时，活塞顶面以上、气缸盖底面以下所形成的空间称为燃烧室。在汽油机气缸盖底面通常铸有形状各异的凹坑，习惯上称这些凹坑为燃烧室。

在汽油机上广泛应用的燃烧室有如下几种。

（1）楔形燃烧室 如图 2-9（a）所示，其结构简单、紧凑，散热面积小，热损失小；能保证混合气在压缩行程中形成良好的涡流运动，有利于提高混合气的混合质量；进气阻力小，提高了充气效率。但火花塞置于楔形燃烧室高处，火焰传播距离长，爆燃倾向变大；而且存在较大激冷面，容易形成有害的碳氢化合物排放。

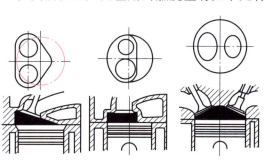

(a) 楔形　(b) 浴盆形　(c) 半球形

图 2-9 汽油机燃烧室形状

（2）浴盆形燃烧室 如图 2-9（b）所示，其结构简单，挤气涡流强，制造成本低。但不够紧凑,散热面积大,热损失大,火焰传播距离长,爆燃倾向大。

(3) 半球形燃烧室 如图2-9(c)所示,其结构紧凑、复杂,火花塞布置在燃烧室中央,火焰行程短,燃烧速率高,散热少,热效率高。可采用四气门结构,充气效率高,排气净化好,在轿车发动机上广泛应用。

此外,还有多球形燃烧室、篷形燃烧室等多种燃烧室结构,形状的不同取决于发动机追求的性能指标。

2.2.4 气缸衬垫

2.2.4.1 气缸衬垫的功用

气缸衬垫是机体顶面与气缸盖底面之间的密封件。其作用是保持气缸密封不漏气,保持由机体流向气缸盖的冷却液和机油不泄漏。气缸衬垫承受拧紧气缸盖螺栓时造成的压力,并受气缸内燃烧气体高温、高压的作用以及机油和冷却液的腐蚀。气缸衬垫应具有足够的强度,并且要耐压、耐热和耐腐蚀。另外,还需要有一定的弹性,以补偿机体顶面和气缸盖底面的粗糙度和不平度以及发动机工作时反复出现的变形。

2.2.4.2 气缸衬垫的分类及结构

按所用材料的不同,气缸衬垫可分为金属-石棉衬垫、金属-复合材料衬垫和全金属衬垫等多种,如图2-10所示。金属-石棉衬垫在所有孔边用金属板包边,防止气体和液体泄漏,该类衬垫具有良好的弹性和耐热性,可以重复使用多次。由于石棉对人体有害,近年来出现了金属-复合材料衬垫,即在钢板的两面粘覆耐热、耐压和耐腐蚀的新型复合材料,孔边包不锈钢。全金属衬垫强度高、耐腐蚀和耐热能力强,多用于强化程度较高的发动机上。在安装气缸衬垫时,光滑的一面朝向气缸体,否则容易产生冲缸垫现象。

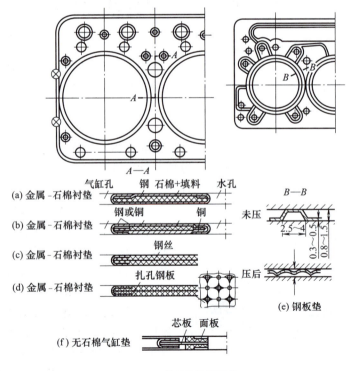

图2-10 发动机气缸衬垫

2.2.5 气缸盖螺栓

（1）结构要求　螺栓数目要足够，保证压紧均匀，减小局部变形，密封可靠；预紧力要足够，保证必要的密封压力，防止长期工作后发生松弛。螺栓材料通常采用 45 或 40Cr 钢，经调质处理，为特制件，不得随意更换。

（2）拧紧方式　按照最终拧紧力矩的要求，50N·m 以下分 2 次，50～100N·m 分 3 次，100～160N·m 分 3～4 次，160～250N·m 分 4～5 次，从中央向四周对角交错逐渐拧紧。拆卸时正好相反，如图 2-11 所示。新发动机暖车后，需复紧一次，具体为铝合金缸盖在冷态下复紧，铸铁缸盖在热态下复紧，以保证发动机在热态时的密封可靠性。

（3）定位方式　气缸盖与机体之间的安装通常有定位装置，以保证装配精度，定位方法有套筒定位、定位螺栓定位和销定位等。

2.2.6 油底壳

油底壳的主要功用是储存机油和封闭机体或曲轴箱。

如图 2-12 所示，油底壳用薄钢板冲压或用铝铸制而成。油底壳内设有挡板，用以减轻汽车颠簸时油面的振荡。此外，为了保证汽车倾斜时机油泵能正常吸油，通常将油底壳局部做得较深。油底壳底部设放油螺塞。有的放油螺塞带磁性，可以吸引机油中的铁屑。有的油底壳用双层钢板中间夹隔音棉，以降低发动机噪声。

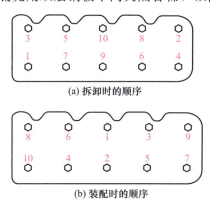

图 2-11　气缸盖螺栓拆装顺序

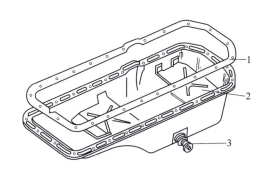

图 2-12　油底壳
1—衬垫；2—稳油挡板；3—放油螺塞

2.2.7 发动机支承

发动机一般通过机体和飞轮壳或变速器壳上的支承固定在车架上。如图 2-13 所示，发

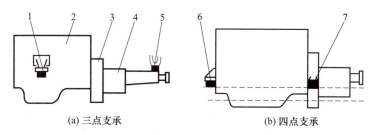

图 2-13　发动机支承
1,6—支承（1,2）；2—发动机；3—离合器壳；4—变速器；5—支承 3；7—支承（3,4）

动机一般有三点支承和四点支承两种。三点支承可布置成前一后二或前二后一。采用四点支承时，前后各有两个支承点。

2.2.8 机体组检修

机体组损伤的主要形式有：机体和气缸盖的变形和裂纹、气缸的磨损、螺纹孔损坏和水道边缘的腐蚀等。这些损伤将破坏零件的正确几何形状，造成漏气、漏水，影响发动机的装配质量和工作能力。

2.2.8.1 机体和气缸盖变形的检修

机体和气缸盖在使用中的变形是普遍存在的。造成变形的原因包括拆装螺栓时力矩过大或不均匀，或不按顺序拧紧以及在高温下拆卸气缸盖等。

机体变形主要表现为上平面、端面的翘曲变形和配合表面的相对位置误差增加；缸盖变形主要表现为下平面和进、排气歧管侧平面的翘曲变形。

(1) 气缸体和气缸盖翘曲变形的检测　机体、气缸盖的翘曲变形可用平板作接触检验，或者用直尺和塞尺检测。用直尺和塞尺检测缸盖平面翘曲的方法为在长宽和对角线方向上进行测量，求得其平面度误差。如图 2-14 所示。捷达、桑塔纳发动机气缸盖在全长上的最大允许误差为 0.01mm，机体上平面在全长上的最大允许误差为 0.05mm。

(2) 气缸轴线与主轴承座孔轴线垂直度的检测　用垂直度检验仪对气缸与主轴承座孔轴线的垂直度进行检测的方法如图 2-15 所示。检验仪用定心器支承在气缸中，并用调整螺钉轴向支承定位于机体的上平面。测量时，用手转动手柄，测量头便水平转动与定心轴前、后两点接触，表针在两点的示值差，即为气缸轴线与主轴承座孔轴线的垂直度误差。一般不大于 0.05mm。

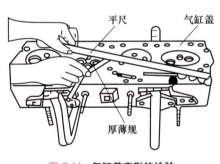

图 2-14　气缸盖变形的检验

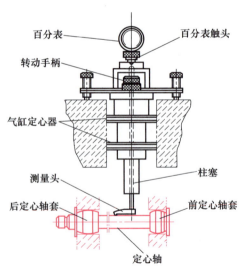

图 2-15　气缸与主轴承座孔轴线垂直度检测

(3) 主轴承座孔同轴度的检验　以机体前、后两主轴承座孔为测量基准，用专用检验仪进行检测，如图 2-16 所示。在轴承座孔中装入定心轴套，定心轴支承在轴套内，可轴向滑动。在定心轴上装有本体、等臂杠杆及百分表。测量时，使等臂杠杆的球形触头触及被测孔的表面，当转动定心轴时，如果孔不同轴，等臂杠杆的球形触头便产生径向移动，移动量经杠杆传给百分表，便能指示出孔的同轴度误差。其要求是：所有主轴承座孔的同轴度误差不

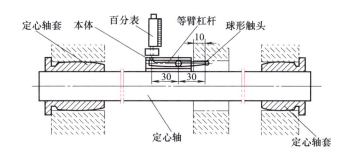

图 2-16 主轴承座孔同轴度检测

大于 0.15mm，相邻两个主轴承座孔的同轴度误差不大于 0.10mm。

(4) 气缸体和气缸盖翘曲变形的维修　如果气缸盖和机体平面的翘曲变形偏差在 0.3mm 范围内或局部不平有凸起，可采用刮、铲、锉和研磨的方法修平。如果翘曲变形量较大，应根据变形超差量、部位等，用敲压校正法或用铣削、磨削的方法修复。磨削、铣削修平法是气缸盖和机体变形量大，又不规则，其他方法不能修复时，而采用的修复方法。其加工量不得超过厂家规定的修正值，并应保证气缸盖和机体的高度尺寸不小于规定尺寸。

机械加工修复的优点是：修理彻底，平面精度高、质量好，工艺可靠。缺点是只修理了平面度，不能同时修复形位误差，气缸盖必须检验、校正燃烧室的容积。

(5) 主轴承座孔几何公差的维修　主轴承座孔圆度、圆柱度和同轴度，当偏差较小（≤0.10mm）时，可选用留有加工余量，轴瓦采用刮研，铰削主轴承瓦的方法修理；当误差大于 0.15mm 时，应采用专用镗削夹具或在专用卧式镗床上镗削主轴承座孔。镗削加工的方法修理彻底，精度高。

2.2.8.2　机体和气缸盖裂纹的检修

机体与气缸盖产生裂纹的部位与结构、工作条件、使用操作有关。如曲轴箱共振裂纹；水套的冰冻裂纹；气缸套修理尺寸级数过多和镶装气缸套过盈量过大，压装工艺不当等造成的裂纹。

(1) 机体和气缸盖裂纹的检查　机体和气缸盖的裂纹通常采用水压试验法进行检验，如图 2-17 所示。将气缸盖和气缸衬垫装在气缸体上，将水压机出水管接头与气缸前端水泵入水口处连接好，并封闭所有水道口，然后将水压入水套，要求在 0.3~0.4MPa 的压力下，保持约 5min，应没有任何渗漏现象。

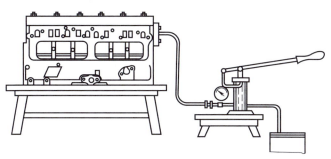

图 2-17　水压试验

镶配气门座圈、气门导管、气缸套时，若过盈量大时可能造成新的裂纹，应在这些工序后再进行一次水压试验。

（2）机体和气缸盖裂纹的维修　裂纹的修理方法有粘接法、焊接法等几种，在修理中应根据裂纹的大小、部位、损伤程度等情况进行选择。粘接法是采用无机粘接剂粘接，无机粘接剂由磷酸氢氧化铝、氧化铜，按一定比例调制而成。它耐高温可达 873～1173K，工艺简单，使用方便。缺点是性脆，耐冲击能力差，受力大的关键部位不能使用。

焊接法一般应用于裂纹处于受力较大的部位。但由于机体体积大，精度高，几何公差严，需认真选择焊补工艺。尽量采用冷焊，对焊接质量要求高又不便于冷焊的部位采用热焊。

2.2.8.3　气缸的检修

活塞在气缸中作高速运动，长时间工作后会产生磨损，当磨损达到一定程度后，将引起发动机动力性、经济性明显下降。

（1）气缸磨损规律　气缸正常磨损的特征是不均匀磨损。气缸孔沿高度方向磨损成上大下小的倒锥形，最大磨损部位是活塞处于上止点时第一道活塞环对应的气缸壁位置，而该位置以上几乎无磨损形成明显的"缸肩"。气缸沿圆周方向的磨损形成不规则的椭圆形，其最大磨损部位一般是主推力面方向。

造成上述不均匀磨损的原因是：活塞在上止点附近时各道环的背压最大，其中又以第一道环为最大，以下逐道减小；加之气缸上部温度高，润滑条件差，进气中的灰尘附着量多，废气中的酸性物质引起的腐蚀等，造成了气缸上部磨损较大。而圆周方向的最大磨损部位主要是侧向力、曲轴的轴向窜动等造成的。

（2）气缸磨损的检测　气缸的磨损程度一般用圆度和圆柱度表示，也有以标准尺寸和气缸磨损后的最大尺寸之差值来衡量的。

圆度误差是指同一截面上磨损的不均匀性，用同一横截面上不同方向测得的最大直径与最小直径差值之半作为圆度误差。

圆柱度误差是指沿气缸轴线的轴向截面上磨损的不均匀性，用被测气缸表面任意方向所测得的最大直径与最小直径差值之半作为圆柱度误差。

在进行测量时，测量部位的选择很重要，气缸的测量位置如图 2-18 所示，在气缸体上部距气缸上平面 10mm 处，气缸中部和气缸下部距缸套下口 10mm 处的三个截面，按 A、B 两个方向分别测量气缸的直径。

测量时，通常使用量缸表，其方法如下：

① 气缸圆度的测量

a. 根据气缸直径的尺寸，选择合适的接杆，装入量缸表的下端，并使伸缩杆有 1～2mm 的压缩量。

b. 将量缸表的测杆伸入到气缸中的相应部位，微微摆动表杆，使测杆与气缸中心线垂直，量缸表指示的最小读数即为正确的气缸直径。用量缸表在部位 A 向测量，旋转表盘使 "0" 刻度对准大表针，然后将测杆在此截面上旋转 90°，测量 B 向，此时表针所指刻度与 "0" 位刻度之差的 1/2 即为该截

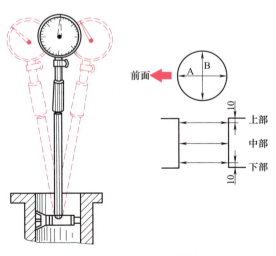

图 2-18　气缸磨损的检测

面的圆度误差。

② 气缸圆柱度的测量　用量缸表在上部 A 向测量并找出正确的直径位置，旋转表盘使"0"刻度对准大表针。然后依次测出其他五个数值，取六个数值中最大差值的 1/2 作为该气缸的圆柱度误差。

③ 气缸磨损尺寸的测量　一般发动机最大磨损尺寸在气缸的上部，用量缸表在上部 A、B 两向测量出气缸尺寸，取两者最大值。测量时，旋转表盘使"0"刻度对准大表针，并记住小表针所指位置。取出量缸表，将测杆放置于外径千分尺的两测头之间，旋转外径千分尺的活动测头，使量缸表的大表针指向"0"，且小表针指向原来的位置（在气缸中所指示的位置）。此时，外径千分尺的尺寸减去未磨损的气缸尺寸，即为气缸的磨损尺寸。在中部 B 方向所测取的直径值与活塞裙部所测得的直径值之差，为缸套与活塞的配合间隙。

（3）气缸的修理　当发动机中磨损量最大的气缸，其圆度和圆柱度超过规定标准时（如汽油机圆度超过 0.05mm，或圆柱度超过 0.175mm；柴油机圆度超过 0.063mm，或圆柱度超过 0.25mm），则应进行修理。

气缸的修理通常采用机械加工的方法，即修理尺寸法和镶套修复法。

修理尺寸法是指在零件结构、强度和强化层允许的条件下，将配合副中主要件的磨损部位经过机械加工至规定尺寸，恢复其正确的几何形状和精度，然后更换相应的配合件，得到尺寸改变而配合性质不变的修理方法。修复后的尺寸称为修理尺寸，气缸的修理尺寸的级别为 0.25mm。气缸修理一般先进行镗缸，然后进行珩磨。珩磨的目的是使气缸具有合理的表面粗糙度和磨合性能。珩磨时用网纹磨削法，合理地选择珩磨头的往复运动与圆周运动的速度比，使珩磨后的气缸表面获得深约 0.007～0.01mm、夹角约为 50°～60°的网纹磨痕。网纹磨痕在气缸表面形成微观交叉的沟槽和菱形凸块，在发动机磨合初期，有良好的储油、容屑能力和磨合性能，同时在正常条件下为气缸摩擦副提供了良好的工作条件。

镶套修复法是对于经多次修理，直径超过最大修理尺寸，或气缸壁上有特殊损伤时，可对气缸作圆整加工，用过盈配合的方式镶上新的气缸套，使气缸恢复到原来的尺寸的修理方法。

2.2.8.4　气缸盖、气缸体螺纹的检修

① 火花塞座孔损坏，可用镶套法修复。先将原孔扩大，再加工一只铜材新套，采用过盈配合，装入扩孔中，再攻螺纹至原座孔内径。

② 螺纹孔损坏，可将损坏的螺孔镗大，镶入螺塞，再在螺塞上钻孔攻螺纹至原来螺纹孔径。

2.2.8.5　气缸盖罩总成的检修

检查气缸盖罩是否有裂纹、凸凹损伤及气缸盖接合平面严重翘曲变形等现象，如有，则应修整或更换。

2.2.8.6　油底壳的检修

检查油底壳是否有裂纹、凸凹损伤与气缸体下平面接合面是否有严重翘曲变形。根据需要修理或更换。

2.3　活塞连杆组与检修

活塞连杆组由活塞、活塞环、活塞销、连杆等零件组成，如图 2-19 所示。其作用是将

活塞的往复运动转变为曲轴的旋转运动,并将作用于活塞上的力转变为转矩对外输出。

2.3.1 活塞组

2.3.1.1 活塞

(1) 活塞的功用及工作条件　活塞的主要功用是承受燃烧气体压力,并将此力通过活塞销传给连杆以推动曲轴旋转。此外活塞顶部与气缸盖、气缸壁共同组成燃烧室。

活塞是发动机中工作条件最恶劣的零件。作用在活塞上的有气体力和往复惯性力及侧压力,增加了变形和磨损。活塞顶与高温燃气直接接触,高温使活塞材料机械强度下降,热膨胀量增大。活塞在侧压力的作用下沿气缸壁面高速滑动,平均速度达 8~12m/s。由于润滑条件差,因此摩擦损失大,磨损严重。

(2) 活塞材料　现代汽车发动机无论是汽油机还是柴油机广泛采用铝合金活塞,只在极少数汽车发动机上采用铸铁或耐热钢活塞。如共晶铝硅材料含 12% 硅;过共晶铝硅材料含 18%~23% 硅。增加含硅量可以提高耐磨性,加镍、铜等可以提高热稳定性,确保活塞高温下良好的力学性能。

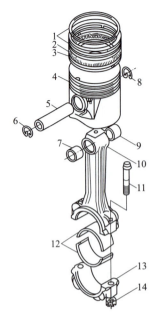

图 2-19　活塞连杆组

1—气环;2—油环衬簧;3—油环刮片;
4—活塞;5—活塞销;6,8—卡环;
7,9—连杆衬套;10—连杆;11—连杆螺栓;
12—连杆轴瓦;13—连杆盖;
14—连杆螺母

铝合金与铸铁相比,导热性好 3 倍,重量轻 50%~70%,但热膨胀大,强度低。

(3) 活塞构造　活塞由顶部、头部和裙部三部分构成。如图 2-20 所示。

① 活塞顶部　如图 2-21 所示,汽油机活塞顶部的形状与燃烧室形状和压缩比大小有关。大多数汽油机采用平顶活塞,其优点是受热面积小,加工简单。采用凹顶活塞,可以通过改变活塞顶上凹坑的尺寸来调节发动机的压缩比。顶部打有各种记号(图 2-22),用以显示活塞及气缸的安装和选配要求,应严格按要求进行。

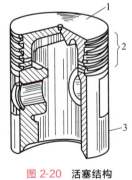

图 2-20　活塞结构

1—顶部;2—头部;3—裙部

(a) 平顶　　(b) 凸顶　　(c) 凹顶

图 2-21　活塞顶部形状

② 活塞头部　是最下一道活塞环槽以上的部分,又分为火力岸和环带两部分。其作用是承受气体压力,并将力通过活塞销座、活塞销传给连杆;同时与活塞环实现气缸的密封;将活塞顶部吸收的热量通过活塞环传导到气缸壁(70%~80% 的热量)。

活塞头部切有若干道用以安装活塞环的环槽。发动机活塞一般有 2～3 道气环槽和 1 道油环槽，随着发动机高速化，气环数有减少的趋势。气环槽一般具有同样的宽度，油环槽比气环槽宽度大，且槽底加工有回油孔，油环刮下的润滑油从回油孔回到油底壳。

活塞环槽的宽度和深度略大于活塞环的高度和厚度，以保证发动机工作时，活塞环可在环槽内运动，以除去环槽内的积炭和保证密封。活塞环槽的磨损常常是影响发动机使用寿命的一个重要因素，特别是第一道环槽温度高，使材料硬度下降，磨损更为严重。为了保护环槽，有的发动机在环槽部位铸入用耐热材料制成的环槽护圈，如图 2-23 所示，以提高活塞使用寿命。

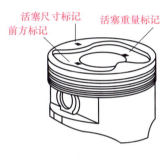

图 2-22　活塞顶部标记

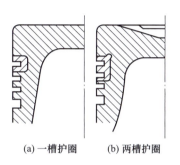

(a) 一槽护圈　　(b) 两槽护圈

图 2-23　活塞环槽护圈

③ 活塞裙部　是油环槽下端以下的部分，其作用是为活塞在气缸内作往复运动导向和承受侧压力。活塞裙部要有一定的长度和足够的面积，以保证可靠的导向和减摩。裙部基本形状为一薄壁圆筒，圆筒完整的称为全裙式；许多高速发动机为了减轻活塞重量，在活塞不受侧向力的两侧，即沿销座孔轴线方向的裙部切去一部分，形成拖板式裙部，这种结构裙部弹性较好，可以减小活塞与气缸的装配间隙，如图 2-24 所示。

活塞裙部的销孔用于安装活塞销，为厚壁圆筒结构。销座孔内接近外端面处加工有安放弹性锁环的锁环槽，锁环用来防止活塞销在工作中发生轴向窜动。

（4）活塞的变形规律及应对措施　活塞工作时，由于机械负荷和热负荷的影响，会使活塞产生变形。在圆周方向，其裙部直径沿活塞销座轴线方向增大，使裙部变成长轴在活塞销座轴线方向上的椭圆，如图 2-25 所示。这是由于气体压力和侧压力的作用，同时活塞销座附近金属堆积，受热后膨胀量大，使得活塞径向产生了椭圆变形。在高度方向，由于顶部压力作用、活塞温度分布和质量分布不均匀，则使活塞头部变大。

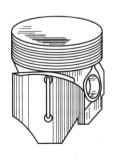

图 2-24　拖板式裙部

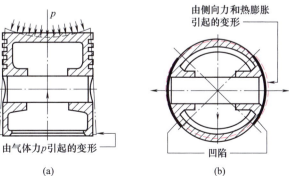

图 2-25　活塞工作时的变形

为了保证活塞在工作时与气缸壁间保持比较均匀的间隙,以免在气缸内卡死或引起局部磨损,必须在结构上采取各种措施。

① 冷态下将活塞制成裙部断面为长轴垂直于活塞销方向的椭圆,轴线方向为上小下大的近似圆锥形,如图 2-26 所示。

② 在活塞裙部受侧压力小的一侧开 Π 形槽或 T 形槽,如图 2-27 所示。其中横槽称隔热槽,可减少从活塞头部向裙部的传热,使裙部膨胀量减小;纵槽称膨胀槽,使裙部具有弹性,这样冷态下的间隙可减小,热态下又因切槽的补偿作用,使活塞不致卡死在气缸中。通常柴油机活塞受力大,裙部一般不开槽。

③ 采用双金属活塞。有些铝合金活塞在活塞销座孔处嵌入线胀系数小的恒范钢片或筒形钢片,其作用是牵制活塞裙部的膨胀量。大众 AJR 发动机活塞就嵌入了恒范钢片,如图 2-28 所示。

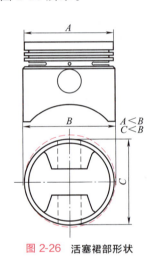

图 2-26 活塞裙部形状

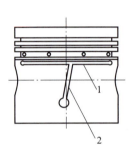

图 2-27 活塞裙部开槽
1—隔热槽;2—膨胀槽

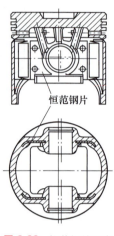

图 2-28 恒范钢片活塞

④ 活塞销孔偏置结构(图 2-29)。有些高速汽油机的活塞销孔中心线偏离活塞中心线平面,向做功行程中受侧压力的一方偏移了 1~2mm。这种结构可使活塞在压缩行程到做功行程中较为柔和地从压向气缸的一面过渡到压向气缸的另一面,以减小敲缸的声音。在安装时要注意,活塞销偏置的方向不能装反,否则换向敲击力会增大,使裙部受损。

采用上述措施后,活塞裙部与气缸壁之间的冷态装配间隙便可减小,使发动机不产生冷敲缸现象。

(5) 活塞的冷却

高强化发动机尤其是活塞顶上有燃烧室凹坑的柴油机,为了减轻活塞顶部和头部的热负荷而采用油冷活塞。如图 2-30 所示,用机油冷却活塞的方法有如下几种。

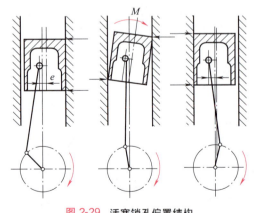

图 2-29 活塞销孔偏置结构

① 自由喷射冷却法 从连杆小头上的喷油孔或从安装在机体上的喷油嘴向活塞顶内壁喷射机油。

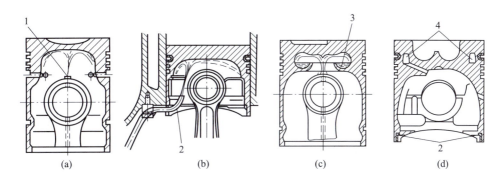

图 2-30 活塞的冷却

1—喷油孔；2—喷油嘴；3—环形油槽；4—冷却油道

② 振荡冷却法 从连杆小头上的喷油孔将机油喷入活塞内壁的环形油槽中，由于活塞的运动使机油在槽中产生振荡而冷却活塞。

③ 强制冷却法 在活塞头部铸出冷却油道或铸入冷却油管，使机油在其中强制流动以冷却活塞。强制冷却法广为增压发动机所采用。

(6) 活塞的表面处理 根据不同的目的和要求，进行不同的活塞表面处理，其方法有如下几种。

① 活塞顶进行硬模阳极氧化处理，形成高硬度的耐热层，增大热阻，减少活塞顶部的吸热量。

② 活塞裙部镀锡或镀锌，可以避免在润滑不良的情况下运转时出现拉缸现象，也可以起到加速活塞与气缸的磨合作用。

③ 在活塞裙部涂覆石墨，石墨涂层可以加速磨合过程，可使裙部磨损均匀，在润滑不良的情况下可以避免拉缸。

2.3.1.2 活塞环

(1) 活塞环的功用及工作条件 活塞环分气环和油环两种，如图 2-31 所示。气环的主要功用是密封和传热。保证活塞与气缸壁间的密封，防止气缸内的可燃混合气和高温燃气漏入曲轴箱，并将活塞顶部接受的热传给气缸壁，避免活塞过热。油环的主要功用是刮除飞溅到气缸壁上的多余的机油，并在气缸壁上涂布一层均匀的油膜。活塞环工作时受到气缸中高温、高压燃气的作用，并在润滑不良的条件下在气缸内高速滑动。由于气缸壁面的形状误差，使活塞环在上下滑动的同时还在环槽内产生径向移动。这不仅加重了环与环槽的磨损，还使活塞环受到交变弯曲应力的作用而容易折断。

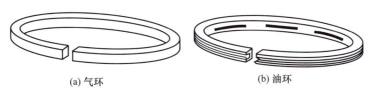

图 2-31 活塞环

(2) 活塞环材料及表面处理 根据活塞环的功用及工作条件，制造活塞环的材料应具有良好的耐磨性、导热性、耐热性、冲击韧性、弹性和足够的机械强度。目前广泛应用的活塞环材料有优质灰铸铁、球墨铸铁、合金铸铁和钢带等。第一道活塞环外圆面通常进行镀铬或喷钼处理。多孔性铬层硬度高,并能储存少量机油,可以改善润滑、减轻磨损。钼的熔点高,也具有多孔性,因此喷钼同样可以提高活塞环的耐磨性。

(3) 气环

① 气环的间隙　发动机工作时,活塞、活塞环都会发生热膨胀,并且活塞环随着活塞在气缸内作往复运动时,有径向胀缩变形现象。为防止卡死在缸内或胀死在环槽中,安装时,活塞环应留有端隙、侧隙和背隙,气环的间隙如图2-32所示。

端隙 Δ_1 又称为开口间隙,是活塞环在冷态下装入气缸后,该环在上止点时环的两端头的间隙,一般为 0.25～0.50mm。

侧隙 Δ_2 又称边隙,是指活塞环装入活塞后,其侧面与活塞环槽之间的间隙。第一环因工作温度高,间隙较大,一般为 0.04～0.10mm,其他环一般为 0.03～0.07mm。油环侧隙较气环小。

背隙 Δ_3 是活塞及活塞环装入气缸后,活塞环内圆柱面与活塞环槽底部间的间隙,一般为 0.50～1.00mm。油环背隙较气环大,以增大存油间隙,利于减压泄油。

② 气环的密封原理　活塞环在自由状态下不是正圆形,其外廓尺寸比气缸直径大。如图2-33所示,当活塞环装入气缸后,在其自身的弹力作用下环的外圆面与气缸壁贴紧形成第一密封面,高压气体不能通过第一密封面,便通过活塞火力岸与气缸壁之间的间隙进入活塞环的侧隙和径向间隙中,一方面把环压到环槽下侧面形成第二密封面,另一方面,作用在环背的气体压力又大大加强了第一密封面的密封作用。这时漏气的唯一通道就是活塞环的开口端隙。如果几道活塞环的开口相互错开,那么就形成了迷宫式漏气通道。由于侧隙、径向间隙和端隙都很小,气体在通道内的流动阻力很大,致使气体压力 p 迅速下降,只有极少气体漏入曲轴箱,一般仅为进气量的 0.2%～1.0%。

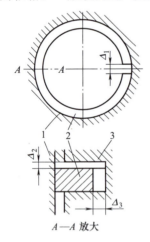

图 2-32　气环的间隙
1—气缸;2—活塞环;3—活塞;
Δ_1—端隙;Δ_2—侧隙;Δ_3—背隙

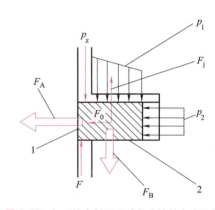

图 2-33　气环的密封原理(做功的前半冲程)
1—第一密封面;2—第二密封面;F_A—第一密封面的压紧力;
F_B—第二密封面的压紧力;F_j—环的惯性力;
F_0—环的弹力;F—环与缸壁的摩擦力;
p_z—气缸内气体压力;p_1—环侧气体压力;p_2—背压力

③ 气环开口形状　开口形状对漏气量有一定影响。直开口工艺性好,但密封性差;阶梯形开口密封性好,工艺性差;斜开口的密封性和工艺性介于前两种开口之间,斜角一般为 30°或 45°。

④ 气环的断面形状　其断面形状多种多样,根据发动机的结构特点和强化程度,选择

不同断面形状的气环组合，可以得到最好的密封效果和使用性能。常见的气环断面形状如图 2-34 所示。

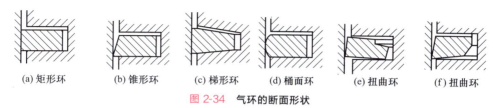

图 2-34　气环的断面形状

矩形环断面为矩形，形状简单，加工方便，与气缸壁接触面积大，有利于活塞散热，但磨合性差，而且在与活塞一起作往复运动时，在环槽内上下窜动，把气缸壁上的机油不断地挤入燃烧室中，产生泵油作用（图 2-35），使机油消耗量增加，活塞顶及燃烧室壁面积炭。

锥形环外圆面为锥角很小的锥面。理论上锥形环与气缸壁为线接触，磨合性好，增大了接触压力和对气缸壁形状的适应能力。当活塞下行时，锥形环能起到向下刮油的作用。当活塞上行时，由于锥形的油楔作用，锥形环能滑越过气缸壁上的油膜而不致将机油带入燃烧室。锥形环传热性差，所以不用作第一道气环。由于锥角很小，一般不易识别，为避免装错，在环的上侧面标有向上的记号。

扭曲环的断面不对称，气环装入气缸后，由于弹性内力的作用使断面发生扭转，故称扭曲环。扭曲环的作用原理如图 2-36 所示，活塞环装入气缸之后，其断面中性层以外产生拉应力，断面中性层以内产生压应力。拉应力的合力 F_1 指向活塞环中心，压应力合力 F_2 的方向背离活塞环中心。由于扭曲环中性层内外断面不对称，使 F_1 与 F_2 不作用在同一平面内而形成力矩 M。在力矩 M 的作用下，使环的断面发生扭转。当发动机工作时，在进气、压缩和排气行程中，扭曲环发生扭曲，其工作特点一方面与锥形环类似，另一方面由于扭曲环的上下侧面与环槽的上下侧面相接触，从而防止了环在环槽内上下窜动，消除了泵油现象，减轻了环对环槽的冲击而引起的磨损。在做功行程中，巨大的燃气压力作用于环的上侧面和内圆面，足以克服环的弹性内力使环不再扭曲，整个外圆面与气缸壁接触，这时扭曲环的工作特点与矩形环相同。

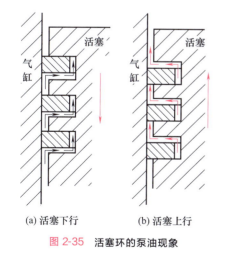

图 2-35　活塞环的泵油现象

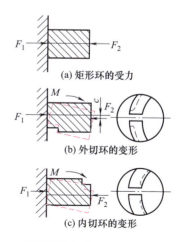

图 2-36　扭曲环的作用原理

梯形环断面为梯形，其主要优点是抗黏结性好。当活塞头部温度很高时，窜入第一道环槽中的机油容易结焦并将气环粘住。在侧向力换向活塞左右摆动时，梯形环的侧隙、径向间隙都发生变化将环槽中的胶质挤出。楔形环的工作特点与梯形环相似，且由于断面不对称，装入气缸后也会发生扭曲。梯形环多用作柴油机的第一道气环。

桶面环的外圆面为外凸圆弧形。其密封性、磨合性及对气缸壁表面形状的适应性都比较好。桶面环在气缸内无论上行或下行均能形成楔形油膜，将环浮起，从而减轻环与气缸壁的磨损。

（4）油环 油环有两种结构形式：整体式（普通）和组合式，如图 2-37 所示。

普通油环用合金铸铁制造，其外圆面的中间切有一道凹槽，在凹槽底部加工出很多穿通的排油小孔或缝隙。

组合油环由上、下刮片和产生径向、轴向弹力的衬簧组成。其环片很薄，对气缸壁的比压大，刮油作用强；重量轻；回油通道大。在高速发动机上得到广泛应用。

无论活塞上行或下行，油环都能将气缸壁上多余的机油刮下来经活塞上的回油孔流回油底壳。油环的刮油作用如图 2-38 所示。

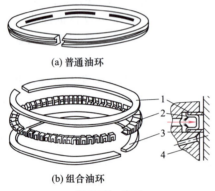

图 2-37 油环

1—上刮片；2—衬簧；3—下刮片；4—活塞

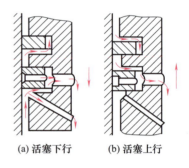

图 2-38 油环的刮油作用

2.3.1.3 活塞销

（1）活塞销的功用 活塞销用来连接活塞和连杆，并将活塞承受的力传给连杆或连杆承受的力传给活塞。活塞销在高温条件下承受很大的周期性冲击负荷，且由于活塞销在销孔内摆动角度不大，难以形成润滑油膜，因此润滑条件较差。为此活塞销必须有足够的刚度、强度和耐磨性，重量尽可能小，销与销孔应该有适当的配合间隙和良好的表面质量。在一般情况下，活塞销的刚度尤为重要，如果活塞销发生弯曲变形，可能使活塞销座损坏。

（2）活塞销材料及结构 活塞销的材料一般为低碳钢或低碳合金钢，如 20、20Mn、15Cr、20Cr 或 20MnV 等。外表面渗碳淬硬，再经精磨和抛光等精加工。这样既提高了其表面硬度和耐磨性，又保证有较高的强度和冲击韧性。

活塞销的结构形状很简单，如图 2-39 所示，基本上是一个厚壁空心圆柱。其内孔形状有圆柱形、组合形和两段截锥形。圆柱形孔加工容易，但活塞销的重量较大；两段截锥形孔的活塞销重量较小，且因为活塞销所受的弯矩在其中部最大，所以接近于等强度梁，但锥孔加工较难。

2.3.2 连杆组

连杆组包括连杆体、连杆盖、连杆螺栓和连杆轴瓦等零件，如图 2-40 所示。习惯上常常把连杆体、连杆盖和连杆螺栓合起来称为连杆，有时也称连杆体为连杆。

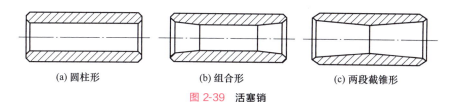

图 2-39 活塞销
(a) 圆柱形　(b) 组合形　(c) 两段截锥形

2.3.2.1 连杆组的功用及工作条件

连杆组的功用是将活塞承受的力传给曲轴，并将活塞的往复运动转变为曲轴的旋转运动。连杆小头与活塞销连接，同活塞一起作往复运动；连杆大头与曲柄销连接，同曲轴一起作旋转运动，因此在发动机工作时连杆作复杂的平面运动。连杆组主要受压缩、拉伸和弯曲等交变负荷。最大压缩载荷出现在做功行程上止点附近，最大拉伸载荷出现在进气行程上止点附近。在压缩载荷和连杆组作平面运动时产生的横向惯性力的共同作用下，连杆体可能发生弯曲变形。

2.3.2.2 连杆材料

连杆体和连杆盖由优质中碳钢或中碳合金钢，如 45、40Cr、42CrMo 或 40MnB 等模锻或辊锻而成。连杆螺栓通常用优质合金钢 40Cr 或 35CrMo 制造。一般均经喷丸处理以提高连杆的强度。纤维增强铝合金连杆以其重量轻、综合性能好而备受注目。在相同强度和刚度的情况下，纤维增强铝合金连杆比传统材料制造的连杆要轻 30%。

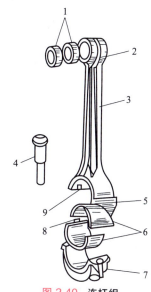

图 2-40 连杆组
1—连杆衬套；2—连杆小头；
3—杆身；4—连杆螺栓；
5—连杆大头；6—连杆轴瓦；
7—连杆盖；8—轴瓦上的凸键；
9—凹槽

2.3.2.3 连杆的结构

（1）连杆小头　结构形状取决于活塞销的尺寸及其与连杆小头的连接方式。在汽车发动机中连杆小头与活塞销的连接方式有两种，即全浮式和半浮式。全浮式活塞销工作时，在连杆小头孔和活塞销孔中转动，可以保证活塞销沿圆周磨损均匀。为防止活塞销两端刮伤气缸壁，在活塞销孔外侧装置活塞销挡圈。半浮式活塞销是用螺栓将活塞销夹紧在连杆小头孔内，这时活塞销只在活塞销孔内转动，在小头孔内不转动。小头孔不装衬套，销孔中也不装活塞销挡圈。

（2）连杆杆身　杆身断面为工字形，刚度大、重量轻、适于模锻。工字形断面的 $Y-Y$ 轴在连杆运动平面内。有的连杆在杆身内加工有油道，用来润滑小头衬套或冷却活塞。如果是后者，需在小头顶部加工出喷油孔。

（3）连杆大头　除应具有足够的刚度外，还应外形尺寸小，重量轻，拆卸发动机时能从气缸上端取出。连杆大头是剖分的，连杆盖用螺栓或螺柱紧固，为使结合面在任何转速下都能紧密结合，连杆螺栓的拧紧力矩必须足够大。

结合面与连杆轴线垂直的为平切口连杆，而结合面与连杆轴线成 30°～60°夹角的为斜切口连杆。平切口连杆体大端的刚度较大，因此大头孔受力变形较小，而且平切口连杆制造费用较低。汽油机均采用平切口连杆。柴油机连杆既有平切口的也有斜切口的。一般柴油机由于曲柄销直径较大，因此连杆大头的外形尺寸相应较大，欲在拆卸时能从气缸上端取出连杆体，必须采用斜切口连杆。连杆盖装合到连杆体上时需严格定位，以防止连杆盖横向位移。

平切口连杆利用连杆螺栓上一段精密加工的圆柱面与精密加工的螺栓孔来实现连杆盖的定位。斜切口连杆的连杆螺栓由于承受较大的剪切力而容易发生疲劳破坏。为此,应该采用能够承受横向力的定位方法,如图 2-41 所示。

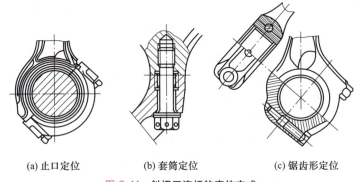

(a) 止口定位　　(b) 套筒定位　　(c) 锯齿形定位

图 2-41　斜切口连杆的定位方式

2.3.2.4　连杆轴瓦

连杆轴瓦(俗称小瓦)装在连杆大头内,保护曲轴连杆轴颈和连杆大头孔。由于其工作时承受较大的交变载荷,且润滑困难,要求它具有足够的强度、良好的减摩性和耐腐蚀性。

连杆轴瓦由钢背和减摩层组成,为两半分开形式。钢背由厚 1～3mm 的低碳钢制成,是轴承的基体,减摩层是由浇铸在钢背内圆上厚为 0.3～0.7mm 的薄层减摩合金制成,减摩合金具有保持油膜,减少摩擦阻力和易于磨合的作用,如图 2-42 所示。

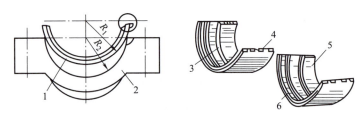

图 2-42　连杆轴瓦

1—轴承;2—连杆轴承盖;3—油槽;4—定位凸唇;5—减摩合金层;6—钢背

目前汽车发动机的轴瓦减摩合金主要有巴氏合金(白合金)、铜铅合金和铝基合金,其中巴氏合金轴承的疲劳强度低,只能用于负荷不大的汽油机,而铜铅合金或高锡铝合金轴承均具有较高的承载能力与耐疲劳性。含锡量 20% 以上的高锡铝合金轴瓦,在汽油机和柴油机上均得到广泛应用。

连杆轴瓦在自由状态下并不是半圆形的,也就是说 $R_1 > R_2$。当它们装入连杆大头孔内时有过盈,故能均匀地紧贴在大头孔壁上及连杆盖上,具有很好的承载和导热能力。为了防止连杆轴瓦在工作中发生转动或轴向移动,在两个连杆轴瓦的剖分面上,分别冲压出高于钢背面的两个定位凸唇。装配时,这两个凸唇分别嵌入连杆大头和连杆盖上的相应凹槽中。在连杆轴瓦内表面上还加工有油槽,用以储油,保证可靠润滑。

2.3.2.5　连杆螺栓

工作时连杆螺栓承受交变载荷,因此在结构上应尽量增大连杆螺栓的弹性,而在加工方面要精细加工过渡圆角,消除应力集中,以提高其抗疲劳强度。连杆螺栓用优质合金钢制造,如 40Cr、35CrMo 等,经调质后滚压螺纹,表面进行防锈处理。维修中不可用其他螺栓替代。

2.3.2.6 V型发动机连杆

V型发动机左右两个气缸的连杆安装在同一个曲柄销上,其结构随安装形式的不同而不同,如图2-43所示。

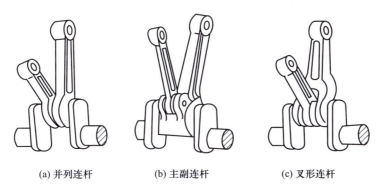

(a) 并列连杆　　(b) 主副连杆　　(c) 叉形连杆

图2-43　V型发动机连杆的布置形式

(1) 并列连杆　两个完全相同的连杆一前一后并列地安装在同一个曲柄销上。连杆结构与上述直列式发动机的连杆基本相同,只是大头宽度稍小一些。并列连杆的优点是前后连杆可以通用,左右两列气缸的活塞运动规律相同。缺点是两列气缸沿曲轴纵向必须相互错开一段距离,从而增加了曲轴和发动机的长度。

(2) 主副连杆　一个主连杆一个副连杆组成主副连杆,副连杆通过销轴铰接在主连杆体或主连杆盖上。一列气缸装主连杆,另一列气缸装副连杆,主连杆大头安装在曲轴的曲柄销上。主副连杆不能互换,且副连杆对主连杆作用以附加弯矩。两列气缸中活塞的运动规律和上止点位置均不相同。采用主副连杆的V型发动机,其两列气缸不需要相互错开,因而也就不会增加发动机的长度。

(3) 叉形连杆　指一列气缸中的连杆大头为叉形;另一列气缸中的连杆与普通连杆类似,只是大头的宽度较小,一般称其为内连杆。叉形连杆的优点是两列气缸中活塞的运动规律相同,两列气缸无需错开。缺点是叉形连杆大头结构复杂,制造比较困难,维修也不方便,且大头刚度较差。

2.3.3 活塞连杆组的检修

活塞连杆组的检修主要包括活塞、活塞环、活塞销的选配;连杆的检验与校正;活塞连杆组组装时的检验校正和装配。

2.3.3.1 活塞的选配

(1) 活塞的检验方法　活塞检验主要是裙部直径、活塞环槽高度和活塞销座孔尺寸的测量。

① 活塞裙部直径的检测　一种方法是用千分尺测量活塞裙部规定的测量位置,如图2-44所示,将在此位置测得的数据与气缸磨损最大部位的测量值相减,并用所得差值与配缸间隙值相比较,即可确定该活塞可否使用。另一种方法是采用测量配缸间隙的方法来确定活塞可否使用。如图2-45所示,将活塞倒置于相关的气缸中,销座孔平行于曲轴方向,在活塞受侧压力最大的一面,用塞尺(宽13mm、长200mm)垂直插入气缸壁与活塞裙部之间(与活塞一起放入),以30N的力能拉动(感觉有轻微阻力时)即为合适。康明斯B系列发动机的活塞配缸间隙为0.113~0.167mm。

图 2-44　活塞裙部直径的测量

图 2-45　配缸间隙的检测

② 活塞环槽的测量　安装气环的环槽，用标准气环装入其内，用塞尺测量其侧隙，即可确定其是否符合要求。康明斯 B 系列发动机的第一道活塞环为梯形环，在测量梯形环槽时，要把活塞装入清洁的气缸中，并使环的一半压在缸套内，一半露在外部，将塞尺插入侧隙测量，如果测得的值大于规定的极限值，则表明环槽磨损过多。油环槽和销座孔的测量可用千分尺直接测量。对于因磨损过多而超过装配间隙极限值的活塞，应更换，选用新活塞。

(2) 活塞选配的注意事项　在同一系列发动机中，其活塞的结构不一定相同，因此在选装活塞时，必须根据发动机的类型选用对应类型的活塞。否则，会引起发动机燃烧不良，工作粗暴，经济性和动力性下降等。

① 活塞的选配应按气缸的修理尺寸来确定，通常加大尺寸数值标注在活塞顶上，保证间隙在规定范围内。

② 同一发动机上同一组活塞的直径差不得大于 0.020mm。

③ 同一台发动机内各活塞的重量差不得超过活塞重量的 3%。如果同一组活塞仅重量不符合规定，可车削活塞裙部内壁下部向上 20mm 的部位来修正。

2.3.3.2　活塞环的检验与选配

活塞环在工作时，由于受高温、润滑条件差的影响，其磨损失效往往要比气缸的磨损速度快。随着活塞环磨损的加剧，活塞环的弹力将逐渐减弱，端隙、侧隙的增大，会使密封性能变差，造成高压气体下窜和润滑油上窜现象，降低发动机的动力性和经济性。

活塞环除磨损失效外，还有一种常见的断裂损坏。由于活塞环脆性较大，如果在安装时方法不当，或活塞环侧隙、端隙过小和发动机突爆、大负荷的撞击都会造成活塞环断裂。因此，应正确选配和安装活塞环。

对活塞环选配的要求是：与气缸、活塞的修理尺寸一致；具有规定的弹力以保证气缸的密封性；环的漏光度、端隙、侧隙、背隙应符合设计规定。

(1) 外径尺寸　活塞环有着与气缸、活塞相同加大级别的修理尺寸，以适应发动机修理的需要。发动机气缸磨损不大时，应选配与气缸同一级别的活塞环。发动机大修时，应按照气缸的修理尺寸，选用与气缸、活塞同一修理级别的活塞环。

(2) 弹力　活塞环的弹力是建立背压的首要条件，也是保证气缸密封性的必要条件。弹力过大使环的磨损加剧；弹力过小，气缸密封性能差，燃料消耗增加，积炭严重。

(3) 漏光度　新的活塞环与气缸壁在未磨合之前，环的外圆表面不可能与气缸壁完全贴合，不贴合处与缸壁形成间隙，此间隙可通过灯光进行检验，称为漏光度检验，如图 2-46 所示。活塞环漏光度检验的一般技术要求如下。

① 同一环上漏光不大于两处，每处漏光弧长所对应的圆心角总和不大于 45°。

② 活塞环开口两端各 30°范围内不允许有漏光。

③ 漏光度的最大缝隙不大于 0.03mm。

（4）端面翘曲度的检验　活塞环的端面与活塞环槽的上下端面的贴合是环的第二密封面。此密封面不好，将造成漏气。因此，应检验活塞环端面的平面度。检验方法有两种：一种用专用设备检验，即采用表面粗糙度很小的两平行板，间距为被检环的厚度加上 0.05mm 的允许翘曲范围，当被检环能无阻碍地通过此间距时表示合格；另一种是简易法，将环自由平放在平板上，观察其接触情况或平面漏光情况，决定是否采用。

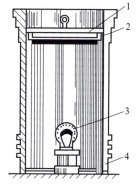

图 2-46　漏光度检验
1—盖板；2—活塞环；
3—灯泡；4—缸套

（5）活塞环端隙的检验　端隙的大小与气缸的直径及各环所受温度有关，一般 100mm 缸径，温度最高的第一环的端隙为 0.25～0.45mm，其余各道环温度较低，端隙为 0.20～0.40mm。检验活塞环端隙的方法如图 2-47 所示，先将活塞环平整地放在待配的气缸内，用活塞头将活塞环推平（对未加工的气缸应推到磨损最小处），然后用塞尺插入活塞环开口处进行测量。

（6）活塞环侧隙的检验　活塞环的侧隙过大，将使活塞环的泵油作用加剧，环易疲劳破碎，加速环的断裂且润滑油消耗增加；侧隙过小，会使活塞环卡死在环槽内，环的弹力极度减弱，冲击应力加剧，不但使气缸密封性能降低，也容易断环。测量的方法如图 2-48 所示，将环放在槽内，围绕槽滚动一周，应能自由滚动，既不能松动，又不能有阻滞现象。

图 2-47　活塞环端隙的检验

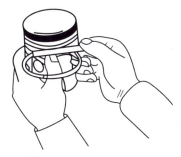

图 2-48　活塞环侧隙的检验

（7）活塞环背隙的检验　背隙一般为 0.5～1mm。为了测量方便，通常以槽深和环宽之差来表示。活塞环一般应低于环槽岸边 0～0.35mm，以免在气缸内卡死。

2.3.3.3　活塞销的选配

发动机工作时，活塞销受到气体压力和惯性力的作用，使其与销座孔以及连杆衬套相配合处产生磨损，间隙增大，严重时产生敲击声，此时应更换加大级的活塞销，恢复其正常配合。

发动机大修应选用标准尺寸的活塞销。新活塞销表面应无锈蚀、斑点，锥度和圆度误差均不超过 0.005mm，以保证修配质量。

修理大众 AJR 发动机时通常采用更换活塞与活塞销组件的方法，活塞销在选配时，应注意选用同厂牌、标准尺寸的活塞销。大众 AJR 发动机活塞销采用热装法，将活塞放在水中加热，当水沸腾后，将活塞迅速取出，并立即将活塞销装入活塞销座孔内。装配前应检查装配情况。在 80℃左右用拇指应能将活塞销推进活塞，如果在较低温度下，活塞销也能装入，应更换活塞销。

2.3.3.4 连杆的检修

(1) 连杆的损伤形式 连杆的损伤有杆身的弯曲、扭转变形；小头孔和大头侧面的磨损。其中变形最为常见。

(2) 连杆变形的检验 在连杆检验仪（图2-49）上进行。检验仪上的棱形支承轴能保证连杆大端轴承孔轴向与检验平板垂直。测量工具是一个带V形槽的三点规，三点规上的三点构成的平面与V形槽的对称平面垂直，两下测点的距离为100mm，上测点与两下测点连线的距离也是100mm。

① 将连杆大头的轴承盖装好（不装轴承），按规定力矩把螺栓拧紧，检查连杆大头孔的圆度和圆柱度应符合要求；装上已修配好的活塞销。

② 把连杆大头装在检验仪的支承轴上，拧紧调整螺钉使定心块向外扩张，把连杆固定在检验仪上。

③ 将V形检验块两端的V形定位面靠在活塞销上，观察V形三点规的三个接触点与检验平板的接触情况，即可检查出连杆的变形方向和变形量。

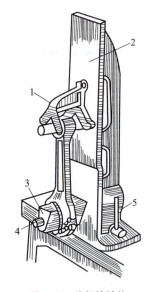

图2-49 连杆检验仪

1—量规；2—检验平板；
3—棱形支承轴；4—调整螺钉；
5—锁紧扳杆

a. 三点规的三个测点都与平板接触，说明连杆没有变形。

b. 若上测点与平板接触，两下测点不接触且与平板距离一致；或两下测点与平板接触而上测点不接触，表明连杆弯曲。用塞尺测出测点与平板的间隙，即为连杆在100mm长度上的弯曲度，如图2-50所示。

c. 若只有一个下测点与平板接触，另一个下测点与平板不接触，且间隙为上测点与平板间隙的两倍，这时下测点与平板的间隙即为连杆在100mm长度上的扭曲度，如图2-51所示。

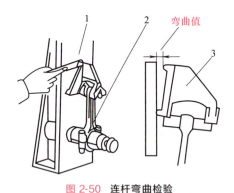

图2-50 连杆弯曲检验

1—平板；2—连杆；3—量规

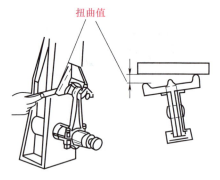

图2-51 连杆扭曲检验

d. 如果一个下测点与平板接触，但另一个下测点与平板的间隙不等于上测点间隙的两倍，这时连杆弯扭并存。下测点与平板的间隙为连杆的扭曲度，上测点间隙与下测点间隙一半的差值为连杆的弯曲度。

e. 测出连杆小头端面与平板的距离，然后将连杆翻转180°后再测此距离，若数值不相等，即说明连杆有双重弯曲，两次测量数值之差为连杆双重弯曲度。

(3) 连杆变形的校正 经检验，如果弯、扭超过规定值，应记住弯、扭方向和数值，进行校正。

连杆弯曲的校正可在压床或弯曲校正器上进行，用弯曲校正器校正连杆弯曲的方法如图 2-52 所示。

连杆扭曲的校正可将连杆夹在台虎钳上，用扭曲校正器、长柄扳钳或管钳进行校正，用扭曲校正器校正连杆扭曲的方法如图 2-53 所示。

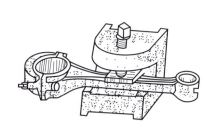

图 2-52　连杆弯曲的校正

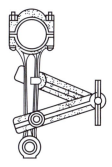

图 2-53　连杆扭曲的校正

校正时注意：先校扭，再校弯；避免反复过校正。校正后要进行时效处理，消除弹性后效作用。

2.3.3.5　连杆衬套的修复

（1）**连杆衬套的选配**　对于全浮式安装的活塞销，连杆小头内压装有连杆衬套。发动机在大修时，在更换活塞、活塞销的同时，必须更换连杆衬套，以恢复其正常配合。

连杆衬套与连杆小头应有一定量的过盈（如大众 AJR 发动机为 0.06～0.10mm），以保证衬套在工作时与连杆小头孔之间不松动。可通过分别测量连杆小头内径和新衬套外径（图 2-54）的方法求得过盈量。

（2）**连杆衬套的修配**　活塞销与连杆衬套的配合，在常温下应有 0.005～0.010mm 的间隙，接触面积应在 75% 以上。配合间隙过小，可将连杆夹到内圆磨床上进行磨削，并留有研磨余量。再将活塞销插入连杆衬套内配对研磨，研磨时可加少量机油，将活塞销夹在台虎钳上，沿活塞销轴线方向扳动连杆，应有无间隙感觉（图 2-55）。加入机油扳动时无气泡产生，把连杆置于与水平面成 75°角时应能停住，轻拍连杆缓慢下降，此时配合间隙为合适。

经过加工的衬套，应能用大拇指把活塞销推入连杆衬套内，并有无间隙感觉，如图 2-56 所示。

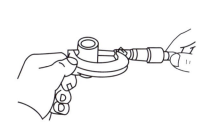

图 2-54　连杆衬套外径的测量

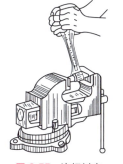

图 2-55　连杆衬套修配质量检验

图 2-56　检验活塞销与连杆衬套的配合

2.3.3.6　活塞连杆组装配的注意事项

① 活塞与连杆的装配通常采用热装合法。将活塞放入水中加热至 80～100℃，取出后迅

速擦净，将活塞销涂以机油，插入活塞销座孔和连杆衬套中，然后装入锁环。

② 装配时注意，活塞与连杆的缸序和安装方向不得错乱，按照装配标记进行安装，如图 2-57 所示。如标记不清或不能确认时，可结合活塞和连杆的结构加以识别。

③ 安装活塞环时，应采用专用工具，如图 2-58 所示。要特别注意各道环的类型和规格、顺序及安装方向，并按照维修手册的要求注意各道环的开口交错布置。

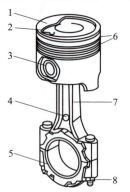

图 2-57 活塞连杆组的正确安装
1—活塞；2—活塞顶部标记；3—活塞销；4—连杆标记；
5—连杆轴承盖；6—活塞环；7—连杆；8—连杆螺栓

图 2-58 活塞环的正确安装

④ 总成装入气缸前，应在运动部位如活塞裙部、环槽处、连杆轴瓦处涂以润滑油。连杆螺栓按照规定顺序和力矩拧紧到位。

2.4 曲轴飞轮组与检修

曲轴飞轮组主要包括曲轴、飞轮等机件，如图 2-59 所示。

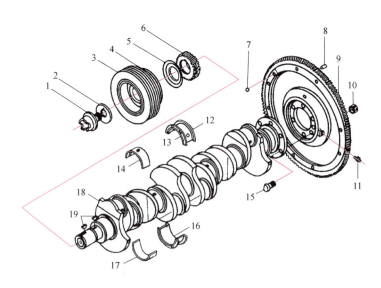

图 2-59 曲轴飞轮组
1—启动爪；2—锁紧垫圈；3—扭转减振器；4—带轮；5—挡油片；6—正时齿轮；7—六缸上止点记号用钢球；
8—离合器盖定位销；9—飞轮与齿圈；10—螺母；11—滑脂嘴；12—止推片；
13,14,16,17—主轴瓦；15—飞轮螺栓；18—曲轴；19—半圆键

在发动机工作过程中,燃料燃烧产生的气体压力直接作用在活塞顶上,推动活塞作往复直线运动,经活塞销、连杆和曲轴,将活塞的往复直线运动转换为曲轴的旋转运动。发动机产生的动力大部分经曲轴后端的飞轮输出,还有一部分通过曲轴前端的齿轮和带轮驱动本机其他机构和系统。

2.4.1 曲轴

2.4.1.1 曲轴的功用及工作条件

曲轴的功用是把活塞、连杆传来的气体力转变为转矩,用以驱动汽车的传动系统和发动机的配气机构以及其他辅助装置。曲轴在周期性变化的气体力、惯性力及其力矩的共同作用下工作,承受弯曲和扭转交变载荷。因此,曲轴应有足够的抗弯曲、抗扭转的疲劳强度和刚度;轴颈应有足够大的承压表面和耐磨性;曲轴的重量应尽量小;对各轴颈的润滑应该充分。

2.4.1.2 曲轴材料

曲轴一般由 45、40Cr、35Mn2 等中碳钢和中碳合金钢模锻而成,轴颈表面经高频淬火或氮化处理,最后进行精加工。现代汽车发动机广泛采用球墨铸铁曲轴,球墨铸铁价格便宜,耐磨性能好,轴颈不需硬化处理,同时金属消耗量少,机械加工量也少。为提高曲轴的疲劳强度,消除应力集中,轴颈表面应进行喷丸处理,圆角处要经滚压处理。

2.4.1.3 曲轴的构造

曲轴的基本结构包括前端、主轴颈、连杆轴颈、曲柄、平衡重、后端凸缘等,如图 2-60 所示。

曲轴前端(图 2-61)指曲轴第一道主轴颈之前的部分,用以安装正时齿轮(或正时齿形带轮或链轮)、带轮等。为防止机油外漏,在曲轴前端有油封装置;为减小扭转振动,曲轴前端还装有扭转减振器。

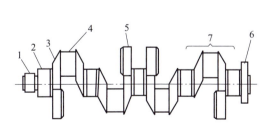

图 2-60 曲轴的基本结构
1—曲轴前端;2—主轴颈;3—曲柄臂;4—连杆轴颈;
5—平衡重;6—后端凸缘;7—单元曲拐

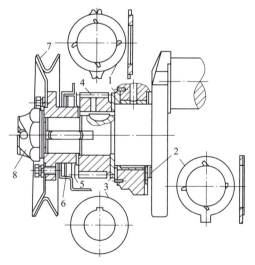

图 2-61 曲轴前端
1,2—滑动止推轴承;3—止推片;4—正时齿轮;
5—甩油盘;6—油封;7—带轮;8—启动爪

主轴颈是曲轴的支承部分。按曲轴主轴颈的数目,可以把曲轴分为全支承曲轴和非全支承曲轴两种。如图 2-62 所示,在每个连杆轴颈两边都有一个主轴颈,称为全支承曲轴,否

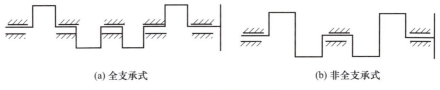

(a) 全支承式　　　　　　　　　(b) 非全支承式

图 2-62　曲轴的支承形式

则为非全支承曲轴。显然全支承曲轴的主轴颈数比连杆轴颈数多一个，这种支承方式曲轴刚度好，但长度较长。由此可见，直列发动机全支承曲轴的主轴颈数比气缸数多一个；V 型发动机全支承曲轴的主轴颈数是气缸数的一半加一个。

连杆轴颈是曲轴和连杆相连的部分，连杆大头安装在曲轴的连杆轴颈上。

曲柄是连接曲轴主轴颈和连杆轴颈的部分。在曲轴的主轴颈、曲柄、连杆轴颈上钻有贯通的油道，如图 2-63 所示，以使主轴颈内的润滑油经此油道流至连杆轴颈进行润滑。

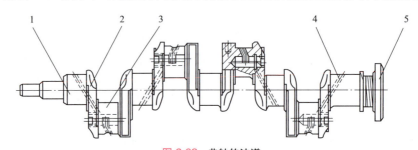

图 2-63　曲轴的油道

1—曲轴主轴颈；2—曲柄；3—连杆轴颈；4—油道；5—后端凸缘

平衡重用来平衡连杆大头、连杆轴颈和曲柄等产生的离心力及其力矩，有时还平衡部分往复惯性力，使发动机运转平稳。如图 2-64 所示，从整体来说，其惯性力及力矩是平衡的，但曲轴局部却受弯矩 M_{1-2}、M_{3-4} 作用，造成曲轴弯曲变形。如果在曲柄的相反方向上设置平衡重，就能使其产生的力矩与上述惯性力矩 M_{1-2}、M_{3-4} 相平衡。

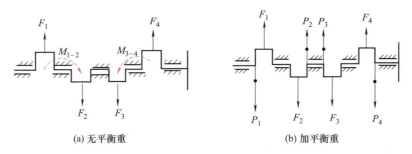

(a) 无平衡重　　　　　　　　　(b) 加平衡重

图 2-64　曲轴平衡重作用示意

曲轴后端是最后一道主轴颈之后的部分。有安装飞轮用的凸缘，为防止机油从后端泄漏，后端也安装有油封装置。

2.4.1.4　曲轴的轴向定位

汽车行驶时由于踩踏离合器而对曲轴施加轴向推力，使曲轴发生轴向窜动。过大的轴向窜动将影响活塞连杆组的正常工作和破坏正确的配气定时和柴油机的喷油定时。为了保证曲轴轴向的正确定位，需装设止推轴承，而且只能在一处设置止推轴承，以保证曲轴受热膨胀时能自由伸长。曲轴止推轴承有翻边轴瓦、止推环、止推片等多种形式，如图 2-65 所示。

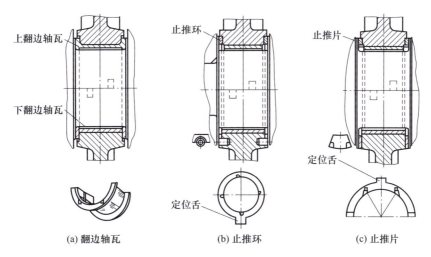

图 2-65 曲轴止推装置

翻边轴瓦是将轴瓦两侧翻边作为止推面,在止推面上浇铸减摩合金。轴瓦的止推面与曲轴止推面之间留有 0.06~0.25mm 的间隙,从而限制了曲轴轴向窜动量。

止推环为两片止推圆环,分别安装在第一主轴承盖的两侧。

半圆环止推片一般为四片,上下各两片,分别安装在机体和主轴承盖上的浅槽中,用定位舌或定位销定位,防止其转动。装配时,需将有减摩合金层的止推面朝向曲轴的止推面,不能装反。

2.4.1.5 曲拐布置与多缸发动机的工作顺序

各曲拐的相对位置或曲拐布置取决于气缸数、气缸排列形式和发动机工作顺序。当气缸数和气缸排列形式确定之后,曲拐布置就只取决于发动机工作顺序。发动机工作顺序遵循以下规律。

① 应该使接连做功的两个气缸相距尽可能远,以减轻主轴承载荷和避免在进气行程中发生抢气现象。

② 各气缸发火的间隔时间应该相同。发火间隔时间若以曲轴转角计则称发火间隔角。在发动机完成一个工作循环的曲轴转角内,每个气缸都应发火做功一次。对于气缸数为 i 的四冲程发动机,其发火间隔角应为 $720°/i$,即曲轴每转 $720°/i$ 时,就有一缸发火做功,以保证发动机运转平稳。

③ V型发动机左右两列气缸应交替发火。

常见几种多缸发动机曲拐的布置和工作顺序如下。

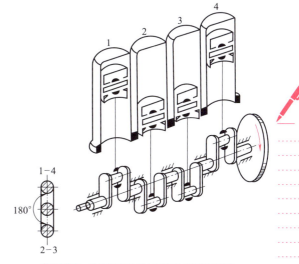

图 2-66 直列四缸四冲程发动机曲拐布置

(1) 直列四缸四冲程发动机曲拐布置 曲拐对称布置在同一平面内,如图 2-66 所示。发火间隔角为 $720°/4=180°$,各缸工作顺序有 1-3-4-2 和 1-2-4-3 两种,其工作循环见表 2-1、表 2-2。

表 2-1 四缸四冲程发动机工作循环表（工作顺序 1-3-4-2）

曲轴转角/(°)	第一缸	第二缸	第三缸	第四缸
0~180	做功	排气	压缩	进气
180~360	排气	进气	做功	压缩
350~540	进气	压缩	排气	做功
540~720	压缩	做功	进气	排气

表 2-2 四缸四冲程发动机工作循环表（工作顺序 1-2-4-3）

曲轴转角/(°)	第一缸	第二缸	第三缸	第四缸
0~180	做功	压缩	排气	进气
180~360	排气	做功	进气	压缩
350~540	进气	排气	压缩	做功
540~720	压缩	进气	做功	排气

六缸发动机工作顺序

（2）直列六缸四冲程发动机曲拐布置　发火间隔角为 720°/6＝120°，六个曲拐分别布置在互成 120°的三个平面内，如图 2-67 所示。发火顺序是 1-5-3-6-2-4 和 1-4-2-6-3-5，以第一种应用较为普遍，其工作循环表见表 2-3。

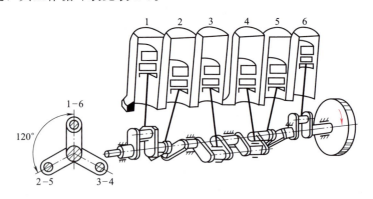

图 2-67 直列六缸四冲程发动机曲拐布置

表 2-3 六缸四冲程发动机工作循环表（工作顺序 1-5-3-6-2-4）

曲轴转角/(°)		第一缸	第二缸	第三缸	第四缸	第五缸	第六缸
0~180	0 60 120	做功	排气	进气	做功	压缩	进气
180~360	180 240 300	排气	进气	压缩	排气	做功	压缩
360~540	360 420 480 540	进气	压缩 做功	做功	进气	排气	做功
540~720	600 660 720	压缩	做功 排气	排气	进气 做功	进气 压缩	排气

（3）V 型八缸四冲程发动机曲拐布置　这种曲轴有四个曲拐，其布置可以与直列四缸发动机一样，四个曲拐布置在同一平面内，也可以布置在两个相互错开 90°的平面内，如图

2-68 所示。发火间隔角为 720°/8＝90°。V 型发动机工作顺序随气缸序号的排列方法而定，图 2-68 中为 1-8-4-3-6-5-7-2，其工作循环如表 2-4 所示。

2.4.2 曲轴扭转减振器

当发动机工作时，曲轴在周期性变化的转矩作用下，各曲拐之间发生周期性相对扭转的现象称为扭转振动，简称扭振。当发动机转矩的变化频率与曲轴扭转的自振频率相同或成整数倍时，就会发生共振。共振时扭转振幅增大，并导致传动机构磨损加剧，发动机功率下降，甚至使曲轴断裂。为了消减曲轴的扭转振动，现代汽车发动机多在扭转振幅最大的曲轴前端装置扭转减振器。汽车发动机多采用橡胶扭转减振器、硅油扭转减振器和硅油-橡胶扭转减振器等。

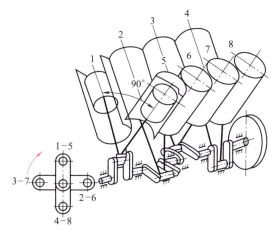

图 2-68 V 型八缸四冲程发动机曲拐布置

八缸发动机工作顺序

表 2-4 八缸四冲程发动机工作循环表（工作顺序 1-8-4-3-6-5-7-2）

曲轴转角/(°)		第一缸	第二缸	第三缸	第四缸	第五缸	第六缸	第七缸	第八缸
0～180	90——	做功	做功	进气	压缩	排气	进气	排气	压缩
			排气	压缩		进气			做功
180～360	270——	排气	排气	压缩	做功	进气	压缩	进气	做功
			进气	做功		压缩			排气
360～540	450——	进气	进气	做功	排气	压缩	做功	压缩	排气
			压缩	排气		做功			进气
540～720	630——	压缩	压缩	排气	进气	做功	排气	做功	进气
			做功	进气		排气			压缩

橡胶扭转减振器如图 2-69 所示。减振器壳体与曲轴连接，减振器壳体与扭转振动惯性质量粘接在硫化橡胶层上。发动机工作时，减振器壳体与曲轴一起振动，由于惯性质量滞后于减振器壳体，因而在两者之间产生相对运动，使橡胶层来回揉搓，振动能量被橡胶的内摩擦阻尼吸收，从而使曲轴的扭振得以消减。橡胶扭转减振器结构简单，工作可靠，制造容易，在汽车上广为应用。但其阻尼作用小，橡胶容易老化，故在大功率发动机上较少应用。

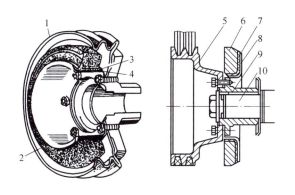

图 2-69 橡胶扭转减振器

1，5—曲轴带轮；2，6—惯性盘；3，7—橡胶环；4，8—减振圆盘；9—带轮轮毂；10—曲轴前端

2.4.3 曲轴主轴瓦

曲轴主轴瓦（俗称大瓦），装于主轴承座孔中，将曲轴支承在发动机的

机体上。主轴瓦的结构与连杆轴瓦相同,为了向连杆轴瓦输送润滑油,在主轴瓦上都开有周向油槽和通油孔。有些负荷不大的发动机,为了通用化起见,上、下两半轴瓦上都制有油槽,有些发动机只在上轴瓦开油槽和通油孔,而负荷较重的下轴瓦不开油槽。在相应的主轴颈上开径向通孔,这样,主轴承便能不间断地向连杆轴瓦供给润滑油。注意,后一种主轴瓦上、下片不能互换,否则主轴承的来油通道将被堵塞。

2.4.4 飞轮

飞轮的主要功用是用来储存做功行程的能量,用于克服进气、压缩和排气行程的阻力和其他阻力,使曲轴能均匀地旋转。汽车离合器也装在飞轮上,是摩擦式离合器的主动件,利用飞轮后端面作为驱动件的摩擦面,对外传递动力。除此之外,在飞轮轮缘上镶嵌有供启动发动机用的飞轮齿圈;在飞轮上还刻有上止点记号,用来校准点火定时或喷油定时以及调整气门间隙,如图2-70所示。

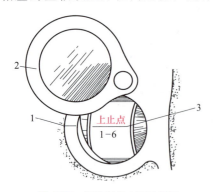

图2-70 发动机点火正时记号
1—飞轮壳上的记号;2—观察孔盖板;
3—飞轮上的记号

飞轮与曲轴在制造时一起进行动平衡校验,应严格按相对位置安装。飞轮紧固螺钉承受作用力大,应按规定力矩和正确方法拧紧。

2.4.5 曲轴飞轮组的检修

2.4.5.1 曲轴的检修

(1) 曲轴磨损的检修

① 轴颈磨损的检验 主要是用外径千分尺测量轴颈的直径、圆度误差和圆柱度误差。根据轴颈的磨损规律,在每一道轴颈上选取两个截面Ⅰ—Ⅰ与Ⅱ—Ⅱ,在每一个截面上取与曲柄平行及垂直的两个方向A和B,用外径千分尺进行测量。此时轴颈同一横断面上测得最大的数值差的一半,即为圆度误差。轴颈在两断面上测得最大的差数值的一半即为圆柱度误差。一般根据圆柱度误差确定轴颈是否需要修磨,同时也可确定修理尺寸。

② 轴颈的修磨 发动机大修时,对轴颈磨损已超过规定的曲轴,可用修理尺寸法对曲轴主轴颈、连杆轴颈进行光磨修理,同名轴颈必须为同级修理尺寸,以便选取统一的轴承,其修理尺寸查阅相关车型的维修手册。

(2) 曲轴弯曲变形的检修

① 弯曲变形的检验 检验弯曲变形应以两端主轴颈的公共轴线为基准,检查中间主轴颈的径向圆跳动误差,如图2-71所示。检验时,将曲轴两端主轴颈分别放置在检验平板的V形块上,将百分表触头垂直地抵在中间主轴颈上,慢慢转动曲轴一圈,百分表指针所指示的最大读数与最小读数之差,即为中间主轴颈的径向圆跳动误差值。

② 弯曲变形的校正 曲轴的径向圆跳动误差不得大于0.15mm,否则应进行校正。

曲轴弯曲变形的校正,一般采用冷压校正法或敲击校正法。当变形量不大时,可采用敲击校正法,即用锤子敲击曲柄边缘的非工作表面,使被敲击表面产生塑性残余变形,达到校正弯曲的目的。冷压校正法是将曲轴用V形铁架住两端主轴颈,用油压机沿曲轴弯曲相反方向加压,如图2-72所示。由于钢质曲轴的弹性作用,压弯量应为曲轴弯曲量的10~15

倍，并保持 2～4min，为减小弹性后效作用，最好采用人工时效法消除。

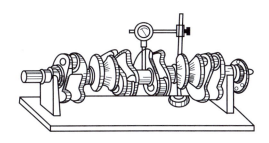

图 2-71 曲轴弯曲的检测

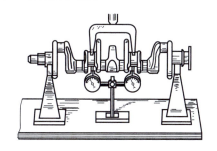

图 2-72 曲轴弯曲冷压校正

（3）曲轴扭曲变形的检修

① 扭曲变形的检验　曲轴扭曲变形检验的支承方法和弯曲检验一样，将曲轴两端主轴颈分别放置在检验平板的 V 形块上，保持曲轴水平，使两端同一曲柄平面内的两个连杆轴颈位于水平位置，用百分表测量两轴颈最高点至平板的高度差 ΔA，据此求得曲轴主轴线的扭曲角 θ。

$$\theta = \frac{360\Delta A}{2\pi R} = \frac{57\Delta A}{R}$$

式中　R——曲柄半径，mm。

② 扭曲变形的校正　曲轴扭曲变形量一般很小，可直接在曲轴磨床上结合对连杆轴颈磨削时予以修正。

（4）曲轴裂纹的检修　裂纹的检验方法有磁力探伤法和浸油敲击法。

磁力探伤的原理是，当磁力线通过被检验的零件时，零件被磁化，如果零件表面有裂纹，在裂纹部位的磁力线就会因裂纹不导磁而被中断，使磁力线偏散而形成磁极，此时，在零件表面撒上磁性铁粉，铁粉便被磁化而吸附在裂纹处，从而显现出裂纹的部位和大小。

浸油敲击法是将曲轴置于煤油中浸一段时间，取出后擦净表面煤油并撒上白色粉末，然后分段用小锤轻轻敲击，如有明显的油迹出现，即该处有裂纹。曲轴出现裂纹，一般应更换。

（5）曲轴轴向间隙和径向间隙的检查与调整

① 轴向间隙的检查与调整　为了适应发动机机件正常工作的需要，曲轴必须留有合适的轴向间隙，间隙过小，会使机件因受热膨胀而卡死；轴向间隙过大，曲轴工作时将产生轴向窜动，加速气缸的磨损，活塞连杆组也会不正常磨损，还会影响配气相位和离合器的正常工作。因此，曲轴装到气缸体上之后，应检查其轴向间隙。

曲轴轴向间隙的检查可采用百分表或塞尺进行。检查时，将曲轴装入缸体轴承座，将百分表触头顶在曲轴平衡重上，用撬棒前后撬动曲轴，观察表针摆动数值，指针的最大摆差即为曲轴轴向间隙，如图 2-73 所示。或者用撬棒将曲轴撬向一端，再用塞尺检查止推轴承和曲轴止推面之间的间隙，即为曲轴轴向间隙，如图 2-74 所示。

此间隙应符合规定，大众 AJR 发动机曲轴的轴向间隙为 0.07～0.21mm，轴向间隙过小或过大时，应更换不同厚度的止推垫片进行调整。

② 径向间隙的检查与调整　曲轴的径向也必须留有适当间隙，因为轴承的适当润滑和冷却取决于曲轴径向间隙的大小。曲轴径向间隙过小会使阻力增大，加重磨损，使轴瓦划

伤。曲轴径向间隙过大，曲轴会上下敲击，并使润滑油压力降低，曲轴表面过热并与轴瓦烧熔到一起。曲轴的径向间隙可用塑料间隙塞尺检查，如图 2-75 所示。

首先清洁曲轴主轴颈、连杆轴颈、轴瓦和轴承盖，将塑料间隙塞尺（或软金属丝）放置在曲轴轴颈上（不要将油孔盖住），盖上轴承盖并按规定扭矩拧紧螺栓。注意：不要转动曲轴。然后取下轴承盖和塑料间隙塞尺，用被压扁的塑料间隙塞尺和间隙条宽度标尺相对照（图 2-76），查得间隙塞尺宽度（或测量软金属丝厚度）对应的间隙值即为曲轴的径向间隙。

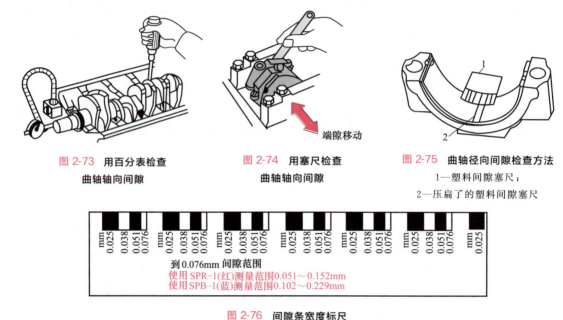

图 2-73　用百分表检查曲轴轴向间隙

图 2-74　用塞尺检查曲轴轴向间隙

图 2-75　曲轴径向间隙检查方法
1—塑料间隙塞尺；
2—压扁了的塑料间隙塞尺

图 2-76　间隙条宽度标尺

（6）曲轴主轴瓦的选配

① 选择轴瓦内径　根据曲轴轴承的直径和规定的径向间隙选择合适内径的轴瓦。现代发动机曲轴轴瓦制造时，根据选配的需要，其内径直径已制成一个尺寸系列。

② 检验轴瓦钢背质量　要求定位凸点完整，轴瓦钢背光整无损。

③ 检验轴瓦自由弹开量　要求轴瓦在自由状态下的曲率半径大于座孔的曲率半径，保证轴瓦压入座孔后，可借轴瓦自身的弹力作用与轴承座贴合紧密，如图 2-77 所示。

④ 检验轴瓦的高出量　轴瓦装入座孔内，上、下两片的每端均应高出轴承座平面 $0.03 \sim 0.05$ mm（称为高出量 h），如图 2-78 所示。轴瓦高出座孔，以保证轴承与座孔紧密贴合，改善散热效果。

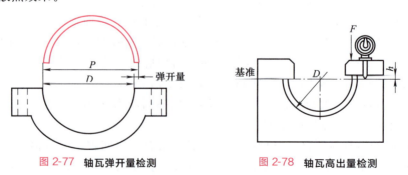

图 2-77　轴瓦弹开量检测

图 2-78　轴瓦高出量检测

2.4.5.2 飞轮的检修

飞轮常见的损伤形式主要是齿圈磨损、打坏、松动、端面打毛；飞轮与离合器摩擦片接触的工作面磨损、起槽、刮痕等。

（1）更换齿圈　飞轮齿圈有断齿或齿端冲击耗损，与启动机齿轮啮合状况发生变化时，应更换齿圈或飞轮组件。齿圈与飞轮配合过盈为 0.30～0.60mm，更换时，应先将齿圈加热至 350～400℃，再进行热压配合。

（2）修整飞轮工作平面　飞轮工作平面有严重烧灼或磨损沟槽深度超过 0.50mm 或飞轮端面圆跳动误差超过 0.50mm 时，应进行光磨修整。

（3）曲轴、飞轮、离合器总成组装后进行动平衡试验　组件动不平衡量应不大于原厂规定。更换飞轮或齿圈、离合器压盘或总成之后，都应重新进行组件的动平衡试验，并在规定的方位去除相应质量满足动平衡要求。

2.5　曲柄连杆机构故障检修

曲柄连杆机构的故障主要是三漏、异响及机件损坏。通常很多故障往往首先以异响的形式表现出来，常见的曲柄连杆机构异响的类型有：曲轴主轴承异响、连杆轴承响、活塞销响、活塞敲缸响等。

2.5.1　曲轴主轴承异响

（1）现象

发动机突然加速时会发出沉重而有力的"镗、镗"或"刚、刚、刚"的金属敲击声，严重时机体发生很大振动；响声随发动机转速的提高而增大，随负荷的增加而增强，产生响声的部位是在缸体下部的曲轴箱内。

（2）原因

① 主轴承盖固定螺栓松动；

② 主轴瓦减摩合金烧毁或脱落；

③ 主轴瓦和轴颈磨损过甚、轴向止推装置磨损过甚，造成径向和轴向间隙过大；

④ 曲轴弯曲；

⑤ 机油压力太低或机油变质。

（3）故障诊断与排除

① 在气缸体下部用听诊器具听诊或机油加油口处听察。并反复改变发动机转速，当忽然加速或减速，如有明显的沉重响声，则是主轴承响。单缸断火时，响声无变化，而相邻两缸断火时，响声会明显减弱。曲轴速由低速到中速，出现有节奏而沉重的响声。详见图 2-79。

② 放去机油，观察如有银白色的粉末，说明拉瓦，打开油底壳进一步检查。

③ 若主轴承盖螺栓松动，必须撤除主轴承盖，检查轴瓦、螺栓、轴颈是否损伤，如完好，按规定的拧紧力矩拧紧，若主轴瓦磨损致使与轴颈的配合间隙过大或主轴瓦表面合金层燃烧脱落，可更换同一修理尺寸的主轴瓦，当主轴颈磨损时，应修磨主轴颈并配相应修理级别的主轴瓦。

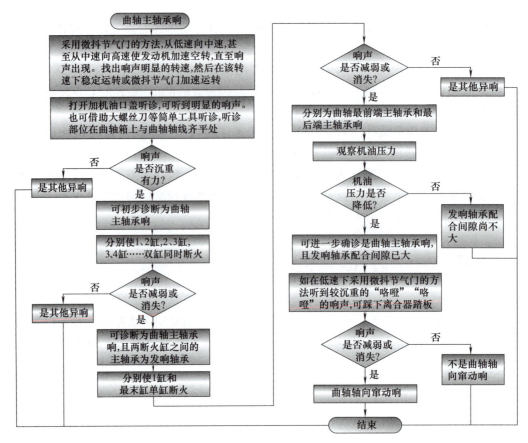

图 2-79 曲轴主轴承异响诊断流程图

2.5.2 连杆轴承响

（1）现象

当发动机突然加速时，有"铛、铛、铛"连续明显、轻而短促的金属敲击声，是连杆轴承响的主要特征；轴承严重松旷时，怠速运转也能听到明显的响声，机油压力降低；发动机温度变化时，响声不变化；发动机负荷变化时，响声随负荷增加而加剧；单缸断火，响声明显减弱或消失，但复火时又能立即出现，即具有所谓响声"上缸"现象。

（2）原因

① 连杆轴承盖的固定螺栓松动或折断；
② 连杆轴瓦减摩合金烧毁或脱落；
③ 连杆轴瓦或轴颈磨损过甚，造成径向间隙太大；
④ 机油压力太低、机油变质或曲轴内通连杆轴颈的油道堵塞。

（3）故障诊断与排除

① 诊断流程见图 2-80；
② 检查连杆螺栓及预紧力，必要时更换连杆轴瓦并保证适当的配合间隙。

2.5.3 活塞销响

（1）现象

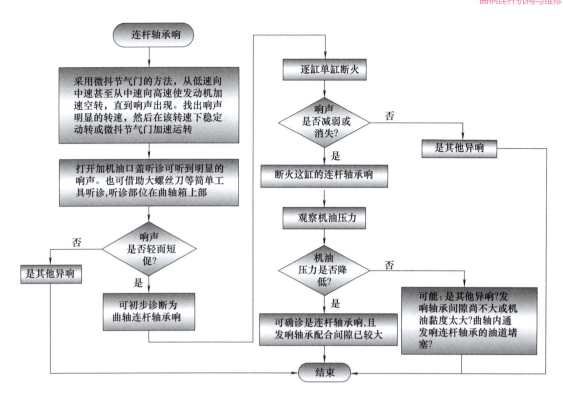

图 2-80 连杆轴承响诊断流程图

发动机在急速、低速和从急速向低速抖动节气门时，可听到清脆而又连贯的"嗒、嗒、嗒"的金属敲击声；响声严重时，随转速的升高而增大，随负荷的增大而加重；发动机温度变化时，对响声稍有影响或影响不大；机油压力不降低；单缸断火时响声明显减弱或消失，复火瞬间响声又出现或连续出现两个响声。

（2）原因

① 活塞销与连杆小头衬套配合松旷；

② 衬套与连杆小头孔配合松旷；

③ 活塞销与活塞上的销座孔配合松旷。

（3）故障诊断与排除

① 当发动机转速变化时，将听诊器触及气缸体上部，可听出清脆连续的响声。该缸断火后，响声减弱或消失，在恢复点火瞬间，响声会敏感的突然恢复并出现双响，详见图 2-81。

② 若活塞销与连杆小头衬套配合间隙过大，应更换新的活塞销和连杆衬套，若活塞销与活塞销座孔配合松旷，应更换新的活塞销和活塞。

2.5.4 活塞敲缸响

（1）现象

发动机在急速或低速运转时，在气缸的上部发出清晰而明显的"嗒、嗒、嗒"的金属敲击声，而中速以上运转时响声减弱或消失；发动机温度变化时响声亦变化：多数情况下响声冷车时明显，热车时减弱或消失，但个别原因造成的活塞敲缸响反而在温度升高后加重；响声严重时，负荷愈大响声也愈大，但机油压力不降低。

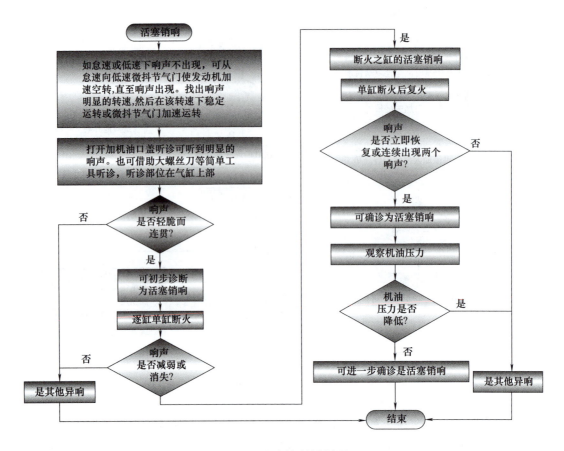

图 2-81 活塞销响诊断流程

（2）原因

① 活塞与气缸壁配合间隙太大；

② 活塞与气缸壁间润滑条件太差；

③ 活塞在常温时反椭圆或椭圆度太小；

④ 活塞销与活塞上销座孔装配过紧；

⑤ 活塞销与连杆小头衬套装配过紧；

⑥ 连杆轴承装配过紧；

⑦ 活塞圆柱度过大。

（3）故障诊断与排除

① 用听诊器在气缸体上部听诊，声响明显。为进一步证明某缸敲缸，可向怀疑发响的气缸内注入少量机油，使机油附在气缸壁和活塞之间，再启动发动机察听，若敲击声减弱或消失，但运转时间后又出现，则判断是该缸活塞敲缸响，这是活塞与气缸壁间隙过大所致。详见图 2-82。

② 如果是连杆变形或连杆衬套与活塞销装配过紧而产生的响声，应重新校正连杆或修刮连杆衬套，当活塞与气缸壁的配合间隙过大时，若因活塞磨损过大而产生异响，可更换同一修理级别的新活塞，若因气缸磨损过大时，则应镗、磨气缸并配以相应修理级别的活塞。

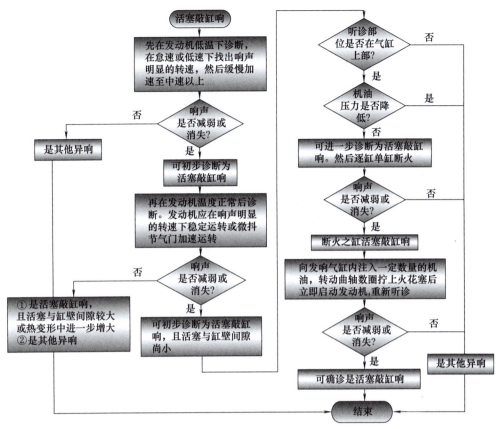

图 2-82 活塞敲缸响故障诊断

单 元 练 习

一、选择题

1. 将气缸盖用螺栓固定在气缸体上，拧紧螺栓时，应采取下列方法（　　）。
A. 由中央对称地向四周分几次拧紧　　B. 由中央对称地向四周一次拧紧
C. 由四周向中央分几次拧紧　　D. 由四周向中央一次拧紧

2. 对于铝合金气缸盖，为了保证它的密封性能，在装配时，必须在（　　）状态下拧紧。
A. 热　　　　　B. 冷　　　　　C. A、B 均可　　　　D. A、B 均不可

3. 为了保证活塞能正常工作，冷态下常将其沿径向做成（　　）的椭圆形。
A. 长轴在活塞销方向　　B. 长轴垂直于活塞销方向
C. A、B 均可　　D. A、B 均不可

4. 四行程六缸发动机各缸工作间隔角是（　　）。
A. 60°　　　　B. 90°　　　　C. 120°　　　　D. 180°

5. 曲轴箱内有异响，某一缸断缸后响声明显减小，则可初步判断是（　　）
A. 曲轴主轴承异响　　B. 连杆轴承响　　C. 活塞销响　　D. 活塞敲缸响

二、判断题

1. 当缸套装入气缸体时，一般缸套顶面应与气缸体上平面平齐。（　　）
2. 有正反面的气缸垫在安装时应把光滑的一面朝向气缸盖。（　　）

3. 扭曲环是在矩形环的基础上，内圈上边缘切槽或外圈下边缘切槽，不能装反。
(　　)

4. 按 1-5-3-6-2-4 顺序工作的发动机，当一缸压缩到上止点时，五缸处于进气行程。
(　　)

5. 连杆如有弯、扭，应首先校正弯曲，再校正扭曲。(　　)

三、简答题

1. 选配活塞时有哪些要求？
2. 活塞连杆组的组装怎样进行？
3. 试述气缸磨损的特点及原因。
4. 曲轴为什么要留有轴向间隙？如何测量？
5. 如何诊断排除发动机敲缸故障？

单元三
配气机构与维修

学习目标

1. 能够对配气机构进行拆装和调整
2. 能够对配气机构主要部件进行检修
3. 掌握配气机构的基本组成与工作原理
4. 熟悉可变配气机构的作用和分类
5. 培养工匠精神和劳动意识

3.1 基本认知

3.1.1 功用

目前,四冲程汽车发动机都采用气门式配气机构。其功用是按照发动机各缸的做功次序和每一缸工作循环的要求,准时地将各缸进气门与排气门打开、关闭,并向气缸供给可燃混合气(汽油机)或新鲜空气(柴油机),及时排出废气,以便发动机进行进气、压缩、做功和排气等工作过程。

3.1.2 组成与型式

气门式配气机构由气门组和气门传动组组成。

气门组的作用是封闭进、排气道,由气门、气门座圈、气门导管、气门弹簧、气门弹簧座和气门锁夹等组成(图3-1)。

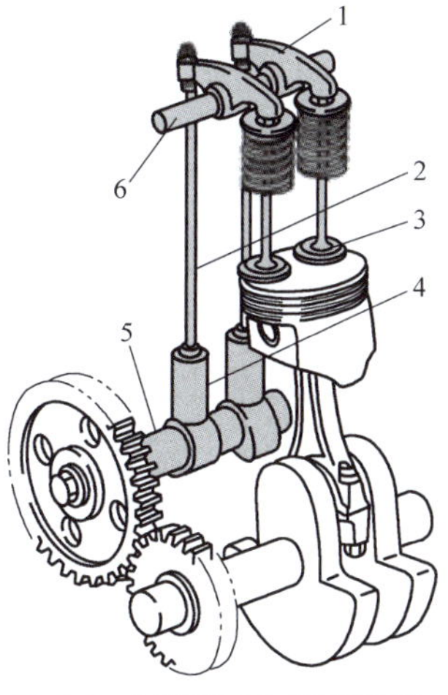

气门传动组的作用是使进、排气门按配气相位规定的时刻开闭,且保证有足够的开度。

气门传动组的零件组成则与气门的位置、凸轮轴的位置和气门驱动型式等有关。现代汽车发动机均采用顶置气门,即进、排气门置于气缸盖内,倒挂在气缸顶上(图3-1)。凸轮轴的位置有下置式、中置式和上置式三种。气门的驱动型式有摇臂驱动、摆臂驱动和直接驱动三种类型。

3.1.2.1 凸轮轴位置型式

(1) 凸轮轴下置式配气机构 大多数载货汽车和大、

图3-1 凸轮轴下置式配气机构
1—摇臂;2—推杆;3—气门组;
4—挺柱;5—凸轮轴;6—摇臂轴

配气机构
工作过程

中型客车发动机都采用这种方式。凸轮轴置于曲轴箱内且布置在曲轴的一侧（图3-1），由于曲轴和凸轮轴位置靠近，只用一对正时齿轮传动，使得曲轴和凸轮轴之间的动力传递比较简单。

发动机工作时，曲轴通过正时齿轮驱动凸轮轴旋转。当凸轮的上升段顶起挺柱时，经推杆推动摇臂绕摇臂轴摆动，压缩气门弹簧使气门开启。当凸轮的下降段与挺柱接触时，气门在气门弹簧力的作用下逐渐关闭。

四冲程发动机每完成一个工作循环，每个气缸进、排气一次。这时曲轴转两周，而凸轮轴只旋转一周，所以曲轴与凸轮轴的转速比或传动比为2∶1。

（2）凸轮轴中置式配气机构　为减小气门传动组零件的往复运动惯性力，某些转速较高的发动机将下置式凸轮轴的位置抬高到气缸体的上部，缩短了传动零件的长度，称为凸轮轴中置式配气机构（图3-2）。由于凸轮轴与曲轴距离较远，故在一对正时齿轮中间加了一个中间传动齿轮（图3-3）或用链条传动（图3-2）。

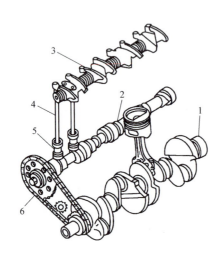

图3-2　凸轮轴中置链条传动配气机构
1—曲轴；2—凸轮轴；3—摇臂轴总成；
4—推杆；5—挺柱；6—链条

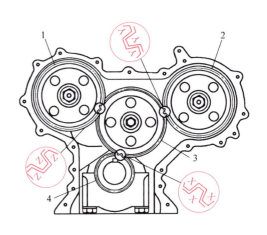

图3-3　凸轮轴中置齿轮传动配气机构
1—凸轮轴正时齿轮；2—喷油泵齿轮；
3—中间惰轮；4—曲轴正时齿轮

与凸轮轴下置式配气机构的组成相比，缩短了推杆，从而减轻了配气机构的往复运动质量，增大了机构的刚度，更适用于较高转速的发动机。

有些凸轮轴中置式配气机构的组成与凸轮轴下置式配气机构没有什么区别，只是推杆较短而已。

（3）凸轮轴上置式配气机构　凸轮轴置于气缸盖上的配气机构为凸轮轴上置式配气机构（OHC），又称顶置式配气机构（图3-4和图3-5）。其主要优点是运动件少，凸轮轴直接或通过摇臂来驱动气门，使往复运动质量大大减小，整个机构的刚度大，适合于高速发动机。由于凸轮轴离曲轴中心较远，因而都采用链条传动或同步齿形带传动，为使在工作时，链条或同步齿形带有一定的张力而不致较松甚至脱落，通常装有张紧轮装置等，链条传动还可用导链板装置进行张紧。同步齿形带传动与链条传动相比，噪声小，但使用寿命短。

由于气门排列和气门驱动型式的不同，凸轮轴上置式配气机构有多种多样的结构，如单顶置凸轮轴（SOHC）、双顶置凸轮轴（DOHC）等。

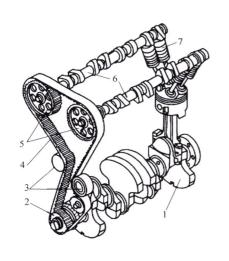
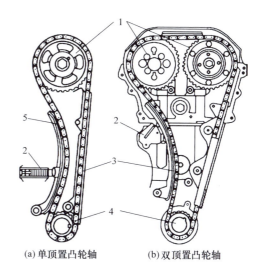

图 3-4 双凸轮轴顶置带传动配气机构

1—曲轴；2—曲轴正时带轮；3—张紧轮；4—正时带；
5—凸轮轴正时带轮；6—凸轮轴；7—气门组

图 3-5 凸轮轴顶置链传动配气机构

1—凸轮轴正时链轮；2—张紧装置；3—链条；
4—曲轴正时链轮；5—导链板

3.1.2.2 气门驱动型式

气门驱动型式有摇臂驱动、摆臂驱动和直接驱动三种类型。

(1) 摇臂驱动 常见的有三种，第一种是凸轮通过挺柱推动推杆，由推杆推动摇臂，再由摇臂驱动气门，该种型式多与凸轮轴下置配合使用［图3-6（a）］；第二种省去了推杆，凸轮推动挺柱，由挺柱推动摇臂，摇臂再驱动气门，该种型式可与凸轮轴中置配合使用；第三种是凸轮直接驱动摇臂，摇臂再驱动气门［图3-6（b）］，该种型式用于凸轮轴上置，为减少凸轮与摇臂运动接触面的磨损，可在摇臂上加装滚轮［图3-6（c）］。

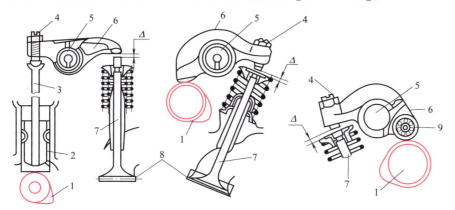

(a)挺柱推杆式(凸轮轴下置)　　(b)凸轮摇臂式(凸轮轴上置)　　(c)凸轮滚轮摇臂式(凸轮轴上置)

图 3-6 常见摇臂驱动气门型式

1—凸轮；2—挺柱；3—推杆；4—气门间隙调整螺钉；5—摇臂轴；6—摇臂；7—气门；
8—气门座；9—滚轮；Δ—气门间隙

(2) 摆臂驱动 由于摆臂驱动气门的配气机构比摇臂驱动的刚度更好，更有利于高速发动机，因此在轿车发动机上的应用比较广泛。图 3-7（a）所示的支座为固定式，通过气门间隙调整螺钉4来调整气门间隙。图3-7（b）所示的支座为液压式。此外，在摇臂上还装有滚轮，以减小凸轮和摇臂的磨损。

（3）直接驱动　在这种型式的配气机构中，凸轮通过挺柱（普通挺柱或液压挺柱）直接驱动气门。与其他两种型式相比，直接驱动式配气机构的刚度最大，驱动气门的能量损失最小，因此在高度强化的轿车发动机上得到广泛的应用，如图3-8所示。

(a) 固定式支座　　(b) 液压式支座

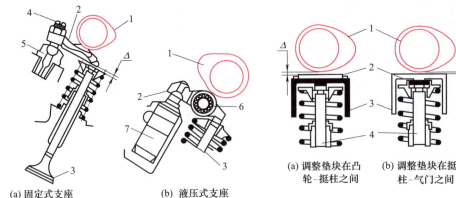

图3-7　常见摆臂驱动气门型式

1—凸轮；2—摆臂；3—气门；4—气门间隙调整螺钉；5—摆臂固定支座；6—滚轮；7—液压式摆臂支座；Δ—气门间隙

(a) 调整垫块在凸轮-挺柱之间　　(b) 调整垫块在挺柱-气门之间　　(c) 采用液压挺柱-零气门间隙

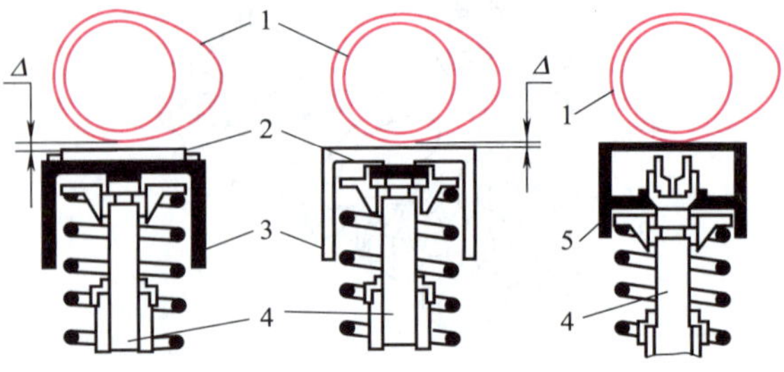

图3-8　常见凸轮-挺柱直接驱动气门型式

1—凸轮；2—调整垫块；3—普通挺柱；4—气门；5—液压挺柱；Δ—气门间隙

3.1.3　充气效率

新鲜空气或可燃混合气被吸入气缸越多，则发动机可能发出的功率越大。新鲜空气或可燃混合气充满气缸的程度，用充气效率 η_v 表示。η_v 越高，表明进入气缸的新气越多，可燃混合气燃烧时可能放出的热量也就越大，发动机的功率越大。

在进气行程中，实际进入气缸内的新鲜空气或可燃混合气的质量与在进气系统进口状态下充满气缸工作容积的新鲜空气或可燃混合气的质量之比称为充气效率。即

$$\eta_v = M/M_0$$

式中　M——进气过程中，实际进入气缸的新气质量；

M_0——在理想状态下，充满气缸工作容积的新气质量。

3.1.4　配气定时（配气相位）

用曲轴转角表示的进、排气门开闭时刻及其开启的持续时间称为配气定时，或称配气相位。配气相位通常用环形图——配气相位图来表示。

理论上讲进气、压缩、做功和排气四行程各占180°曲轴转角，也就是说进、排气门都是在上、下止点开闭，延续时间都是180°曲轴转角。但实际表明，这样理论上的简单配气相位不能满足发动机对进、排气的要求，使得充气足而排气尽。这是因为气门的开闭总是有一个从小到大，再从大到小的过程，此过程一是时间极其短暂（发动机转速为3000r/min时，也只有60/3000/2=0.01s），二是在其两端气门开度较小，加之气门的运动，阻碍了气体的流动。因此，实际上为了使进气充足，排气干净，除了从结构上进行改进外（如增大进、排气管道），还可以充分利用配气相位（图3-9）。

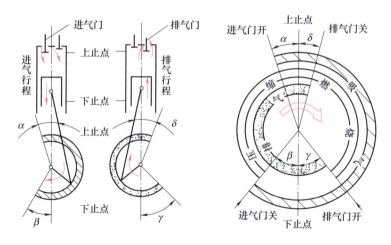

图 3-9 配气定时（配气相位）图

(1) 进气门早开晚关　活塞到达进气行程下止点时，由于进气吸力的存在，气缸内气体压力仍然低于大气压，在大气压的作用下仍能进气；另外，此时进气流还有较大的惯性。由此可见，进气门晚关可以增加进气量。进气门早开，可使进气一开始就有一个较大的通道面积，以减小进气阻力，使进气顺畅，同样可增加进气量。进气门在进气行程上止点之前开启即进气门早开。从进气门开启到上止点曲轴所转过的角度称为进气提前角，记作 α。进气门在进气行程下止点之后关闭即进气门晚关。从进气行程下止点到进气门关闭曲轴转过的角度称为进气迟后角，记作 β。整个进气过程持续的时间或进气持续角为 $180°+\alpha+\beta$ 曲轴转角。一般 $\alpha=0°\sim30°$、$\beta=30°\sim80°$ 曲轴转角。

(2) 排气门早开晚关　在做功行程快要结束时，排气门打开，可以利用做功的余压使废气高速冲出气缸，排气量约占 50%。排气门早开，势必造成功率损失，但因气压低，损失并不大，而早开可以减少排气所消耗的功，又有利于废气的排出，所以总功率仍是提高的。而在活塞到达排气行程上止点时，气缸内废气压力仍然高于外界大气压，加之排气气流的惯性，排气门晚关可使废气排得更干净一些。

排气门在做功行程结束之前，也就是在做功行程下止点之前开启即排气门早开。从排气门开启到下止点曲轴转过的角度称为排气提前角，记作 γ。排气门在排气行程结束之后，也就是在排气行程上止点之后关闭，即排气门晚关。从上止点到排气门关闭曲轴转过的角度称为排气迟后角，记作 δ。整个排气过程持续时间或排气持续角为 $180°+\gamma+\delta$ 曲轴转角。一般 $\gamma=40°\sim80°$、$\delta=0°\sim30°$ 曲轴转角。

(3) 气门重叠角　由于进气门早开和排气门晚关，致使活塞在上止点附近出现进、排气门同时开启的现象，称为气门重叠。重叠期间的曲轴转角称为气门重叠角，它等于进气提前角与排气迟后角之和，即 $\alpha+\delta$。

虽然进、排气门在一段时间内同时开启，但是由于新气和废气都有较大的流动惯性，因此，只要气门重叠角选择恰当，它们仍然可以各自流动而不互相掺混。如果气门重叠角太大，就会引起不良后果。例如，进气提前角过大，废气可能流入进气歧管，使进气量减少；若排气迟后角过大，则新气可能随同废气一起排出。

实际中，配气相位需根据各种车型，经过试验的方法确定，由凸轮轴的形状、位置及配气机构来保证。

3.1.5 气门间隙

发动机工作时，气门及其传动件，如挺柱、推杆等都将因受热膨胀而伸长。如果气门与其传动件之间，在冷态时不预留间隙，则在热态下由于气门及其传动件膨胀伸长而顶开气门，破坏气门与气门座之间的密封，造成气缸漏气，从而使发动机功率下降，启动困难，甚至不能正常工作。为此，发动机在冷态下，当气门处于完全关闭状态时，在气门与其传动件（一般是气门杆尾端与摇臂）之间或传动件与传动件（一般是凸轮与挺柱）之间需预留适当的间隙，即气门间隙（参见图 3-6～图 3-8）。

气门间隙既不能过大，也不能过小。间隙过小，不能完全消除上述弊病；间隙过大，进、排气门开启迟后，缩短了进排气时间，降低了气门的开启高度，改变了正常的配气相位，使发动机因进气不足，排气不净而功率下降，此外，还使配气机构零件的撞击增加，产生响声且磨损加快。

不同机型，气门间隙的大小不同，最适当的气门间隙由发动机制造厂根据试验确定。一般冷态时，排气门间隙大于进气门间隙（排气门受热大），进气门间隙约为 0.25～0.3mm，排气门间隙约为 0.3～0.35mm。

3.2 气门组与检修

气门组的作用是封闭进、排气道，由气门、气门座圈、气门导管、气门弹簧、气门弹簧座和气门锁夹等组成（图 3-10）。

3.2.1 气门

气门的工作条件非常恶劣。一是气门直接与高温燃气接触，受热严重，而散热困难，因此气门温度很高；二是气门承受气体力和气门弹簧力的作用，以及由于配气机构运动件的惯性力使气门落座时受到冲击；三是气门在润滑条件很差的情况下以极高的速度启闭并在气门导管内作高速往复运动；四是气门由于与高温燃气中有腐蚀性的气体接触而受到腐蚀。

汽车发动机的进、排气门均为蘑菇形气门，由气门头部和气门杆两部分构成（图 3-11）。气门顶面有平顶、凹顶和凸顶等形状（图 3-12）。凹顶重量轻、惯性小，头部与

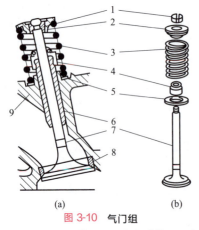

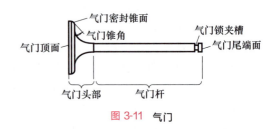

图 3-10 气门组　　　　　　　　　图 3-11 气门

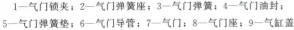

1—气门锁夹；2—气门弹簧座；3—气门弹簧；4—气门油封；
5—气门弹簧垫；6—气门导管；7—气门；8—气门座；9—气缸盖

杆部有较大的过渡圆弧，使气流阻力小，以及具有较大的弹性，对气门座的适应性好，容易获得较好的磨合，但受热面积大，易存废气，容易过热及受热易变形，所以仅用作进气门。凸顶的刚度大，受热面积也大，用于某些排气门。目前应用最多的是平顶气门，其结构简单，制造方便，受热面积小，进、排气门都可采用。气门与气门座或气门座圈之间靠锥面密封。

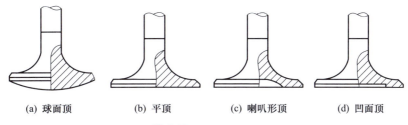

图 3-12 气门顶部形状

气门锥面与气门顶面之间的夹角称为气门锥角（图 3-11）。进、排气门的气门锥角一般为 30°或 45°。气门锥角可以使气门落座时有自动定位作用，能挤掉接触面的沉积物，具有自洁作用，同时还能获得较大的压合力，以提高密封性和导热性，并避免使气流拐弯过大而降低流速。

气门头部接受的热量一部分经气门座圈传给气缸盖；另一部分则通过气门杆和气门导管也传给气缸盖，最终都被气缸盖水套中的冷却液带走。为了增强传热，气门与气门座圈的密封锥面必须严密贴合。为此，两者要配对研磨，研磨之后不能互换。

气门杆有较高的加工精度和较低的表面粗糙度，与气门导管保持较小的配合间隙，以减小磨损，并起到良好的导向和散热作用。气门尾端的形状决定于气门弹簧座的固定方式（图 3-13）。采用剖分成两半且外表面为锥面的气门锁夹来固定气门弹簧座，结构简单，工作可靠，拆装方便，因此得到了广泛的应用。气门锁夹内表面有多种形状，相应地气门尾端也有各种不同形状的气门锁夹槽。

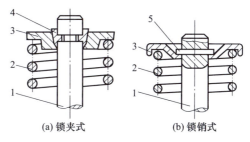

图 3-13 气门弹簧座的固定方式
1—气门杆；2—气门弹簧；3—弹簧座；
4—锁夹；5—锁销

在某些高度强化的发动机上采用中空气门杆的气门，旨在减轻气门重量和减小气门运动的惯性力。为了降低排气门的温度，增强排气门的散热能力，在许多汽车发动机上采用钠冷却气门。这种气门是在中空的气门杆中填入一半金属钠。因为钠的熔点是 97.8℃，沸点为 880℃，所以在气门工作时，钠变成液体，在气门杆内上下激烈地晃动，不断地从气门头部吸收热量并传给气门杆，再经气门导管传给气缸盖，使气门头部得到冷却。

3.2.2 气门数量与布置型式

一般发动机每个气缸有两个气门，即一个进气门和一个排气门。进气门头部直径比排气门大 15%～30%，目的是增大进气门通过断面面积，减小进气阻力，增加进气量。凡是进气门和排气门数量相同时，进气门头部直径总比排气门大。

当每缸采用两气门时，为了使结构简单，常采用所有气门沿机体纵向轴线排成一列的方式。这样,相邻两缸同名气门就有可能合用一个气道,并得到较大的气道通过截面。还有一种方式是将进、排气门交替布置,每缸单独占用一个气道,这样有助于气缸盖冷却均匀。柴油机中为避免进气受到预热而影响充气效率,把进、排气道分别置于气缸盖的两侧。汽油机的进、排气道通常置于气缸盖的同一侧,以便进气受到排气的预热。

现代高性能汽车发动机普遍采用每缸三、四、五个气门(图 3-14 和图 3-15),其中尤以四气门发动机为数最多。四气门发动机每缸两个进气门,两个排气门。其突出的优点是气门通过断面积大,进、排气充分,进气量增加,发动机的转矩和功率提高。其次是每缸四个气门,每个气门的头部直径较小,每个气门的重量减轻,运动惯性力减小,有利于提高发动机转速。最后,四气门发动机多采用篷形燃烧室,火花塞布置在燃烧室中央,有利于燃烧。

当每缸采用四气门时,气门排列的方式有两种:一种是同名气门排成两列,如图 3-15 (a) 所示,由一个凸轮轴通过 T 形驱动件同时驱动,并且所有气门都可以由一根凸轮轴驱动,由于两个气门串联,会影响进气充气效率且使前后两排气门热负荷不均匀,这种方案不常采用;另一种是同名气门排成一列,如图 3-15 (b) 所示,这种结构在组织进气涡流、保证排气门及缸盖热负荷均匀等方面都具有相当的优越性,但一般需用两根凸轮轴。

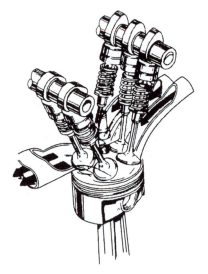

图 3-14 五气门布置型式
(三个进气门,两个排气门;同名气门
排成一列,两根凸轮轴分别驱动)

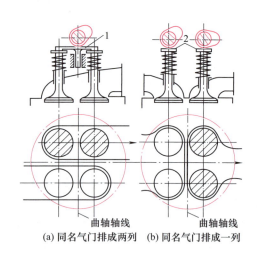

(a) 同名气门排成两列 (b) 同名气门排成一列

图 3-15 四气门布置型式
1—T 形杆;2—挺柱

3.2.3 气门座与气门座圈

气缸盖上与气门锥面相贴合的部位称气门座(图 3-10 序号 8)。气门座的温度很高,又承受频率极高的冲击载荷,容易磨损。因此,铝气缸盖和大多数铸铁气缸盖均镶嵌由合金铸铁或粉末冶金或奥氏体钢制成的气门座圈。在气缸盖上镶嵌气门座圈可以延长气缸盖的使用寿命。也有一些铸铁气缸盖不镶气门座圈,直接在气缸盖上加工出气门座。

3.2.4 气门导管与气门油封

气门导管(图 3-10 序号 6)的功用是对气门的运动进行导向,保证气门作直线往复运动,使气门与气门座或气门座圈能正确贴合。此外,还将气门杆接受的热量部分地传给气缸盖。气门导管的工作温度较高,而且润滑条件较差,靠配气机构工作时飞溅起来的机油来润滑气门杆和气门导管孔。气门导管由灰铸铁、球墨铸铁或铁基粉末冶金制造。在以一定的过盈将气门导管压入气缸盖上的气门导管座孔之后,再精铰气门导管孔,以保证气门导管与气门杆的正确配合间隙。

发动机高速化后,进气管中的真空度显著增高,气门室中的机油会通过气门杆与导管之间的间隙被吸入进气管和气缸内,除增加机油的消耗外,还会在气门和燃烧室产生积炭。为此,发动机的气门杆上部一般都装有气门油封(图3-10序号4)。

3.2.5 气门弹簧

气门弹簧的功用是保证气门关闭时能紧密地与气门座或气门座圈贴合,并克服在气门开启时配气机构产生的惯性力,使传动件始终受凸轮控制而不相互脱离。

气门弹簧一般为等螺距圆柱形螺旋弹簧。当气门弹簧的工作频率与其固有的振动频率相等或为整数倍时,气门弹簧就会发生共振。共振时将使配气定时遭到破坏,使气门发生反跳和冲击,甚至使弹簧折断。为防止共振的发生,可采取下列结构措施。

(1)采用双气门弹簧(图3-16) 在柴油机和高性能汽油机上广泛采用每个气门安装两个直径不同,旋向相反的内、外弹簧。由于两个弹簧的固有频率不同,当一个弹簧发生共振时,另一个弹簧能起到阻尼减振作用。采用双气门弹簧可以减小气门弹簧的高度,而且当一个弹簧折断时,另一个弹簧仍可维持气门工作。弹簧旋向相反,可以防止折断的弹簧圈卡入另一个弹簧圈内使其不能工作或损坏。

(2)采用变螺距气门弹簧(图3-17) 某些高性能汽油机采用变螺距单气门弹簧。变螺距弹簧的固有频率不是定值,从而可以避免共振。

(3)采用锥形气门弹簧 锥形气门弹簧的刚度和固有振动频率沿弹簧轴线方向是变化的,因此可以消除发生共振的可能性。

图 3-16 双气门弹簧

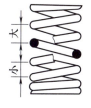

图 3-17 变螺距气门弹簧

3.2.6 气门旋转机构

当气门工作时,如能产生缓慢的旋转运动,可使气门头部周向温度分布比较均匀,从而减小气门头部的热变形。同时,气门旋转时,在密封锥面上产生轻微的摩擦力,能够清除锥面上的沉积物。

图3-18所示为一种强制式气门旋转机构。在旋转机构壳体4上有六个变深度的凹槽,凹槽中装有钢球5和复位弹簧8,碟形弹簧7安装在旋转机构壳体与气门弹簧座3之间。当气门关闭时,碟形弹簧并没有压紧在钢球上,这时钢球在复位弹簧的作用下位于凹槽的最浅

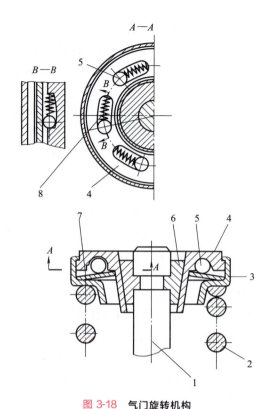

图 3-18 气门旋转机构

1—气门；2—气门弹簧；3—气门弹簧座；4—旋转机构壳体；5—钢球；6—气门锁夹；7—碟形弹簧；8—复位弹簧

处。当气门开启时，气门杆尾端受到的压力传到碟形弹簧，使碟形弹簧变形并压紧在钢球上，迫使钢球沿凹槽的斜面滚动，同时带动旋转机构壳体的气门锁夹6以及气门1一起旋转一定的角度。

3.2.7 气门组主要零件的检修

3.2.7.1 气门组技术要求

① 气门与气门座工作面锥度应一致，密封带符合厂家要求，保证气门头部与气门座贴合严密。

② 气门导管与气门杆的上下运动有良好的导向，配合间隙应符合原厂规定。

③ 气门弹簧的两端面与气门杆的中心线相垂直，以保证气门头在气门座上不偏斜。

④ 气门弹簧的弹力足以克服气门及其传动件的运动惯性力，使气门能迅速开闭，并保证气门紧压在气门座上。

3.2.7.2 气门与气门座的检修

（1）气门的检修 气门的工作条件十分恶劣。气门头部锥形工作面在高温下不断与气门座工作面发生撞击，不但会发生正常的磨损，还会产生斑痕、裂纹或烧蚀。另外，当气门杆与导管间隙过大或发生气门与活塞碰撞的事故时，气门杆会发生弯曲变形。气门杆端面在不断敲击下也会磨损或产生斑痕。

① 外观检验。当发现气门有裂纹、破损或烧损时，应更换气门。

② 气门杆磨损检查。气门杆磨损，使气门杆与导管孔的间隙增大，易使气门歪斜，导

致气门关闭不严而漏气。当高温废气通过导管孔间隙，使气门及导管过热，加速它们的磨损，并可能由于导管中润滑油烧结，使气门卡死而无法动作。气门杆与气门导管的配合间隙过大时，应更换气门和气门导管。用外径千分尺测量气门杆的磨损程度，如图 3-19 所示，在气门杆上、中、下三个部位分别测量，将测量的尺寸与标准值比较，若超过规定范围，更换气门或镀铬修复。

③ 气门杆端面磨损，往往使端面不平。当气门顶起时，挺杆（或摇臂）作用力将产生侧向力，使气门杆歪斜，气门关闭不严。气门杆端面磨损可用磨气门机磨平。

④ 气门杆弯曲和气门头部歪斜检查。气门杆的弯曲可用百分表来测定，如图 3-20 所示。清除气门积炭并将气门擦净，将气门杆支承在两个距离为 100mm 的 V 形块上，然后用百分表测量气门杆中部的弯曲度。转动气门头部一圈，气门头部百分表读数最大和最小之差的 1/2 即为气门头部的倾斜度误差。气门杆弯曲或气门头部歪斜超过规定范围后，需更换或校正气门。

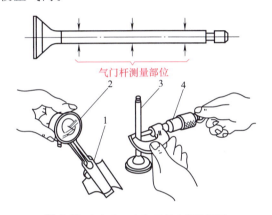

图 3-19　气门杆和气门导管直径的测量
1—气门导管；2—内径百分表；
3—气门杆；4—外径千分尺

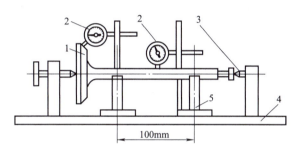

图 3-20　气门变形检验
1—气门；2—百分表；3—顶尖；4—平板；5—V 形块

⑤ 气门工作面检查。检查气门头部工作面是否有斑点或烧蚀，若有，可根据情况更换或用气门光磨机修磨。

在修磨气门工作面之前，应先校正气门杆并检查光磨机气门夹头座的角度，避免将气门工作面角度磨错。磨削量尽量要小些，以消除表面损蚀为限，从而延长气门使用期限。最后精磨，在没有进刀量的情况下，进行 2～3 次空走刀，直至没有大火花为止，以改善其表面粗糙度。磨修后，气门工作锥面对气门轴线的斜向圆跳动应符合规定值。气门光磨后，其边缘逐渐变薄，工作时容易变形和烧毁，若光磨后达不到规定厚度，应更换气门。

（2）气门座的检修　检查气门座的工作面，若气门座工作面过度磨损、烧蚀、出现严重斑点或凹坑，应通过铰削、修磨等工艺来恢复其工作性能；如气门座圈有裂纹、松动和严重烧伤时，则应重新镶配气门座。具体应根据厂家要求而定。

气门座经多次铰削后直径加大，导致气门下陷，影响

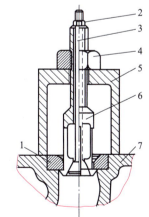

图 3-21　气门座的拆卸
1—气门座；2—张开螺母；3—胀开锥；
4—旋力螺母；5—套筒；6—弹簧
卡头式拉爪；7—气缸盖

压缩比和充气效率。在修理过程中,应检查气门下陷量,如气门顶平面低于缸盖底平面的数值超过规定时,应重新镶配气门座。

① 气门座拆卸　如图3-21所示,最好用专用工具拉出旧气门座。若无专用工具,也可用铰刀削薄气门座或在气门座内侧点焊几个焊点,敲击焊点,拆下气门座。

② 气门座选配　测量气门座圈孔直径,按孔直径大小选择相对应的新座圈。为了防止松落,新座圈与座孔应有一定的过盈(如0.075~0.125mm);气门座圈材料应采用在工作温度下塑性变形较小而硬度较高的合金材料,一般采用合金铸铁、球墨铸铁,也有采用合金钢的,通常座圈的硬度比气门工作面硬度稍低一些。

③ 气门座镶嵌　通常采用冷缩法或热胀法将气门座镶入座孔内。冷缩法是将气门座在液氮中冷冻至-195℃后,压入气门座孔。热胀法是常用方法,将座孔加热到规定温度(用油浴加热,温度一般为80~100℃),然后将气门座涂油,垫以软金属迅速将气门座压入座孔。气门座镶入后,应将高出气缸体(气缸盖)平面的部分修平,并且气门座周围必须严密、牢固、可靠。

(3) 气门座的铰削　应根据实际情况,用专用工具对气门座进行铰削。注意应首先保证气门导管合格,因其是铰削的定位基准;其次边铰削,边与气门试配,最终达到要求,即接触面在气门工作锥面的中部偏下,接触面宽1.0~1.8mm;检查进、排气门座的凹陷量,进气门不超过1.88mm,排气门不超过2.807mm。否则,应更换气门座圈(数据应以厂家实际要求为准)。气门座的铰削顺序如图3-22所示。

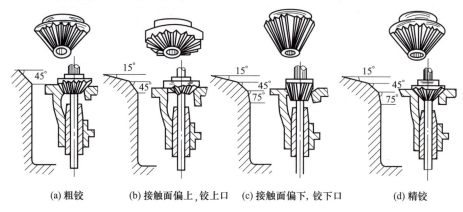

(a) 粗铰　　(b) 接触面偏上,铰上口　　(c) 接触面偏下,铰下口　　(d) 精铰

图3-22　气门座的铰削顺序

① 选择刀杆　铰削气门座时,利用气门导管作为定位基准。根据气门导管的内径选择相适应的定心杆直径,定心杆插入气门导管内,保证铰削的气门座与气门导管中心线重合。

② 粗铰　选用与气门工作面角度相同的粗铰刀粗铰工作面:15°铰刀,铰削气门座上平面角,使气门座工作锥面下移;30°、45°铰刀,气门工作锥面铰刀;75°铰刀,扩大气门座孔内径,使工作锥面上移。铰削时两手要均匀用力。如果由于工作面硬化层使铰刀打滑,可用砂布垫于铰刀下砂磨工作面,然后进行铰削,直至将表面的凹陷斑点全部去掉。

③ 试配　粗铰后,用光磨过的同一组气门进行试配,查看接触面所处的位置。接触面应位于气门的中下部,接触面宽度应符合要求,保证进气门的密封性和排气门的散热作用。

④ 精铰　选用与工作面角度相同的细刃铰刀进行精铰,或在铰刀下面垫以细砂布进行光磨,保证工作面平整光滑。

如气门座材质坚硬,不易铰削,可用气门座光磨机进行修磨。光磨机修磨气门速度快、质量好，特别是修磨硬度高的气门座效果更好，但砂轮消耗较大，需经常修整。磨削前应先将气门导管孔及气门座圈擦净，以导管为基准，选择适合于导管孔径的定心杆插入导管孔，不允许有摇摆或偏斜现象，然后按规定角度和要求进行修磨。

（4）气门的研磨　气门座铰削完毕后，应对气门进行研磨，研磨可分为机器研磨和手工研磨两种。手工研磨工艺：先将相关部位清洁干净；然后在气门工作面上涂一层粗气门研磨砂，将气门杆上涂些机油后，将其插入导管内；最后按照图3-23所示，用手捻转气门捻子，进行研磨，当气门与气门座的工作面出现一条较整齐且无斑痕、无麻点的接触环带时，将粗研磨砂洗去换用细气门研磨砂继续研磨。当气门工作面出现一条整齐、灰色无光的环带时，洗去细砂，涂上机油再研磨几分钟即可。

图3-23　手工研磨气门

1—气门；2—气门捻子

（5）气门与气门座的密封性检验　为检验气门座的修复是否合格（图3-24），需要检查气门与气门座的气密性，以保障发动机正常工作。通常有以下几种方法检查气密性。

① 划线法（图3-25）　用软铅笔在气门锥面上沿垂直于密封带方向划若干条线，将气门放入气门座内，不装气门弹簧，转动气门1/4圈，取出气门检查。如果线条在密封带处均已中断，说明气门密封性能好。

图3-24　气门密封锥面检查

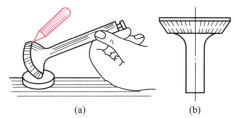

图3-25　用划线法检查气门密封性

② 敲击法　将气门与气门座清洗干净后，把气门杆放入气门导管孔内，当气门头部离气门座25mm左右时，用手轻拍气门，使其沿气门导管孔垂直落下，连续数次后取出气门检查气门座密封锥面。若气门座密封锥面上有明亮而完整的光环且无斑点，即可认为气密性良好。

③ 涂色法　在气门密封锥面涂上一层红丹油，并把气门放入气门导管孔内，然后用力将气门压在气门座上旋转1/8～1/4圈后取出，最后检查气门座上的红丹油情况。如果气门座密封锥面上全部沾上红丹油，并且均匀整齐，则说明气密性良好。

④ 渗油法　将与气门座配套使用的气门放入气门导管孔内，并使气门紧贴气门座的密封锥面，然后在气门上倒上足够的煤油，经3～5min后，如没有出现漏油现象，则可认为气密性良好。

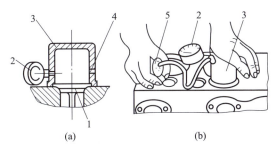

图3-26　用气门密封检验器检验气门密封性

1—气门；2—气压表；3—空气容筒；
4—与橡胶球相连的气孔；5—橡胶球

⑤ 气压试验法　用带有气压表的气门密封检验器（图3-26）进行检查。即将检验器的空气容筒紧紧压在气门座的外缘上，并使

空气容筒与气缸盖结合面保持良好的气密性，然后用手捏橡胶球向空气容筒内充气，使其具有 0.6~0.7MPa 的气压。如果在 30s 内气压表的读数不下降，则表示气密性良好。

3.2.7.3 气门导管的检修

气门导管用来引导气门作直线运动，保证气门和气门座同心，配合严密而使其不漏气。因此，气门杆与气门导管之间需要有一定的配合间隙。若因磨损使其值超限，气门在运动时就会出现摆动和受到冲击，造成气门磨损不均匀，气门关闭不严，引起漏气以至气门烧损。同时，润滑杆身的机油也会大量漏入气缸燃烧，不仅浪费机油，也会造成严重积炭，加速零件磨损。间隙过小时，会影响气门的自由运动，在杆身受热膨胀时可能卡死，使气门不能关闭。所以，在维修时不要忽略检查气门导管间隙值。

(1) 气门导管的检验　气门导管与气门杆配合紧度的经验检查方法是将气门杆和导管孔擦净，在气门杆上涂一层机油，放入导管内，上下拉动几次，然后气门能借本身重量缓慢下降，则认为配合适当。若间隙超限就应更换新气门导管。

配合间隙的量具测量是将气门提起至气缸盖平面的一定高度（$L=15\text{mm}$），用百分表触头抵在气门头的边缘处，如图 3-27 所示，然后反复摆动气门，百分表测得一个摆差，即为气门导管的磨损情况。磨损极限是进气门摆差不得超过 1.00mm，排气门摆差不得超过 1.30mm，否则应更换气门导管。

图 3-27　气门杆与导管配合间隙检查

气门导管内径的测量方法如图 3-19 所示，用分球式内径百分量表测量图中箭头所示的部位，表的读数即为气门导管的内径。

(2) 气门导管的镶入　新导管的选择，要求导管的内径应与气门杆的尺寸相适应，其外径与导管支承孔的配合应有一定的过盈，通常取过盈量为导管外径的 2%~3%；导管的过盈量可用新旧导管对比的办法进行测量。新导管比压出来的旧导管大 0.01~0.02mm 为适当。

用专用工具将气门导管从凸轮轴一侧压出，带有台肩的导管则从燃烧室压出。将选定的新导管外壁涂上一层机油，压入导管支承孔内。带有台肩的导管压入时的压力不能大于 9800N，否则会使台肩断裂。不带台肩的气门导管压入后，露出部分的长度应等于带台肩气门导管台肩端的长度。

(3) 气门导管的修理　气门导管更换后，应检查气门杆与导管的配合间隙是否符合要求（正常为 0.02~0.04mm）。气门导管间隙不能过小，否则气门杆受热后会卡在导管中，最适宜的间隙是气门杆在导管中可自由滑动。

如果气门与气门导管的配合间隙过小，可用铰削的方法进行扩孔。铰削气门导管时，需要以冷却液冷却，每次铰削量以 0.01~0.02mm 为宜，边铰边试配，直至配合间隙符合标准规定。铰削后的气门导管内孔表面粗糙度 Ra 值应不大于 $2.5\mu\text{m}$，表面无划痕。

3.2.7.4 气门弹簧的检修

气门弹簧经长期使用后会出现断裂、歪斜、弹力减弱现象。气门弹簧的歪斜将影响气门关闭时的对中性，使气门关闭不严，容易烧蚀密封带，并破坏气门旋转机构的正常工作。在车辆的维护和修理中，应检查气门弹簧的技术状况，如发现有裂损应更换新件。

如图 3-28 所示，可采用 90°角尺检测气门弹簧，如弹簧的自由高度缩短超过规定尺寸（如 2mm），应更换，在 2mm 之内可加垫片调整；弹簧的弯曲变形超过 2°应更换，气门弹簧的外圆柱在全长上对底面的垂直度公差不允许超过 1.5mm。

用弹簧检验仪检测气门弹簧弹力是否合乎技术规范（图 3-29），弹力的减小不能大于标准值的 10%，必要时予以更换新件。在无弹簧原厂数据时，一般可采用新旧弹簧对比来判断。对于气门旋转机构的检验，如片弹簧出现变形、断裂、弹力减弱现象，应更换。

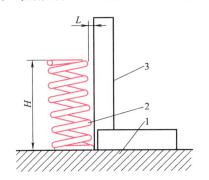

图 3-28 气门弹簧垂直度和自由高度检查
1—平板；2—气门弹簧；3—直角尺；
L—间隙值；H—自由高度

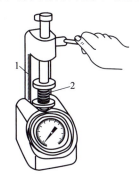

图 3-29 用弹簧检验仪检验
弹簧的自由高度和弹力
1—标尺；2—弹簧

3.3 气门传动组与检修

由于气门驱动型式和凸轮轴位置的不同，气门传动组的零件组成差别很大。

3.3.1 凸轮轴

凸轮轴（图 3-30）需要承受周期性的冲击载荷。凸轮与其相接触的传动件（如挺柱和摇臂等）之间的接触应力很大，相对滑动速度也很高，因此凸轮工作表面的磨损比较严重。凸轮轴是通过凸轮轴轴颈支承在凸轮轴轴承孔内的，如果支承不好，工作时将会发生弯曲变形，这会影响配气正时。

图 3-30 凸轮轴组件
1—螺栓；2—凸轮轴正时带轮；3—密封圈；4—半圆键；5—凸轮轴轴颈；6—凸轮；7—凸轮轴

（1）凸轮轴结构　进、排气门开启和关闭的时刻、持续时间以及开闭的速度等分别由凸轮轴上的进、排气凸轮控制，因此凸轮的轮廓尤为重要。如图 3-31 所示，O 点为凸轮轴回转中心，凸轮轮廓上的 AB 段和 DE 段为缓冲段，BCD 段为工作段。挺柱或摇臂在 A 点开始动作，在 E 点停止运动，凸轮转到 AB 段内某一点处，气门间隙消除，气门开始开启。此后随着凸轮继续转动，气门逐渐开大，至 C 点气门开度达到最大。再后气门逐渐关闭，在 DE 段内某一点处气门完全关闭，接着气门间隙恢复。气门最迟在 B 点开启，最早在 D 点完全关闭。由于气门开始开启和关闭落座时均在凸轮升程变化缓慢的缓冲段内，其运动速度较小，从而可以防止强烈的冲击。

凸轮轴上各同名凸轮（各进气凸轮或各排气凸轮）的相对角位置与凸轮轴旋转方向、发动机工作顺序及气缸数或做功间隔角有关。如果从发动机前端看凸轮轴逆时针方向旋转，则工作顺序为 1-3-4-2 的四缸发动机其做功间隔角为 720°/4＝180°曲轴转角，相当于 90°凸轮轴转角，即各同名凸轮间的夹角为 90°[图 3-32（a）]。对于工作顺序为 1-5-3-6-2-4 的六缸发动机，其同名凸轮间的夹角为 60°[图 3-32（b）]。同一气缸的进、排气凸轮的相对角位置即异名凸轮相对角位置，决定于配气正时及凸轮轴旋转方向。

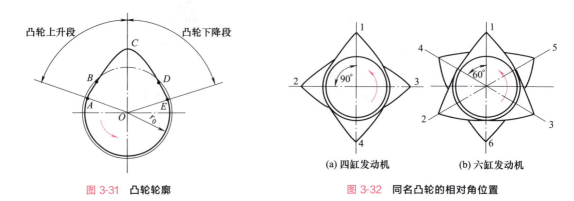

图 3-31　凸轮轮廓　　　　　　图 3-32　同名凸轮的相对角位置

（2）凸轮轴轴承　中置式和下置式凸轮轴的轴承一般制成衬套压入整体式轴承座孔内，再加工轴承内孔，使其与凸轮轴轴颈相配合。上置式凸轮轴的轴承多由上、下两片轴瓦对合而成，装入剖分式轴承座孔内。

（3）凸轮轴传动机构　凸轮轴由曲轴驱动，其传动机构有齿轮式、链条式及齿形带式。齿轮传动机构用于下置式和中置式凸轮轴的传动。汽油机一般只用一对正时齿轮（链轮或带轮），即曲轴正时齿轮（链轮或带轮）和凸轮轴正时齿轮（链轮或带轮）。柴油机需要同时驱动喷油泵，所以增加一个中间齿轮。为了保证正确的配气正时和喷油正时，在传动齿轮（链轮或带轮）上刻有正时记号，装配时必须对正记号（见图 3-3）。

（4）凸轮轴的轴向定位　为了限制凸轮轴在工作中产生的轴向移动或承受轴向力，凸轮轴需要轴向定位。凸轮轴轴向移动量过大，对于由螺旋齿轮传动的凸轮轴，会影响配气定时。上置式凸轮轴通常利用凸轮轴承盖的两个端面和凸轮轴轴颈两侧的凸肩进行轴向定位[图 3-33（a）]。

中、下置式凸轮轴的轴向定位通常采用止推板[图 3-33（b）]。在第一凸轮轴轴颈和凸轮轴正时齿轮之间装入调整环 5，在调整环外再套上止推板 6。止推板用螺栓固定在机体前端面上。调整环、凸轮轴正时齿轮轮毂与第一凸轮轴轴颈端面紧紧靠在一起。由于调整环比止推板厚 0.08～0.20mm，因此在止推板与凸轮轴正时齿轮轮毂或止推板与第一凸轮轴轴颈端面之间形成 0.08～0.20mm 的间隙，此间隙即为凸轮轴最大许用轴向移动量。欲改变凸轮轴轴向移动量，只需改变调整环的厚度即可。

还有一种轴向定位的方法是止推螺钉定位[图 3-33（c）]。在定时传动室盖 7 上与凸轮轴前端相对应的位置拧入止推螺钉 9，使其端部与正时齿轮紧固螺栓 8 的六角头端面相距 Δ＝0.10～0.20mm 时，将止推螺钉锁紧，即可实现凸轮轴的轴向定位。

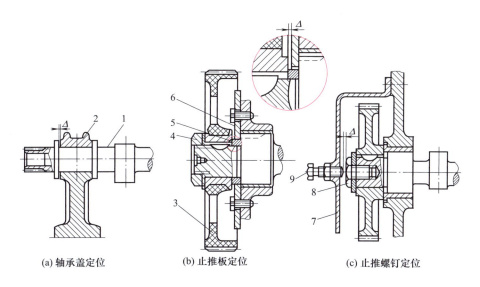

(a) 轴承盖定位　　(b) 止推板定位　　(c) 止推螺钉定位

图 3-33　凸轮轴轴向定位方式

1—凸轮轴；2—凸轮轴承盖；3—凸轮轴正时齿轮；4—螺母；5—调整环；6—止推板；
7—定时传动室盖；8—螺栓；9—止推螺钉；Δ—轴向间隙

3.3.2　挺柱

挺柱是凸轮的从动件，其功用是将来自凸轮的运动和作用力传给推杆或气门，同时还承受凸轮所施加的侧向力，并将其传给机体或气缸盖。挺柱可分为机械挺柱和液压挺柱两大类，每一类中又有平面挺柱和滚子挺柱等多种结构。

3.3.2.1　机械挺柱

机械挺柱（图 3-34）的结构结构简单，重量轻，在中、小型发动机中应用比较广泛。挺柱上的推杆球面支座的半径比推杆球头半径略大，以便在两者中间形成楔形油膜来润滑推杆球头和挺柱上的球面支座。对于凸轮轴顶置的机械（普通）挺柱来说，已经简化成杯状。

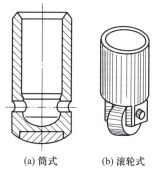

(a) 筒式　　(b) 滚轮式

图 3-34　挺柱

3.3.2.2　液压挺柱

在现代汽车发动机中，越来越多地采用液力挺柱，可以实现无气门间隙，提高配气相位的准确度，便于维修；此外，它还消除了由于气门间隙过大而引起的冲击和噪声，并且减少了相关零件运动接触面的磨损。

（1）液压挺柱结构　液压挺柱的结构如图 3-35 所示。挺柱体中部有一道环形油槽，与气缸盖上的斜油孔 4 对齐。在挺柱体顶板的背面有一条键形槽 7，将油引入柱塞上面的低压油腔。油缸下端与气门杆 15 端面直接接触，柱塞顶部与挺柱体背面接触。柱塞下端是球形阀座，与球形阀配合。当球形阀开启时，球形阀上下是一个通腔，而球形阀关闭时，则球形阀的上部是低压腔，球形阀的下部是高压腔。球形阀的下面有柱塞回位补偿弹簧，在回位补偿弹簧的作用下，使挺柱端面和凸轮轮廓线保持紧密接触。

（2）液压挺柱工作原理　工作原理如图 3-36 所示。当挺柱顶面位于凸轮的基圆时，机油通过气缸盖主油道 2、量油孔 3、斜油孔 4 进入挺柱中部环形油槽，再由环形油槽中的油

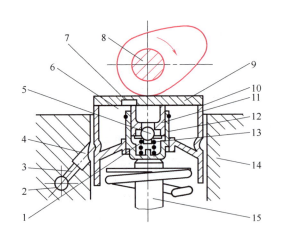

图 3-35 液压挺柱（桑塔纳 AJR 发动机）
1—高压油腔；2—气缸盖主油道；3—量油孔；4—斜油孔；
5—球形阀；6—低压油腔；7—键形槽；8—凸轮轴；
9—挺柱体；10—挺柱焊缝；11—柱塞；12—油缸；
13—补偿弹簧；14—气缸盖；15—气门杆

孔进入低压油腔 6。如图 3-36（a）所示，随着凸轮轴的转动，挺柱下移，柱塞 11 也随之下降。当挺杆中部的环形油槽离开了斜油孔位置时，不再进油。由于球形阀 5 紧压在阀座上，低压油腔与高压油腔被分隔开，高压油腔 1 中的油被压缩，油压升高，而机油几乎是不可压缩的，这样油缸和柱塞就成为一个刚性的整体，开始推动气门打开，直到挺柱运动到下止点。

如图 3-36（b）所示，挺柱到下止点后开始上行。由于在气门弹簧和凸轮的作用下，高压油腔继续保持封闭状态，直至上升到凸轮的基圆处时。如图 3-36（c）所示，气缸盖上的斜油孔与挺柱中部环形油槽对上，机油进入挺柱的低压油腔。这时挺柱顶面再无凸轮压力，气门也落座关闭，高压油腔中的高压油和柱塞回位补偿弹簧一起推动柱塞上行，油压下降使球形阀离开阀座，机油从低压油腔进入高压油腔，高、低压油腔的压力得到平衡。挺柱顶面和凸轮基圆紧密接触，气门间隙得以补偿。

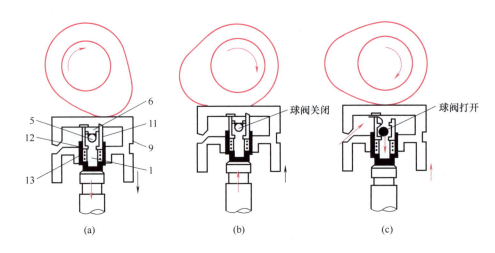

图 3-36 液压挺柱工作原理
序号注释同图 3-35

3.3.3 推杆

推杆（图 3-37）处于挺柱和摇臂之间，其功用是将挺柱传来的运动和作用力传给摇臂。在凸轮轴下置式的配气机构中，推杆是一个细长杆件，加上传递的力很大，所以极易弯曲。因此，要求推杆有较好的纵向稳定性和较大的刚度。推杆一般用冷拔无缝钢管制造，两端焊上球头和球座［图 3-37（b）、图 3-37（c）］。也可以用中碳钢制成实心推杆［图 3-37（a）］，这时两端的球头或球座与推杆锻成一个整体。

3.3.4 摇臂及摇臂组

摇臂（图3-38）的功用是将推杆和凸轮传来的运动和作用力，改变方向传给气门使其开启。摇臂在摆动过程中承受很大的弯矩，因此应有足够的强度和刚度以及较小的质量。摇臂是一个双臂杠杆，以摇臂轴为支点，两臂不等长。短臂端加工有螺纹孔，用来拧入气门间隙调整螺钉。长臂端加工成圆弧面，是推动气门的工作面。

摇臂孔内镶有衬套并通过空心的摇臂轴支承在摇臂轴座上，后者固定在气缸盖上。摇臂在摇臂轴上的位置由限位弹簧或挡圈限定（图3-39）。摇臂衬套与摇臂轴、摇臂工作面与气门杆尾端面以及气门间隙调整螺钉的球头或球座与推杆的球座或球头均需要润滑。为此将机油从机体经气缸盖和摇臂轴座中的油道引入摇臂轴，再从摇臂轴、摇臂衬套和摇臂上的油孔流向摇臂两端。

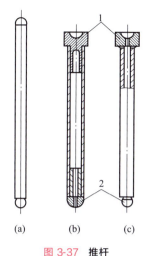

图 3-37 推杆
1—球座；2—球头

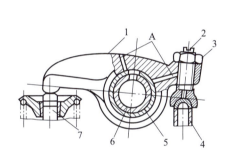

图 3-38 摇臂及其相关件
1—摇臂；2—气门间隙调整螺钉；3—锁紧螺母；4—推杆；5—摇臂衬套；6—摇臂轴；7—气门；A—润滑油孔

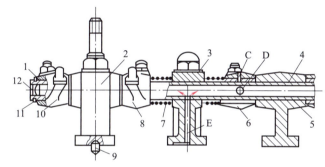

图 3-39 摇臂组
1—垫圈；2,3,4—摇臂轴支座；5—摇臂轴；6,8,10—摇臂；7—弹簧；9—定位销；11—锁簧；12—堵头；C,D,E—润滑油孔

3.3.5 气门传动组主要零件的检修

3.3.5.1 正时齿轮及链条、同步带的检修

有的发动机采用正时齿轮传动，也有的发动机采用链条或同步带传动。其磨损或损坏，造成传动噪声增大，严重的会使配气正时失准。因此，在维修中也应对它们进行认真检查。

（1）正时齿轮的检修　正时齿轮啮合间隙应符合要求（0.04～0.2mm），可用塞尺在齿轮圆周方向隔120°的三点进行测量，齿隙相差应不超过0.1mm，若超差应更换。

（2）正时链轮及链条的检修　检查链轮、链条和张紧装置等有无裂纹和缺陷，若有，应更换。用50N的拉力拉紧链条测量链条的长度，其长度不大于规定的许可值［图3-40(a)］。用游标卡尺检查包住链轮的链条直径［图3-40(b)］，要求其直径不小于规定的许可值。链条和链轮检查若不符合上述要求，应同时更换链轮和链条。

（3）正时带的检修　若发现正时带有老化、开裂及弹性减弱现象（可张紧后用手按压），应更换。

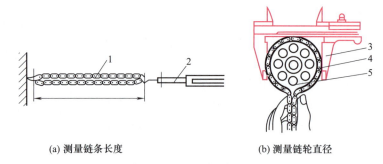

(a) 测量链条长度　　(b) 测量链轮直径

图 3-40　正时链轮及链条检查

1,4—链条；2—弹簧秤；3—游标卡尺；5—链轮

3.3.5.2　凸轮轴及轴承的检修

(1) 凸轮轴的损伤及技术要求　凸轮轴的损伤形式有凸轮工作表面磨损、烧伤和点蚀，支承轴颈磨损，正时轮轴颈键槽磨损，凸轮轴弯曲变形等。它将使气门的最大开度和充气系数降低，配气相位失准，改变气门上下运动的速度特性，从而影响发动机的动力性、经济性，增大发动机的噪声。

凸轮轴应进行探伤检查，不得有裂纹、沟槽；正时轮的键槽应完整，否则应更换。中间支承轴颈对两端支承轴颈公共轴线的径向圆跳动误差应符合要求（如 0.05mm），超过时应校正、磨削或更换。以两端支承轴颈公共轴线为基准，凸轮基圆的径向圆跳动误差应符合要求（如 0.04mm），否则应磨削或更换。

凸轮的磨损使气门的升程规律改变和最大升程减小，因此凸轮的最大升程减小值是凸轮检验的主要依据。当凸轮最大升程减小值大于 0.40mm 或凸轮表面累积磨损量超过 0.80mm 时，应更换凸轮轴。当凸轮表面累积磨损量不大于 0.80mm 时，可在凸轮轴磨床上修磨凸轮，但修理工艺复杂，成本高。目前在汽车维修中对凸轮极少修复，通常是更换新凸轮轴。

(2) 凸轮轴磨损的测量　凸轮磨损的测量位置应在最下尺寸（跨凸轮尖）处测量两个地方，先在桃尖边缘不磨损处用千分尺测量第一读数，然后在摇臂与桃尖接触的磨损处，测得第二个读数，将第一个读数减去第二个读数，其差值即为凸轮的磨损量，若超过规定范围，应更换。

检查凸轮轴颈的磨损量应在几个方向上进行，其圆度和圆柱度的检测方法同曲轴主轴颈的检测方法相同。如果磨损过大，则应对凸轮轴颈进行修磨；若凸轮轴颈经多次修磨，损耗严重时，就应更换。然后检查凸轮轴轴瓦的内径，并计算出凸轮轴和与之相配的轴瓦的配合间隙，若间隙超过极限值时，应更换轴瓦和修磨轴颈。一般配合间隙在 0.03～0.09mm 范围内，使用极限为 0.15mm。

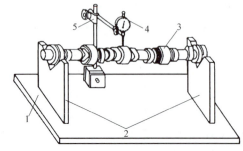

图 3-41　凸轮轴弯曲变形检查

1—平板；2—V形块；3—凸轮轴；
4—百分表；5—磁性表座

(3) 凸轮轴弯曲变形检查　检查凸轮轴弯曲时（图 3-41），可将凸轮轴前后两轴颈搁置在 V 形架内，用百分表抵触在中间轴颈上。转动凸轮轴一圈，表头读数之差，即为该轴颈对前后两轴颈的径向跳动。

(4) 凸轮轴轴向间隙检查　检查凸轮轴轴向间隙时，用适当工具将凸轮轴向后移至极限位置，将百分表指针调至零，这时将使凸轮轴轴向前移至最前处，读下表针指示的读数，此读数即为轴向间隙。也可拆去相关件，直接用塞尺插入间隙处测量。如超过规定尺寸，应根据具体的定位方式采取相应的修理方法，如更换凸轮轴承、加大推力面或更换调整环等。

（5）凸轮轴轴承的检修 可用内径千分尺检查凸轮轴轴承内径，并计算凸轮轴颈与轴承的配合间隙，若间隙超过极限值，应更换轴承和修磨轴颈。新轴承与轴颈的配合间隙可通过刮削、镗削、铰削等加工方法修配达到。

3.3.5.3 气门挺柱和气门推杆的检修

（1）机械挺柱检修

① 检查挺柱圆周表面，若有拉毛、点蚀和剥落，则应进行更换（图3-42）。

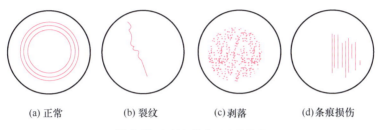

(a) 正常　　　(b) 裂纹　　　(c) 剥落　　　(d) 条痕损伤

图 3-42　机械挺柱底面磨损情况

② 检查挺柱球面磨损，用样板进行检查，若样板与挺柱球面漏光大于0.2mm，应更换或修理。

③ 挺柱与缸体支承孔配合间隙的检查。检查方法如图3-43所示，间隙的极限值为0.1mm，若超过，应更换挺柱或用电镀法加大直径，对于磨损的挺柱孔应用镶套修复法恢复到标准尺寸。

（2）液压挺柱检修 液压挺柱也会因机械磨损或挺柱内部渗入空气等原因而出现异响等故障。一般认为液压挺柱异响均是挺柱故障所致，应通过正确的检修予以排除。

① 液压挺柱工况的经验检测 启动发动机并达到正常工作温度（以电控风扇运转为标志），将发动机转速提高到2500r/min，运转2min，如挺柱部位一直有杂音，则应熄火停机。拆下气门

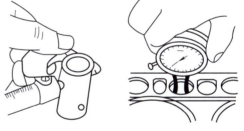

(a) 挺柱直径测量　　　(b) 支承孔直径测量

图 3-43　机械挺柱与支承孔的间隙检查

室罩，检查所有凸轮尖向上（指气门处在关闭状态）的气门挺柱，用木棒下压挺柱，在气门打开之前挺柱自由行程不大于0.1mm。否则，应更换挺柱。当凸轮尖顶压挺柱时，可使曲轴转动，在凸轮尖向上时再按以上方法逐个检查。

② 挺柱体与凸轮接触工作面的磨损 挺柱体与凸轮接触的工作面如有轻微的凹坑、麻点等，可将挺柱体夹在磨床上磨平。如上述现象较严重时，应予更换新挺柱。

③ 挺柱体圆柱工作面机械磨损 当挺柱体的圆柱工作面磨损严重或起沟槽时，应予更换新挺柱。检查时，还应注意挺柱体在其导孔内应能上下滑动自如，不得出现卡滞现象，否则，也应更换挺柱。

④ 挺柱体与导孔配合间隙检查 可用外径千分尺测量挺柱体外径，用内径千分尺测量导孔内径，两者之差即为挺柱体与导孔的配合间隙，其极限值不得超过0.1mm，间隙过大应更换新挺柱。

⑤ 挺柱柱塞与柱塞套密封性能的检查　先将清洗后的液压挺柱浸泡在汽油中,用力压缩柱塞套若干次,以排出腔体内的空气。将排净空气后的挺柱放置在泄漏回降试验台上,在手柄上施加 196N 的压力,先使柱塞套下降 2mm,然后再测它下降 1mm 所需的时间,应在 7~10s 的标准内。小于 7s,说明柱塞与柱塞套配合间隙过大;大于 10s,说明有卡滞现象,均应更换新挺柱。另外,液压挺柱检修时应注意:挺柱不可互换,应按原位装回;当分解清洗或更换挺柱后,装复时应排净空气,否则将会引起异响。

(3) 气门推杆检修　气门推杆的常见损伤形式为两个端头的磨损、杆身弯曲变形或开裂。除弯曲变形可校正外,均应更换。弯曲变形的检验方法如图 3-44 所示。

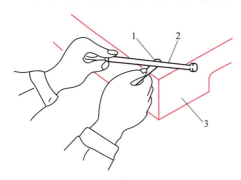

图 3-44　气门推杆弯曲检查
1—塞尺;2—推杆;3—平板

3.3.5.4　摇臂、摇臂轴及其组件的检修

摇臂的损伤主要是摇臂头的磨损和衬套的磨损,摇臂轴的损伤主要是轴颈的磨损和弯曲变形。

(1) 外观检查　检查摇臂和摇臂轴工作面有无缺口、凹陷、沟槽、麻点、划损等缺陷,若有需修磨或更换,若有裂纹、机械损伤和严重的磨损,则应更换新件。

摇臂弹簧如折断变形应更换。检查、疏通摇臂组件润滑油孔。检查气门间隙调整螺钉螺纹是否完好,若损坏需更换。调整螺钉的尖端磨损严重时也应更换新件。

摇臂头磨损超过极限,也可堆焊后修磨,但应满足正常使用要求。

(2) 轴孔配合检查　用手感检查摇臂与摇臂轴的配合情况,在单独装配的情况下推拉和摇摆摇臂,如有间隙感说明摇臂与摇臂轴之间出现了磨损。用外径千分尺和内径量表检查摇臂和摇臂轴的尺寸,然后计算出配合间隙。如果间隙超过规定值,则应根据各自的测量尺寸,对照标准尺寸规定,决定更换哪个零件,或者两个都更换;也可在摇臂孔内镶套修复,但衬套油孔与摇臂上的油孔要重合,以保证机油流动畅通。若修复后不能保证使用要求,则必须更换。

(3) 摇臂轴弯曲变形检查　同凸轮轴的弯曲变形检查方法一样,超过使用限度时,可用木锤矫正变形或更换。

3.4　配气机构故障检修

3.4.1　进气管真空度检测

进气管真空度是指发动机进气管内的进气压力与外界大气压力之差。进气管真空度不仅可反映气缸活塞组和进气管的密封性,还与进气管垫、真空点火提前机构等处密封不良及配气机构磨损或间隙增大、点火系统和供油系统的调整等发动机技术状况有关。因此,通过对进气管真空度的检测可诊断发动机这些部位的故障。进气管真空度检测是一种综合性检测,能检测多种故障现象,而且检测时不需要拆下火花塞,是一种较实用、快速的检测方法。

(1) 检测方法　检测时使用专用真空表,将真空表一端软管接在进气管节气门后方的检测孔上（在进气管上的真空助力或真空控制连接孔，也可作为检测孔）。检测步骤如下。

① 发动机预热至正常工作温度。

② 把真空表软管与进气歧管上的检测孔连接。

③ 变速器置于空挡，发动机怠速稳定运转。

④ 在真空表上读取真空度读数。

(2) 检测结果分析

① 发动机密封性能分析

a. 怠速时，表针应稳定在57～70kPa（参照具体发动机）之间（摆幅的大小、摆速的快慢与密封性、空燃比及点火性能有关）。若怀疑某缸工作不良，可采用单缸断火法诊断，进气管真空度的跌落值应越大越好，它是判断各缸工作好坏的指标（点火、喷油、密封）。

b. 迅速开闭节气门（迅速开闭应和实际运用情况相符），若表针在6.7～84.5kPa之间灵敏摆动，说明进气管真空度对节气门开度变化的随动性较好，意味着各部位在各工况的密封性均较好。若密封性不好时，怠速时进气管真空度低于正常值，且明显不稳；迅速打开节气门时，表针会跌落到零，关闭后也不会到84.5kPa处。

为了验证各缸密封性的好坏，应将真空表换接在机油尺处测量，曲轴箱内的压力应为负压值。若为正值，说明密封性不好，或PCV通风阀堵塞。

② 发动机点火正时不对、配气正时不对和电火花不良时的状态　点火正时不对、配气正时不对和电火花不良时，燃烧条件变化，功率损失和转速波动较大，形成不了高真空度，并造成怠速不稳，加速无力。怠速时，表针在46.7～57kPa之间摆动。若点火过早，表针摆动幅度较大；反之，摆动幅度较小。配气正时有误时，现象与点火正时类似，应分别处理。

③ 发动机排气系统堵塞时的状态　由于排气系统有较大的反压力，在怠速状态，进气管真空度有时可达53kPa，但很快又跌落为零或很低。堵塞严重时汽油发动机只能勉强运转。此时，可通过观察排气管排烟状态或拆下排气管运转，即可验证。

(3) 非正常状态下进气管真空度检测具体分析

① 活塞环和缸壁的磨损、黏结以及拉缸，属于大缝隙定量漏气，表现为发动机怠速时，真空表指示的进气管真空度低于正常值，快开节气门时表针下降为零。

② 气门及气门座烧蚀、结胶，属于小缝隙定量漏气，表现为怠速时真空表指针跌落在6.7kPa以上，摆幅不大；气门导管磨损漏气，属于小缝隙变量漏气，表现为发动机怠速时真空表指针在46.7～60kPa之间摆动；气门弹簧弹力不足，属于小缝隙变量漏气，表现为发动机怠速时真空表指针在33.3～74.6kPa之间缓摆，且随转速升高摆动加剧。

③ 液压挺柱大升程时卡滞，气门关闭不严，属于大缝隙定量漏气，此时真空表显示发动机怠速时进气管真空度跌落值更大。

④ 气缸垫松动、烧毁，属于大缝隙变量漏气，表现为发动机怠速时真空表指针在17.3～64kPa之间大幅度摆动；进气管垫损坏，属于大缝隙定量漏气，表现为发动机怠速时真空表指示值在17.3kPa以下。

⑤ 点火过迟或配气相位滞后，表现为发动机怠速时真空表指针在46.6～57kPa之间轻微摆动；点火过早或配气相位提前，发动机怠速时真空表指针在46.6～57kPa之间大幅度摆动。

⑥ 混合气过浓，发动机怠速时，真空表指针在44～57kPa之间缓慢摆动；混合气过稀或个别缸工作不良，发动机怠速时真空表指针跌落值大于过浓状态，摆幅较大且不规则。

⑦ 排气系统堵塞，发动机怠速时真空表指示值有时可达 53kPa，但快速跌落为零或很低。

⑧ 发动机怠速运转，表针稳定在 27~50kPa 之间，表明气门机构失调或气门开闭过迟。

⑨ 发动机怠速运转，表针缓慢地摆动于 47~53kPa 之间，表明点火工作不正常。

⑩ 发动机怠速运转，表针稳定在 60~70kPa 范围内，表示气缸密封正常；节气门迅速开闭时，表针随之摆动在 6~85kPa 之间，则进一步表明发动机的技术状况良好。

3.4.2 配气机构装配调整

3.4.2.1 装配注意事项

① 保证零件合格，并清洗干净，用气枪吹干（或风干）。

② 运动配合面需涂油（按要求选择合适的油）装配，边装配边手动检验。

③ 注意偶件（不可互换件）装配，按标记原位装配，不可互换。

④ 注意配气正时，相关件一定要按标记对正装配，如图 3-45 所示标记。

⑤ 若不是零气门间隙机构，应调整气门间隙。

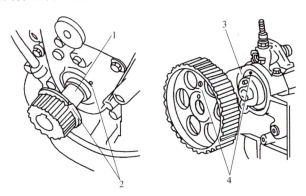

图 3-45　配气正时记号
1—曲轴；2—曲轴正时带轮正时记号；3—凸轮轴；4—凸轮轴正时带轮正时记号

3.4.2.2 气门间隙调整

对非零气门间隙的配气机构，在组装好配气机构后或使用中气门间隙不符合要求时，应调整气门间隙。气门间隙调整的条件是气门完全关闭，调整方法有逐缸调整法和两次调整法。

(1) 逐缸调整法　该方法是通用方法，适用于各类型配气机构。当活塞位于压缩上止点时，该气缸的进、排气门都是完全关闭的，因此进、排气门间隙都可调整。为了调整简便，调整时按发动机各缸做功次序逐缸调整各缸的气门间隙。第一缸活塞压缩上止点的位置由发动机上的配气正时标记确定（如图 3-45 所示的标记），然后根据各缸点火做功间隔角，依次将曲轴按工作方向旋转相应的角度来确定其余各缸活塞的压缩上止点，从而调整相应缸的气门间隙。

(2) 两次调整法　两次调整法又称"双排不进"法，仅用于六缸以下（含六缸）发动机。"双排不进"由多缸发动机工作循环表和配气相位的气门重叠现象而推导出，它是确定两次调整法可调整气门的依据。其中"双"是指该缸进、排气门间隙均可调整，"排"是指该缸仅排气门间隙可调整，"不"是指该缸的进、排气门间隙都不可调整，"进"是指该缸仅进气门间隙可调整。用两次调整法调整多缸发动机的气门间隙，具有简便、迅速和准确等特点。

两次调整法调整气门间隙的方法是：第一次，将一缸活塞定位于压缩上止点，按双、排、不、进和发动机各缸做功次序确定可调整的气门间隙并进行调整；第二次，转动曲轴一圈，再调整第一次没有调整过的气门间隙。例如，对于按1、3、4、2点火做功的四缸机，第一次可调整的气门为1缸的进、排气门，3缸的排气门和2缸的进气门；第二次可调整的气门为3缸的进气门，4缸的进、排气门和2缸的排气门。

（3）气门间隙调整步骤　气门间隙调整的具体形式有两种：一种是用调整螺钉（用于摇臂机构）；另一种是用调整垫块（用于气门直接驱动机构）。

① 调整螺钉式　该方法的具体结构参见图3-6和图3-7（a）。具体调整步骤（图3-46）如下。

a. 将所调气门定位至完全关闭状态，然后用扳手旋松气门间隙调整螺钉的锁紧螺母。
b. 选择合适的塞尺厚度（气门间隙允许值），插入摇臂头与气门杆尾端的气门间隙中。
c. 用螺丝刀旋转气门间隙调整螺钉，改变气门间隙，同时用手拉动塞尺，有轻微摩擦阻力感时，即为合格。
d. 拧紧锁紧螺母，锁紧调整螺钉，调整结束。

② 调整垫块式　该形式的具体结构参见图3-8（a）和图3-8（b）。具体调整方法如下。

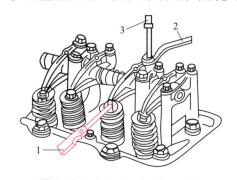

图3-46　气门间隙调整（摇臂式）
1—塞尺；2—扳手；3—螺丝刀

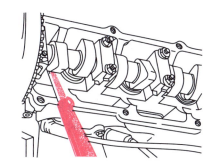

图3-47　气门间隙测量

a. 将所调气门定位至完全关闭状态，然后用塞尺测量出实际气门间隙（图3-47），来回拉动时感到有轻微摩擦阻力感为标准。
b. 取出旧调整垫块并用千分尺或游标卡尺测量出其厚度。
c. 计算出需更换的新调整垫块厚度：

新调整垫块厚度＝实测气门间隙＋旧调整垫块厚度－标准气门间隙

d. 根据计算出的需换新调整垫块厚度值，在标准垫块中选用合适厚度的新调整垫块，更换装配。
e. 再次测量气门间隙，进行检验。若不合格，重新调整。

3.4.3　配气机构常见故障维修

3.4.3.1　发动机正时失准

发动机正时不准，将导致发动机无法启动，怠速不稳，发动机抖动，发动机过热，严重时会顶坏气门和活塞，造成严重事故。此时应检查发动机正时机构，并严格按规定进行调整；在规定期限内及时更换正时带。

3.4.3.2 气门积炭

气门积炭是配气机构常见故障之一，这不仅与气门结构、燃烧过程有关，也与所用燃油的品质有关。气门积炭造成发动机难以启动，或自动熄火；排气冒黑烟；油耗高。

发现上述现象，可对气门进行检查，或在发动机例行维护、维修中，检查气门是否有积炭，如果有积炭可进行清洗，必要时更换气门。

3.4.3.3 排气门烧蚀

排气门烧蚀将容易导致发动机自动熄火，这主要是使用不合理造成的。产生气门烧蚀的主要原因有：

（1）发动机长时间超负荷或者在大负荷下工作，引起气门较早地磨损，引起气缸盖、气门座、气门导管等变形，使气门密封性降低，散热条件恶化，导致气门烧蚀。

（2）发动机冷却不足，发动机持续高温，气门头部和杆部散热不良。

（3）气门弹簧弹力过小或气门间隙调整不当也会导致气门烧蚀。

气门烧蚀是汽车配气机构的常见故障。因此，应在使用中注意对发动机的例行保养，防止发动机长时间大负荷工作，及时清除积炭，按规定调整气门间隙。若不能修复者则更换之。

3.4.3.4 气门间隙不正常

气门间隙不当将引起发动机冒黑烟或深灰烟；配气机构有异常响声；发动机功率下降且运转不正常，甚至自动熄火。

发现上述现象，尤其是听到发动机有异响应考虑检测发动机配气机构的气门间隙是否正常，否则应按前述气门间隙调整方法进行调整。

3.4.3.5 气门导管或气门杆过度磨损

气门导管或气门杆磨损过度将导致机油上窜，发动机冒蓝灰色烟或灰白色烟。此时需检测气门导管或气门杆，必要时更换气门导管或气门。

3.5 可变配气机构与检修

3.5.1 概述

发动机转速不同，要求不同的配气定时。这是因为：当发动机转速改变时，由于进气流速和强制排气时期的废气流速也随之改变，因此在气门晚关期间利用气流惯性增加进气和促进排气的效果将会不同。例如，当发动机在低速运转时，气流惯性小，若此时配气定时保持不变，则部分进气将被活塞推出气缸，使进气量减少，气缸内残余废气将会增多。当发动机在高速运转时，气流惯性大，若此时增大进气迟后角和气门重叠角，则会增加进气量和减少残余废气量，使发动机的换气过程臻于完善。总之，四冲程发动机的配气定时应该是进气迟后角和气门重叠角随发动机转速的升高而加大。如果气门升程也能随发动机转速的升高而加大，则将更有利于获得良好的发动机高速性能。

现代轿车发动机可变配气包括两种技术：可变配气正时（气门开启时刻）和可变气门升程（气门打开大小）。它们主要根据发动机的工况实时改变进气门的开启时刻及大小，以达到最佳进、排气量并精确控制喷油，有利于燃油的充分燃烧，最终实现减少排放和节油的目的。

目前最具代表性的可变配气技术有本田的 VTEC、i-VTEC；丰田的 VVT-i、VVTL-i；宝马的 Double VANOS、Valvetronic；大众的 VVT 和日产的 CVTC 等。

3.5.2 本田 VTEC 系统及其检修

日本本田汽车公司在 1989 年推出了自行研制的"可变气门配气相位和气门升程电子控制系统"，英文全称"Variable Valve Timing and Valve Lift Electronic Control System"，缩写就是"VTEC"，它是世界上第一个能同时控制气门开闭时间及升程两种不同情况的气门控制系统。

采用 VTEC 系统可使发动机降低油耗，提高功率输出。当发动机低速运转时，由于主进气门和次进气门的开度不同，使燃烧室内产生涡流，从而提高燃烧效率，降低发动机油耗。发动机高速运转时，由于主、次进气门的开度增大，使发动机的输出功率随之增大。

3.5.2.1 VTEC 系统组成及工作原理

（1）VTEC 工作部件组成　如图 3-48 所示，每个气缸有两个进气门（一个主进气门 8，一个次进气门 7）。凸轮轴除原有控制两个气门的一对凸轮外，还在原有凸轮之间增设了一个中间凸轮（高位凸轮），三个凸轮的轮廓各不相同。三个气门摇臂并列排在一起，分别为主摇臂 9、中间摇臂 2 和次摇臂 3。主摇臂内有一油道与摇臂轴油道相通，主摇臂腔内有一正时活塞 6，次摇臂腔内有一定位活塞 4，中间摇臂腔内有一同步活塞 5。在定位活塞和缸体之间有一回位弹簧，主摇臂上设有一个正时板 1。在发动机转速较低时，正时板在弹簧的作用下挡住正时活塞向右运动；当发动机转速升高后，由于离心力和惯性力的作用，使得正时板克服弹簧作用力而取消对正时活塞的锁止，在控制油压的作用下正时活塞向右运动，使单气门操作状态转换为双气门操作状态。由双气门变为单气门操作则相反。

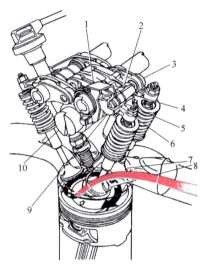

图 3-48　本田 VTEC 可变配气机构
1—正时板；2—中间摇臂；3—次摇臂；4—定位活塞；5—同步活塞；6—正时活塞；7—次进气门；8—主进气门；9—主摇臂；10—凸轮轴

（2）VTEC 控制系统组成　如图 3-49 所示，VTEC 的控制系统主要由各种传感器（包括转速、进气量、车速、冷却液温度等）、电控单元、VTEC 电磁阀总成（包括控制电磁阀、液压执行阀）和压力开关等组成。

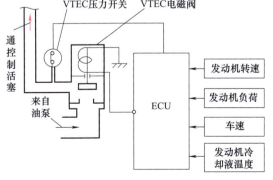

图 3-49　VTEC 系统控制原理

（3）VTEC 系统工作原理　整个 VTEC 系统由发动机 ECU 控制，ECU 接收传感器的参数并进行处理，输出相应的控制信号，通过电磁阀控制流向摇臂轴中的油压，从而使发动机进气在不同的转速工况下由不同的凸轮控制，影响进气门的开度和时间。

VTEC 控制系统的工作可分为低速状态和高速状态两个工作过程。

① 低速状态　如图3-50所示，发动机在低速运转时，油道内没有油压，各活塞在回位弹簧的作用下处于左端，这时A、B两活塞正好处于主摇臂和中间摇臂内，三个摇臂各自独立运动，互不干涉。两个进气门分别由主、次凸轮驱动。由于主凸轮升程大，因而主气门开度大；次凸轮升程小而使次气门开启很小，进而进入发动机气缸的混合气也相对少。中间摇臂虽然受中间凸轮驱动，但对气门动作无影响。因此，发动机在低速时，VTEC不起作用。此时次进气门打开很小的一个角度，使燃烧室内形成涡流，从而获得良好的低速转矩和响应性。

② 高速状态　如图3-51所示，当发动机转速达到2300～3200r/min（依进气量而定），负荷达25%，水温达到60℃以上，车速达到10km/h以上时，正时板移出，ECU向VTEC电磁阀供电，使电磁阀开启。来自油泵的液压油进入正时活塞一侧，由正时活塞推动同步活塞移动，正时活塞和同步活塞分别将主摇臂与中间摇臂、次摇臂串联成一体，成为一个同步工作的组合摇臂。由于中间凸轮升程最大，气门的提前开启角和滞后关闭角也大，所以此时两个进气门只受中间凸轮控制，同步工作，吸入的混合气增多，满足了发动机高速工作时的进气要求。

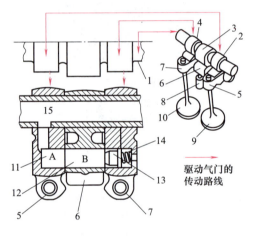

图3-50　VTEC可变配气机构工作原理（低速状态）

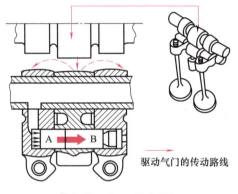

图3-51　VTEC可变配气机构工作原理（高速状态）

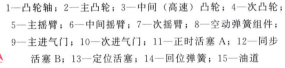

1—凸轮轴；2—主凸轮；3—中间（高速）凸轮；4—次凸轮；5—主摇臂；6—中间摇臂；7—次摇臂；8—空动弹簧组件；9—主进气门；10—次进气门；11—正时活塞A；12—同步活塞B；13—定位活塞；14—回位弹簧；15—油道

当发动机转速下降到设定值时，ECU切断VTEC电磁阀的电流，正时活塞一侧的油压降低，各摇臂油缸内的活塞在回位弹簧作用下回位，三个摇臂又彼此分离，独立工作。

3.5.2.2　VTEC系统检修

（1）电控系统的检修　当VTEC电控系统出现故障时，发动机故障指示灯就会点亮，显示故障码，一般有电磁阀及其线路故障和压力开关及其线路故障。

① 电磁阀及其线路故障检修　先目测控制电磁阀线路是否有断路或接触不良的情况，如果正常，则通过蓄电池直接给电磁阀供电，观察是否有电磁阀的动作声音，如果无声，则说明电磁阀损坏。可再用万用表检测电磁阀插座端子与搭铁线间的电阻值，应为14～30Ω。如果电磁阀正常，则检查控制单元供电端子接头与电磁阀接线插头之间的导通情况，看是否

有断路和短路情况。如果线路也正常,则更换控制单元。如果通过以上的检查没有问题,应检查液压系统及摇臂机构是否有故障。

② 压力开关及其线路故障检修

a. 用万用表的电阻挡检查压力开关的两导线端子,在发动机未工作时应处于不导通状态,否则说明压力开关损坏。

b. 用万用表检测压力开关各线束导通情况,看是否有断路和短路情况。

c. 在压力开关上施加 250kPa 的压力,看此时主压力开关两端子是否导通。

值得注意的是:油垢沾污压力开关内触点,使其不能闭合,在高速行驶恢复怠速时,电磁阀仍然通电,也会导致 VTEC 报警,显示电控系统故障。此时只要更换机抽,清洗压力开关即可解决。

(2) 液压控制系统常见故障检查 该系统的液压控制部分易出现的故障主要有油道堵塞、液压控制阀卡滞、油道有泄漏。对于液压控制系统动作不正常的故障,发动机自诊断系统是无法检测到的。但当怀疑该系统有产生故障的可能迹象(如机油变质或太脏,就可能造成油道堵塞及控制阀的卡滞;摇臂机构通油不好就可能存在泄漏现象)时,可按如下方法进行检查(主要是对 VTEC 电磁阀及液压控制活塞的检查)。

① 将电磁阀线束插头拔下,用万用表测量电磁阀端子与搭铁间的电阻值,正常时应在 14~30Ω 范围内,否则应更换电磁阀。

② 如果电磁阀电阻值正常,则将电磁阀与液压阀体总成拆下,检查电磁阀和液压阀体与缸盖间的滤清器是否被堵塞。分解电磁阀与阀体时,用手推动活塞,看其是否能自由运动,检查电磁阀处的滤清环及密封件,如果有损坏则更换新件,安装电磁阀时应使用新的 O 形密封圈,并更换新机油。

③ 如果以上检查均正常,则检查液压控制阀活塞是否能灵活运动,可用手按动此阀的上端,如有必要清洗此阀。

(3) VTEC 系统摇臂机构的检查 VTEC 系统摇臂机构为整个系统的动作执行机构,其工作不正常将直接影响整个系统及发动机配气机构的工作。因此,对此机构的检查相当重要。

① 手动检查法 使一缸活塞处在上止点(TDC)位置;拆下气缸盖罩;用手推动一缸活塞上的中间摇臂;检查中间摇臂,应能与主摇臂和次摇臂分离,单独运动;然后按各缸做功顺序,使检查缸活塞处于上止点位置,依次检查其余各缸摇臂,均应符合要求。

如果不能移动,将中间摇臂、主摇臂和次摇臂作为一体拆下,检查中间和主摇臂内的活塞,活塞应能平滑地移动。如果需要更换摇臂,应将中间、主、次摇臂作为一体来更换。

② 专用工具检查法 在使用专门检查工具之前应确信接于空气压缩机上的气压表读数超过 400kPa;在检查摇臂前,先检查气门间隙;用毛巾盖住以保护正时皮带;在各缸活塞处于上止点位置时,逐一检查每一缸的主进气摇臂。具体步骤如下。

a. 拆下气缸盖罩,用专用工具堵住油道减压孔。

b. 从检查孔上旋下密封螺塞,然后连接气门检查工具;松开气门检查工具上的调节器阀,向摇臂的正时活塞和同步活塞施加 400kPa 的气压。

c. 将正时板向上推动 2~3mm,这时正时活塞和同步活塞会轴向移动,使中间、主、次摇臂连接成一体,用手按压中间摇臂,该摇臂应不能单独运动(注意:可从中间摇臂、主摇臂和次摇臂之间的间隙处看到正时活塞和同步活塞;将正时板嵌入正时活塞上的凹槽内时,活塞便被锁定在移动位置;向上推动正时板时,用力不要太大)。

d. 确信主摇臂和次摇臂通过活塞连接在一起,当用手推中间摇臂时,中间摇臂应不能单独活动。如果中间摇臂能单独活动,则应将中间摇臂、主摇臂和次摇臂作为一体进行更换。

e. 停止向正时活塞和同步活塞施加气压,向上推动正时板,这时正时活塞和同步活塞应回到原来位置,否则应将该缸摇臂作为一体进行更换。

f. 拆下专用工具。

g. 检查每个运动件总成能否平滑地移动,如果不能平滑地移动,更换相应的运动件总成。

h. 检查完毕后,故障警示灯应不亮。

3.5.3 丰田 VVT-i 系统

VVT-i 是一种控制进气凸轮轴气门正时的装置,它通过调整凸轮轴转角使配气正时进行优化,从而提高发动机在所有转速范围内的性能指标。

如图 3-52 所示,VVT-i 系统由传感器、ECU 和凸轮轴正时液压控制阀、控制器等部分组成。ECU 储存了最佳气门正时参数值,根据发动机运行反馈信息,与预定参数值进行对比计算,计算出各个行驶条件下的最佳气门正时,得出修正参数,并发出指令到控制凸轮轴正时的液压控制阀。控制阀根据 ECU 指令,改变液压流向及流量,把提前、延迟、维持不变等信号指令选择输送至 VVT-i 控制器的不同油道上,使进气凸轮轴在 60°范围内保持最佳气门正时,从而能有效地提高汽车的功率与性能,尽量减少耗油量和废气排放,以提高发动机性能。

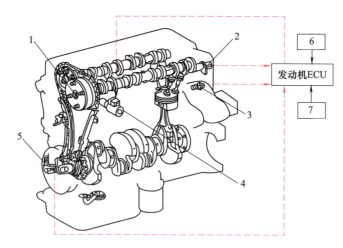

图 3-52 VVT-i 系统组成

1—VVT-i 控制器;2—凸轮轴位置传感器;3—冷却液温度传感器;4—凸轮轴正时液压控制阀;
5—曲轴位置传感器;6—节气门位置传感器;7—空气流量计

(1) VVT-i 控制器 图 3-53 所示为叶片式 VVT-i 控制器。它主要由正时链条驱动的壳休 1 和与进气凸轮轴相连的叶片 4 组成。机油压力到达进气凸轮轴的提前侧(提前室)通路或延迟侧(延迟室)通路,使位于 VVT-i 控制器中的叶片转动,从而带动进气凸轮轴运动,使进气门的正时连续变化。

当油压施加在提前侧油腔时,沿提前方向转动进气凸轮轴;当油压施加在延迟侧油腔时,沿延迟方向转动进气凸轮轴;当发动机停机时,进气凸轮轴将位于最大延迟状态,以保

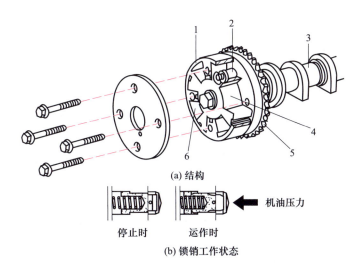

图 3-53 叶片式 VVT-i 控制器
1—壳体；2—锁销；3—进气凸轮轴；4—叶片（固定在进气凸轮轴上）；5—链轮；6—液压室

证启动性能。在发动机刚启动时，机油压力不能立即作用于 VVT-i 控制器，这时，锁止锁锁止 VVT-i 控制器，以防止撞击噪声。

(2) 凸轮轴正时液压控制阀　如图 3-54 所示，它根据发动机 ECU 发出的占空比信号控制滑阀位置。这样可使机油压力作用于 VVT-i 控制器的提前侧或延迟侧。发动机停机时，凸轮轴正时液压控制阀位于最大延迟位置。

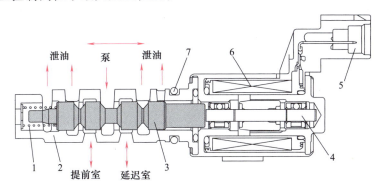

图 3-54 凸轮轴正时液压控制阀
1—弹簧；2—套筒；3—滑芯；4—控制杆；5—线束接头；6—线圈；7—O 形密封圈

(3) 工作过程　凸轮轴正时液压控制阀根据来自发动机 ECU 的提前、延迟或维持信号，选择接通 VVT-i 控制器的通路。

① 提前　发动机 ECU 发出一个正时提前信号，凸轮轴正时液压控制阀接通提前室油路，机油压力使叶片室带着凸轮轴向正时提前方向转动。

② 延迟　发动机 ECU 发出一个正时延迟信号，凸轮轴正时液压控制阀接通延迟室油路，机油压力使叶片室带着凸轮轴向正时延迟方向旋转。

③ 维持不变　达到目标正时后，凸轮轴正时液压控制阀处于中间位置，配气正时维持不变，直到行驶状态改变为止。这种调整可使配气正时位于目标位置并防止不必要的机油外泄。

3.5.4 本田 i-VTEC 系统

VTEC 系统的气门升程和正时的变换动作明显将发动机的状态划分为两个阶段，它们之间的转换不够平滑，在 VTEC 系统启动前后发动机的表现截然不同，连发出的声音也不一样。为了改善 VTEC 系统的性能，本田推出了 i-VTEC 系统。

i-VTEC 系统是在原 VTEC 系统的基础上，添加一个"可变正时控制"VTC（Variable Timing Control），即一组进气门凸轮轴正时可变控制机构（类似于 VVT-i），通过 ECU 控制程序，控制进气门的开启关闭。它的原理是当发动机低转速时令每缸其中一只进气门关闭，让燃烧室内形成一道稀薄的混合气涡流，集结在火花塞周围点燃做功。发动机高转速时则在原有基础上提高进气门的开度及时间，以获取最大的充气量。VTC 令气门重叠时间更加精确，达到最佳的进、排气门重叠时间，并将发动机功率提高 20%。同时，在进气歧管上增设了可变长度装置，低转速时增长进气行程，提高气流速度，有利于提升转矩；而排气歧管则缩短了长度，也就是缩短了与三元催化器之间的距离，使三元催化器更快进入适当的工作温度，能有效控制废气排放。由于发动机一启动后 i-VTEC 系统就进入状态，无论低转速或者高转速 VTC 都在工作，也就消除了原来 VTEC 系统存在的缺陷。

3.5.5 宝马 Valvetronic 系统

宝马的 Valvetronic 比 VVTL-i 或 i-VTEC 的技术更先进。首先，Valvetronic 少了节气门的设计，而省略掉节气门后，发动机在进新鲜空气时将更顺畅。为了感知驾驶员的意愿，控制发动机的功率，也就是控制进气量，采用了电子加速踏板和可控气门技术，进气量直接由进气门升程的大小控制（气门升程可以连续变化，自动微调），使得控制更为精确。就这样，Valvetronic 配合着发动机原有的 Double VANOS 技术（类似于 VVT-i 技术，进、排气都加以控制的连续性可变气门正时机构），做到了配气正时与相位重叠时间及升程都可以连续性变化。

如图 3-55 所示，与传统的顶置双凸轮轴发动机相比，Valvetronic 发动机增加了一根辅

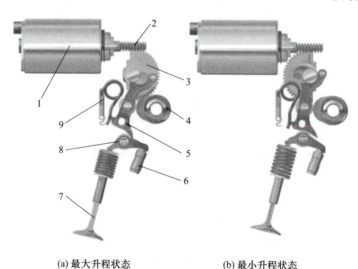

(a) 最大升程状态　　(b) 最小升程状态

图 3-55　Valvetronic 工作原理

1—步进电机；2—蜗杆；3—偏心轴；4—凸轮；5—摆臂推杆；6—液压支座；
7—进气门；8—摆臂；9—摆臂推杆回位弹簧

助偏心轴 3、一个步进电机 1、一个摆臂推杆 5 及其回位弹簧 9 等部件。其工作原理如下：发动机 ECU 根据车辆的动力及转矩需求（通过各种传感器获得），驱动步进电机；步进电机通过蜗杆将动作（指令）传递给偏心轴；偏心轴发生转动，导致摆臂推杆的支点发生变化，使摆臂推杆转动，于是凸轮与气门之间传递动力的摆臂推杆杠杆比发生改变，进而将凸轮轴轮廓线的变化以放大或缩小的方式传递给进气门，使得气门升程根据需要产生相应的变化。也就是说，油门踏板行程大时，进气门升程变大；反之，油门踏板行程变小时，进气门升程相应变小。

Valvetronic 发动机进气门开启升程最小达 0.25mm，最大达 9.7mm，相差 38.8 倍，而从最小变到最大所需要的反应时间只要 0.3s。

单 元 练 习

一、选择题

1. 液力挺柱在发动机温度升高后，挺柱有效长度（   ）。
A. 变长　　　　　　　　B. 变短
C. 保持不变　　　　　　D. 依机型而定，可能变长也可能变短

2. 在排气冲程上止点（   ）。
A. 进气门开启、排气门关闭　　B. 排气门开启、进气门关闭
C. 排、进气门均关闭　　　　　D. 进、排气门叠开

3. 气门座圈的磨损，将使气门间隙（   ）。
A. 增大　　　　　　B. 减小　　　　　　C. 不变

4. 气门传动组零件的磨损，配气相位的变化规律是（   ）。
A. 早开早闭　　B. 早开晚闭　　C. 晚开早闭　　D. 晚开晚闭

5. 四冲程六缸发动机，各同名凸轮之间的相对位置夹角应当是（   ）。
A. 120°　　　B. 90°　　　C. 60°　　　D. 30°

二、判断题

1. 某汽油机其进气门在上止点前 6°开启，下止点后 48°关闭，其排气门在下止点前 52°开启，上止点后 15°关闭时，该汽油机进排气门重叠角为 9°。（   ）
2. 气门油封损坏，会造成排气冒黑烟。（   ）
3. 进气门为了获得大的进气量而往往采用较小的气门锥角，排气门因温度高而用较大的气门锥角。（   ）
4. 发动机运转时，进排气凸轮轴转速是曲轴转速的 1 倍。（   ）
5. 高速发动机通常采用中置式凸轮布置形式。（   ）

三、问答题

1. 何为充气效率？如何提高充气效率？
2. 分析发动机留有气门间隙的原因，其大小对发动机的工作有何影响？
3. 简述进气管真空度的检测方法。如何根据检测结果对发动机故障进行判断？
4. 工作顺序为 1-3-4-2 的发动机，当 2 缸发动机位于压缩上止点时，4 缸可以进行哪个气门的间隙调整？为什么？
5. 查阅资料，分析可变配气机构如何提升发动机性能。

单元四
汽油机燃油系统与维修

 学习目标

1. 能够对电控汽油喷射系统进行维护保养
2. 能够对电控汽油喷射系统零部件进行拆装与检修
3. 掌握电控汽油喷射系统组成与工作原理
4. 熟悉汽油机的燃烧过程及影响因素
5. 了解汽油缸内直喷技术
6. 培养奉献精神和创新意识

4.1 基本认知

汽油机燃油供给系统的基本功用是定时定量地向各气缸供给洁净的可燃混合气,以保证其动力性、燃油经济性及排放性能。根据供油方式和控制原理的不同,可分为缸外喷射电控燃油系统(EFI)和缸内直接喷射燃油系统(GDI)。EFI 是目前通用形式,GDI 是发展趋势。

4.1.1 汽油及其使用性能

汽油是石油制品,它是多种烃的混合物,其主要化学成分是碳(C)和氢(H)。若完全燃烧,其产物为二氧化碳(CO_2)和水(H_2O);若不完全燃烧,则产物中还包含有害物质一氧化碳(CO)和碳氢化合物(HC),对环境造成污染。

汽油的使用性能的好坏对发动机的动力性、经济性、可靠性和使用寿命都有很大的影响。它主要包括蒸发性、抗爆性和热值。

(1)蒸发性 是指液态汽油汽化的难易程度。其用馏程和饱和蒸气压来评定。蒸发性越好,越易在极短的时间内完全蒸发汽化,并与空气均匀混合形成可燃混合气,保证发动机在各种条件下都能迅速发动、加速和正常运转。但是汽油的蒸发性太好,在使用中容易发生"气阻",即汽油在管路中蒸发形成气泡,阻碍汽油流通,使供油不畅,甚至中断,造成发动机熄火。汽油蒸发性能通常用汽油的 10%、50%、90%、100%馏出温度来评价,相应的馏出温度越低,则蒸发性越好。

(2)抗爆性 是指汽油在发动机气缸内燃烧时不发生爆燃的能力。汽油的抗爆性用辛烷值评定,辛烷值越高,抗爆性越好。在我国,汽油的牌号就是以辛烷值划分的,通常有两种辛烷值:一种是研究法辛烷值(RON);另一种是马达法辛烷值(MON)。它们的试验条件和方法略有区别,同一汽油的研究法辛烷值大于马达法辛烷值。如 90 号、92 号、95 号汽油使用的是研究法辛烷值,其数值越大,汽油品质越好。

(3)热值 是指1kg的汽油完全燃烧后所产生的热量,其值越大越好。汽油的热值约为46000kJ/kg。

汽油的选用应根据具体的发动机而定,主要依据发动机的压缩比。因为压缩比越大,汽油在发动机气缸内燃烧产生爆燃的可能性越大,所以压缩比高的汽油机应采用辛烷值高的汽油。

4.1.2 对可燃混合气成分的要求

4.1.2.1 可燃混合气成分的表示法

可燃混合气成分是指可燃混合气中空气与燃油的比例,又称可燃混合气浓度,通常用空燃比 α 和过量空气系数 ϕ_a 表示。

(1)空燃比 可燃混合气中空气质量与燃油质量之比为空燃比,即 $\alpha = A$(空气质量)$/F$(燃油质量)。

根据化学反应关系,1kg 汽油完全燃烧所需空气质量约为 14.7kg,因此把 $\alpha=14.7$ 称为理论空燃比,其可燃混合气称为理论混合气,则 $\alpha<14.7$ 为浓混合气,$\alpha>14.7$ 为稀混合气。

(2)过量空气系数 燃烧 1kg 燃油实际供给的空气质量与完全燃烧 1kg 燃油所需空气质量之比为过量空气系数,记作 ϕ_a,亦即气缸内的实际空气质量与气缸内燃油完全燃烧所需的理论空气质量之比。

$\phi_a=1$ 为理论混合气,$\phi_a<1$ 为浓混合气,$\phi_a>1$ 为稀混合气。

4.1.2.2 发动机运转工况对可燃混合气成分的要求

汽车发动机在实际工作中,其运转工况经常发生变化。为适应这种变化,可燃混合气成分应随之作相应的调整。

(1)稳定工况 是指发动机已经预热,转入正常运转,且在一定时间内没有突变。它一般分为怠速、小负荷、中等负荷、大负荷和全负荷。

① 怠速 是指发动机空载时以最低稳定转速运转的工况,这时发动机的动力全部用来克服自身的内部阻力。在怠速工况,进入气缸内的混合气数量很少,混合气被相对增多的残余废气严重稀释,加之此时因转速低、空气流速小而使汽油蒸发和雾化不良,导致混合气不均匀,使燃烧速度减慢甚至熄火,所以要供给 $\phi_a=0.6\sim0.8$ 的浓混合气。

② 小负荷 节气门(控制进气量大小的装置,汽油机由进气量决定供油量)开度在25%以内。随着进入气缸内的混合气数量的增多,汽油雾化和蒸发的条件有所改善,残余废气对混合气的稀释作用相对减弱。因此,为了保证此时工况的稳定性,应供给 $\phi_a=0.7\sim0.9$ 的较浓混合气。

③ 中等负荷 节气门的开度在 25%~85% 范围内。由于此时燃烧条件较好,且汽车发动机大部分时间在中等负荷下工作,因此应供给 $\phi_a=1.05\sim1.15$,即在理论空燃比附近的经济混合气,以保证发动机有较好的燃油经济性。

④ 大负荷和全负荷 发动机在大负荷或全负荷工作时,节气门接近或达到全开位置。这时需要发动机发出最大功率以克服较大的外界阻力或加速行驶。为此应供给 $\phi_a=0.85\sim0.95$ 的稍浓功率混合气。

(2)过渡工况 是指发动机在工作中所必须经历的短暂特殊阶段,该阶段发生的次数较频繁,但每次时间很短。

① 冷启动　是指机体温度降至与外界温度相等或接近后的再次启动过程。此时因温度低，尤其是冬天，汽油不容易蒸发汽化，再加上启动时转速低，进气流速小，汽油雾化不良，致使进入气缸的混合气中汽油蒸气太少，混合气过稀，不能着火燃烧。为使发动机能够顺利启动，要供给 $\phi_a \approx 0.2 \sim 0.6$ 的很浓混合气。

② 暖机　一般是指冷启动后，发动机的温度逐渐升高到正常工作温度的过程。在此过程中，由于燃烧条件的逐步改善，混合气的浓度应随发动机的温度升高而减小，直至到稳定怠速浓度，这样有利于减少燃油消耗和降低排放。所以，汽油机燃油供给系统一般都有暖机控制装置。

③ 加速　汽车在行驶过程中，有时需要在短时间内迅速提高车速（如超车）。为此，驾驶员要猛踩加速踏板，使节气门突然开大，以期迅速增加发动机功率。这时由于汽油的惯性比空气大，汽油流量的增加比空气流量的增加慢得多，所以会出现混合气瞬时变稀的现象。因此，在加速时，燃油供给系统必须能保证额外增加供油量。

4.1.3　汽油在气缸内的燃烧过程

汽油机工作的过程就是将汽油燃烧的热能转换为机械能对外输出，因此汽油在气缸内的燃烧过程的好坏对汽油机性能影响很大。

4.1.3.1　汽油机的正常燃烧

汽油在气缸内燃烧时间很短，要求在上止点附近迅速完成燃烧（若以转速5000r/min为例，不到6ms）。根据汽油在气缸内正常燃烧过程中气缸压力的变化及其点火因素，将燃烧过程分为着火延迟期、速燃期和后燃期三个阶段（图4-1）。

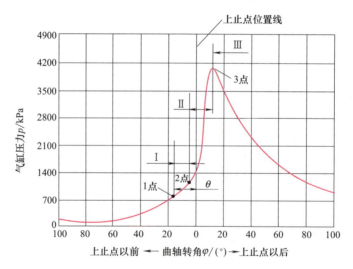

图 4-1　汽油在气缸内正常燃烧过程
Ⅰ—着火延迟期；Ⅱ—速燃期；Ⅲ—后燃期；
1点—开始点火；2点—形成火焰中心；3点—最高压力点

（1）着火延迟期　从火花塞开始点火（1点）到形成完整的燃烧火焰中心（2点）的这段时期，称为着火延迟期。这一时期汽油主要进行燃烧前的物理、化学准备。由于着火延迟期的存在，为使活塞在上止点时混合气能迅速燃烧而使气缸压力达到最大，必须使点火在活塞到达上止点之前开始。火花塞开始点火到活塞行至上止点时所转过的曲轴转角称为点火提前角，它对发动机的动力性、燃油经济性和排放性能影响极大。

(2) 速燃期　从火焰中心（2 点）形成开始，到气缸内出现最高压力点（3 点）为止，这段时间称为速燃期。它是整个燃烧过程的主要阶段，火焰由中心向外迅速扩散燃烧，直至整个燃烧室。混合气绝大部分在此时期内燃烧，气缸中压力和温度迅速上升。最高压力点产生的时刻（用曲轴转角表示的活塞行程位置）对发动机的性能有重大影响。过早，活塞还没到上止点，负功增大；过晚，活塞已经下行一定距离，膨胀功减小，都会使发动机的动力性和燃油经济性下降。最高压力点可以用点火提前角 θ 调整。

(3) 后燃期　从气缸内最高压力点到汽油基本燃烧完的这一段时期称为后燃期。部分未燃烧的混合气和可燃烧的中间产物（如 CO 和 HC）继续燃烧，因活塞下行，气缸容积增大，故气缸压力不再增加。这个时期如果过长，有可能造成排气管放炮（部分可燃混合气从排气门排出而在排气管中燃烧）。点火过迟往往会造成此现象。

4.1.3.2　汽油机的非正常燃烧

汽油在气缸内的非正常燃烧主要有爆燃和表面点火。

(1) 爆燃　当火花塞点火后，正常火焰传来之前，处在末端还未燃烧的混合气由于受到压缩和热辐射的作用，温度不断升高，加速了反应过程，最终导致自燃并急速燃烧的现象称为爆燃。

轻微的爆燃可以使发动机功率上升，油耗下降，但爆燃严重时，产生的压力冲击波反复撞击缸壁，气缸内会发出特别尖锐的金属敲击声，破坏了气缸壁表面的层流边界层和附着油膜，传热大大增加，导致发动机过热、功率下降、油耗增加，成为汽油发动机最有害的一种故障现象。

(2) 表面点火　由燃烧室内温度易积聚过高的炽热部分（排气门头端面、火花塞电极、金属凸出点或积炭等）点燃混合气的现象称为表面点火。

表面点火发生在火花塞点火之前称为早火。由于它提前点火而且热点表面比火花大，使燃烧速率加快，气缸压力、温度增高，发动机工作粗暴，并且压缩功增大，向缸壁传热增加，致使功率下降，火花塞、活塞等零件过热。

表面点火发生在火花塞点火之后称为后火。在炽热点的温度比较低时，电火花点燃混合气后，在火焰传播的过程中，炽热点点燃其余混合气，但此时形成的火焰前锋仍以正常的速度传播。这种现象可在发动机断火以后发现，这时发动机仍像有火花塞点火一样继续运转，直到炽热点温度下降以后才停止。

表面点火和爆燃之间会相互影响，强烈的爆燃，必然增加向气缸壁的传热，从而促成燃烧室炽热点的形成，导致表面点火。早火又使气缸压力升高率和最高燃烧压力增大，使未燃混合气受到较大的压缩和传热，从而促使爆燃发生。

4.1.3.3　影响燃烧过程的因素

影响汽油发动机燃烧过程的因素较多，主要有汽油品质、混合气浓度、点火提前角、发动机转速、发动机负荷、冷却液温度、燃烧室积炭、压缩比、气缸直径等。

(1) 汽油品质　对燃烧过程的影响见 4.1.1 相关内容。

(2) 混合气浓度　当 $\phi_a=0.85\sim0.95$ 时，火焰传播速度最快，燃烧速度最高，发动机发出最大功率，因而称这种混合气为功率混合气。当 $\phi_a=1.05\sim1.15$ 时，火焰传播速度仍较高，且此时空气相对充足，燃油能完全燃烧，热效率最高，燃油消耗率最低，因而称这种混合气为经济混合气。当 $\phi_a=1.3\sim1.4$ 时，混合气过稀，火焰不能传播，造成发动机无法稳定运转，此 ϕ_a 称为火焰传播下限；当 $\phi_a=0.4\sim0.5$ 时，由于缺氧严重，火焰也无法传播，此 ϕ_a 称为火焰传播上限。

（3）点火提前角　过大（点火过早），压缩功增加，有效功率下降，工作粗暴程度增加，敲缸，爆燃倾向增加，在这种情况下，只要适当减小点火提前角，就可以消除爆燃，过小（点火过迟），散热损失增多，最高压力降低，且膨胀不充分，使排气温度过高，发动机过热，功率下降，耗油量增多，有时还会造成排气管"放炮"现象。

（4）发动机转速　增加转速，火焰传播速度加快，爆燃的倾向下降。这是因为发动机转速升高，导致气缸内可燃混合气涡、紊流增强，且漏气及传热损失减少所致。虽然以时间计的燃烧速度加快，而以曲轴转角计的燃烧延续角仍然过大，所以汽油机转速提高后，应将点火提前角加大，以保证燃烧过程在上止点附近完成。

（5）发动机负荷　转速一定而负荷减小时，进入气缸的新鲜混合气量减少，而残余废气量基本不变，使残余废气所占比例相对增加，导致燃烧速度减慢。为保证燃烧过程在上止点附近完成，应随着负荷的减小增大点火提前角。负荷减小时，由于气缸中残余废气的稀释作用增加，气缸内的温度、压力下降，故爆燃倾向减小。所以发生爆燃时，可以采用放松油门踏板的方法，以临时消除爆燃。

（6）冷却液温度　发动机冷却液温度应控制在合适的范围内，过高、过低均影响混合气的燃烧和发动机的正常使用。冷却液温度过高时，会使燃烧室壁过热，爆燃及表面点火倾向增加。同时，进入气缸的混合气因温度升高，密度下降，充量减少，使发动机动力性、经济性下降。

（7）燃烧室积炭　发动机工作过程中，由于燃烧不完全的燃油和窜入燃烧室的机油在氧气和高温作用下，凝聚在燃烧室壁面及活塞顶部，形成积炭，其厚度可达几毫米。积炭不易传热，温度较高，在进气、压缩过程中不断加热混合气，使温度升高很快。积炭本身有体积，减小了燃烧室的容积，因而提高了压缩比。这些都促使爆燃倾向增加。积炭表面温度很高，形成炽热表面或炽热点，易引起表面点火。

（8）压缩比　提高压缩比，可提高压缩行程终了混合气的温度、压力，加快火焰传播速度，但会增加未燃混合气自燃的倾向，容易产生爆燃，所以汽油机不可能像柴油机那样采用高压缩比。随着汽油品质的提高、燃烧室的设计、汽油机电控喷射等技术的发展，允许汽油机压缩比有所提高，目前可达10～11。

4.2　电控歧管喷射燃油系统

4.2.1　电控汽油喷射系统特点及分类

4.2.1.1　电控汽油喷射系统特点
电控汽油喷射系统利用各种传感器准确感知发动机所处工况及其相关信息，并将信息转换成电信号送给电子控制单元（ECU），经分析运算后，精确控制喷油器，将所需数量的汽油直接喷入气缸或进气管道内，实现汽车在低排气污染的条件下提高发动机的动力性和燃油经济性，具体可实现怠速进气控制、喷油正时控制、喷油量控制、汽油停供控制、汽油泵控制等。

4.2.1.2　电控汽油喷射系统分类
电控汽油喷射系统有多种类型，可按不同方法进行分类。

（1）按喷射部位分类　按喷射部位的不同分为缸内喷射和歧管喷射两种。

缸内喷射是通过安装在气缸盖上的喷油器，将汽油直接喷入气缸内。这种喷射系统需要较高的喷射压力，约 5～10MPa，因而喷油器的结构和布置都比较复杂，是今后的发展趋势。歧管喷射是将喷油器安装在进气道上，在每一缸进气门附近各安装一个喷油器，以 0.20～0.35MPa 的喷射压力将汽油喷入，故又称为多点喷射（MPI），它既能精确地控制空燃比，又能保证各缸混合气的均匀性，是目前应用较多的形式。

（2）按喷射时序分类　按喷射时序可分为同时喷射、分组喷射和顺序喷射，如图 4-2 所示。

① 同时喷射　在发动机运转期间，各缸喷油器同时开启且同时关闭，由电控单元（ECU）同时下达喷油指令控制所有的喷油器同时动作 [图 4-2（a）]，其喷油正时与进气、压缩、做功、排气的工作循环没有关系，早期的电喷系统几乎均采用这种喷射方式。

② 分组喷射　是将喷油器分成 2～3 组（一般分成 2 组）交替喷射，电控单元（ECU）发出两路喷油指令，每路指令控制一组喷油器 [图 4-2（b）]，这种结构形式较同时喷射系统要精细、先进一些。

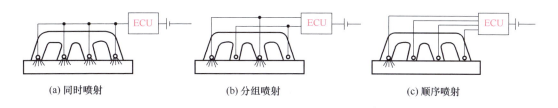

(a) 同时喷射　　　　(b) 分组喷射　　　　(c) 顺序喷射

图 4-2　喷射类型

③ 顺序喷射　顺序喷射也叫独立喷射，其喷油器按发动机各缸进气行程的顺序轮流喷射 [图 4-2（c）]，由电控单元（ECU）根据曲轴位置传感器提供的信号判别各缸的进气行程，适时发出各缸的喷油脉冲信号，以实现顺序喷射的功能。顺序喷射是目前电喷系统中最先进最精细的喷射形式，是目前广泛使用的喷射形式。

（3）按对空气量的计量方式分类　按对空气量的计量方式不同可分为 D 型和 L 型。

① D 型电控燃油喷射系统　它是利用压力传感器检测进气管内的绝对压力，电脑根据进气管内的绝对压力和发动机转速推算出发动机的进气量，再根据进气量和发动机转速确定基本喷油量。

② L 型电控燃油喷射系统　它是利用空气流量计直接测量发动机的进气量，电脑不必进行推算，可根据空气流量计信号计算与该空气量相应的喷油量。其测量的准确度高于 D 型。

（4）按有无反馈信号分类　按有无反馈信号可分为开环控制系统和闭环控制系统。

① 开环控制系统（无氧传感器或氧传感器不参与工作）　它通过实验室确定的发动机各工况的最佳供油参数预先存入电脑，在发动机工作时，电脑根据系统中各传感器的输入信号，判断自身所处的运行工况，并计算出最佳喷油量。其精度直接依赖于所设定的基准数据和喷油器调整标定的精度。当使用工况超出预定范围时，不能实现最佳控制。

② 闭环控制系统（氧传感器参与工作）　在该系统中，发动机排气管上加装了氧传感器，根据排气中含氧量的变化，判断实际进入气缸的混合气空燃比，再通过电脑与设定的目标空燃比进行比较，并根据误差修正喷油量，空燃比控制精度较高。

4.2.2 电控歧管喷射系统组成与基本工作原理

现代电控汽油歧管喷射系统尽管类型多，但它们都是由空气供给系统、燃油供给系统和电子控制系统三大部分组成的。它们的核心是发动机的电子集中控制系统，亦称作电子控制单元 ECU（Electronic Control Unit）。

4.2.2.1 空气供给系统组成与工作原理

空气供给系统的任务是按发动机各工况的需要，适时提供清洁、适量且足够的空气。其组成如图 4-3 和图 4-4 所示。在设计时，往往将节气门、怠速控制装置和其他相关元件（如节气门位置传感器等）装在一个壳体上，统称为节气门体。节气门是发动机正常工作时空气进入气缸的主要可控通道，由驾驶员通过加速踏板控制。怠速时的进气量由怠速控制装置自动控制。在有些发动机上还装有一个可控旁通空气通道（辅助空气阀），用于特殊工况（依机型而定）的额外供气。

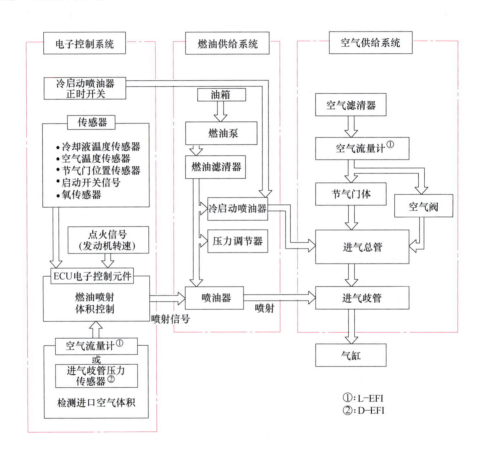

图 4-3 电控汽油喷射系统组成示意框图

系统工作时，空气经空气滤清器过滤，通过空气流量计经节气门（或怠速控制装置、旁通空气阀）控制后进入进气总管，然后再通过进气歧管进入各缸。

4.2.2.2 燃油供给系统组成与工作原理

燃油供给系统的作用是向气缸内供给清洁并调节燃烧过程中所需要的燃油量，主要组成部件如图 4-3 和图 4-4 所示。有些发动机还利用冷启动喷油器改善低温启动性能，它安装在进气总管上，仅在发动机低温启动时喷油。

系统工作时,电动燃油泵将燃油从燃油箱中吸出,经燃油滤清器过滤后输送到燃油分配总管,再经燃油压力调节器的调节,由燃油压力脉动阻尼器减缓喷油脉动,然后各缸喷油器根据 ECU 的指令将燃油适时适量地喷入进气门附近。

4.2.2.3 电子控制系统组成与工作原理

发动机电子控制系统(图 4-3 和图 4-4)由传感器、电控单元和执行器等组成,其作用是收集发动机的工况信号,经处理后确定最佳喷油量、最佳喷油时间和最佳点火时刻等,同时,它还对怠速、停供油、燃油泵等进行控制。

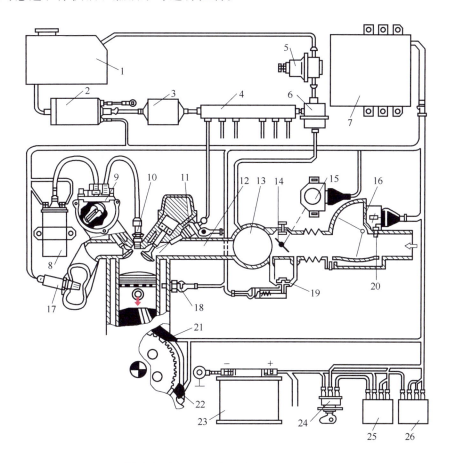

图 4-4 电控汽油喷射系统组成结构示意图
1—燃油箱;2—电动汽油泵;3—燃油滤清器;4—燃油分配总管;5—燃油压力脉动阻尼器;6—燃油压力调节器;
7—电控单元;8—点火线圈;9—高压分电器;10—火花塞;11—喷油器;12—进气歧管;13—进气总管;
14—节气门;15—节气门位置传感器;16—空气流量计;17—氧传感器;18—冷却液温度传感器;
19—辅助空气阀;20—进气温度传感器;21—曲轴位置传感器;22—发动机转速传感器;
23—蓄电池;24—点火开关;25—主继电器;26—燃油泵继电器

传感器的作用是将发动机的工况及状态、汽车行驶工况和状态等物理或化学信息转变为电信号,输送给 ECU。传感器主要有空气流量计(或进气歧管绝对压力传感器)、冷却液温度传感器、发动机转速传感器、节气门位置传感器、曲轴位置传感器、氧传感器等。

执行器用以执行发动机 ECU 发出的各种控制指令,以实施对发动机工作的精确控制。执行器主要有电动燃油泵、喷油器、怠速控制阀、电动节气门等。

电控单元是整个电控系统的核心,储存有发动机的工作程序。它接收传感器的信息,并根据运算分析的结果向执行器发出指令,对发动机进行工作控制。

4.2.3 歧管喷射系统喷油控制

4.2.3.1 喷油正时控制

喷油正时控制一般采用顺序喷射正时控制和分组喷射正时控制。

(1) 顺序喷射正时控制　顺序喷射正时控制的特点是喷油器驱动回路数与气缸数目相等。ECU 根据凸轮轴位置传感器信号(G 信号)、曲轴位置传感器信号(Ne 信号)和发动机各缸的做功顺序,确定各缸工作位置。当确定某缸活塞运行至排气行程上止点前某一位置时,ECU 输出喷油控制信号,接通喷油器电磁线圈电路,该缸即开始喷油,各缸喷油顺序与其做功顺序一致(图 4-5)。

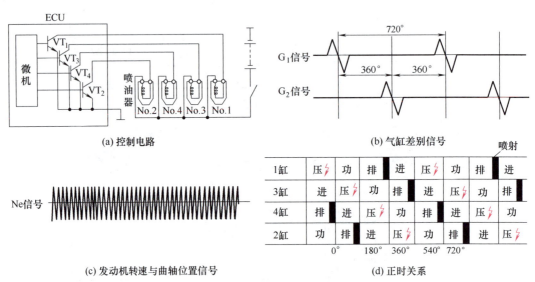

图 4-5　顺序喷射正时控制

(2) 分组喷射正时控制　分组喷射一般是把所有气缸的喷油器分成 2～4 组,由 ECU 分组控制喷油器。图 4-6 为 4 缸发动机分组喷射控制电路和喷油正时控制图,喷油器分两组,ECU 通过两个端子分别对各组喷油器进行控制。

分组喷射喷油正时的控制是以各组最先进入做功行程的缸为基准,在该缸排气行程上止点前某一位置,ECU 输出指令信号,接通该组喷油器电磁线圈电路,该组喷油器即开始喷油。

4.2.3.2 喷油量控制

(1) 启动喷油控制　启动时,发动机由启动电机带动运转。由于转速很低,转速的波动也很大,因此这时空气流量传感器所测得的进气量信号

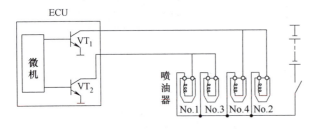

图 4-6　分组喷射正时控制

有很大的误差。基于这个原因，在发动机启动时，ECU 不以空气流量传感器的信号作为喷油量的计算依据，而是按预先给定的启动程序来进行喷油控制。ECU 根据启动开关及转速传感器的信号，判定发动机是否处于启动状态，以决定是否按启动程序控制喷油。当启动开关接通，且发动机转速低于 300r/min 时，ECU 判定发动机处于启动状态，从而按启动程序控制喷油。

在启动喷油控制程序中，ECU 按冷却液温度、进气温度、启动转速计算出一个固定的喷油量，通过增加各缸喷油器的喷油持续时间或喷油次数来增加喷油量，这一喷油量能使发动机获得顺利启动所需的浓混合气。冷却液温度或进气温度愈低，喷油量就愈大，加浓的持续时间也就愈长。

（2）运转喷油控制　在发动机运转中，ECU 主要根据进气量和发动机转速来计算喷油量。此外，电脑还要参考节气门开度、冷却液温度、进气温度、海拔高度及怠速工况、加速工况、全负荷工况等运转参数来修正喷油量，以提高控制精度。

由于 ECU 要考虑的运转参数很多，为了简化计算程序，通常将喷油量分成基本喷油量、修正量、增量三个部分，并分别计算出结果，然后再将三个部分叠加在一起，作为总喷油量来控制喷油器喷油。

① 基本喷油量　是根据发动机每个工作循环的进气量，按理论混合比（空燃比 14.7∶1）计算出的喷油量。

② 修正量　是根据进气温度、大气压力等实际运转情况，对基本喷油量行适当修正，使发动机在不同运转条件下都能获得最佳浓度的混合气。修正量的内容为：

a. 进气温度修正；

b. 大气压力修正；

c. 蓄电池电压修正（电压变化时，自动对喷油脉冲宽度加以修正）。

③ 增量　是在一些特殊工况下（如暖机、加速等），为加浓混合气而增加的喷油量。加浓的目的是使发动机获得良好的使用性能（如动力性、加速性、平顺性等）。加浓的程度可表示为以下几个方面。

a. 启动后增量　发动机冷车启动后，由于低温下混合气形成不良及部分燃油在进气管上沉积，造成混合气变稀。为此，在启动后一段短时间内，必须增加喷油量，以加浓混合气，保证发动机稳定运转而不熄火。启动后增量比的大小取决于启动时发动机温度，并随发动机的运转时间增长而逐渐减小为零。

b. 暖机增量　在冷车启动结束后的暖机运转过程中，发动机的温度一般不高。在这样较低的温度下，喷入进气歧管的燃油与空气的混合较差，不易立即汽化，结果造成气缸内的混合气变稀。因此，在暖机过程中必须增加喷油量。暖机增量比的大小取决于冷却液温度传感器所测得的发动机温度，并随着发动机温度的升高而逐渐减小，直至温度升高至 80℃时，暖机加浓结束。

c. 加速增量　在加速工况时，ECU 能自动按一定的增量比适当增加喷油量，使发动机能发出最大扭矩，改善加速性能。ECU 是根据节气门位置传感器测得的节气门开启的速率鉴别出发动机是否处于加速工况的。

d. 大负荷增量　在大负荷及满负荷工况下，要求发动机能发出最大功率，因而喷油量应比部分负荷工况大，以提供稍浓于理论混合比的功率混合气。大负荷信号由节气门开关内的全负荷开关提供，或由 ECU 根据节气门位置传感器测得的节气门开度来决定。当节气门开度大于 70℃时，ECU 按功率混合比计算喷油量。

(3) 反馈控制　汽油喷射系统进行反馈控制的传感器是氧传感器,使用氧传感器的发动机必须使用无铅汽油。反馈控制(闭环控制)是在排气管上加装氧传感器,根据排气中氧含量的变化,测定出进入发动机燃烧室混合气的空燃比值,把它输入计算机与设定的目标空燃比值进行比较,改变喷油器喷油量,使空燃比保持在设定目标值附近。因此,闭环控制可达到较高的空燃比控制精度,并可消除因产品差异和磨损等引起的性能变化,工作稳定性好,抗干扰能力强。

4.2.3.3 停供油控制

(1) 减速断油控制　汽车行驶中,驾驶员快收加速踏板使汽车减速时,ECU将会切断燃油喷射控制电路,停止喷油,减少燃油消耗。当发动机转速降至设定转速时(一般是接近最低工作转速)又恢复正常喷油。

减速断油控制过程是由电脑根据节气门位置、发动机转速、水温等运转参数,作出的综合判断。在满足一定条件时,电脑执行减速断油控制。这些条件是:

① 节气门位置传感器中的急速开关接通;

② 发动机水温已达正常温度;

③ 发动机转速高于某一数值。该转速称为减速断油转速,其数值由电脑根据发动机水温、负荷等参数确定。通常水温愈低,发动机负荷愈大(如使用空调时),该转速愈高。当上述三个条件都满足时,电脑就停止喷油,上述条件只要有一个不满足(如发动机转速已下降至低于减速断油转速),电脑就立即恢复喷油。

(2) 限速断油控制　发动机加速时,转速超过安全转速或汽车车速超过设定的最高车速时,ECU将切断燃油喷射控制电路,停止喷油,防止超速。当断油后发动机转速下降至低于极限转速约100r/min时,恢复喷油。

(3) 溢油消除控制　启动时,燃油喷射系统向发动机提供很浓的混合气。若多次转动启动电机后发动机仍未启动,淤集在气缸内的浓混合气可能会浸湿火花塞,使之不能跳火。这种情况称为溢油或淹缸。此时驾驶员可将油门踏板踩到底,并转动点火开关,启动发动机。电脑在这种情况下会自动中断燃油喷射,以排除气缸中多余的燃油,使火花塞干燥。电脑只有在点火开关、发动机转速及节气门位置同时满足以下条件时,才能进入溢油消除状态:

① 点火开关处于启动位置;

② 发动机转速低于300r/min;

③ 节气门全开。

因此,电控燃油喷射式发动机在启动时,不能踩下油门踏板,否则有可能因进入溢油消除状态而使发动机无法启动。

(4) 减扭矩断油控制　装有电子控制自动变速器的汽车在行驶中自动升挡时,控制变速器的电脑会向燃油喷射系统的电脑发出减扭矩信号。燃油喷射系统的电脑在收到这一减扭矩信号时,会暂时中断个别气缸(如2、3缸)的喷油,以降低发动机转速,从而减轻换挡冲击。

(5) 汽油泵控制　当点火开关打开或发动机熄火后,燃油泵一般会预先或延迟工作2~3s,以保证燃油系统必需的油压。在发动机启动过程和运转过程中,燃油泵应保持正常工作。打开点火开关但不启动发动机,或关闭点火开关后,应适时切断燃油泵控制电路,使燃油泵停止工作。

4.2.4 歧管喷射系统急速进气控制

急速转速过高,会增加燃油消耗量。因此,急速转速应尽可能低。但考虑到减少有害物的排放，怠速转速又不能过低。另外，考虑所有怠速使用条件下，如冷车运转与电器负荷、空调装置、自动变速器、动力转向伺服机构的接入等情况，它们都会引起怠速转速的变化，使发动机怠速不稳甚至会引起熄火现象。

怠速控制的基本原理是 ECU 根据冷却液温度、空调负荷、空挡信号等计算目标转速，并与实际转速相比较，同时检测节气门全关信号及车速信号，判断是否处于怠速状态，确认后则按目标转速与实际转速之间的差值来驱动执行器调整控制进气量。

怠速控制（ISC）是通过调节空气通道面积以控制进气流量的方法来实现的，其系统各组成部分及其功用如表 4-1 所示。

表 4-1 怠速控制系统组件和功能

项目	组　件	功　能
传感器	转速传感器（Ne 信号）	检测发动机转速
	节气门位置传感器	检测发动机处于怠速状态
	冷却液温度传感器	检测发动机冷却液温度
	启动开关信号	检测发动机正在启动中
	空调开关（A/C）信号	检测空调的工作状态（ON、OFF）
	车速传感器	检测车速
	空挡启动开关信号（P/N）	检测换挡手柄位置
	液力变矩器负荷信号	检测液力变矩器负荷变化
	动力转向开关信号	检测动力转向工作状态
	发电机负荷信号	检测发电机负荷的变化
执行器	怠速控制阀（ISC）或直动节气门	控制节气门旁通空气通道和节气门怠速开度
ECU		根据从各传感器输入的信号，把发动机的实际转速与各传感器输入的信号所决定的目标转速进行比较。根据比较得出的差值，确定相当于目标转速的控制量，去驱动控制空气量的执行机构，使怠速转速保持在目标转速上

4.3　空气供给系统与检修

4.3.1　空气流量计

空气流量计（MAF——Mass Air Flow）的功用是测量进入发动机的空气质量，并将测量的结果转换为电信号传输给 ECU，作为决定喷油量的主控信号。空气流量计有多种，根据测量原理，可分为热线式、热膜式和卡门涡流式等。

4.3.1.1　热线式空气流量计

如图 4-7 所示，取样管 2 置于空气流道中央，空气流道装有金属防护网 1，用于防止回火和脏物进入空气流量计。铂热线（铂金属丝制成，工作时会被电流加热至 100℃ 以上，又称热线电阻）R_H 和温度补偿电阻 R_K 装于测试管内，与安装在控制电路板内的精密电阻 R_A 和 R_B 共同组成惠斯登电桥电路的四臂（图 4-8）。

当空气流过热线电阻时，使其温度降低，电阻减小，电桥失去平衡。这时控制电路将自动增加供给热线电阻的电流，以使其恢复原来的温度和电阻值，直至电桥恢复平衡。流过热线电阻的空气流量越大，控制电路供给热线电阻的加热电流也越大，即加热电流是空气流量的单值函数。加热电流通过精密电阻 R_A 产生的电压作为电压输出信号传输给 ECU，用于确定进气量。

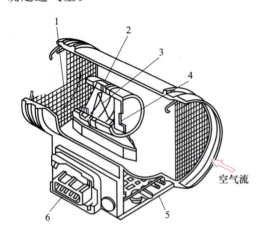

图 4-7 热线式空气流量计
1—金属防护网；2—取样管；3—铂热线；4—温度补偿电阻；5—控制电路；6—连接器

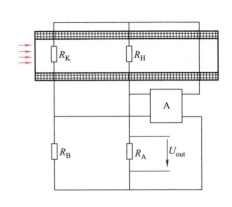

图 4-8 热线式空气流量计工作原理图（内部电路）
A—控制电路；R_H—热线电阻；R_K—温度补偿电阻；R_A—精密电阻；R_B—电桥电阻

温度补偿电阻的阻值也随进气温度的变化而变化，起到一个参照标准的作用，用来消除进气温度的变化对空气流量测量结果的影响，一般将热线电阻通电加热到高于温度补偿电阻温度 100℃。故热线式空气流量计是直接测量进入发动机的空气质量，可以得到非常精确的质量流量信号不需要进行进气温度和进气压力修正。

热线式空气流量计无机械运动件，进气阻力小，反应快，测量精度高。但在使用中，铂热线表面受空气中灰尘的污染会影响其测量精度，所以热线式空气流量计都有自洁功能，ECU 通过自洁电路，在发动机熄火后，自动将铂热丝加热至 1000℃并维持 1s 时间，烧掉黏附在铂热丝上的灰尘。

4.3.1.2 热膜式空气流量计

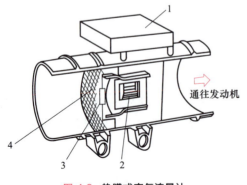

图 4-9 热膜式空气流量计
1—控制电路；2—热膜；3—温度补偿电阻；4—防护网

如图 4-9 所示，其结构和工作原理与热线式空气流量计基本相同，不同之处在于它是将热线改为热膜。热膜是由铂金属片固定在树脂薄膜上而构成的，同时和精密电阻、补偿电阻等镀在一块陶瓷片上，使制造成本大为降低。由于发热体不直接承受空气流动所产生的作用力，且热膜不会被空气中的灰尘黏附，从而提高了可靠性和寿命。

4.3.1.3 卡门涡流式空气流量计

该种空气流量计具有体积小、重量轻、结构简单、进气阻力小等优点，按其检测方式，可分为光学式和超声波式两种。

（1）光学式卡门涡流空气流量计 如图 4-10 所示，在进气道内设一锥形涡流发生器，当空气流过时，会在其后部产生有规律的卡门旋涡，从而导致涡流发生器周围的空气压力发生变化。变化的压力经导压孔引向金属膜制成的反光镜而使其产生振动，其振动频率与涡流发生的频率相等，而涡流发生的频率与空气流速成正比；反光镜再将发光二极管投射的光反射给光敏晶体管，通过光敏晶体管检测涡流发生的频率，并向ECU输送信号，ECU则根据此信号确定发动机的进气量（体积流量等于流速与流通截面积之积）。

（2）超声波式卡门涡流空气流量计　如图4-11所示，该种空气流量计主要由超声波发生器、超声波发射探头、涡流稳定板、涡流发生器、整流栅、超声波接收探头和转换电路等组成。当空气流经涡流发生器时，在其后部的超声波发射探头与超声波接收探头之间会产生有规律的卡门旋涡。超声波发射探头不断地接收超声波发生器输送来的超声波信号，并将其转换成机械波。超声波接收探头安装在发射探头正对面，它利用压电效应将接收到的机械波转换成电信号输送给转换电路。因卡门旋涡对空气密度的影响，就会使机械波从发射探头传到接收探头的时间产生相位差。转换电路对此相位信号进行处理，就可得到与涡流发生的频率成正比的脉冲信号，即代表空气体积流量的电信号。

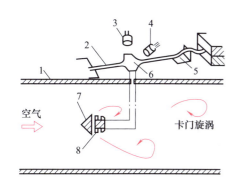

图 4-10　光学式卡门涡流空气流量计
1—进气管路；2—压力感应板；3—发光二极管；
4—光敏晶体管；5—板簧；6—反光镜；
7—旋涡发生器；8—导压孔

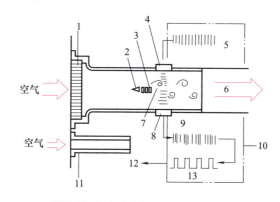

图 4-11　超声波式卡门涡流空气流量计
1—整流栅；2—涡流发生器；3—涡流稳定板；4—信号发生器
（超声波发射探头）；5—超声波发生器；6—通往发动机；
7—卡门旋涡；8—超声波接收器；9—与旋涡数对应的疏密
声波；10—转换电路；11—旁通通路；12—通往
计算机；13—整形成矩形波（脉冲）

4.3.2　节气门体

节气门体位于空气流量计和发动机之间的进气管上，与驾驶员的加速踏板联动，是控制进气通道截面积的变化，实现对发动机转速和负荷控制的装置。图4-12所示为节气门体的外观和结构原理。节气门体包括控制进气量的节气门通道和怠速运行的空气旁通道，节气门位置传感器也装在节气门轴上，用来检测节气门开度。有的节气门体上还装有辅助空气阀、节气门回位缓冲器等。

4.3.3　怠速控制装置

怠速控制装置大致可分为两种：一种是控制节气门最小开度的节气门直动式；另一种是控制节气门旁通气道中空气流量的旁通空气式（又称辅助空气阀）。

4.3.3.1　节气门直动式怠速控制装置

节气门直动式怠速控制装置是通过控制节气门开启程度，调节空气流通的面积，达到控制进气量，实现怠速控制的。

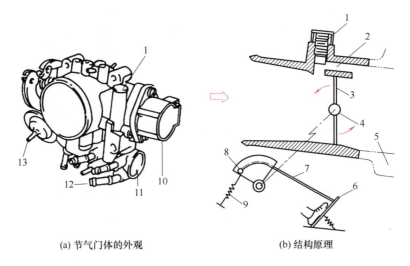

(a) 节气门体的外观　　　　(b) 结构原理

图 4-12　节气门体的外观和结构原理
1—急速调整螺钉；2—旁通通路；3—节气门；4—节气门轴；5—进气总管；6—加速踏板；
7—节气门拉线；8—操纵臂；9—回位弹簧；10—节气门位置传感器；
11—辅助空气阀；12—通冷却液管路；13—节气门回位缓冲器

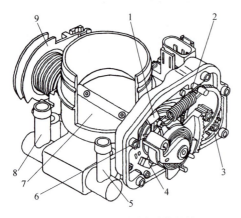

图 4-13　节气门直动式怠速控制装置
1—节气门定位电位计；2—紧急运行弹簧；
3—节气门定位器；4—节气门电位计；5—冷
却液进口；6—怠速开关；7—节气门；
8—冷却液出口；9—加速踏板拉索轮

图 4-13 所示为 AJR 发动机节气门控制组件，其怠速控制采用节气门直动式。节气门电位计 4 直接与节气门轴相连接，当驾驶员踩加速踏板时，节气门轴转动，节气门电位计同时转动，电阻发生变化，节气门电位计向 ECU 提供节气门位置电信号，该部件起着节气门位置传感器作用。节气门定位电位计 1 与节气门定位器 3 相连接，当节气门定位器转动时节气门定位电位计同时转动，电阻发生变化，向 ECU 提供电信号。

怠速开关 6 向发动机 ECU 提供怠速工况信号。在怠速时，怠速开关触点是闭合的，由节气门定位器来决定怠速时节气门开度。节气门定位器实际上是一个电动机。它通过齿轮传动，能控制节气门开大或关小，起着控制发动机怠速的作用。如果发动机 ECU 没有接收到怠速开关信号，ECU 就根据节气门电位计信号控制发动机。

4.3.3.2　辅助空气阀

辅助空气阀是实现发动机快怠速的装置。当发动机冷启动时，部分空气经补充空气阀进入发动机，使发动机的进气量增加。由于这部分空气是经过空气流量计计量过的，因此喷油量将相应地有所增加，从而提高了怠速转速，缩短了暖车时间。发动机完成暖机运转之后，流经空气阀的空气即被切断，发动机吸入的空气改由节气门体的旁通通路供给，使发动机在通常的怠速工况下稳定运转。

（1）双金属片式辅助空气阀　如图 4-14 所示，它由双金属片 7、加热线圈 6 和旁通阀门 8 等组成。当温度低或无电流通过加热线圈时，旁通阀门总是打开的（在发动机冷启动时，旁通空气道全开)。在发动机启动的同时,加热线圈上就有电流流过,随着发动机温度的升高和加热线圈加热时间的增长,双金属片逐渐向上弯曲变形,带动旁通阀门逐渐关闭旁通气道,从而降低发动机的怠速转速。暖机后,双金属片不仅受电加热,还受发动机的热量加热,使阀门保持关闭,发动机处于正常怠速工作。

(2) 石蜡式辅助空气阀　根据发动机冷却液温度,控制旁通气道面积。控制力来自恒温石蜡的热胀冷缩,而热胀冷缩的值随周围温度而变化。采用这种辅助空气阀,导入发动机冷却液是必要的,为了简化结构,大多采用与节气门体加热共用的冷却液管路一体化结构,图4-15 所示为其结构和工作原理示意。

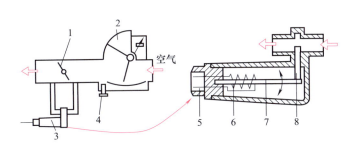

图 4-14　双金属片式辅助空气阀
1—节气门；2—空气流量计；3—双金属片式辅助空气阀；
4—怠速调整螺钉；5—插头；6—加热线圈；
7—双金属片；8—旁通阀门

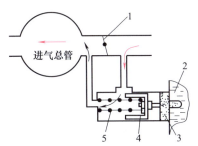

图 4-15　石蜡式辅助空气阀
1—节气门；2—冷却液；3—石蜡体；
4—控制活塞；5—弹簧

当发动机处于低温状态时,冷却液温度低,石蜡体积收缩,阀门在弹簧作用下打开,空气经旁通阀门从旁通气道进入进气总管。

发动机暖车后,冷却液温度升高,石蜡体积膨胀变大,推动控制活塞克服弹簧力向左移动,将旁通阀关闭,截断空气通道。

(3) 电磁阀式辅助空气阀　电磁阀式怠速控制装置实际上是一个调节空气流通截面积大小的比例电磁阀。阀门的开度由流过电磁线圈的电流产生的电磁力与弹簧力的平衡位置所决定,有直线型和旋转型两种。直线型电磁阀 [图4-16 (a)] 是以改变阀的轴向位置来调节通道截面积的,而旋转型电磁阀 [图4-16 (b)] 则是通过改变阀的角度位置来调节通道截面积的。电磁阀式怠速控制装置响应速度快。

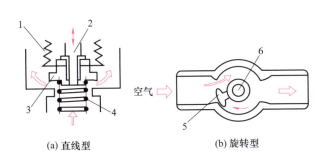

图 4-16　电磁阀式辅助空气阀
1—消除负压用波纹管；2—阀杆（由电磁铁芯驱动）；3—直线阀；4—平衡弹簧；
5—旋转阀；6—转轴（由电机驱动）

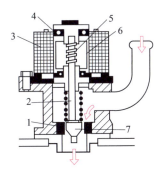

图 4-17　步进电机式辅助空气阀
1—阀座；2—阀轴；3—定子；4—轴承；
5—进给丝杆；6—转子；7—阀芯

（4）步进电机式辅助空气阀　这种怠速控制阀安装在进气总管或节气门阀体上。如图 4-17 所示，它有一个内置步进电机，当顺时针或逆时针方向转动转子，通过丝杆将旋转运动变成直线运动，使阀移进或移出，便增加或减小阀芯与阀座之间的间隙，以调节允许通过的空气量。由于步进电机式怠速控制阀气流容量很大，因此也用于控制快怠速。

线圈每通一次电，转子就转过一定量（一般为几度到十几度）。因此，可以很精确地调整流通面积，可以把怠速转速控制在很精确的范围内。

4.3.4　电子节气门

电子节气门的优点在于能根据驾驶员的需求愿望以及整车行驶状况确定节气门的最佳开度，保证车辆最佳的动力性、燃油经济性和排放控制，并具有牵引力控制、巡航控制等控制功能，提高了安全性和乘坐舒适性。

电子节气门系统主要由节气门体机械部件（图 4-18）、控制单元、信号输入装置和执行器等组成。复位弹簧可使节气门回转到一个微小的开度，以保证在系统失去作用后发动机仍有一个较高的转速，达到行车安全的目的。

电子节气门系统的工作原理如图 4-19 所示。驾驶员操纵加速踏板，加速踏板位置传感器产生相应的电压信号并输入节气门控制单元 ECU，ECU 首先对输入的信号进行滤波，以消除环境噪声的影响，然后根据当前的工作模式、踏板位置移动量和变化率解析驾驶员意图，计算出对发动机转矩的基本需求，得到相应的节气门转角的基本期望值，然后再经过 CAN 总线和整车控制单元进行通信，获取其他工况信息以及各种传感器信号如发动机转速、挡位、节气门位置、空调能耗等，由此计算出整车所需求的全部转矩，对节气门转角期望值进行补偿，得到节气门的最佳开度，并把相应的电压信号发送到驱动电路模块，驱动节气门控制电机，使节气门达到最佳的开度位置。节气门位置传感器则把节气门的开度信号反馈给节气门控制单元，形成闭环的位置控制。

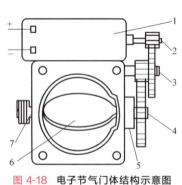

图 4-18　电子节气门体结构示意图
1—直流电机；2—小齿轮；3—中间齿轮；
4—扇形齿轮；5—节气门位置传感器；
6—节气门；7—弹簧

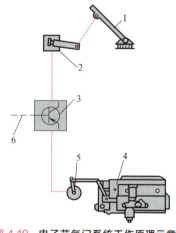

图 4-19　电子节气门系统工作原理示意图
1—油门踏板；2—踏板位置传感器；3—EGAS 控制
单元（ECU）；4—节气门体；5—电动机；
6—数据总线

ECU 对电子节气门系统的功能进行监控，如果发现故障，将点亮系统故障指示灯，提示驾驶员系统有故障。同时电磁离合器被分离，节气门不再受电机控制。节气门在回位弹簧的作用下返回到一个小开度的位置，启动回家功能。

电子节气门系统采用两个加速踏板位置传感器和两个节气门位置传感器,两两反接实现阻值的反向变化。对两个传感器施加相同的电压,两者输出的电压信号也相应反向变化。一个传感器就可使系统正常运转,两个传感器可相互检测,当一个传感器发生故障时,能及时被识别,在很大程度上增加了系统的可靠性,保证行车的安全性。

电子节气门系统取消了怠速调节阀,而是直接由控制单元调节节气门开度来实现车辆的怠速控制。

4.3.5 空气供给系检修

4.3.5.1 热线(热膜)空气流量计检修

(1) 常见的故障及影响　热线(热膜)式空气流量计较为常见的故障是:热线(热膜)沾污、热线断路(热膜损坏)和热敏电阻不良等。各个故障对发动机的影响见表4-2所示。

表4-2　热线(热膜)式空气流量计常见故障对发动机的影响

故障部位	对电控燃油喷射系统的影响	对电控发动机的影响
热线(热膜)沾污	空气流量信号电压下降而使供油量过小	发动机运转不平稳或不工作;发动机运转无力、加速不良
热线断路(热膜损坏)	无空气流量信号输出	发动机不能工作
热敏电阻不良	空气流量计信号电压不准确	发动机油耗过高或运转不正常

(2) 故障检查方法

① 就车检查方法　将空气流量计线束插接件橡胶罩拔开,在发动机转动和停转的情况下测出空气流量计的输出电压,看是否正常。由于就车检查时,空气流量计还与控制器(电脑)连接,电脑故障也会使空气流量计信号失常。故就车检查空气流量计信号异常时,还不能断定就是空气流量计的故障,需拆开与电脑的连接物,作进一步的检查。

② 拆下后的单件检查　将空气流量计线束插接器拔开,在空气流量计相应端子上接上蓄电池电压,然后测其输出信号电压,如果信号电压正常(1.5V左右),再向空气流量计吹入空气,信号电压应随风量的大小变化而灵敏地变化。如果信号电压在风量变化时不变、变化极小或变化迟缓等均为空气流量计损坏。否则为电脑故障。

4.3.5.2 辅助空气阀检修

(1) 常见的故障及影响

① 加热线圈不良(双金属片电热式),不能及时关闭空气阀,使发动机热怠速过高。

② 阀门堵塞或不能开启,使冷车怠速不稳或熄火,冷启动不良。

③ 阀门不能关闭,使热怠速过高。

(2) 故障检查方法

① 就车检查方法

a. 启动发动机,并以怠速运转;如有怠速控制阀,则拔去怠速控制阀线束插头。

b. 在发动机冷车(<60℃)运转中,用钳子垫上软布,夹住辅助空气阀的进气管,此时发动机转速应有明显下降,否则说明辅助空气阀不能开启或堵塞。

c. 发动机暖机后,再用钳子垫上软布,夹住辅助空气阀的进气管,此时发动机转速下降不应超过100r/min(应无明显的下降),否则说明辅助空气阀关闭不严或不能关闭。如发动机转速下降超过100r/min,应进一步检查线束插头处有无电源。如无电源,说明控制线路有故障；如有电源，说明辅助空气阀有故障，应更换。

② 单件检查方法

a. 在室温状态下检查辅助空气阀的开度。当室温低于10℃时，辅助空气阀应处于半开状态；当室温为20℃时，辅助空气阀应处于微开状态（约开启1/3）。

b. 对于双金属片电加热式的辅助空气阀，可用万用表欧姆挡在接线插座处测量辅助空气阀加热线圈的电阻，其正常值应为30～60Ω。将蓄电池电源接在辅助空气阀接线插头上，辅助空气阀应该在通电后逐渐关闭。

c. 如为蜡式辅助空气阀，可将其浸入热水中，并将水温加热至80℃左右。此时辅助空气阀应能完全关闭，当温度下降时，阀应可以慢慢打开。

d. 用工具撬动阀板，阀的开启应灵活。

4.4 燃油供给系统与检修

4.4.1 燃油箱

燃油箱（图4-20）的功用是储存汽油。其数目、容量、形状及安装位置均随车型而异。燃油箱的容量应使汽车的续驶里程达300～600km。燃油箱由钢板或塑料制造。在燃油箱上还装有油面指示表传感器、燃油泵、防晃隔板。

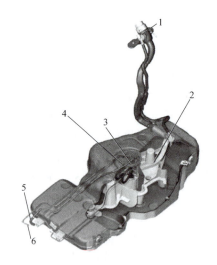

图4-20 奥迪Q5燃油箱总成
1—燃油加注口；2—防晃隔板；3—供油单元；4—油箱体；
5—燃油回油口；6—燃油供油口

4.4.2 电动燃油泵

电动燃油泵的功用是将汽油从燃油箱吸出，经油管和汽油滤清器输送到燃油分配总管。常用的电动燃油泵有两种类型，即涡轮式电动燃油泵和滚柱式电动燃油泵。

4.4.2.1 涡轮式电动燃油泵

如图4-21所示，主要由燃油泵电动机、涡轮泵、出油阀、限压阀等组成。油箱内的燃油进入燃油泵内的进油室前,首先经过滤网初步过滤。

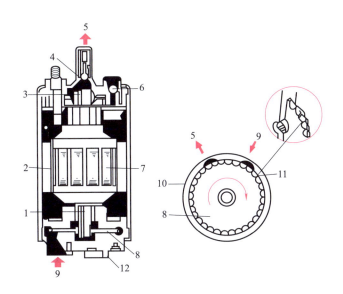

图 4-21 涡轮式电动燃油泵

1—前轴承；2—电动机定子；3—后轴承；4—出油单向阀；5—出油口；6—限压阀；
7—电动机转子；8—叶轮；9—进油口；10—泵壳体；11—叶片沟槽；12—泵盖

涡轮泵主要由叶轮、叶片、泵壳体和泵盖组成,叶轮安装在燃油泵电动机的转子轴上。工作时,燃油泵电动机驱动涡轮泵叶轮旋转,由于离心力的作用,使叶轮周围小槽内的叶片贴紧泵壳,并将燃油从进油室带往出油室。由于进油室燃油不断被带走,所以形成一定的真空度,将油箱内的燃油经进油口吸入；而出油室燃油不断增多,当油压达到一定值时,则顶开出油单向阀经出油口输出。出油单向阀还可以在燃油泵不工作时,阻止燃油倒流回油箱,这样可保持油路中有一定的残余压力,便于下次启动。限压阀安装在进油室和出油室之间,当燃油泵输出油压达到 0.4MPa 时,限压阀开启,使油泵内的进、出油室连通,燃油泵工作只能使燃油在其内部循环,以防止输油压力过高。

涡轮式电动燃油泵具有泵油量大、泵油压力较高（可达 600kPa 以上）、供油压力稳定、运转噪声小、使用寿命长等优点,所以应用最为广泛。

4.4.2.2 滚柱式电动燃油泵

如图 4-22 所示,滚柱式电动燃油泵主要由燃油泵电动机、滚柱式燃油泵、出油单向阀、限压阀等组成。滚柱式电动燃油泵的输油压力波动较大,在出油端必须安装阻尼减振器,这使燃油泵的体积增大,所以一般都安装在油箱外面,即属外置式。

滚柱式电动燃油泵的工作原理如图 4-23 所示。装有滚柱的转子呈偏心状,置于泵壳内,由直流电动机驱动,当转子旋转时,位于转子槽内的滚柱在离心力的作用下,紧压在泵体内表面上,对周围起密封作用,在相邻两个滚柱之间形成了工作腔。在燃油泵运转过程中,工作腔转过出油口后,其容积不断增大,形成一定的真空度,当转到与进油口连通时,将燃油吸入；而吸满油的工作腔转过进油口后,其容积又不断减小,使燃油压力提高,受压燃油流过电动机,从出油口输出。出油单向阀和限压阀的作用与涡轮式电动燃油泵相同。

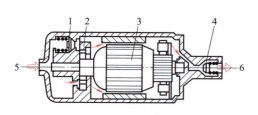
图 4-22 滚柱式电动燃油泵
1—限压阀；2—滚柱泵；3—燃油泵电动机；
4—出油单向阀；5—进油口；6—出油口

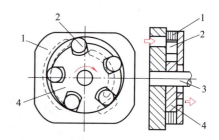
图 4-23 滚柱式电动燃油泵的工作原理
1—泵壳体；2—滚柱；3—转子轴；4—转子

4.4.3 燃油滤清器

由燃油泵从油箱中泵出的燃油在送给喷油器以前，需经燃油滤清器过滤，除去其中的杂质和水分，以减少喷油器或管路故障。现代电控发动机均采用一次性使用、不可拆式纸质滤芯燃油滤清器（图 4-24），一般每行驶 7500～30000km 整体更换一次，具体依车型和使用环境而定。更换燃油滤清器时，应首先释放燃油系统压力，并注意燃油滤清器壳体上的箭头标记为燃油流动方向，不要装反。

4.4.4 燃油压力脉动阻尼器

当燃油泵泵油输出压力周期性变化、喷油器脉冲式喷射及燃油压力调节器的回油阀门开闭时，都将引起燃油管路中油压的脉动和脉动噪声。为此，在燃油分配总管的一端装有燃油压力脉动阻尼器，减小燃油管路中油压的脉动和脉动噪声，使燃油系统压力保持稳定。

燃油压力脉动阻尼器结构如图 4-25 所示。发动机工作时，燃油经过膜片 3 上方进入燃油分配总管，当燃油压力因脉动而增大时，弹簧被压缩，膜片下移，膜片上方的容积增大，使油压减小；相反，当油压下降时，弹簧伸长，膜片上移，膜片上方的容积减小，使油压升高。从而可起到稳定燃油系统压力的作用。同时弹簧的变形可吸收脉动能量，迅速减小燃油压力的脉动。

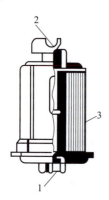

图 4-24 燃油滤清器
1—入口；2—出口；3—滤芯

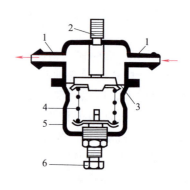

图 4-25 燃油压力脉动阻尼器
1—燃油接头；2—固定螺栓；3—膜片；
4—弹簧；5—壳体；6—调节螺钉

4.4.5 燃油压力调节器

燃油压力调节器安装在燃油分配总管的一端，其作用是使燃油供给系统的压力与进气管压力之差即喷油压力保持恒定。因为喷油器的喷油量除取决于喷油持续时间外，还与喷油压力有关。只有保持喷油压力恒定不变，才能使喷油量在各种负荷下都唯一地取决于喷油持续时间或电脉冲宽度，以实现电控单元对喷油量的精确控制。

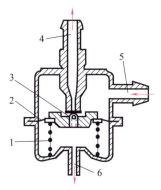

图 4-26　燃油压力调节器
1—弹簧；2—膜片；3—回油阀门；
4—回油口；5—进油口；
6—真空接口（通进气总管）

汽油机燃油压力调节器工作原理

燃油压力调节器结构如图 4-26 所示。膜片 2 将燃油压力调节器分隔成上腔（燃油腔）和下腔（真空腔）两个腔。上腔有进油口 5 与燃油分配管相连，回油口 4 由回油阀门 3 控制，通过回油管与燃油箱相连。下腔通过真空接口 6 与节气门后的进气管通过管路连通。

发动机运转过程中，当燃油腔中的油压与真空腔中的弹簧力和进气管压力之和相等时，膜片 2 处于平衡状态，位置一定，回油阀门 3 开度和回油量一定，油压也一定。当进气管压力减小时，膜片克服弹簧力向下弯曲，回油阀门将回油管口开启，汽油经回油口 4 流回燃油箱，使燃油供给系统的压力下降。相反，当进气管压力增大，膜片向上弯曲，回油阀门将回油管口关闭，回油终止，燃油供给系统的压力增大。这样，喷油压力始终随进气管压力的变化而变化，使燃油压力与进气管压力之差为一恒定值。

燃油供给系统的压力与进气管压力之差由燃油压力调节器中的弹簧 1 的弹力限定。当发动机停止工作时，膜片 2 在弹簧的弹力作用下使回油阀门 3 关闭，以保持燃油系统管路中有一定的残余油压，便于下次启动。

燃油压力调节器不能维修，若工作不良时，应进行更换。拆卸时应注意释放燃油系统压力。

4.4.6 喷油器

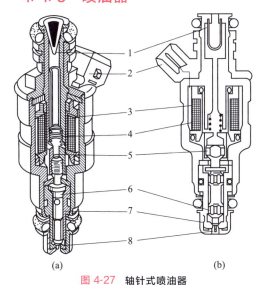

图 4-27　轴针式喷油器
1—滤网；2—电控信号插头；3—电磁线圈；4—弹簧；
5—衔铁；6—针阀；7—阀体；8—轴针

喷油器是电磁阀型的，其功用是按照电控单元的指令将一定数量的汽油适时地喷入进气道或进气管内，并与其中的空气混合形成可燃混合气。喷油器的通电、断电由电控单元控制。电控单元以电脉冲的形式向喷油器输出控制电流。当电脉冲从零升起时，喷油器因通电而开启；电脉冲回落到零时，喷油器又因断电而关闭。电脉冲从升起到回落所持续的时间称为脉冲宽度。一般喷油器针阀升程约为 0.1mm，而喷油持续时间在 2～10ms 范围内。

喷油器分类方法很多，按喷油器结构可分为轴针式、球阀式和片阀式三种。

（1）轴针式喷油器　如图 4-27 所示，当电磁线圈中无电流通过时，喷油器针阀在弹簧力作用下紧压在锥形密封阀座上；当电磁线圈通电时，产生磁场将衔铁连同针阀向上吸起，喷油口打开，燃油喷出。为了使燃油充分雾化，针阀前端磨出一段喷油轴针 8，使得抗污染能力强，自洁性能好。

(2) 球阀式喷油器　如图 4-28 所示，与轴针式喷油器的主要区别在于阀针的结构。球阀的阀针 2 是由钢球、导杆和衔铁用激光焊接成的整体结构，其重量只有普通轴针式的一半。为了保证密封性能，轴针必须有较长的导向杆，而球阀具有自定心作用，无需较长的导向杆。所以球阀的阀针重量轻，动态响应快，且密封性能好。

(3) 片阀式喷油器　如图 4-29 所示，在结构上采用重量轻的片阀 11 和孔式阀座 2，具有动态流量范围大、抗堵塞能力强等特点。

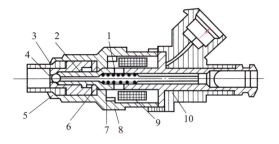

图 4-28　球阀式喷油器

1—弹簧；2—阀针；3—阀座；4—喷孔；5—护套；
6—挡块；7—衔铁；8—阀体；
9—电磁线圈；10—阀盖

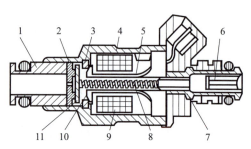

图 4-29　片阀式喷油器

1—阀套；2—阀座；3—挡圈；4—阀体；5—铁芯；
6—滤网；7—调压滑套；8—弹簧；9—电磁线圈；
10—限位圈；11—片阀

4.4.7　燃油供给系统检修

4.4.7.1　燃油泵检修

(1) 常见故障及影响　燃油泵本身最常见的故障是滤网堵塞、泵内阀泄漏和电动机故障，油泵因磨损而泵油压力不足的故障则较少见。燃油泵的常见故障及影响如表 4-3 所示。

表 4-3　燃油泵的常见故障及影响

故 障 部 位	对电控燃油喷射系统的影响	对电控发动机的影响
安全阀漏油或弹簧失效	供油压力偏低，供油量不足	发动机工作不稳定或不工作、加不起速、无力
单向阀漏油	输油管路不能建立残压	启动困难
进油滤网堵塞	供油不足，燃油泵有时发出尖叫声	高速"打嗝"或无高速、加速不良、严重时怠速不稳
电动机烧坏	无燃油供应	发动机不工作
油泵磨损	泵油压力不足	启动困难或动力不足、加速不良

(2) 故障检查

① 电动燃油泵的就车检查　工作状况的检查：用一跨接导线分别连蓄电池正极和燃油泵继电器 "F_P" 端子；打开点火开关但不要启动发动机；打开油箱盖，仔细听有无燃油泵运转的声音若听不到电动燃油泵运转的声音，说明电动燃油泵不工作。对此，应检查燃油泵电源熔断器有无烧断，继电器有无损坏、控制线路有无断路等。若上述检查都正常，则应拆检燃油泵。

② 就车油压检查法　用一跨接导线分别连接在蓄电池正极和燃油泵继电器 "F_P" 端子，

使燃油泵工作，测量输油管路中的油压。如果油压正常，说明燃油泵、燃油压力调节器均良好；如果油压偏高，则一般为油压调节器不良；如果油压偏低，则将油压调节器回油管拆下并将接口堵住，再使燃油泵工作，测输油管路中的油压，如果此时油压能达到正常值，说明油压调节器不良；如果油压仍然偏低，则为燃油泵安全阀或油泵本身不良；如果测量出油压为零，则为燃油泵电动机不工作或油路堵塞。

③ 电动燃油泵的单件检查

a. 用万用表欧姆挡测量电动燃油泵两端子间的电阻，一般为 2～3Ω，如果电阻很大则说明燃油泵的电动机内部接触不良或有断路。

b. 用蓄电池电源短时间加在电动燃油泵两端子上，如正常，应能听到燃油泵转子高速转动的声音。

以上检验如有异常，则应更换电动燃油泵。

喷油器检测与清洗

4.4.7.2 喷油器的检修

(1) 常见故障及影响　喷油器是燃油喷射系统中故障较多的部件之一，其常见故障及影响如表 4-4 所示。

表 4-4　喷油器的常见故障及影响

故障部位	对电控燃油喷射系统的影响	对电控发动机的影响
喷油器阀胶结、喷油器堵塞	喷油器不喷油或喷油量少、喷油雾化不良	发动机动力下降、加速迟缓、怠速不稳容易熄火、发动机不能工作、发动机工作不稳
电磁线圈或内部线路连接处断路	喷油器不喷油	发动机工作不稳或不工作
喷油器密封不严	喷油器滴油	油耗上升、排气管放炮、发动机启动困难或不能启动、排气冒黑烟
喷油器阀口积污	喷油量减少	发动机工作不稳、进气管回火、发动机动力不足、加速性差

(2) 故障检查方法

① 就车检查　发动机热车后使其怠速运转，用听诊器测听各缸喷油器有无工作时的"嗒嗒"声响。若各缸喷油器工作声音清脆均匀有节奏，则说明各缸喷油器工作正常；若某缸喷油器的工作声音很小或工作声音较其他缸沉闷，则说明该缸喷油器工作不正常，可能是针阀卡滞，应作进一步的检查；若听不到某缸喷油器的工作声音，说明该缸喷油器不工作，则应检查喷油器控制线路或测量喷油器电磁线圈电阻；若控制线路及电磁线圈正常，则说明喷油器针阀完全卡死，应更换喷油器。

如为发动机工作不平稳，可以采用断缸方法来判断各缸喷油器工作良好与否：发动机热车后使其怠速运转，依次拔下各缸喷油器的线束插头，使喷油器停止喷油，进行断缸检查。若拔下某缸喷油器的线束插头后，发动机转速有明显下降，则说明该缸喷油器工作正常；相反，则说明该缸喷油器不工作或工作不良，应作进一步检查。

② 喷油器电阻检测　如果怀疑某缸喷油器不工作，可用万用表检测该缸喷油器电磁线圈的电阻，看是否正常。电流驱动型（低阻抗型）喷油器电磁线圈电阻值一般在 1.5～5Ω，电压驱动型（高阻抗型）喷油器电磁线圈的阻值一般在 12～16Ω 左右。如测得的电阻过小或过大都需要更换该缸喷油器。

③ 喷油器测试　喷油器应定期用喷油器清洗试验台进行清洗和测试。在喷油器清洗试验台上可以观察喷油器喷油雾化状况，喷油量应在 40～50mL/15s（不同的发动机标准不

同），各缸喷油器喷油量之间差值应少于 5mL。喷油器停止喷油后，看喷油器是否漏油，要求喷油器 1min 内的漏油量少于 1 滴（说明密封性能良好）。对于工作不良的喷油器，在清洗试验台上进行超声波清洗和反流清洗，使之恢复良好的喷油雾化性能。

4.5 电子控制系统与检修

电控汽油喷射系统中的控制系统由电控单元、各种传感器、执行器，以及连接它们的控制电路所组成。不同类型的电控汽油喷射系统的控制功能、控制方式和控制电路的布置不完全一样，但基本原理相似。

4.5.1 传感器

4.5.1.1 进气管绝对压力传感器（IMAPS）

在发动机工作时，节气门开度大，进气量增多，进气管压力相应增加。因此，进气管压力的大小反映了进气量的多少。在 D 型电控汽油喷射系统中，进气管绝对压力传感器用于测量进气管压力，作为燃油喷射和点火控制的主控制信号。进气管绝对压力传感器种类较多，按其检测原理可分为压敏电阻式、电容式、膜盒式、表面弹性波式等，应用最多的是压敏电阻式和电容式。

（1）压敏电阻式进气管绝对压力传感器　结构如图 4-30 所示，主要由绝对真空室、硅片和 IC 放大电路组成。硅片的一侧是真空室（绝对压力为零），而另一侧承受进气管内的压力，在此压力作用下使硅片产生变形，由于真空室的压力是固定的，进气管绝对压力变化时，硅片的变形量不同。硅片是一个压力转换元件（压敏电阻），其电阻值随其变形量变化，导致硅片所处的电桥电路输出电压发生变化，该电压很小，经 IC 放大电路放大后输送给 ECU。

（2）电容式进气管绝对压力传感器　如图 4-31 所示，该种传感器利用电容效应检测进气管绝对压力。发动机工作时，进气管内的空气压力作用于弹性膜片上，使弹性膜片产生位移，弹性膜片与两个金属涂层之间的距离发生变化，一个距离减小，而另一个增大，在弹性膜片与两个金属涂层之间形成的两个电容的电容量也就一个增加，另一个减小。电容量的变化量与弹性膜片的位移成正比，而弹性膜片的位移取决于上下两个空腔的气体压力，只要弹

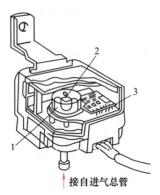

图 4-30　压敏电阻式进气管绝对压力传感器
1—绝对真空室；2—硅片；3—IC 放大电路

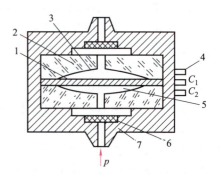

图 4-31　电容式进气管绝对压力传感器
1—弹性膜片；2—凹面镜；3—金属涂层；
4—输出端子；5—空腔；6—滤网；7—壳体

性膜片上部的空腔为绝对真空，下部空腔通进气管，则可通过检测电容量的变化来检测进气管绝对压力。电容量的变化量再经过测量电路转换成电压信号输送给ECU，测量电路可以是电容电桥电路或谐振电路等。

4.5.1.2 节气门位置传感器（TPS）

节气门位置传感器安装在节气门体上，由节气门轴驱动，与节气门联动。其功用是将节气门的位置（或开度）及开度变化速率转换成电信号传输给电控单元，作为电控单元判定发动机运行工况的依据，用于修正喷油量、点火正时及其他辅助控制（如废气再循环、开闭环控制等）。

电位计式节气门位置传感器如图4-32所示，是一个由节气门轴驱动的电位计。ECU通过端子VC给传感器提供5V标准电压，节气门位置信号通过端子VTA输送给ECU，端子E2搭铁。输出电压信号全关时约为0.5V，随节气门开度增大而增大，全开时约为5V。

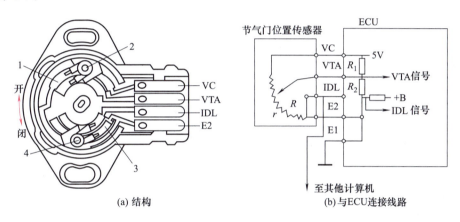

图4-32　电位计式节气门位置传感器
1—电阻膜；2—节气门开度信号动触头；3—绝缘体；4—怠速信号动触头

4.5.1.3 冷却液温度传感器（ECTS）

一般安装在气缸体水道上或冷却液出口处，与冷却液接触，用来检测发动机循环冷却液的温度，并将检测结果传输给电控单元以便修正喷油量。在怠速时，其信号是发动机ECU控制怠速转速的主要信号源。同时，它还是点火正时控制的修正信号，也是其他控制系统（如废气再循环等）的控制信号。冷却液温度传感器（图4-33）内部是一个半导体热敏电阻（常用的是负温度特性），冷却液温度越低，热敏电阻的阻值越大，反之亦然。传感器的两根导线都和电控单元连接，电路如图4-33（c）所示，在ECU中有一标准电阻与传感器的热敏电阻串联，并由ECU提供标准电压（一般为5V），其中E2端子搭铁（负极），THW端子测得的热敏电阻分压值随冷却液温度的变化而变化，ECU据此分压值判断冷却液的温度。

4.5.1.4 进气温度传感器（IATS）

在D型电控汽油喷射系统中，进气温度传感器一般安装在空气滤清器内或进气总管内（有的和进气管绝对压力传感器做成一体）；在L型电控汽油喷射系统中，一般安装在空气流量计上，并与之做成一体。进气温度传感器用来测量进气温度，并将温度变化的信息传输给电控单元作为修正喷油量和点火正时的依据之一。进气温度传感器内部也是一个热敏电阻，其电阻温度特性、构造、工作原理以及与电控单元的连接方式（图4-34）均与冷却液温度传感器相同。

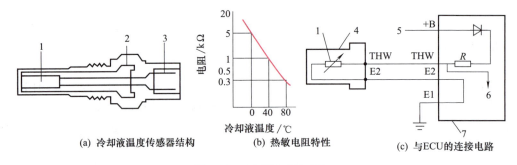

图 4-33 冷却液温度传感器

1—NTC（热敏）电阻；2—外壳；3—电线接头；4—冷却液温度传感器；
5—接蓄电池端；6—电控单元（ECU）；7—冷却液温度信号

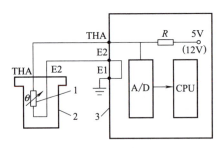

图 4-34 进气温度传感器与 ECU 的连接电路

1—热敏电阻；2—进气温度传感器；3—ECU

4.5.1.5 凸轮轴位置传感器（CMPS）/曲轴位置传感器（CKPS）/发动机转速传感器（MPS）

凸轮轴位置传感器给 ECU 提供曲轴转角基准位置（第一缸压缩上止点）信号，作为燃油喷射控制和点火控制的主控制信号。曲轴位置传感器用来检测曲轴转角位移，给 ECU 提供发动机转速信号和曲轴转角信号，作为燃油喷射控制和点火控制的主控制信号。发动机转速传感器提供发动机转速信号，作为燃油喷射控制和点火控制的主控制信号。

这三种传感器的结构和工作原理基本相同，可以只用其中之一或任意两个完成三者所具备的功能。同时，它们可以安装在一起，也可以分开安装，依具体车型而定，但必须安装在与曲轴有精确传动关系的位置处，如曲轴前端、凸轮轴两端或飞轮处。根据工作原理，它们具体可分为电磁感应式、霍尔效应式和光电效应式。

（1）电磁感应式　如图 4-35 所示，是一种安装在曲轴上的电磁感应式曲轴位置传感器。它主要由永久磁铁、感应线圈和信号齿盘等组成。信号齿盘由曲轴带动旋转，利用轮齿靠近和离开感应线圈时，通过感应线圈的磁通量发生变化，从而在感应线圈中产生感应电压。信号齿盘不停地旋转，在感应线圈中就产生交变电压信号，ECU 可以从交变电压的变化频率来计算出发动机转速。另外，在信号齿盘上缺 2 个齿，转到此位置时，交变电压信号频率将会发生突变，ECU 据此判别曲轴位置（第一缸活塞位于上止点位置）。

（2）霍尔效应式　如图 4-36 所示为霍尔效应式曲轴位置传感器工作原理示意。霍尔效应式曲轴位置传感器主要由霍尔元件、永久磁铁和带缺口的转子组成。霍尔元件是带有集成电路（放大器）的半导体基片（霍尔晶体管）。当把霍尔元件置于磁场中并通以电流，且使电流方向与磁场方向垂直，这时霍尔元件将在垂直于电流及磁场的方向产生一个与电流及磁场强度成正比的霍尔电压。改变磁场强度可以改变霍尔电压的大小，磁场消失霍尔电压为零。ECU 给霍尔元件提供标准 5V 电压，旋转转子的凸齿（或缺口）[其数量与发动机缸数相同，较宽的一个凸齿（或缺口）为第一缸活塞位于上止点的信号] 转过磁场时使磁场强度改变，从而产生矩形脉冲信号，ECU 根据霍尔电压产生的时刻确定各缸活塞位于上止点的信号，根据霍尔电压产生的次数确定曲轴转角和发动机转速。图 4-37 所示为其与 ECU 的连接电路。由于其信号电压的大小与发动机转速无关,在发动机低速状态下仍可获得很高的检测精度。

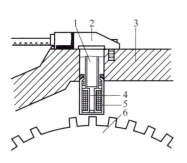 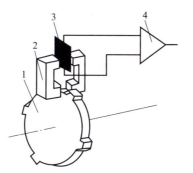 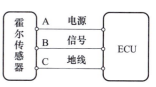

图 4-35　电磁感应式曲轴位置传感器
（安装在曲轴上）
1—永久磁铁；2—插头；3—发动机壳体；
4—铁芯；5—感应线圈；6—信号齿盘

图 4-36　霍尔效应式曲轴位置
传感器工作原理示意
1—转子；2—永久磁铁；3—霍尔晶
体管；4—放大器

图 4-37　霍尔传感器电路

（3）光电效应式　如图4-38所示为尼桑V6发动机的光电效应式曲轴位置和发动机转速传感器,它主要由发光二极管、光敏二极管、转盘等组成,并安装在分电器底板上。两对发光二极管和光敏二极管组成信号发生器。在转盘的边缘均匀地开有360个小透光孔（在外侧）和6个大透光孔（在内侧,与发动机缸数相同）。当转盘随分电器轴转动时,发光二极管通过透光孔射向光敏二极管的光线使光敏二极管导通,光线被转盘遮断时,光敏二极管截止,由此产生脉冲信号。分电器每转一转,输出360个相间1°的脉冲信号（相当于2°曲轴转角）和6个相间60°的脉冲信号（相当于120°曲轴转角）。前者作为发动机转速信号（又称Ne信号）；后者为各缸活塞位于上止点的基准信号（又称G信号）,其中较宽的一个透光孔为第一缸活塞位于上止点的信号。图4-39所示为其与ECU的连接电路。

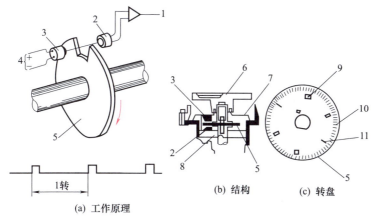

图 4-38　光电效应式曲轴位置和发动机转速传感器的工作原理与结构
1—输出信号；2—光敏二极管；3—发光二极管；4—电源；5—转盘；
6—分火头；7—密封盖；8—信号电路；9—第一缸120°信号
缝隙；10—1°信号缝隙；11—120°信号缝隙

4.5.1.6　氧传感器

氧传感器是电子控制汽油喷射系统进行反馈控制（又称闭环控制）的传感器,安装在三

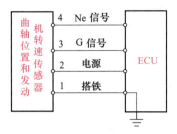

图 4-39 光电效应式曲轴位置和发动机转速传感器电路

元催化转换器（TWC）之前的排气管或排气歧管上。在这种控制方式中，利用氧传感器检测排气中氧分子的浓度，并将其转换成电压信号输入电控单元。排气中氧分子的浓度与进入发动机的混合气成分有关。当混合气太稀时，排气中氧分子的浓度较高，氧传感器便产生一个低电压信号；当混合气太浓时，排气中氧分子的浓度低，氧传感器将产生一个高电压信号。电控单元根据氧传感器的反馈信号，不断地修正喷油量，使混合气成分始终保持在最佳范围内。通常氧传感器和三元催化转换器同时使用，由于后者只有在混合气的空燃比接近理论空燃比的狭小范围内净化效果才最好，因此在这种情况下，发动机必须装有氧传感器。有的发动机在三元催化转换器后还安装一个氧传感器，用以检测其催化转换效率。

目前应用最多的氧传感器有氧化锆（ZrO_2）式和氧化钛（TiO_2）式两种。

（1）氧化锆式氧传感器　构造及其输出特性如图 4-40 所示。该传感器的基本元件是氧化锆管（专用陶瓷体固体电解质），固定在带有安装螺纹的固定套内，在它的内、外表面均覆盖有一薄层铂作为电极。传感器内侧通大气，外侧直接与排气管中的废气接触。在氧化锆管外表面的铂层上，还覆盖着一层多孔的陶瓷涂层，并加有带槽口的防护套管，用来防止废气对铂电极的腐蚀；在传感器的线束连接器端有金属护套，其上设有小孔，以便使氧化锆管内侧通大气。

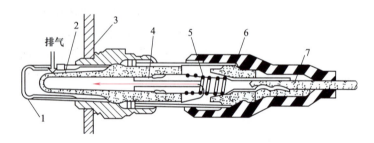

图 4-40　氧化锆式氧传感器结构
1—导入排气孔罩；2—锆管；3—排气管；4—电极；5—弹簧；6—绝缘套；7—导线

氧化锆式氧传感器实质是一个化学电池，又称氧浓度差电池。在 400℃ 以上的高温时，渗入到氧化锆管陶瓷体内的氧气发生电离，若氧化锆管内、外表面接触的气体中氧的浓度有很大差别，将会使氧离子在内、外表面间发生扩散，从而在两个铂电极之间产生电压。发动机工作时，由于氧化锆管内表面接触的大气中氧浓度是固定的，而外表面接触的废气中氧浓度是随空燃比变化的，所以将该电压输送给 ECU，即可作为判断实际空燃比的依据。当混合气过稀时，该电压很低（接近 0V）；反之，则电压高（接近 1V）。在理论空燃比附近，氧传感器输出的电压信号有一突变。图 4-41 为其输出特性图。

由于氧化锆只能在 400℃ 以上的高温才能正常工作，为保证发动机在进气量少、排气温度低时也能正常工作，现在的氧传感器内基本装有加热器，称为热型氧传感器（不带加热器的称为普通型氧传感器，只有两根导线，且都与 ECU 相连），加热器也由发动机 ECU 控制，其有四根导线，且都与 ECU 相连。

（2）氧化钛式氧传感器　此种氧传感器是利用二氧化钛（TiO_2）在一定温度下对氧气比较敏感，易于与之进行氧化还原反应，使二氧化钛物理晶格结构发生变化，从而导致参与

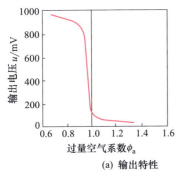
(a) 输出特性

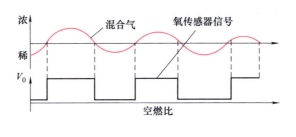
(b) 输出信号波形

图 4-41 氧化锆式氧传感器输出特性

传送电流的电子数量发生改变，电阻值将随排气中含氧量的变化而变化的特性制成的，故又称为电阻型气敏传感器。因为其电阻的变化还受温度影响，为了使其能在正常的排气温度（一般为 300～900℃）下连续有效地工作，内部都带有一个电加热器，进行温度补偿，以保持其工作温度恒定不变。故氧化钛式氧传感器都属于热型氧传感器。

氧化钛式氧传感器结构如图 4-42 所示，它具有两个二氧化钛元件，一个是具有多孔性的二氧化钛陶瓷元件，用来感测排气中的含氧量；另一个则为实心二氧化钛陶瓷元件，用作加热调节、补偿温度误差。

电控单元 ECU 将一个恒定的 1V 电压加在二氧化钛氧传感器的正极，并将传感器负极上的电压降与电控单元程序中设定的参考电压相比较（图 4-43）。若低于参考电压，表明混合气过稀；若高于参考电压，则混合气太浓。ECU 据此相应地控制喷油器增大和减小喷油量，使混合气的浓度始终保持在理论空燃比附近的一个较小范围内。

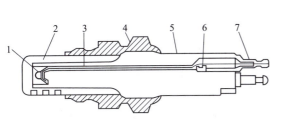

图 4-42 氧化钛式氧传感器
1—二氧化钛元件；2—金属保护管；3—导线；
4—金属外壳；5—陶瓷绝缘材料；
6—陶瓷元件；7—导线接头

图 4-43 氧化钛式氧传感器的工作原理
1—氧传感器；2—ECU；3—基准
电压；4—输出信号电压

4.5.2 电控单元

电控单元是电子控制单元（ECU）的简称。电控单元的功用是根据其内存的程序和数据对空气流量计及各种传感器输入的信息进行运算、处理、判断，然后输出指令，向喷油器提供一定宽度的电脉冲信号以控制喷油量。电控单元由微型计算机、输入、输出及控制电路等组成。

4.5.3 执行器

执行器负责执行电控单元发出的各项指令，对进气、供油和喷油实施控制。电控汽油喷射系统的执行器主要有喷油器、怠速电机、节气门控制电机、电动汽油泵、继电器等,其结构与工件原理已在分系统中进行了介绍,这里不再阐述。

4.5.4 电子控制系统检修

4.5.4.1 节气门体与节气门位置传感器检修

(1) 常见故障及影响 节气门体与节气门位置传感器的常见故障及影响见表4-5。

表4-5 节气门体与节气门位置传感器常见故障及影响

故障部位	对电控燃油喷射系统的影响	对电控发动机的影响
节气门黏附积炭	节气门关闭不严	怠速不稳或怠速过高不能调低
怠速空气道堵塞	怠速时空气量不足	怠速不稳或无怠速
节气门位置传感器怠速触点接触不良	无怠速信号	怠速不稳或无怠速
节气门位置传感器全负荷触点接触不良(开关量输出型)	无全负荷信号	发动机加速困难
节气门位置传感器电位计电阻值不准确(线性输出型)	节气门位置信号不正确	发动机动力不足、运转不平稳、加速性差
节气门位置传感器电位计滑头与电阻接触不良(线性输出型)	节气门位置信号时有时无	发动机工作性能不良、发抖、喘振、加速性差,发动机加速失速
节气门位置传感器怠速触点调整不当	怠速信号不正确	发动机怠速不稳或怠速熄火或怠速过高不能调低,开空调(或用动力转向)时熄火

(2) 故障检查方法

① 检查节气门拉索运动是否有发卡、回位过于迟缓等。

② 如为怠速不能调低,将辅助空气软管夹紧;若怠速仍然不能下降,则需拆检节气门体。检查节气门是否能关闭、怠速空气道有无堵塞等。

③ 拔去节气门位置传感器的线束插头。对于开关型节气门位置传感器,可用万用表欧姆挡在节气门位置传感器接线插座上测量怠速触点和全负荷触点的导通情况:当节气门全闭时,怠速触点应导通;当节气门全开或接近全开时,全负荷触点应导通;在其他开度下,两触点均应不导通。否则应调整和更换节气门位置传感器。对于线性输出型节气门位置传感器,则用万用表测量节气门开度端子的电阻应随节气门开度增大而呈线性连续增大,如果电阻值忽大忽小或为∞,都需更换节气门位置传感器。

4.5.4.2 氧传感器的常见故障及检查

(1) 常见故障及影响

① 铅中毒。使用含铅汽油,在高温下,铅沉附于氧传感器表面,使之不能产生正常的信号。

② 积炭。氧传感器的铂片表面积炭,同样会使氧传感器不能正常工作。

③ 氧传感器内部线路断或脱。

④ 陶瓷元件破损。

⑤ 加热电阻丝烧断。

氧传感器的故障会使电控燃油喷射系统电脑不能得到排气管中氧浓度的信息、不能对空燃比进行反馈控制,会使发动机油耗和排气污染增加,发动机出现怠速不稳、缺火、喘振(抖)等故障现象。

（2）故障检查方法

① 氧传感器加热器电阻的检查　拔下氧传感器线束插头，用万用表欧姆挡测量氧传感器接线端中加热器接柱与搭铁接柱之间的电阻，其阻值应为 4～40Ω（见具体车型说明书）。如不符合标准，应更换氧传感器。

② 氧传感器反馈电压的测量　测量氧传感器反馈电压时，应先拔下氧传感器的线束插头，对照车型的电路图，从氧传感器的反馈电压输出端引出一条细导线，然后插好线束插头，在发动机运转中从引出线上测量反馈电压（有些车型也可以由故障检测插座内测得氧传感器反馈电压）。在对氧传感器的反馈电压进行检测时，最好使用指针型的电压表，以便直观地反映出反馈电压的变化情况，另外还要求电压表具有低量程（通常为 2V）和高阻抗（阻抗太低会损坏氧传感器）。氧传感器反馈电压检测的具体方法如下。

a. 将发动机热车至正常工作温度（或启动后以 2500r/min 的转速连续运转 2min）。

b. 将万用表电压挡的负极表笔接蓄电池负极，正极表笔接氧传感器线束插头上的引出线。

c. 让发动机以 2500r/min 左右的转速保持运转，同时检查电压表指针能否在 0～1V 之间来回摆动，记下 10s 内电压表指针摆动的次数。在正常情况下，随着反馈控制的进行，氧传感器的反馈电压将在 0.45V 上下不断变化，10s 内反馈电压的变化次数应不少于 8 次。

d. 若电压表指针在 10s 内的摆动次数少于 8 次，说明氧传感器或反馈控制系统工作不正常，其原因可能是氧传感器表面有积炭而使灵敏度降低所致。对此，应让发动机以 2500r/min 的转速运转约 2min，以清除氧传感器表面的积炭，然后再检查反馈电压。若电压表指针变化依旧缓慢，则说明氧传感器损坏或电脑反馈控制电路有故障。

e. 检查氧传感器有无损坏。拔下氧传感器的线束插头，使氧传感器不再与电脑连接，反馈控制系统进入开环控制状态。将电压表的正极测笔直接与氧传感器反馈电压输出端连接，在发动机运转中测量反馈电压。用突然踩下或松开加速踏板的方法来改变混合气浓度，在突然踩下加速踏板时，混合气变浓，反馈电压应上升；突然松开加速踏板时，混合气变稀，反馈电压应下降。如果氧传感器的反馈电压无上述变化，表明氧传感器已损坏。

③ 氧传感器的外观颜色检查　从排气管上拆下氧传感器，检查传感器外壳上的通气孔有无堵塞，陶瓷芯有无破损。通过观察氧传感器顶尖部位的颜色也可以判断故障。

a. 淡灰色顶尖：这是氧传感器的正常颜色。

b. 白色顶尖：由硅污染造成的，此时必须更换氧传感器。

c. 棕色顶尖：由铅污染所致。

d. 黑色顶尖：由积炭造成。在排除发动机积炭故障后，一般可以自动清除氧传感器上的积炭。

4.5.4.3　冷却液温度传感器的常见故障及检查

（1）常见故障及影响　冷却液温度传感器的常见故障有：内部线路接触不良或断线、热敏元件性能变化等。这些常见故障会造成冷却液温度传感器无信号输出或冷却液温度信号不准，影响对喷油量的修正精度，造成混合气过浓或过稀。对于发动机而言，冷却液温度传感器的故障会造成发动机不能启动、发动机运转不平稳、停转或间断运转、发动机功率下降等多种故障现象。

（2）故障检查方法　冷却液温度传感器的好坏通过检测其不同温度时电阻值，看是否符合规定值来检验，检查方法参见图 4-44。

进气温度传感器的常见故障和检查方法与冷却液温度传感器相似。

4.5.4.4 曲轴位置传感器的常见故障及检查

(1) 磁感应式曲轴位置传感器的常见故障及检查

① 常见故障及影响 磁感应式曲轴位置传感器的常见故障有信号感应线圈短路、断路，转子轴磨损偏摆或定子（感应线圈与导磁铁芯组件）移动，使转子与定子之间的气隙不当，造成信号减弱或无信号而不能触发 ECU 工作。

② 故障检查方法

a. 检查导磁转子与定子（铁芯）之间的气隙（图4-45），气隙不合适，可进行调整。有的此间隙是不可调的，倘若间隙不合适，只能更换曲轴位置传感器总成。

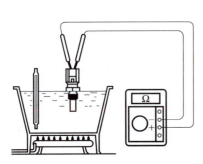

图4-44 冷却液温度传感器的检测

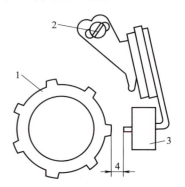

图4-45 磁感应式曲轴位置传感器间隙的检查和调整

1—导磁转子；2—信号感应元件总成固定螺钉；3—感应线圈；4—检查间隙

b. 检查感应线圈的电阻，电阻无穷大，则说明线圈断路。电阻过大或过小都需更换该曲轴位置传感器总成。

(2) 光电式曲轴位置传感器的常见故障及检查

① 常见故障及影响 光电式曲轴位置传感器的常见故障有发光二极管、光敏三极管脏污、损坏，内部电路断路或接触不良，触点盘（信号盘）变形、损坏等，使信号减弱或无信号产生，造成发动机工作不稳或不能工作。

② 故障检查方法 检查发光二极管和光敏三极管表面是否脏污，线路连接是否良好。如无问题，从发动机上拆下曲轴位置传感器总成，拆开线路插接器，用导线直接给其供电，打开点火开关（但不启动发动机），然后慢慢转动其转轴，从插接器信号插孔测信号电压。如果电压表指示电压在 0～1V 之间摆动（不同的车型具体摆动幅度稍有不同），说明曲轴位置传感器良好，否则需更换曲轴位置传感器。

(3) 霍尔效应式曲轴位置传感器的常见故障及检查

① 常见故障及影响 霍尔效应式曲轴位置传感器的常见故障是内部集成块烧坏、线路断脱等而不能产生相应的电压信号或信号太弱，不能使 ECU 正常工作。

② 故障检查方法 霍尔效应式曲轴位置传感器的故障检查方法与光电式相似，也是将信号发生器接上电源后转动其转轴，测其信号输出电压，但电压波动范围不一样，如桑塔纳轿车霍尔效应式曲轴位置传感器信号电压的波动范围是 0.4～9V。

4.5.4.5 进气歧管绝对压力传感器的常见故障及检查

(1) 常见故障及影响 进气歧管绝对压力传感器的常见故障及影响见表4-6。

表 4-6　进气歧管绝对压力传感器的常见故障及影响

故障部位	对电控燃油喷射系统的影响	对电控发动机的影响
真空软管老化破裂	不能准确反映进气歧管绝对压力，进气量检测信号不准确，从而影响测量基本油量	发动机工作性能不良、加速性差、油耗增加，发动机无力
压力转换元件损坏	不能准确测量进气量	发动机启动困难、动力不足、工作性能不良、油耗增加、加速性差

（2）故障检查方法

① 首先检查连接在进气歧管上的真空软管有无破裂、老化、压瘪等现象。

② 然后打开点火开关，但不要启动发动机。

③ 拔下连接进气歧管绝对压力传感器与进气歧管的真空软管，在电脑线束插头处用万用表电压挡测量进气歧管绝对压力传感器在大气压力状态下的输出电压，并记下这一电压值。

④ 用手持真空泵对进气歧管绝对压力传感器内施加真空，从 13.3kPa（100mmHg）开始，每次递增 13.3kPa，一直增加到 66.7kPa 为止。测量在不同真空度下进气歧管绝对压力传感器的输出电压，该电压值应能随真空的增大而不断下降。将不同真空度下的输出电压下降量与标准值相比较，如不符，应更换进气歧管绝对压力传感器。

4.6　电控歧管喷射系统故障检修

4.6.1　电控汽油喷射系统检修注意事项

① 不可带电［点火开关接通（ON）］拔插线路，防止因线路中的自感作用而产生的瞬时高电压损坏电控元器件。若在发动机运转时拔下传感器的导线插头（连接器），还会使电脑中出现人为的故障代码（假码的一种），影响维修人员正确地判断和排除故障。

② 在未读取电脑内的故障信息（代码）前，不可拆下蓄电池负极搭铁线，否则电脑内所储存的所有故障信息（代码）都会被清除掉。

③ 在对蓄电池进行拆卸与安装时，务必使点火开关和其他用电设备开关均置于关断位置（OFF）。在安装蓄电池时，要特别注意正、负极不可接反。

④ 当人员进出车厢时，人体的静电放电可能产生很高的电压，因此对电脑操作和数字式仪表进行检修或靠近这种仪表时，一定要戴上接铁金属带，将其一头缠在手腕上，另一头夹在车身上。

⑤ 拆开任何油路部分，应首先对燃油系统进行卸压。检修油路系统时，要远离明火。

⑥ 对电控系统进行检修时，应避免电控系统由于过载而损坏。电控系统中，电脑与传感器的工作电流通常都比较小，因此与之相应的电路元器件的负载能力也比较小。在对其进行故障检查时，若使用输入阻抗较小的检测工具，则可能会因检测工具的使用，造成元器件超载而损坏，为此应注意以下几点。

a. 不可用试灯对电控系统的传感器部分和电脑控制单元进行检查（包括对其接线端子的检查）。

b. 除了某些车辆的测试程序中有特殊说明外，一般不能用指针式万用表检查电控系统部分的电阻，而应用高阻抗的数字式万用表（10MΩ以上）或是电控系统专用检测仪表。

c. 在装有电子控制系统的汽车上,禁止用搭铁试火或拆线刮火的方法对电路进行检查。

⑦ 在任何情况下,应防止将水或其他液体溅到电脑及其线路上。

4.6.2 电控汽油喷射系统油压检查

(1) 燃油系统油压的释放与预置　电控汽油喷射式发动机为了便于再次启动,在发动机熄火后,燃油管路中仍保持着较高的燃油压力。在拆卸燃油管道、进行检修或更换燃油滤清器、电动燃油泵、喷油器等部件时,应先释放掉燃油管道内的油压,其方法如下。

① 启动发动机。

② 在发动机运转中拔下电动燃油泵继电器(或拔下电动燃油泵电源插头)。

③ 待发动机自行熄火后,再转动启动开关,启动发动机 2~3 次,燃油压力即可完全释放。

④ 关闭点火开关,装回燃油泵继电器(或插上电动燃油泵电源接线)。

在拆卸燃油管道进行检修之后,为避免首次启动发动机时因油路内尚未建立起燃油压力而使启动时间过长,应将点火开关反复打开、关闭数次,来预置燃油系统的油压。

(2) 燃油压力的检测　检测发动机运转时燃油管路内的油压可以判断油路有无故障。检测燃油压力时,应准备一个量程为 1MPa 左右的油压表及专用的油管接头,按下列步骤进行。

① 将燃油系统卸压,拆下蓄电池负极电缆线。

② 将油压表和油管一起安装在燃油滤清器油管接头、分配油管进油接头,或用三通接头安装在燃油管道上便于安装和观察的任何部位(图4-46)。

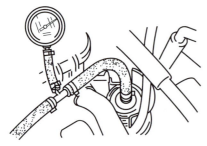

图 4-46　燃油压力表的安装

③ 重新装上蓄电池负极电缆线。

④ 测量燃油系统的静态油压。

a. 启动发动机,使之怠速运转,或用一跨接导线将电动燃油泵的两个检测插孔短接,打开点火开关(不要启动发动机),让燃油泵运转。

b. 观察油压表上的油压值,应符合规定值,若油压过高,应检查油压调节器,若油压过低,应检查电动燃油泵、燃油滤清器和油压调节器。

⑤ 测量燃油系统的保持压力。测量静态油压结束后,经 5min 后再观察油压表指示的油压(此时的压力称为燃油系统保持压力),其值应不低于规定值(如 147kPa)。若油压过低,应进一步检查电动燃油泵保持压力、油压调节器保持压力及喷油器有无泄漏。

⑥ 发动机运转时燃油压力的测量。启动发动机,让发动机怠速运转,测量此时的燃油压力 [图 4-47 (a)]。缓慢开大节气门,测量在节气门接近全开时的燃油压力;拔下油压调节器上的真空软管,并用手堵住 [图 4-47 (b)],让发动机怠速运转,测量此时的燃油压力。该压力和节气门全开时的燃油压力基本相等,若测得的油压过高,应检查油压调节器及其真空软管;若测得的油压过低,则应检查电动燃油泵、燃油滤清器及油压调节器。

⑦ 电动燃油泵最大压力和保持压力的测量。将油压表接在燃油管路上,并将出油口堵住(图4-48)。用一根跨接线将电动燃油泵的两个检测插孔短接,打开点火开关,持续 10s 左右(不要启动发动机),使电动燃油泵工作,同时读出油压表的压力,该压力称为电动燃油泵的最大压力,它应当比发动机运转时燃油压力高 200~300kPa,通常可达 490~

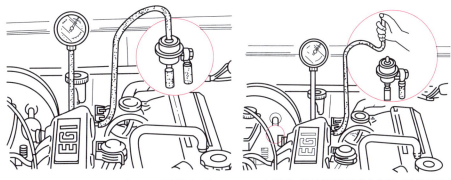

(a) 测量怠速及节气门全开时的燃油压力　　(b) 测量拔下油压调节器真空软管后的燃油压力

图 4-47　燃油压力的测量

640kPa。如不符合标准值，应更换电动燃油泵。

关闭点火开关 5min 后再观察油压表压力，此时的压力称为电动燃油泵的保持压力，其值应大于 340kPa。如不符合标准值，应更换电动燃油泵。

⑧ 油压调节器工作状况的检查。如前述方法，测量发动机运转时的燃油压力，然后拔下油压调节器上的真空软管，并检查燃油压力，此时的燃油压力应比发动机怠速运转时的燃油压力高 50kPa 左右。如果压力变化不符合要求，即说明油压调节器工作不良，应更换。

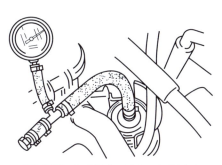

图 4-48　电动燃油泵最大压力的测量

⑨ 油压调节器保持压力的测量。当燃油系统保持压力不符合标准值时，应进行此项检查，以便找出故障原因，其检查方法如下。

将油压表接入燃油管路，用一根短导线将电动燃油泵的两个检测插孔短接，打开点火开关，并保持 10s，让电动燃油泵运转，然后关闭点火开关，拔去检测插孔上的短接导线，用包上软布的钳子将油压调节器的回油管夹紧，使回路停止回油，5min 后观察燃油压力，该压力称为油压调节器保持压力。如果该压力仍然低于燃油系统保持压力的标准值，说明燃油系统保持压力过低的故障不在油压调节器；相反若此时压力大于标准值，则说明油压调节器有故障，应更换。

⑩ 喷油器漏油检查。将各缸喷油器电线插头拔下，接通点火开关并连续启动 30s，观察油压表指示压力，然后夹住油压调节器的回油管及其真空管和燃油分配总管的进油软管，若此时油压值明显回落，则为喷油器漏油。

4.6.3　电控歧管喷射系统常见故障诊断与排除

4.6.3.1　发动机不能启动，且无着车征兆

（1）故障现象　接通启动开关时，启动机能带动发动机正常转动，但发动机不能启动，且无着车征兆。

（2）故障原因

① 油箱中无油。

② 启动时节气门全开。

③ 电动燃油泵不工作。

④ 喷油器不工作。

(3) 故障诊断与排除　电控汽油喷射系统的一般故障通常不会导致发动机不能启动。如果出现了不能启动且无着车征兆的故障，其原因一般是燃油系统或控制系统两者之中的一个或两个完全丧失了功能。因此，不能启动的故障诊断与排除应重点集中在上述两个系统中。

① 一般先检查油箱存油情况。打开点火开关，若汽油表指针不动或油量警告灯亮，则说明箱内无油，应加满油后再启动。

② 应采取正确的启动操作方法。通常电子控制燃油喷射式发动机的启动控制系统要求在启动时不踩油门踏板。如果在启动时将油门踏板完全踩下或反复踩油门踏板以求增加供油量，往往会使控制系统的溢油消除功能起作用，从而导致喷油器不喷油，造成不能启动。

③ 检查电动燃油泵是否工作正常。如果电动燃油泵不工作，应检查熔断器、继电器及电动燃油泵控制电路等。如果电路正常，则说明电动燃油泵有故障，应更换。如果在检查中电动燃油泵工作，可试一下在这种状态下发动机能否启动。若可以启动，说明是电动燃油泵控制电路有故障，使燃油泵在发动机启动时不工作。对此，应检查电动燃油泵控制电路。

④ 检查喷油器是否喷油。如果点火系统和电动燃油泵工作均正常，则应进一步检查喷油控制系统。在启动发动机时，检查各喷油器有无工作的声音。如果喷油器不工作，可用万用表在线束插头部位测量其供电电压。如果在启动发动机时电压正常，说明喷油器控制系统工作正常；否则，喷油器有故障，应更换。如果电压不正常，则说明喷油器控制系统或控制线路有故障。对此，应检查喷油器电源熔断器有无烧断，喷油器降压电阻有无烧断，喷油器与电源之间的接线是否良好，喷油器与电脑之间的接线是否良好，电脑的电源继电器与电脑之间的接线是否良好。如果外部电路均正常，则可能是电脑内部有故障，可用电脑故障检测仪或采用测量电脑各端子电压的方法来检测电脑有无故障；也可用一个好的电脑换上试一下，如能启动，可确定为电脑故障，对此，应更换。

4.6.3.2　发动机启动困难

发动机启动困难是指启动机能带发动机按正常速度转动，需要连续多次启动或长时间转动启动机才能启动。对于启动困难的故障，应分清是在冷车时出现还是热车时出现，或者无论冷车热车均出现。

(1) 故障现象　启动时曲轴转动速度正常，但需要较长时间才能启动。

(2) 故障原因

① 进气系统中有漏气。

② 燃油压力太低。

③ 空气滤清器滤芯堵塞。

④ 冷却液温度传感器故障。

⑤ 空气流量计故障。

⑥ 怠速控制装置故障。

⑦ 喷油器故障（不工作、漏油、堵塞）。

⑧ 启动开关至电脑的接线断路。

⑨ 电脑故障。

(3) 故障诊断与排除

① 进行故障自诊断，如有故障代码，则按故障代码查找相应的故障原因。

② 检查怠速时进气管的真空度。若真空度小于 66.7kPa（500mmHg），说明进气系统

中有空气泄漏,应检查进气管各个管接头、衬垫、真空软管等处。

③ 检查空气滤清器。如果滤芯堵塞,应清洗或更换。

④ 如果节气门在 1/4 左右开度时发动机能正常启动,而节气门全关时启动困难,应检查怠速控制装置是否正常。在冷车怠速运转中,拔下怠速控制线束插头,或者在冷车怠速运转时将附加空气阀进气软管用钳子夹住。如果发动机转速没有下降,说明怠速控制装置工作不正常,应检查怠速控制装置及其控制电路。

⑤ 检查燃油压力。如果压力太低,应检查油压调节器、喷油器有无漏油,汽油滤清器有无堵塞,燃油泵最大泵油压力是否正常。

⑥ 检查冷却液温度传感器和空气流量计。拔下冷却液温度传感器和空气流量计线束插头,用万用表欧姆挡测量冷却液温度传感器和空气流量计各接线端子之间的电阻。如果阻值不符合标准,应更换。

⑦ 如果是在热车状态下不易启动(在热车状态下启动,如果打开启动开关转动曲轴超过 3~4 圈后才能启动,即可视为不易启动),应检查在点火开关关闭后,燃油系统的保持压力是否正常。如果保持压力太低,应检查油压调节器、电动燃油泵、喷油器等处是否漏油。

⑧ 检查启动开关至电脑的启动信号是否正常。如果电脑接收不到启动开关的启动信号,就不能进行启动加浓控制,也会导致启动困难。对此,应从电脑线束插头处检查启动时有无启动开关的信号传至电脑。如无信号,应检查启动开关和线路。

⑨ 如果上述检查均正常,可更换新电脑重试。如果有好转,则说明原电脑有故障,应更换电脑。

4.6.3.3 发动机怠速不稳

(1) 故障现象　发动机启动正常,但无论冷车或热车,怠速均不稳定,怠速转速过低,易熄火。

(2) 故障原因

① 进气系统中有漏气。

② 油路压力太低。

③ 空气滤清器堵塞。

④ 喷油器雾化不良、漏油或堵塞。

⑤ 怠速调整不当。

⑥ 怠速控制装置工作不良。

⑦ 空气流量计有故障。

(3) 故障诊断与排除

① 先进行故障自诊断,检查有无故障代码出现。如有,则按所显示的故障代码查找故障原因和故障部位。

② 检查进气系统各管接头、各真空软管、废气再循环系统和燃油蒸发回收系统有无漏气。

③ 检查怠速控制装置的工作是否正常。拔下怠速控制线束插头。如果发动机转速无变化,说明怠速控制装置或控制电路有故障,应检查电路或更换怠速控制装置中相关零件。

④ 怠速时逐个拔下各缸高压线,检查发动机转速的下降是否相等。如果某缸在拔下高压线时,发动机转速基本不变,说明该缸工作不良或不工作,应检查该缸火花塞或喷油器有无故障,喷油器控制电路有无短路。

⑤ 仔细听各缸喷油器在怠速时的工作声音。如果各缸喷油器工作声音不均匀，说明各缸喷油器喷油不均匀，应拆检、清洗或更换喷油器。

⑥ 检查燃油压力。怠速时的燃油压力应为 250kPa 左右。如燃油压力太低，应检查油压调节器、电动燃油泵、汽油滤清器。

⑦ 按规定的程序，调整发动机怠速。

⑧ 检查空气流量计工作是否正常。如不良，应更换。

4.6.3.4 加速不良

(1) 故障现象　踩下加速踏板后发动机转速不能马上升高，有迟滞现象，加速反应迟缓，或在加速过程中发动机转速有轻微的波动。

(2) 故障原因

① 进气系统中有漏气。

② 空气滤清器堵塞。

③ 节气门位置传感器或空气流量计故障。

④ 燃油压力过低。

⑤ 喷油器工作不良。

(3) 故障诊断与排除

① 进行故障自诊断，检查有无故障代码。空气流量计、节气门位置传感器等故障都会影响汽车的加速性能，按显示的故障代码查找故障原因。

② 检查进气系统有无漏气。测量进气管真空度，怠速时真空度应大于 66.7kPa（500mmHg）。如真空度太小，说明进气系统有漏气处，应仔细检查各进气管接头处及各软管、真空管等。

③ 检查空气滤清器，如有堵塞，应清洗或更换。

④ 检查节气门位置传感器。对于开关量输出型节气门位置传感器，在节气门全闭时，怠速开关触点应闭合；节气门打开时，怠速开关触点应断开；节气门接近全开时，全负荷开关触点应闭合。对线性输出型节气门位置传感器，在节气门由全闭到全开变化时，其信号端子与接地端子间的电阻值应连续增大，不应出现断续现象。如有异常，应按规定进行调整或更换。

⑤ 检查燃油压力。怠速时燃油压力应符合规定值，加速时燃油压力应能上升 50kPa 左右。如油压过低，应检查油压调节器、电动燃油泵等。

⑥ 拆卸、清洗各喷油器。检查喷油器在加速工况下的喷油量。如有异常，应更换喷油器。

⑦ 检测空气流量计，如有异常，应更换。

4.7　电控缸内直喷式燃油系统

汽油缸内直接喷射技术（Gasoline Direct Injection，GDI），是指汽油发动机采取与柴油发动机相同的喷射工作方式，直接向气缸内喷射汽油。GDI 能够将汽油机的燃烧效率提高 20%。含有此项技术的汽油直喷发动机主要有三菱的 GDI 发动机、大众和奥迪的 FSI（Fuel Stratified Injection）、奔驰的 CGI（Stratified-Charged Gasoline Injection）、菲亚特的 JTS（Jet Thrust Stoichiometric）、通用的 SIDI（Spark-Ignition Direct-Injection）等。由于其良好的动力、经济和排放特性，应用日益广泛，代表了汽油机技术的发展方向。下面以 FSI 系统为例，说明其主要组成和工作原理。

4.7.1 FSI 缸内汽油直喷技术

FSI 意为燃油分层喷射，FSI 发动机采用分层燃烧模式，它配备了按需控制的燃油供给系统，通过一个活塞泵提供所需的压力（可高达 10MPa），通过电脑控制喷油器将燃油在最恰当的时间直接喷入燃烧室。通过对燃烧室内部形状的设计（如活塞顶部一半是球形，另一半是壁面），可使空气从进气门充入气缸后在活塞的压缩下形成一股涡流运动。当压缩行程将结束时，在燃烧室顶部的喷油器开始喷油，汽油与空气在涡流运动的作用下形成混合气。这种急速旋转的混合气是分层的，越接近火花塞越浓，使火花塞周围会有较浓的混合气，易于点燃，而其他区域则是空气。燃烧时周围的空气层隔绝了热，减少了热量向气缸壁的传递，从而减少了热量损失，提升了发动机的热效率。混合气层的大小、范围精确地反映了瞬时发动机动力的需求。FSI 发动机比同级发动机动力性显著提高，可达 10%，而油耗却可降低 15% 左右。

为了达到分层燃烧的目的，FSI 发动机燃油系统与普通电控燃油喷射系统在组成和结构上有所不同。

（1）直立式进气管　它能产生向下的大进气流，直接流入气缸，流速快，可达 40～50m/s，充气效果好。与传统的横向进气管相比，它的进气涡流方向是反向的旋转，喷油后能在火花塞处形成浓油雾区，极易点火燃烧，启动性能好，能实现分层燃烧。

（2）顶面弯曲活塞　该形状活塞引导空气产生进气涡流和挤压高速旋转涡流，以便形成理想的分层燃烧的可燃混合气。旋转涡流为"正向涡流"，与传统的"逆向涡流"方向相反，有利于混合气按浓稀方式层状分布，进行分层燃烧。

（3）采用两级串联式燃油泵　一级输油泵为电动式，油压为 0.35MPa；二级高压油泵为机械式，由凸轮轴驱动，使燃油轨道的油压不断堆积，产生 5～10MPa 的喷射油压，经喷油器高速喷入气缸，提高了雾化质量，形成旋转的燃气涡流。

4.7.2 FSI 系统的组成

图 4-49 所示为奥迪轿车 FSI 燃油系统的组成。

（1）燃油供给系统

① 低压油路　主要由电子燃油泵及压力调节装置组成，产生压力为 0.35MPa 的燃油供给发动机驱动的高压油泵。

② 高压油路　主要由高压油泵、油轨、压力控制阀等组成，可将油压从 0.35MPa 升高到 10MPa，并使油轨的压力波动最小，向各喷油器供油。

（2）控制系统　发动机进行负荷计算时，控制单元所需获取的传感器信号主要如下。

① 通过集成在发动机电控单元中的海拔高度传感器测量环境压力。

② 通过安装在进气管上的传感器测量吸入的空气温度。

③ 节气门位置传感器（在电子节气门上）信号。

④ 通过进气管上的压力/温度复合传感器测量进气管中的压力和温度。

⑤ EGR 阀开度位置传感器信号。

⑥ 充气阀位置传感器信号。

⑦ 进气凸轮轴位置传感器信号。

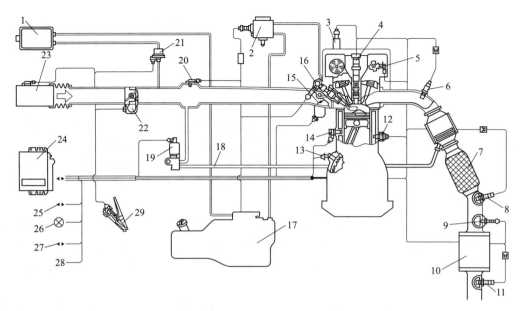

图 4-49 奥迪轿车 FSI 燃油系统的组成

1—活性炭罐；2—高压燃油泵；3—凸轮轴相位调节器；4—点火线圈火花塞；5—凸轮轴位置传感器；6—连续变化式氧传感器（LSU）（2个）；7—前置催化转换器；8—跃变式氧传感器（LSF）（2个）；9—尾气温度传感器；10—NO_x 催化转换器；11—NO_x 传感器；12—冷却液温度传感器；13—发动机转速传感器；14—爆震传感器；15—滚流阀（进气歧管翻板）；16—燃油共轨/高压喷油器/燃油压力传感器；17—燃油箱/按需调节电动燃油泵；18—EGR 管；19—EGR 阀；20—进气管压力/温度传感器；21—燃油箱通风电磁阀；22—电子节气门/位置传感器；23—进气温度传感器；24—ECU；25—CAN 总线；26—诊断灯；27—诊断接口；28—电子防盗锁；29—加速踏板模块

4.7.3 FSI 发动机燃烧工作模式

理论上，FSI 发动机采用三种燃烧工作模式：分层燃烧、均质稀燃和均质燃烧，如图 4-50 所示。

（1）分层燃烧 分层燃烧的特点是热效率高、节流损失少、燃烧热量尽可能多地转化成机械能，在部分负荷时采用。分层燃烧模式下节气门不完全打开，保证进气管内有一定真空度（可以控制废气再循环和炭罐等装置）。这时，发动机的扭矩大小取决于喷油量，与进气量关系不大。

分层燃烧模式在进气过程中节气门开度相对较大，减少了一部分节流损失。进气过程中的关键是进气歧管中安置一翻板，翻板向上开启（各种机型可能有所不同）封住下进气歧管，让进气加速通过，与 ω 形活塞顶配合，形成进气涡旋。分层燃烧时喷油时间在上止点前 60°至上止点前 45°，喷射时刻对混合气的形成有很大影响，燃油被喷射在活塞顶的凹坑内，喷

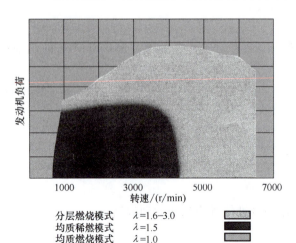

分层燃烧模式 $\lambda=1.6-3.0$
均质稀燃模式 $\lambda=1.5$
均质燃烧模式 $\lambda=1.0$

图 4-50 发动机不同工况下的工作模式

出的燃油与涡旋进气结合形成混合气。由于可燃混合气仅形成于喷油器周围,分层燃烧的空燃比一般可达到 1.6～3。

点火时,只有火花塞周围混合状态较好的气体被点燃,这时周围的新鲜空气以及来自废气再循环的气体形成了很好的隔热保护,减少了缸壁散热,提升了热效率。点火时刻的控制较为重要,它只在压缩过程终了的一个很窄的范围内。

(2) 均质稀燃　均质稀燃与分层燃烧的进气过程相同,油气混合时间加长,形成均质混合气。通过精确控制喷油,可以达到较低的混合气浓度。为促进燃烧,需要较强的缸内空气运动和点火能量,燃烧发生在整个燃烧室内,燃烧均匀。均质稀燃的点火时间选择范围宽泛,空燃比大于 1,有很好的燃油经济性。

(3) 均质燃烧　均质燃烧能充分发挥动态响应好,扭矩和功率高的特点,在大负荷时采用。均质燃烧进气过程中节气门位置由加速踏板决定,进气歧管中的翻板位置视不同情况而定。当中等负荷时,翻板依然是关闭的,有利于形成强烈的进气旋流,利于混合气的形成与雾化。当高速大负荷时,翻板打开,于是吸入的空气就经过上、下进气道而进入气缸,进气量增大,让更多的空气参与燃烧。均质燃烧模式下燃油喷射与进气同步,燃油和空气混合均匀,燃烧充分而又迅速。燃油在缸内的蒸发又使得混合气温度降低,可以有效地消除了爆燃的产生,可以采用相对较高的压缩比。均质燃烧情况下空燃比小于或等于 1,确保发动机的动力性。

单 元 练 习

一、选择题

1. 在电控发动机的供油系统中,油压调节器的作用是(　　)。
   A. 控制燃油压力衡压　　　　　　　B. 在节气门开度大时燃油压力变小
   C. 燃油压力与进气管压力之差保持恒定　　D. 进气管压力大时燃油压力小
2. 氧化锆式氧传感器输出电压在(　　)V 范围内。
   A. 0～1　　　　B. 0～5　　　　C. 0～12　　　　D. 5～12
3. ECU 提供给节气门位置传感器的电压是(　　)V。
   A. 1　　　　　B. 5　　　　　C. 12　　　　　D. 8
4. 检测电控汽车电子元件要使用数字式万用表,这是因为数字式万用表(　　)。
   A. 有高阻抗　　B. 有低阻抗　　C. 测量精确
5. 多点喷射的电控燃油喷射系统是通过控制喷油器的(　　)来控制喷油量大小的。
   A. 喷油压力　　B. 喷油时间　　C. 喷孔大小　　D. 针阀行程

二、判断题

1. 步进电机式怠速控制阀,在点火开关断开以后,其线圈内仍会有电流流过。(　　)
2. 热线式空气流量计,在每次停机时,发动机 ECU 仍会给其供电 1～2s,以使白金热线产生高温,烧去污物。(　　)
3. 氧化锆式氧传感器工作时需加热至 300℃ 以上,而氧化钛式不需要。(　　)
4. 氧化钛式氧传感器工作时,当废气中的氧浓度高时,二氧化钛的电阻值减小。(　　)
5. 一般来说,缺少转速信号,电控汽油发动机将无法启动。(　　)

三、问答题

1. 分析汽油机燃烧过程对发动机性能的影响。
2. 喷油控制有哪些？各如何控制或控制条件是什么？
3. 分析电子节气门的优势。
4. 简述通过油压测量来判断电动燃油泵故障的方法。
5. 针对具体发动机的加速不良故障原因进行诊断。

单元五
柴油机燃油系统与维修

 学习目标

1. 能够对柱塞式和分配式喷油泵进行维护
2. 能够对喷油器进行拆装、调整和维修
3. 掌握柴油供给系统零部件结构和工作原理
4. 熟悉柴油机混合气形成和燃烧的特点
5. 熟悉共轨系统及部件的组成与工作原理
6. 培养共产主义信念和耐劳精神

5.1 基本认知

5.1.1 柴油机的特点

随着柴油机技术的不断进步,自 20 世纪 80 年代以来,柴油机在汽车行业中因其低油耗、低污染而占有越来越重要的地位,与汽油机相比,柴油机具有以下特点。

① 压缩比大、热效率高,热能更多地转化为机械能,汽油机的热效率为 20%～30%,而柴油机可以达到 30%～40%,因而柴油机经济性好,耗油量比汽油机少 20%～30%。

② 采用压燃着火方式,没有点火系统,仅有油路故障;柴油机油路系统机件精密、可靠、耐用,因而故障少。

③ 吸入新鲜空气,柴油高压喷射,可燃混合气在气缸内形成,自发着火。

④ 压缩比高达 16～23,压缩终了时空气温度高,CO、HC 生成量少,但高温下易生成 NO_x;在高负荷工况下,局部高温缺氧,易产生黑烟,废气中含有 SO_2。

⑤ 柴油机功率的高低通过调节可燃混合气的浓度来实现,而汽油机则是控制可燃混合气的多少来实现,即柴油机调质,汽油机调量,故柴油机部分负荷时燃烧爆发压力高,噪声大。

⑥ 柴油机喷射压力高,对供油系统零部件的要求高,因而成本较高。

目前欧洲生产的轿车中,柴油轿车占 45% 以上,商用车和中、重型货车都采用了柴油机,为了解决环境污染和能源问题,柴油机是今后发展的方向。

5.1.2 柴油机燃油供给系统功用及组成

5.1.2.1 柴油机燃油供给系统的功用

① 在适当的时刻将一定数量的洁净柴油增压后以适当规律喷入燃烧室,喷油定时和喷油量各缸相同且与柴油机运行工况相适应,喷油压力、喷油雾化质量及其在燃烧室内的分布

与燃烧室类型相适应。

② 在每一个工作循环内,各气缸均喷油一次,喷油次序与气缸工作顺序一致。

③ 根据负荷的变化自动调节循环供油量,以保证柴油机稳定运转,尤其要稳定怠速,限制高速。

④ 储存一定量的柴油,保证汽车的最大续驶里程。

5.1.2.2 柴油机燃油供给系统的组成

如图 5-1 所示,柴油机燃料供给系统由低压油路和高压油路两部分组成。在输油泵 3 的作用下,柴油从油箱 1 被吸出,经过油水分离器 2 分离去除柴油中的水分,再压向柴油滤清器 6 过滤,干净的柴油进入柱塞式喷油泵 5,提高压力,再经高压油管 8 送到喷油器 9,以一定的速率、射程和喷雾锥角喷入燃烧室。多余的柴油从回油管 7 流回柴油滤清器。

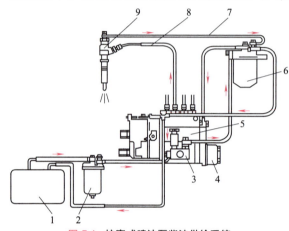

图 5-1 柱塞式喷油泵柴油供给系统

1—柴油箱;2—油水分离器;3—输油泵;4—柱塞式喷油泵动力输入;5—柱塞式喷油泵;6—柴油滤清器;7—回油管;8—高压油管;9—喷油器

5.1.3 柴油及其使用性能

柴油是在 260~350℃ 的温度范围内,从石油中提炼出的碳氢化合物,含碳 87%、氢 12.6%、氧 0.4%,分轻柴油和重柴油。

5.1.3.1 轻柴油的牌号

轻柴油按其质量分为优等品、一等品和合格品三个等级,每个等级又按柴油的凝点分为 10、0、-10、-20 和 -35 五个牌号,其凝点分别不高于 10℃ (15℃ 以上)、0℃ (5℃ 以上)、-10℃ (-5℃ 以上)、-20℃ (-15℃ 以上)、-35℃ (-29℃ 以上),牌号越高凝点越低。其代号分别为 RCZ-10、RC-0、RC-10、RC-20、RC-35,"R"和"C"是"燃"和"柴"字的汉语拼音字头,凝点在 0℃ 以上的则在"-"前加上"Z"。选用时,选用的号数应比实际气温低 5~10℃。

5.1.3.2 轻柴油的使用性能指标

(1) 发火性 指燃油的自燃能力,以十六烷值来表示,它是评价柴油着火难易的一个重要指标。十六烷值小,着火变难,着火延迟期变长,柴油机工作粗暴。十六烷值越高,发火性越好。汽车用柴油要求十六烷值不小于 45。

(2) 蒸发性 由燃油的蒸馏实验确定。馏程是表征柴油蒸发性能的一个指标,以某一馏出容积百分数下的温度表示。50%馏程表征了柴油的平均蒸发性能,该温度越低,说明柴油蒸发性越好。

蒸发性也可以通过闪点来衡量,闪点是指在一定的实验条件下,当柴油蒸气与周围空气形成的混合气接近火焰时,开始出现闪火的温度。闪点低,蒸发性好。

(3) 低温流动性 用柴油的凝点来评价低温流动性。凝点是指柴油冷却到开始失去流动性的温度。汽车轻柴油的牌号就是按凝点划分的。选用柴油时,应该根据当时当地的气温确定,要求柴油的凝点低于气温 5℃ 以上。

(4) 黏度 决定燃油的流动性,温度越高,黏度越小,流动性越好。

(5) 机械杂质和水分 机械杂质会引起喷油嘴的喷孔堵塞,加剧喷油泵、喷油嘴精密偶件磨损，而水分会使燃烧恶化，都应严格控制。尤其是柴油的运输和添加等环节，注意防止外界灰尘、杂质及水分混入，应进行沉淀和严格过滤。

除此之外，对柴油的化学稳定性、防腐性等也都有要求。

5.1.4 可燃混合气的形成与燃烧过程

柴油机可燃混合气的形成和燃烧都是直接在燃烧室内进行的。在接近压缩行程终点时，柴油喷入气缸内，柴油油滴在炙热的空气中受热、蒸发、扩散，并与空气混合形成可燃混合气，最终自行发火燃烧，边喷射、边燃烧。

5.1.4.1 可燃混合气的形成特点

① 燃料的混合和燃烧是在燃烧室内进行的，空间小，混合气形成时间极短，只占 $15°\sim35°$ 曲轴转角（按发动机转速 3000r/min 计，只占 $8.3\times10^{-4}\sim1.9\times10^{-3}$s）。

② 柴油黏度大，不易挥发，分布（浓度）不均，需要较大的过量空气系数。

③ 可燃混合气的形成和燃烧过程是同时，连续重叠进行的，即边喷射、边混合、边燃烧，气缸内各处混合气浓度很不均匀。

5.1.4.2 可燃混合气的形成与燃烧

（1）可燃混合气形成方式　柴油在压缩行程终了时通过喷油器高压喷入燃烧室，柴油分散成百万计的细小油滴，直径在 $0.001\sim0.05$mm 之间，与空气进行混合。可燃混合气形成的方式对柴油机的性能影响较大，通常分为以下几种。

① 空间雾化　将柴油高压喷向燃烧室空间，形成雾状，与空气进行混合。为了使混合均匀，要求喷出的燃油与燃烧室形状相配合，并充分利用燃烧室中空气的运动。

② 油膜蒸发　将大部分柴油喷射到燃烧室壁面上，95%形成一层油膜，5%在空间形成着火源。油膜在空间火源的热能作用下，受热逐层蒸发，在燃烧室中强烈的旋转气流作用下，燃料蒸气与空气形成均匀的可燃混合气。

③ 复合式　以上两种方式混合使用，只是根据需要有所侧重。

（2）空气运动的组织　为了促进柴油与空气更好混合，空间雾化形式的燃烧室一般都要组织适当的空气涡流，可以使油束充分扩散，增大混合范围，加快燃烧速度。常见的有以下三种。

① 进气涡流　在进气行程中形成的，使进入气缸的空气形成绕气缸中心高速旋转的气流（图 5-2）。它一直持续到燃烧膨胀过程。涡流速度可以达到曲轴转速的 $6\sim10$ 倍。目前螺旋形进气道因其流动阻力小、涡流强度大而应用较多。

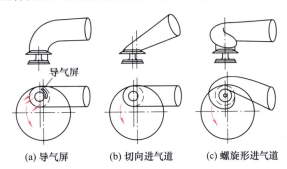

图 5-2　产生进气涡流的方法
(a) 导气屏　(b) 切向进气道　(c) 螺旋形进气道

② 挤压涡流（挤流）　在压缩过程中形成的空气运动。当活塞接近压缩上止点时，活塞顶上部的环形空间中的气体被挤入活塞顶部的凹坑内，形成了气体的运动。当活塞下行时，活塞顶部凹坑内的气体向外流到环形空间，产生膨胀运动，称为逆挤流。挤压涡流的产生与活塞顶凹坑（燃烧室）形状有很大关系，柴油机活塞顶凹坑形状各异，目的就是促进燃油与空气的混合与燃烧。

③ 燃烧紊流　利用柴油燃烧的能量，冲击未燃的混合气，造成混合气涡流或紊流。其目的也是进一步促进燃油与空气的混合与燃烧。

(3) 可燃混合气的燃烧过程　根据柴油机燃烧过程进展的实际特征，燃烧分为以下四个阶段。

① 备燃期　也称着火延迟期，是指从喷油开始（A 点）到柴油开始着火（B 点）的时期（图 5-3 中的Ⅰ段）。

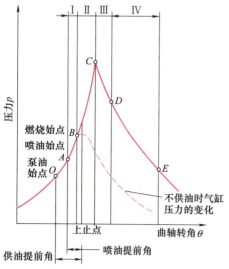

图 5-3　柴油机燃烧过程

Ⅰ—备燃期；Ⅱ—速燃期；Ⅲ—缓燃期；Ⅳ—后燃期

这个时期主要进行柴油着火前的物理、化学准备过程，喷入的雾化柴油从气缸内 600℃左右的高温空气中吸收能量，逐渐雾化、吸热、扩散、蒸发、氧化、分解；同时，燃料不断喷入，约占循环喷油量的 40%～50%。

备燃期时间虽短（约 0.0007～0.003s），但对整个燃烧过程影响很大。若备燃期长，则喷出的油量多，导致速燃期压力急剧升高，柴油机工作粗暴；但备燃期过短，又会导致可燃混合气形成困难，柴油机动力经济性能恶化。

② 速燃期　指从柴油开始着火（B 点）到气缸内最高压力点（C 点）的时期（图 5-3 中的Ⅱ段）。

速燃期燃料燃烧非常迅速，而且是在活塞靠近上止点、气缸容积较小的情况下燃烧，因此气缸压力和温度急剧增加，是对外做功的关键时期。在这个时期，针阀仍然开启，燃料继续喷入，燃烧条件变差，所以要控制该时期的喷油量和加强气缸内气体的流动，促进油气混合。

③ 缓燃期　指从最高压力点（C 点）到最高温度点（D 点）的时期（图 5-3 中的Ⅲ段）。

缓燃期由于活塞下行，气缸容积变大，氧气变少，废气增多，所以混合气燃烧速度减缓，气缸内压力增加不显著，而温度却继续上升。若此时喷油还在继续，由于燃烧恶化，燃料易裂解成黑烟排出。

④ 后燃期　指从缓燃期终点（D 点）到燃料基本燃烧完为止（E 点）的时期（图 5-3 中的Ⅳ段）。

由于柴油机燃烧时间短促，燃料和空气混合又不均匀，因此气缸内有未燃的油料拖到后燃期里继续燃烧，由于燃烧条件恶化，使燃烧不完全，排气冒黑烟，放出的热无法做功而传给冷却水，使发动机过热，经济性下降，所以应尽量减少后燃，并加强这个时期气缸内气体流动。

5.1.5　柴油机燃烧室

柴油喷入气缸后与空气混合，可燃混合气是在燃烧室中形成并燃烧的，这与汽油机有所不同，因而柴油机燃烧室的形状对可燃混合气的形成和燃烧有很大影响。燃烧室的作用就是合理地组织气缸内的气流运动，促进燃油与空气更好混合，以保证燃烧过程更加完善。燃烧室从结构上分为直接喷射式燃烧室和分隔式燃烧室两大类。

5.1.5.1　直接喷射式燃烧室

直喷式燃烧室的特点是由气缸盖、活塞顶面和气缸上部内壁之间组成一个统一的燃烧空间，即燃烧室（图 5-4），燃料直接喷入该燃烧室中与空气进行混合燃烧。常见的有 ω 形和四角形等。

（1）ω 形燃烧室　靠喷油器高压喷油到燃烧室空间与空气混合，属于空间雾化混合方式（图 5-5）。这种燃烧室结构简单、紧凑，由于空间小，传热少，动力性、经济性与启动性都较好。但对喷油系统要求高，需要较高的喷油压力，喷油嘴的喷孔也要求小而多，需组织较强的进气空气运动，以促进油气混合；备燃期内形成的混合气多，工作起来也比较粗暴，噪声大。分为直口型和缩口型，缩口型利于空气挤流的产生。

（2）四角形燃烧室　底部是ω形，上部逐渐过渡到四方形（图5-6），油束与燃烧室相配，出现了气流运动的"摩擦碰壁"现象，即高转速时，涡流强度增加，油束被吹离原来的方向，更多地落在了燃烧室壁面上，程度随气流旋转速度的加大而加大，油膜蒸发比例上升。同时四角形也抑制了涡流的增强，因而降低了燃烧速度和最高燃烧温度，解决了高低转速气流强度和油束的匹配，降低了NO_x的生成量。

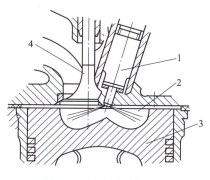

图 5-4　直接喷射式燃烧室
1—喷油器；2—燃烧室；3—活塞；4—气门

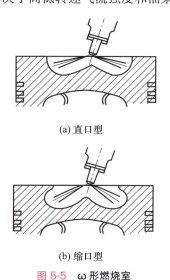

(a) 直口型

(b) 缩口型

图 5-5　ω 形燃烧室

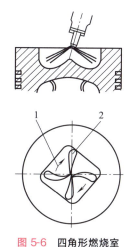

图 5-6　四角形燃烧室
1—进气涡流；2—油束

5.1.5.2　分隔式燃烧室

分隔式燃烧室的结构特点是燃烧室被分隔为主、副两个燃烧室，两者用一个或数个通道相通。副燃烧室在气缸盖内，容积占总压缩容积的50%～80%，主燃烧室在缸盖底平面与活塞顶面之间。燃料先喷入气缸盖中的副燃烧室进行预燃烧，再经过通道喷到活塞顶上的主燃烧室进一步燃烧。

分隔式燃烧室根据结构的不同分为涡流室式和预燃室式两种。下面仅介绍涡流室式燃烧室。

涡流室式燃烧室由两部分组成：主燃烧室和副燃烧室（涡流室）。

（1）结构特点　涡流室式燃烧室的副燃烧室有球形［图5-7（a）］、吊钟形［图5-7（b）］和组合形［图5-7（c），由一段球形、一段柱形和一段锥形组成］等形状，主燃烧室的活塞顶也有不同凹坑，如双涡流型凹坑［图5-8（a）］、铲击型凹坑［图5-8（b）］等。

① 副燃烧室的容积占燃烧室总容积的50%～80%。

② 主、副燃烧室之间的通道是切向的，具有导流作用，因而主、副燃烧室之间的气体流动是有规则的压缩或膨胀涡流。

③ 涡流室在气缸盖上，周围是水套。

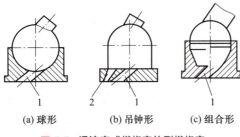

图 5-7　涡流室式燃烧室的副燃烧室
1—主喷孔；2—副喷孔（启动喷孔）

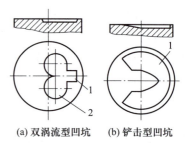

图 5-8　涡流室式燃烧室的主燃烧室
1—导流槽；2—双涡流凹坑

（2）混合气形成特点　在压缩过程中，气缸中的空气被活塞挤压，经过通道流入涡流室形成有组织的强烈涡流。活塞接近压缩上止点时，喷油器开始顺气流喷油，在强涡流气流带动下，燃油被涂布到燃烧室壁面上，形成油膜。同时有少部分油雾分散在燃烧室空间，着火形成火源，并点燃从壁面蒸发出来的可燃混合气，迅速燃烧，高温、高压气体经通道喷入主燃烧室，形成二次涡流，与主燃烧室内的空气进一步混合燃烧。由于采取强烈有组织的气体二次涡流，空气利用率高，对喷雾质量要求不高，可采用单喷孔喷油嘴，喷油压力较低，喷油嘴故障少，调整方便，工作比较柔和。缺点是副燃烧室相对散热面积大，又直接与冷却液接触，加上主副燃烧室之间的通道节流，使热利用率减低，经济性较差，启动也较困难。需注意的是以下几点：

① 涡流室内基本完成油气混合；

② 大部分燃油在涡流室内着火燃烧；

③ 气流运动较强，可以降低对喷油器的要求。

为了改善启动性能，有的增加了副喷孔（启动喷孔），使得在启动时，由于空气涡流不强，从喷油嘴喷出的燃油可通过副喷孔，直接喷入活塞顶的主燃烧室温度较高处，燃料容易着火燃烧［图 5-7（b）］。

（3）涡流室式与直接喷射式的不同点

① 混合气的形成与燃烧主要是利用有组织的强烈的压缩涡流，喷雾质量要求不高，喷油压力低，可以降低对燃油系统的要求。

② 压缩涡流随转速升高而加强，所以在转速较高时仍能保证较好的混合质量，混合质量对转速变化不敏感，有较高的充气效率，适于高转速，最高可达 5000r/min。

③ 压缩涡流可保证较好的混合质量，空气能较好地利用，过量空气系数小，功率大，燃烧是在涡流室内进行的，不直接作用在活塞上，主燃烧室压力升高率较小，工作较为平稳，压缩比可以达到 22~24，动力性和排放性好。

④ 涡流室相对散热面积大，又直接与冷却水接触，散热损失较大；气体经过通道流动，节流损失也大，故冷启动困难，比油耗高。

5.2　喷油器与检修

5.2.1　喷油器的功用和分类

（1）喷油器的功用　喷油器是一种向柴油机燃烧室喷射高压燃油的装置。根据不同柴油机要求,将高压油泵来的柴油雾气,以一定的喷油压力、喷雾细度、喷油规律、射程和喷雾锥角喷入燃烧室特定位置,与空气混合燃烧。

试验发现,1mL 柴油,如果呈球形,直径为 12.4mm,其表面积为 483mm^2,如果雾化成直径为 10μm 的均匀油粒,则油粒总数将为 2.99×10^7 个,表面积为 1.5×10^5 mm^2,表面积增加了 310 倍,这样细小的油粒被喷到高温高压空气中,不但提高了加热速度,也增加了与空气接触的机会,因此柴油能迅速汽化和氧化,促进了可燃混合气的形成和燃烧。

(2) 喷油器工作条件　承受较高的燃油压力,头部与高温燃烧室接触,是影响柴油机性能的关键部件。

(3) 喷油器的分类　现代柴油汽车发动机基本采用闭式喷油器,根据喷油嘴结构不同,闭式喷油器又分为孔式喷油嘴和轴针式喷油嘴等,分别用于不同的燃烧室。通常孔式用于空间雾化方式的直喷式燃烧室,轴针式用于分隔式燃烧室。

5.2.2　喷油器喷雾特性

5.2.2.1　雾化质量

柴油良好的雾化增加了柴油颗粒的表面积,使柴油能迅速汽化和氧化,促进了可燃混合气的形成和燃烧的进程。通常柴油雾化的评价指标包括雾化细度和雾化均匀度。

影响雾化细度的因素有如下几个。

① 减小喷孔直径,单位体积的燃油表面积增大,与空气产生更多的摩擦,油滴变小。
② 提高喷射压力,则喷出速度提高,燃油与空气摩擦力加大,造成更强的紊流,油滴变小。
③ 提高燃烧室压力,增强与空气的摩擦,雾化更细。
④ 加强空气运动,可提高燃油与空气的相对速度,利于雾化。
⑤ 提高空气温度,则空气黏度增加,油的表面张力小,油滴变小。

5.2.2.2　贯穿深度(射程)

贯穿深度指燃油油束从喷孔到垂直平面的最短距离,即油束的可见长度。贯穿深度(图 5-9)直接影响混合气的形成,过短和过长都不好,必须与燃烧室形状相匹配。

影响贯穿深度的因素,主要有以下几个。

① 喷射压力高,则初速度大,贯穿深度增加,但压力高到一定程度后,由于燃油与空气的摩擦力的增加,减小了雾化细度,使射程缩短,当喷射压力达到 35MPa 时,贯穿深度不再增加。

② 气缸内空气温度高,雾化变好,油滴粒度小、动量小,使贯穿深度变小。

③ 喷孔尺寸参数,如喷孔长度及其直径之比为 4 时,贯穿深度为最大。

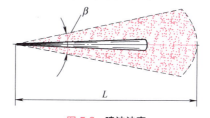

图 5-9　喷油油束
L—贯穿深度;β—喷雾锥角

5.2.2.3　喷雾锥角

喷雾锥角表示油束在燃烧室中的扩散程度,通常喷雾锥角(图 5-9)大,所包围空气的体积增加,油气混合较好。

5.2.3　孔式喷油器

5.2.3.1　孔式喷油器结构

(1) 孔式喷油器整体结构　孔式喷油器一般适用于直接喷射式柴油机,其特点是喷油嘴偶件中的针阀不直接伸出喷孔，喷油嘴头部的喷孔小且多，一般喷孔1~7个，直径0.2~0.5mm。其结构如图5-10所示；由针阀偶件13构成的油嘴通过紧帽1与喷油器体4紧固在一起。调压弹簧10的预紧力通过弹簧下座11作用在针阀上，将针阀压紧在针阀体内的密封锥面上，使喷油嘴关闭，调压弹簧的预紧力由调压螺钉9调整。

（2）针阀偶件　如图5-11所示，由针阀1和针阀体2组成，用优质轴承钢制造，其相互配合的滑动圆柱面间隙仅为0.001~0.0025mm，通过高精密加工或研磨选配而得，不同喷油嘴偶件不可互换。该间隙过大，会使喷油压力下降，喷雾质量变差；间隙过小，针阀容易卡死。针阀中部的环形锥面（承压锥面）位于针阀体的环形油腔中，其作用是承受由油压产生的轴向推力，使针阀上升。针阀下端的锥面（密封锥面）与针阀体相配合，起密封喷油器内腔的作用。针阀上部有凸肩，当针阀关闭时，凸肩与喷油器体下端面的距离 h 为针阀最大升程，其大小决定了喷油量的多少，一般 $h=0.4~0.5$mm。针阀体与喷油器体的结合处有1~2个定位销防止针阀体转动，以免进油孔错位。孔式喷油嘴又分为短型和长型两种（图5-11），长型孔式喷油嘴的针阀导向圆柱面远离燃烧室，减少了针阀受热变形卡死在针阀体中的可能性，用于热负荷较高的柴油机中。

5.2.3.2　孔式喷油器工作原理

喷油器工作时，来自喷油泵的高压柴油，经进油管接头5（图5-10）进入喷油器体上的进油道，再进入针阀体中部的压力室6（图5-11），作用在针阀的承压锥面3上，对针阀形成一个向上的轴向推力，此推力一旦大于喷油器调压弹簧的预压力时，针阀立即上移，打开喷孔5，高压柴油随即喷入燃烧室中。喷油泵停止供油时，高压油道内压力迅速下降，针阀在调压弹簧作用下及时回位，将喷孔关闭，停止喷油。

进入针阀体压力室6（图5-11）的少量柴油，经喷油器偶件配合表面之间的间隙流到调压弹簧端，进入回油管，流回滤清器，用来润滑喷油嘴偶件。

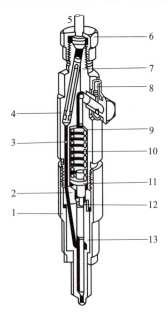

图5-10　低惯量孔式喷油器

1—紧帽；2—垫块；3—油孔；4—喷油器体；5—油管；6—螺母；7—滤清针；8—回油接头；9—调压垫片；10—调压弹簧；11—弹簧下座；12—定位销；13—针阀偶件

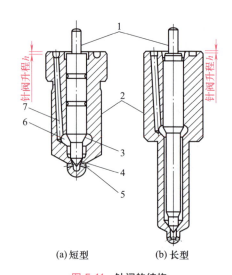

图5-11　针阀的结构

1—针阀；2—针阀体；3—承压锥面；4—密封锥面；5—喷孔；6—压力室；7—进油道

针阀开启压力（喷油压力）的大小取决于调压弹簧的预紧力。不同的发动机有不同的喷油压力要求，可通过调压螺钉9（图5-10）调整，旋入时压力增大，旋出时压力减小。通常孔式喷油器的喷油压力在18～25MPa。

5.2.4 轴针式喷油器

如图5-12所示，这种喷油器主要适用于分隔式燃烧室，喷射压力较低，在10～15MPa，与孔式喷油器的区别主要在针阀的结构上。

轴针式喷油器的特点是喷油嘴偶件中的针阀伸出喷孔外（图5-13），与喷孔形成环状狭缝，喷孔一般只有一个，直径也较大，可达1～3mm，针阀头部形状决定喷雾锥角。工作时轴针在喷孔中上下运动，能自动清除喷孔积炭。针阀头部制成各种形状（图5-14），使柴油以不同油束锥角喷入气缸，适应不同柴油机需要。

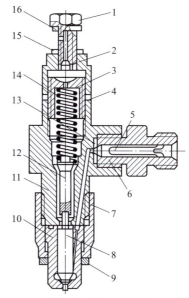

图5-12 轴针式喷油器

1—回油管螺钉；2—调压螺钉护帽；3—调压螺钉；
4、9、13、15、16—垫圈；5—滤芯；6—进油管接头；7—紧固螺套；
8—针阀；10—针阀体；11—喷油器体；
12—顶杆；14—调压弹簧

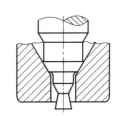

图5-13 轴针式喷油器头部

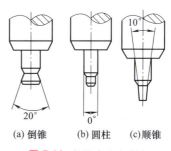

(a) 倒锥　(b) 圆柱　(c) 顺锥

图5-14 轴针式喷油嘴针
阀头部形状

5.2.5 喷油器的调试与维修

5.2.5.1 喷油器的检查与调试

（1）喷油器喷油压力检查与调试　检查时，将喷油器上调压弹簧调整螺钉的锁紧螺母旋松，将喷油器安装到试验台上（图5-15），并从接头处排除空气，注意：不要将手指触碰喷油器的喷孔。用手快速按动数次喷油嘴试验器手柄，以排除喷孔的积炭。然后一边慢慢地按动试验器手柄、一边观察压力表的指针。当喷油压力刚要下降时，读取压力表的指示值。

如压力不符合规定值，则需进行调整。对于可用调压螺钉调整压力的喷油器，拧入调整螺钉时，压力增高，反之则压力降低。对用增减垫片的方法调整喷油压力的喷油器，加厚垫片，喷油压力增高，反之则降低，注意调整后每只喷油器只能用一只垫片。

（2）喷油器密封性的检查　可以将压力保持在低于开启压力（用试验台手柄控制）0.98～1.96MPa的状态下，检查经过10s后，燃油不能从喷嘴孔或固定螺母的周围滴漏，

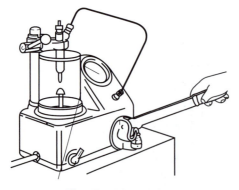

图 5-15　喷油器试验台

但可以湿润。如有滴漏或渗漏，说明针阀密封不严，应维修或更换。如喷孔处无渗漏，但压力下降较快，说明针阀导向部分间隙过大，回油过多。

（3）喷油器喷雾质量的检查　当喷油速度每分钟为30～60次时，喷油器达到喷油压力后应喷油。喷雾形状见图5-16。声音应有清脆的"嚓嚓"声。同时喷射完毕后，断油干脆，无滴漏现象。

5.2.5.2　喷油器的维修

（1）喷孔堵塞的维修　喷孔堵塞的原因有三个：一是柴油不洁净；二是针阀密封锥面密封不严而滴油形成积炭；三是针阀导向面卡滞，不能及时回位，燃油受到高温而烧结。维修时可以用清洁的柴油清洗喷油器零件，用方木刮掉附在针阀头部的积炭，如图5-17所示；用黄铜刷刷掉针阀体外部的积炭，见图5-18。检查针阀体的座面是否烧蚀或锈蚀，检查针阀头部是否损坏或锈蚀，如果出现上述某一种现象，则应更换针阀偶件。

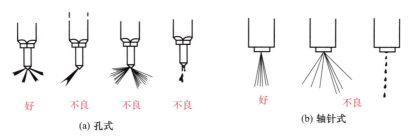

图 5-16　喷油器喷雾质量检查

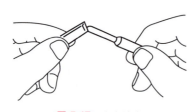

图 5-17　方木除炭

图 5-18　黄铜刷除炭

（2）针阀研磨　喷油器压力调整时，如果有滴漏现象，说明针阀密封性不良，需进行研磨。针阀偶件在汽油中清洗后，在针阀锥面上涂少许氧化铬研磨膏，插入针座内用手捻动研磨，直到针阀锥面上可以看到一个完整的等宽的研磨环带。重新清洗后，复装重试，直至无滴漏现象。如果无法研磨出理想的环带，则应更换新件。注意在研磨时研磨膏不可以落到针阀的导向面上，以免研坏导向段。

（3）配合面滑动性检查　针阀导向面的配合精度很高，间隙为0.002～0.003mm，为选配件，不可以互换。检查时将针阀偶件倾斜60°左右，用手将针阀从阀体中抽出其长度的1/3，见图5-19，放开针阀，这时针阀应能依靠自重平稳地滑进针阀体

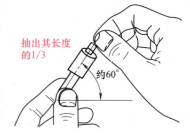

图 5-19　配合面滑动性检查

内；转动针阀位置，反复数次进行滑动性能检验。如果针阀不能自如地滑入针阀体内，则应更换针阀偶件。注意不要用手指触碰针阀偶件的配合面。

5.3 喷油泵与检修

5.3.1 喷油泵功用及分类

5.3.1.1 喷油泵的功用

喷油泵是柴油机燃料供给系中最重要的部件，被称为柴油机的心脏。它的基本作用是定时定量地产生高压柴油。

5.3.1.2 柴油机对喷油泵的要求

① 各缸供油量相等，在标定点下各缸供油量相差不超过3%～5%，供油应随柴油机工况的变化而变化，必须有油量调节机构。

② 各缸供油提前角相等，误差小于0.5°曲轴转角。

③ 各缸供油持续角一致。

④ 停油迅速，以防滴漏；超速断油，确保安全。

5.3.1.3 喷油泵分类

车用柴油机喷油泵按其作用原理可分为三类。

① 柱塞式：性能良好，使用可靠，结构简单、紧凑，便于维修和供油调节，应用最多。

② 转子分配式：利用转子的转动实现燃油的增压及分配。体积小、重量轻、使用方便。

③ 泵-嘴系统：喷油器与喷油泵合为一体，直接安装在缸盖上，以消除高压油管带来的不利影响，但需发动机更改驱动系统，如康明斯发动机的PT燃油系统。

5.3.2 柱塞式喷油泵

柱塞式喷油泵结构和工作过程

由于柴油机的单缸功率变化范围很大，因此，喷油泵通常分为几个系列或型号，然后再配以不同尺寸的柱塞偶件，构成若干种循环供油量不等的喷油泵，以满足各种不同功率柴油机的需要。

现以A型喷油泵为例介绍其构造与工作原理。A型柱塞式喷油泵（图5-20）由分泵、油量调节机构、分泵驱动机构、泵体等部件组成。

5.3.2.1 分泵

分泵机构（图5-21）是供油的主要部件，是喷油泵的核心，每缸有一组泵油机构，它主要由柱塞偶件（柱塞7和柱塞套5）、出油阀偶件（出油阀3和出油阀座4）、出油阀弹簧2、柱塞弹簧11等组成。

（1）柱塞偶件　由柱塞5和柱塞套1组成（图5-22）。柱塞可在柱塞套内作往复运动，两者配合间隙极小，约在0.0018～0.003mm，需经精密磨削加工或选配研磨而成，故称它们为偶件，使用中不允许互换，如有损坏，应成对更换。同时要求所使用的柴油要高度清洁，需经多次过滤。柱塞套被压紧在泵体上，在其上部开有进回油孔2，有的柱塞套进油孔与回油孔是分开的，进油孔兼作定位孔，有的另外在柱塞外圆上加工有定位孔，柱塞套装入喷油泵体后，定位螺钉即插入此孔内，以保证正确的安装位置，并防止工作中柱塞套发生转动。柱塞在柱塞套中作往复运动。其上部圆柱面开有斜槽4，并通过柱塞中心孔3与柱塞顶相通。柱塞切槽还有多种形式（图5-23），性能上各有特点。下螺旋槽柱塞的供油始点一定，

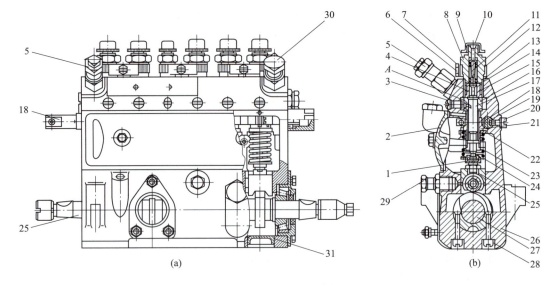

图 5-20 A 型柱塞式喷油泵

1—调整螺钉；2—检查窗盖；3—挡油螺钉；4—出油阀；5—限压阀部件；6—槽形螺钉；7—前夹板；8—出油阀压紧座；9—减容器；10—护帽；11—出油阀弹簧；12—后夹板；13—O 形密封圈；14—垫圈；15—出油阀座；16—柱塞套；17—柱塞；18—可调齿圈；19—调节齿杆；20—齿杆限位螺钉；21—控制套筒；22—弹簧上支座；23—柱塞弹簧；24—弹簧下支座；25—滚轮架部件；26—泵体；27—凸轮轴；28—紧固螺钉；29—润滑油进油空心螺栓；30—柴油进油空心螺栓；31—堵盖

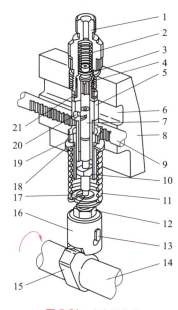

图 5-21 喷油泵分泵

1—出油阀压紧座；2—出油阀弹簧；3—出油阀；4—出油阀座；5—柱塞套；6—低压油腔；7—柱塞；8—喷油泵体；9—油量调节螺杆；10—油量调节套筒；11—柱塞弹簧；12—供油正时调节螺钉；13—定位滑块；14—凸轮轴；15—凸轮；16—挺柱体部件；17—柱塞弹簧下座；18—柱塞弹簧上座；19—齿圈；20—进回油孔；21—密封垫

供油终点则随柱塞有效行程的大小而变，供油量越大，供油结束越晚，多用于中小功率柴油机；上螺旋槽柱塞的供油终点不变，而供油始点则随油量大小而变；上下螺旋槽柱塞兼有上述两特点，启动槽的作用是适当减小启动时的供油提前角，以减少噪声和冒白烟现象。柱塞的中部圆柱面是密封部，环形储油槽 6 可储存少量柴油，用于润滑柱塞。柱塞下部加工有榫舌 7，有的是压配调节臂，用于进行供油量调节。

（2）出油阀偶件　包括出油阀 2 和出油阀座 1（图 5-24），它实际上是一个单向阀，控制油流的单向流动。

出油阀下部为导向部，阀芯断面呈"十"字形，既能导向，又能让柴油通过；出油阀上部有一密封锥面 3，与阀座的圆锥面贴合，形成一个密封环带。密封环带下方有一个小圆柱面称为减压环带 4，它可使喷油器内压力迅速下降，断油干脆，如图 5-25 所示。

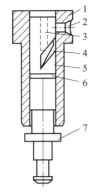

图 5-22 柱塞偶件

1—柱塞套；2—进回油孔；3—中心孔；4—斜槽；
5—柱塞；6—储油槽；7—榫舌

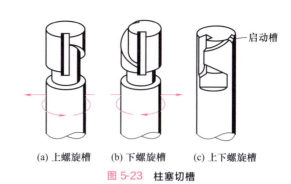

(a) 上螺旋槽　(b) 下螺旋槽　(c) 上下螺旋槽

图 5-23 柱塞切槽

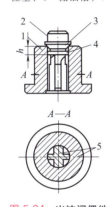

图 5-24 出油阀偶件

1—出油阀座；2—出油阀；3—密封锥面；
4—减压环带；5—十字切槽

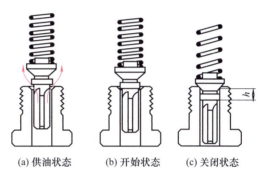

(a) 供油状态　(b) 开始状态　(c) 关闭状态

图 5-25 出油阀工作过程

出油阀偶件也是一对精密偶件，出油阀导向面和减压环带与出油阀座内表面径向间隙约为 0.006~0.016mm，使用中也不允许互换。

出油阀偶件置于柱塞套上端，由出油阀压紧座 1（图 5-21）压紧在喷油泵体上。为了防止高压柴油泄漏，一般在出油阀压紧座与出油阀座之间装有尼龙或铜制密封垫片。

（3）泵油原理　当柱塞下行时［图 5-26（a）］，柱塞上方的空间容积变大，形成部分真空。当柱塞顶部下行到露出进油孔时，低压油便从泵体上的低压油腔流入柱塞顶部的空间，开始了进油行程，直至柱塞抵达下止点时，完成进油过程。

当柱塞由下止点上行时，泵腔中的一部分燃油被挤回泵体油道。当柱塞顶平面将进油孔封闭时，这段行程称为预行程 h_1 ［图 5-26（b）］；随着柱塞的继续上行，燃油受压［图 5-26（c）］，压力急剧升高，当其压力大于出油阀弹簧压力与高压油管中的残余油压之和时，出油阀便开始向上运动，直至被顶离阀座，这段行程 h_2 称为减压阀行程；此时高压柴油经出油阀向高压油管开始供油［图 5-26（d）］，供油行程为 h_3。柱塞继续上行，至其斜切槽与柱塞套的回油孔相通时，柱塞顶部的高压油便经柱塞的中心油道流回泵体低压油腔［图 5-26（e）］，由于柱塞顶部油压急剧下降，在出油阀弹簧作用下，出油阀迅速落座，供油过程结束，此后柱塞虽然继续上行到上止点，但并不能向高压油管供油。可见，在柱塞的总行程 h 中，只有一部分行程 h_3 向高压油管供油，称这部分行程为有效行程。h_4 为剩余行程。

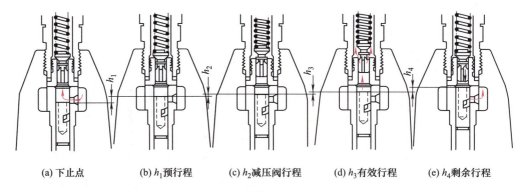

(a) 下止点　　(b) h_1预行程　　(c) h_2减压阀行程　　(d) h_3有效行程　　(e) h_4剩余行程

图 5-26　喷油泵工作原理

当转动柱塞时，改变了柱塞斜切槽与柱塞套回油孔的相对位置，从而改变了柱塞的有效行程，也就改变了柱塞的供油量。

5.3.2.2　油量调节机构

作用是执行驾驶员或调速器发出的指令，改变分泵的供油量，同时通过它调整各缸供油均匀性，分为齿杆式和拨叉式。

齿杆式油量调节机构

A型泵使用的齿杆式油量调节机构如图5-27所示，调节齿杆6与调节齿圈11相啮合，调节齿圈通过紧固螺钉夹紧在控制套筒10上，控制套筒底部开有切槽，喷油泵柱塞2下部的榫舌就嵌在该切槽中。

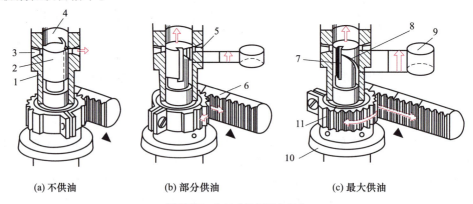

(a) 不供油　　(b) 部分供油　　(c) 最大供油

图 5-27　齿杆式油量调节机构

1—柱塞套；2—柱塞；3,5—柱塞套油孔；4—柱塞腔；6—调节齿杆；7—直槽；8—螺旋槽；
9—循环供油量容积；10—控制套筒；11—调节齿圈

当调节齿杆被拉动时，便带动调节齿圈转动，从而带动喷油泵柱塞转动，改变柱塞的循环供油量。喷油泵的调节齿杆一般不直接由驾驶员控制，而是通过调速器控制。

有的柴油机喷油泵供油量调节机构是拨叉拉杆式（图5-28），但基本原理都是通过转动柱塞来改变循环供油量。

油量调节机构中还装有供油拉杆轴向限位器，以限制供油拉杆在一定范围内移动，即限于怠速和全负荷工况范围内移动。

5.3.2.3　分泵驱动机构

主要由油泵凸轮轴14和挺柱体部件16组成（图5-21），其作用是推动柱塞往复运动，完成循环供油过程。

（1）凸轮轴　构造如图5-29所示。凸轮轴传送推力使柱塞运动，产生高油压，同时还保证各分泵按柴油机的工作顺序和一定的规律供油。凸轮轴上的凸轮数目与缸数相同，排列顺序与柴油机的工作顺序相同。相邻工作两缸凸轮间的夹角称为供油间隔角，四缸机 90°，六缸机 60°。四冲程柴油机喷油泵的凸轮转速等于曲轴转速的 1/2，也就是曲轴转两周，凸轮泵的凸轮轴转一周，各分泵都供油一次。由于轴间距离较大，多加入中间传动齿轮，喷油泵凸轮轴的旋转方向即与曲轴相同。凸轮外形有不同的凸轮型线，不同的型线，供油规律不同，以满足不同燃烧室的要求。

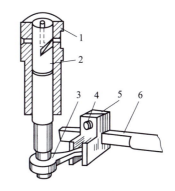

图 5-28 拨叉拉杆式油量调节机构
1—柱塞套；2—柱塞；3—柱塞调节臂；4—拨叉紧固螺钉；5—拨叉；6—供油拉杆

（2）滚轮体传动件 其作用是将凸轮的运动平稳地传递给柱塞，并且可以适量调整柱塞的供油时间。常见的供油时间调整方式有螺钉调节式和垫块调节式。

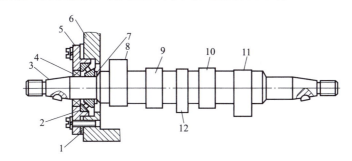

图 5-29 凸轮轴的构造（四缸机）示意
1—密封调整垫；2—锥形滚柱轴承；3—连接锥面；4—油封；5—前端盖；6—壳体；
7—调整垫；8，9，10，11—凸轮；12—输油泵偏心轮

图 5-30 所示为 A 型泵采用的螺钉调节式滚轮，上端装有工作高度可调的调整螺钉，调整 h 变大，供油提前角增大。垫块调节式滚轮如图 5-31 所示，h 为工作高度，垫块厚度每减小 0.1mm，凸轮转角相差 0.5°，供油提前角减小 1°。

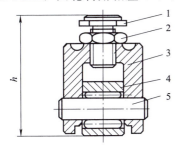

图 5-30 螺钉调节式滚轮
1—调整螺钉；2—锁紧螺母；3—挺柱体；
4—滚轮；5—滚轮销

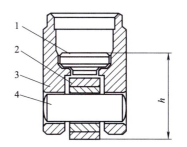

图 5-31 垫块调节式滚轮
1—调整垫片；2—滚轮；3—挺柱体；4—滚轮销

5.3.2.4 泵体

泵体是喷油泵的基础零件，泵油机构、供油量调节机构和驱动机构等都安装在喷油泵体上，它在工作中承受较大的作用力。因此，泵体应有足够的强度、刚度和良好的密封性，还

应该便于拆装、调整和维修。A 型喷油泵泵体为整体式，由铝合金硬模铸造而成。其结构紧凑、体积小、重量轻。泵体侧面开有窗口，底部用盖板封闭，侧盖和底盖均用螺栓固定，使喷油泵的拆装、调整和维修极为方便。

5.3.3 转子分配式喷油泵

柱塞式喷油泵是具有与柴油机缸数相同的柱塞偶件和出油口的喷油泵，而分配式喷油泵是具有一个分配转子（或分配柱塞）和多个出油口的喷油泵，它具有零件少、体积小、高速性能好、故障少和容易维修等优点，其主要问题是每循环供油量不大，精密偶件加工精度要求高。分配式喷油泵被广泛应用于轻型柴油汽车上。

分配式喷油泵按其结构特点分为转子式（径向压缩式）和单柱塞式（轴向压缩式）两大类。下面以应用较广的单柱塞分配式喷油泵（简称 VE 型分配泵）为例介绍其结构和工作原理。

5.3.3.1 VE 型分配泵的特点

VE 型分配泵（见图 5-32）与柱塞式喷油泵相比，具有以下特点。

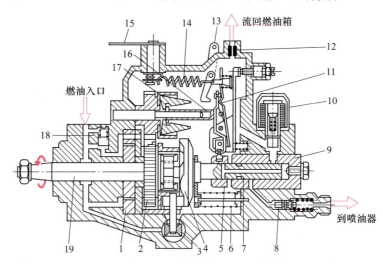

图 5-32 VE 型分配泵

1—两级滑片式输油泵；2—调速器驱动齿轮；3—液压式喷油提前器；4—平面凸轮盘；5—油量调节套筒；6—柱塞弹簧；7—分配柱塞；8—出油阀；9—柱塞套；10—断油阀；11—调速器张力杠杆；12—溢流节流孔；13—停车手柄；14—调速弹簧；15—调速手柄；16—调速套筒；17—飞锤；18—调压阀；19—驱动轴

① VE 泵从两缸到六缸，仅有一副柱塞，因而零件少，体积小，重量轻。

② VE 泵凸轮升程较小，一般为 1.5~3.2mm，且一副柱塞在工作时有四个滚轮同时承受泵端高压油对它的作用，可满足 6000r/min 柴油机的要求，而柱塞式喷油泵仅能满足 4000r/min 以下四冲程柴油机。

③ VE 泵向各缸供油的是同一副柱塞，因而各缸供油均匀性好。

④ VE 泵用柴油润滑运动件，不需专门的润滑油，便于油泵的维护和保养。

⑤ VE 泵能装上各种附加装置，如增压补偿装置、大气补偿装置、转矩校正装置等，满足柴油机不同用途的需求。

5.3.3.2 VE 型分配泵的结构

VE 型分配泵由驱动机构、两级滑片式输油泵、高压分配泵头和断油电磁阀等部分组成，此外，机械式调速器和液压式喷油提前器也安装在分配泵体内。

（1）驱动机构　组成如图5-33所示。

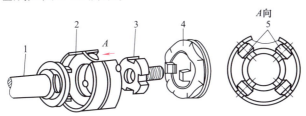

图 5-33　VE 型分配泵驱动机构

1—驱动轴；2—滚轮支架；3—十字联轴器；4—平面凸轮盘；5—滚轮

工作时，驱动轴1由发动机曲轴通过中间传动装置驱动。驱动轴一方面带动滑片式输油泵转动，同时通过调速器驱动齿轮带动调速器工作；另一方面，驱动轴右端通过十字联轴器3带动平面凸轮盘4转动，凸轮盘上的凸轮数与发动机气缸数相同，并紧靠在滚轮5上，滚轮支承在滚轮支架2上，当平面凸轮盘4转动同时，受滚轮5的作用，还作左右往复运动，用于驱动分配泵的柱塞也作转动和往复运动。

（2）滑片式输油泵　基本结构原理见5.4.3.2。

（3）高压分配泵头　是VE分配泵的关键部件，用以定时、定量产生高压油。它主要由柱塞、柱塞套、油量调节套筒、柱塞弹簧、出油阀偶件等组成。

分配柱塞7与柱塞套9、柱塞与油量调节套筒5是两对精密偶件（图5-32）。在平面凸轮盘的驱动下，柱塞作相应的转动和往复运动；柱塞的右端开有四条相隔90°的进油槽6（图5-34）；中部开有一个燃油分配孔5、一条压力平衡槽4和泄油孔2，柱塞还有中心油道与各进燃油分配孔及泄油孔相通。

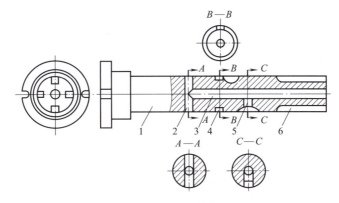

图 5-34　分配柱塞

1—分配柱塞；2—泄油孔；3—中心油孔；4—压力平衡槽；5—燃油分配孔；6—进油槽

柱塞套9（图5-32）被固定在泵体上，其右端有一个进油孔，位置与柱塞的四个进油槽相对应，柱塞每旋转一周，进油孔与各进油槽各接通一次；中部开有一个出油孔，柱塞每转一周，柱塞套出油孔分别与柱塞出油孔各相通一次。油量调节套筒5上的凹坑与调速器相连，可在柱塞上左右移动，当柱塞向右运动到露出泄油孔2（图5-34）时，柱塞中心油道上的高压油泄压。

（4）断油电磁阀　VE型分配泵装有断油电磁阀（图5-35）。发动机启动时，将启动开关2闭合（旋至ST位置），从蓄电池1来的电流直接流过电磁线圈4，产生的电磁吸力压缩回位弹簧 5 把阀门 6 吸上，使进油孔 7 打开，燃油进入泵油机构。

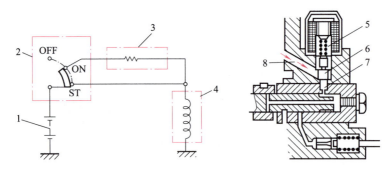

图 5-35 断油电磁阀

1—蓄电池；2—启动开关；3—电阻；4—电磁线圈；5—回位弹簧；6—阀门；7—进油孔；8—进油道

发动机启动后，将启动开关旋至 ON 位置，此时由于电路串入了电阻 3，电流减少，但由于有油压作用，阀门仍保持开启。

发动机需要停止运转时，将启动开关旋至 OFF 位置，电路断开，阀门在回位弹簧 5 作用下落座，切断油路，停止供油。

5.3.3.3 VE 型分配泵的工作原理

现以四缸发动机配用的 VE 型分配泵为例，说明其工作原理。

(1) 进油过程　当平面凸轮盘 12 的下凹部分转到与滚轮 13 接触时 [图 5-36 (a)]，在柱塞弹簧的作用下，转动着的柱塞向左移动接近终点时，泄油孔 11 完全被油量调节套筒 15 所封闭。当柱塞的一个进油槽与柱塞套的进油孔相对时，泵腔中的燃油便进入柱塞中心油道，直至柱塞进油槽与柱塞套的进油孔错开，进油结束。

(2) 泵油过程　当平面凸轮盘由下凹部分向凸起部分转动到与滚轮接触时 [图 5-36 (b)]，柱塞由左向右运动，此时柱塞中心油道的油压急剧升高，当柱塞的出油槽与柱塞套的一个出油孔相对时，高压燃油便经出油孔、出油阀、高压油管，送到相应缸的喷油器中。

柱塞每转一周，对四缸柴油机，分别进油四次，出油四次，向每个气缸喷油一次。

(3) 回油过程　柱塞在平面凸轮盘作用下继续右移，当柱塞的泄油孔露出，油量调节套筒与泵腔相通时 [图 5-36 (c)]，柱塞中心油道中的高压油便流回泵腔，油压急剧下降，供油结束。

柱塞从出油槽与柱塞套出油孔接通到关闭的行程称为柱塞的有效行程。有效行程越大，向外供油量越多。移动油量调节套筒的位置，即可改变柱塞的有效行程，从而改变 VE 分配泵的供油量。

(4) 压力平衡过程　柱塞上加工有压力平衡槽，它始终与泵腔相通 [图 5-36 (d)]。当供油结束，柱塞转过 180°时，柱塞上的压力平衡槽便与该缸柱塞套出油孔相通泄压，使与泵腔油压平衡，从而使各缸分配油路内的压力在燃油喷射前趋于均衡，保证各缸喷油量均匀。

5.3.4 喷油泵的维修

5.3.4.1 柱塞的维修

柱塞的磨损部位通常在顶端，如表面有发暗或磨损痕迹，则应更换。在无专用设备的情况下，如图 5-37 所示为将溢流环（VE 分配泵）稍微倾斜，拉出柱塞，当放开柱塞时，柱塞应能靠自重平稳地滑入溢流环（分配头）内。将柱塞转一个角度，在不同的位置重复上述试

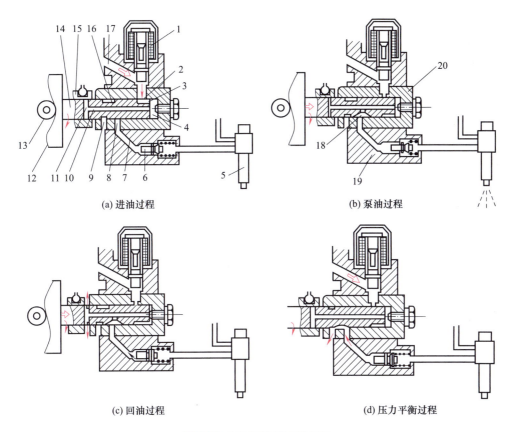

图 5-36 VE 分配泵的工作原理

1—断油阀；2—进油孔；3—进油槽；4—柱塞腔；5—喷油器；6—出油阀；7—分配油道；8—出油孔；9—压力平衡孔；10—中心油孔；11—泄油孔；12—平面凸轮盘；13—滚轮；14—分配柱塞；15—油量调节套筒；16—压力平衡槽；17—进油道；18—燃油分配孔；19—喷油泵体；20—柱塞套

验。如果在某一位置上发生柱塞卡住现象，则应成组更换零件。将调速器连杆球销插入溢流环，检查其移动是否平稳而且没有任何窜动，见图 5-38。

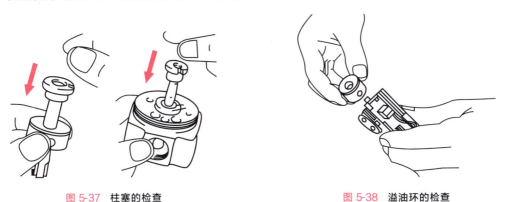

图 5-37 柱塞的检查　　　　　　　　图 5-38 溢油环的检查

经过试验发现柱塞有轻微卡滞现象，则需抽出柱塞，擦净柴油，在放大镜下仔细观察。找出磕碰、拉毛的痕迹，尤其是配合柱面的边缘棱角处，最容易在装配时碰坏，可用粒度在 800 以上的油石，仔细修掉棱角。如无磕碰，则在工作段涂研磨膏用偶件互研的方法修复。

5.3.4.2 出油阀的维修

维修过程中不可用手触摸喷油泵柱塞和出油阀的滑动面。

① 向上拉起出油阀并用拇指堵住阀座底部的孔，见图 5-39（a），当放松出油阀时，它应能快速下沉并停止在减压突缘关闭阀座孔的位置。如果下沉不快或不能下沉，则应成组更换出油阀偶件。

② 用拇指堵住阀座底部的孔，将出油阀装入阀座并用手指往下按。当手指一放开，出油阀将弹回到原来的位置，见图 5-39（b），如果不符要求，则应予更换。

③ 放开堵住阀座孔的拇指，出油阀应能靠自重完全关闭阀座孔，见图 5-39（c），如果不符要求，则应予更换。

注意：在装上新的出油阀偶件之前，应先用轻质油或汽油洗掉防锈剂，然后再用柴油清洗并进行上述检查。

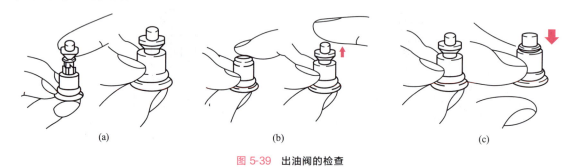

图 5-39 出油阀的检查

5.4 柴油供给系统其他装置

5.4.1 调速器

5.4.1.1 调速器的功用及分类

（1）调速器的功用　调速器根据发动机负荷变化而自动调节喷油泵的供油量，从而保证发动机的转速稳定在较小的变化范围，防止飞车和熄火。

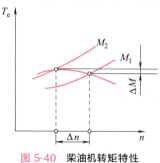

图 5-40 柴油机转矩特性

柴油机不同于汽油机，其转矩特性（油量调节机构位置一定时，柴油机的转矩随转速而变化的关系）曲线比较平坦（图 5-40），造成外界负荷的较小变化 ΔM（从 M_1 增加到 M_2），柴油机转速产生较大波动 Δn，在负荷增加时易熄火，工作稳定性差。尤其是柴油机高速工作突卸负荷极易产生飞车（柴油机转速急剧升高无法控制的现象），导致损坏曲轴、连杆、气缸和活塞的严重事故。

柴油机飞车的产生，还与柱塞式喷油泵的速度特性有关。

喷油泵的速度特性是指喷油泵的供油调节拉杆位置一定时，每循环的供油量随油泵凸轮轴转速而变化的关系。随着柴油机转速升高，柱塞运动速度加快，由于进回油孔的节流作用增强，导致出油阀提早打开，推迟关闭，使供油量加大，而供油量加大又反过来促进发动机转速升高，如此循环，最终造成飞车。

汽车柴油机还常在怠速下运转,由于其转速波动大,造成怠速不稳,容易熄火。所以,柴油机都必须安装调速器。

(2) 调速器的分类 按照功能分为两速调速器、全速调速器、定速调速器和综合调速器;按转速传感类型分为气动式调速器、机械离心式调速器、复合式调速器和电子式调速器。目前应用最广泛的是机械式调速器。

5.4.1.2　全速调速器

下面以 VE 泵全速调速器为例,介绍该类调速器的结构和工作原理。

(1) VE 型分配泵调速器结构 如图 5-41 所示,在飞锤支架 2 上装有四个飞锤 3,飞锤通过止推片推动调速套筒 4 移动。张力杠杆 12、启动杠杆 15 和导杆 16 组成调速器杠杆系统。这三个杠杆通过销轴 N 连在一起并可分别绕销轴 N 摆动。导杆通过销轴 M 固定在分配泵体上。启动杠杆的下端是球头销,嵌入供油量调节套筒 21 的凹槽中,当启动杠杆摆动时,球头销将拨动供油量调节套筒,改变其与分配柱塞 19 上的泄油孔 20 的相对位置,从而改变分配柱塞的有效行程。张力杠杆上端通过怠速弹簧 10 与调速弹簧 8 连接,调速弹簧的另一端挂在调速手柄 5 的销轴上。导杆的下端受复位弹簧 17 的推压,使其上端靠在最大供油量调节螺钉 11 上。此外,在 VE 型分配泵调速器上还装有一些附加装置,诸如增压补偿器和转矩校正装置等。

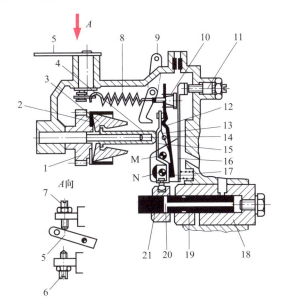

图 5-41　VE 型分配泵调速器结构

1—调速器传动齿轮;2—飞锤支架;3—飞锤;4—调速套筒;
5—调速手柄;6—怠速调节螺钉;7—最高速限制螺钉;
8—调速弹簧;9—停车手柄;10—怠速弹簧;11—最大
供油量调节螺钉;12—张力杠杆;13—启动弹簧;
14—张力杠杆挡销;15—启动杠杆;16—导杆;
17—复位弹簧;18—柱塞套;19—分配柱塞;
20—泄油孔;21—供油量调节套筒;M—导杆
支承销轴(固定);N—启动杠杆、张力
杠杆及导杆支承销轴(可动)

(2) VE 型分配泵调速器工作原理 全速式调速器的基本调速原理是,由于调速器传动轴旋转所产生的飞锤离心力与调速弹簧力相互作用,如果两者不平衡,调速套筒便会移动。调速套筒的移动通过调速器的杠杆系统使供油量调节套筒的位置发生变化,从而增减供油量,以适应柴油机运行工况变化的需要。

① 启动工况 如图 5-42(a)所示,启动前,将调速手柄推靠在最高速限制螺钉上。这时调速弹簧被拉伸,弹簧的张力拉动张力杠杆绕销轴 N 向左摆动,并通过板形启动弹簧使启动杠杆压向调速套筒,从而使静止的飞锤处于完全闭合的状态。与此同时,启动杠杆下端的球头销将供油量调节套筒向右拨到启动加浓供油位置(C),供油量最大。启动后,转速升高,飞锤的离心力克服作用在启动杠杆上的启动弹簧的弹力,使启动杠杆绕销轴 N 向右摆动,直到抵靠在张力杠杆的挡销上。此时,启动杠杆下端的球头销向左拨动供油量调节套筒,供油量自动减少。

② 怠速调节 如图 5-42(b)所示,柴油机启动后,将调速手柄移至怠速调节螺钉上。

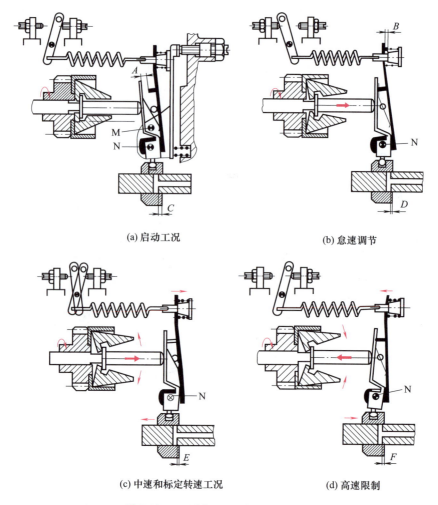

图 5-42 VE 型分配泵调速器工作原理

在这个位置,调速弹簧的张力几乎为零,即使调速器传动轴的转速很低,飞锤也会向外张开,推动调速套筒,使启动杠杆和张力杠杆绕销轴 N 向右摆动,并使怠速弹簧受到压缩。这时,飞锤离心力对调速套筒的作用力与怠速弹簧及启动弹簧对调速套筒的作用力平衡,供油量调节套筒处于怠速供油位置(D),柴油机在怠速下运转。

若由于某种原因使柴油机转速升高,则飞锤离心力增大,上述的平衡被打破,飞锤推动调速套筒、启动杠杆和张力杠杆进一步压缩怠速弹簧而向右摆动,供油量调节套筒则向左移,供油量减少,转速回落复原。若柴油机转速降低,飞锤离心力减小,怠速弹簧推动张力杠杆和启动杠杆向左摆动,供油量调节套筒则向右移,增加供油量,使转速回升。

③ 中速和标定转速工况 如图 5-42(c)所示,欲使柴油机在任何中间转速工作时,则需将调速手柄置于怠速调节螺钉与最高速限制螺钉之间某一位置。这时,调速弹簧被拉伸,同时拉动张力杠杆和启动杠杆绕销轴 N 向左摆动,而启动杠杆下端的球头销则向右拨动供油量调节套筒,使供油量增加,柴油机由怠速转入中速状态。由于转速升高,飞锤离心力增大,当其向右作用于调速套筒上的推力与调速弹簧向左作用于张力杠杆和启动杠杆上的拉力平衡时,供油量调节套筒便稳定在某一供油量位置,柴油机也就在相应的转速下稳定运转。若发动机外界负荷减小,发动机转速就会升高,飞锤的离心力增大,破坏了原有的平衡,调

速滑套右移，使得油量调节套筒左移，供油量减少，柴油机转速回落并基本稳定。相反，若发动机外界负荷增加，调速过程与上相反，使供油量增加，保持转速基本稳定。只要选定一个调速手柄位置，就有一个相应的发动机转速与其对应。

当把调速手柄置于最高速限制螺钉上时，调速弹簧的张力达到最大，供油量调节套筒也相应地移至最大供油量位置，柴油机将在最高转速或标定转速下工作。

④ 高速限制　如图5-42（d）所示，当柴油机在标定工况下完全卸载，发动机转速急速升高，达到最高空转转速，飞锤离心力达到最大值，克服调速弹簧拉力，推动启动杠杆、张力杠杆以销轴N为支点顺时针摆动，油量调节套筒左移，供油量减少，使柴油机转速回落，防止发动机转速进一步升高而造成飞车。

⑤ 最大供油量调节　若拧入最大供油量调节螺钉，则导杆绕销轴M逆时针方向转动，销轴N也随之转动，并带动球头销向右拨动供油量调节套筒，这时最大供油量增加。反之，旋出最大供油量调节螺钉，则最大供油量减少。改变最大供油量，可以改变柴油机的最大输出功率及最高转速或标定转速。

5.4.1.3　柴油机的调速性能

柴油机调速器调速性能常用以下指标衡量。

（1）稳定调速率

$$\delta_2 = \frac{n_{0\max} - n_b}{n_b} \times 100 \, (\%)$$

式中　$n_{0\max}$——标定工况突卸负荷后内燃机的最高空载转速，r/min；
　　　n_b——标定转速，r/min。

稳定调速率是调速器的一个静态性能指标，δ_2太大，表明空载转速相对于全负荷的转速波动大，对稳定工作不利。要求汽车的$\delta_2 \leq 10\%$。

（2）瞬时调速率

$$\delta_1 = \frac{n_{\max} - n_b}{n_b} \times 100 \, (\%)$$

式中　$n_{\max}^{..}$——标定工况突卸负荷后内燃机的最高瞬时转速，r/min；
　　　n_b——标定转速，r/min。

瞬时调速率是调速器的一个动态特性指标，δ_1太大，表明转速瞬时波动的幅度过大，容易造成发动机短时间超速，影响柴油机的正常运行。要求汽车的$\delta_1 \leq 10\% \sim 12\%$。

（3）稳定时间　是指从转速（或负荷）突变起，到转速稳定时止所需要的时间。稳定时间过长，说明调速系统稳定性不够，在调节过程中容易产生"游车"现象（发动机转速时高时低的现象）。一般要求稳定时间在5～10s。

（4）转速波动率

$$\phi = \left| \frac{n_{\mathrm{cmax}}（或 n_{\mathrm{cmin}}）- n_m}{n_m} \right| \times 100 \, (\%)$$

式中　n_{cmax}——在标定工况下稳定运转的最高转速，r/min；
　　　n_{cmin}——在标定工况下稳定运转的最低转速，r/min；
　　　n_m——平均转速，$n_m = \frac{n_{\mathrm{cmax}} + n_{\mathrm{cmin}}}{2}$，r/min。

转速波动率也是动态特性指标，ϕ太大，说明在标定工况下稳定运转时的转速波动过大，严重时产生"游车"现象。一般要求在标定工况时，$\phi \leq 0.5\% \sim 1\%$。

5.4.2 供油提前角调整装置

5.4.2.1 供油提前角对柴油机性能的影响

供油提前角就是喷油泵开始压油到活塞行至上止点为止的曲轴转角,供油提前角对柴油机性能的影响较大,直接关系到柴油机的经济性、气缸燃烧压力升高率、功率等指标。

① 供油提前角过大时,燃料在压缩过程中燃烧的数量多,不仅增加压缩负功使油耗增高,功率下降,而且着火延迟较长,压力升高率和最高燃烧压力迅速升高,工作粗暴,噪声高,怠速不良。

② 供油提前角过小时,则不能在上止点附近迅速燃烧,后燃增加,油耗、排温上升,发动机过热。

③ 对于每一运转工况,有一供油提前角,此时柴油机功率最大和燃油消耗最低,该供油提前角称为最佳供油提前角。

④ 最佳供油提前角随转速升高而增大。不同型号的发动机有不同的最佳提前角,同型号的发动机,在发动机不同的转速和负荷下,其最佳喷油提前角也不同。转速升高,喷油应提早,因此汽车柴油机均装有供油提前器。喷油提前器的作用是随柴油机转速的变化,自动调节喷油泵的供油起始角。柱塞式喷油泵通常安装有机械式供油提前器,VE 泵则装有液压式供油提前器。

5.4.2.2 液压式供油提前器

在 VE 型分配式喷油泵体的下部安装有液压式供油提前器,其结构如图 5-43 所示。在供油提前器壳体 1 内装有活塞 2,活塞左端与两级滑片式输油泵的入口相通,并有弹簧 5 压在活塞上。活塞右端与喷油泵体内腔相通,其压力等于两级滑片式输油泵的出口压力。当柴油机在某一转速下稳定运转时,作用在活塞左、右端的力相等,活塞处于某一平衡位置。若柴油机转速升高,两级滑片式输油泵的出口压力增大,作用于活塞右端的力随之增加,推动活塞向左移动,并通过连接销 3 和传力销 4 带动滚轮架 7 绕其轴线转动一定的角度,直至活塞两端的力重新达到平衡为止。滚轮架的转动方向与平面凸轮盘的旋转方向正好相反,使平面凸轮提前一定角度与滚轮接触,供油相应提前,即供油提前角增大。反之,若柴油机转速降低,则输油泵的出口压力也随之降低,作用于活塞右端的力减小,活塞向右移动,并带动滚轮架向着平面凸轮盘旋转的同一方向转过一定的角度,使供油提前角减小。

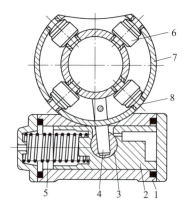

图 5-43 液压式供油提前器

1—壳体;2—活塞;3—连接销;4—传力销;
5—弹簧;6—滚轮;7—滚轮架;8—滚轮轴

5.4.3 输油泵

输油泵的功用是将燃油从油箱吸出,并克服燃油滤清器等的阻力,以一定的压力和流量输往喷油泵,分为活塞式、齿轮式和滑片式几种。

5.4.3.1 活塞式输油泵

活塞式输油泵基本结构原理如图 5-44 所示。当喷油泵凸轮轴 13 旋转时,在偏心轮 14 和输油泵活塞弹簧 17 的共同作用下,输油泵活塞 16 在输油泵体 15 的活塞腔内作往复运动。

当输油泵活塞由下向上运动时，A腔容积增大产生真空度，使进油止回阀6开启，柴油经进油口被吸入A腔；与此同时，B腔容积缩小，其中的柴油压力升高，出油止回阀关闭，燃油被送往滤清器。

当输油泵活塞由上向下运动时，A腔容积减小，油压升高，进油止回阀关闭，出油止回阀开启；与此同时，B腔容积增大，柴油就从A腔流入B腔。

若柴油机负荷减小，需要的柴油量减少时，或柴油滤清器堵塞，油道阻力增加时，会使输油泵B腔油压增高。当此油压与输油泵活塞弹簧的弹力相平衡时，活塞往B腔的运动便停止，活塞的移动行程减小，造成输油泵的输出油量减少，实现了输油量的自动调节，而输油压力则基本稳定。

5.4.3.2 滑片式输油泵

如图5-45所示，输油泵转子6由分配泵驱动轴5驱动，它偏心地安装在输油泵体的内孔中，形成月牙形的工作腔。四块滑片7分别安装在输油泵转子的四个滑片槽内，

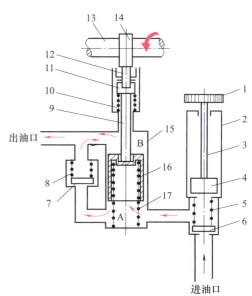

图5-44 活塞式输油泵基本结构原理
1—手压泵拉钮；2—手压泵体；3—手压泵杆；4—手压泵活塞；5—进油止回阀弹簧；6—进油止回阀；
7—出油止回阀；8—出油止回阀弹簧；9—推杆；
10—推杆弹簧；11—挺柱；12—滚轮；13—喷油泵凸轮轴；14—偏心轮；15—输油泵体；
16—输油泵活塞；17—活塞弹簧

与转子和泵体组成四个独立的密封容积。滑片可以在槽内作径向运动，并随着转子一起旋转。

当分配泵驱动轴旋转时，滑片随之旋转，两滑片间的容积不断变化，在到达进油腔A时容积由小变大，不断吸油，在到达出油腔B时容积由大变小，使柴油压力提高。

为了保持进入分配泵的油压基本稳定，在输油泵出口处设有调压装置，当燃油压力大于调压弹簧3的弹力时，调压阀4打开，过高压力的燃油经回油道2流回进油腔A。

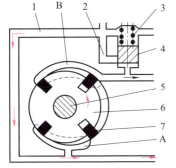

图5-45 滑片式输油泵
1—进油道；2—回油道；3—调压弹簧；
4—调压阀；5—分配泵驱动轴；
6—输油泵转子；7—滑片；
A—进油腔；B—出油腔

5.4.4 柴油滤清器

柴油滤清器用来过滤柴油中的杂质，分为纸质滤芯、毛毡滤芯等滤清器。如图5-46所示，纸质滤芯柴油滤清器盖上设有限压阀2，当油压超过0.1~0.15MPa时，限压阀开启，多余的柴油经限压阀直接返回油箱。

有的柴油汽车的燃油系统装有粗、精两级滤清器，串联使用。

5.4.5 油水分离器

油水分离器用于分离柴油中混入的水分。来自油箱的柴油由进油口2（图5-47）进入油水分离器，并经出油口9流出。柴油中的水分密度大，从柴油中分离并沉积在分离器壳体7

的底部。浮子6随着积水的增多而上浮，当到达规定的放水水位3时，液面传感器5将电路接通，仪表板上的报警灯发出放水信号，这时驾驶员应及时旋松放水塞4放水。手压膜片泵1供放水和排气时使用。

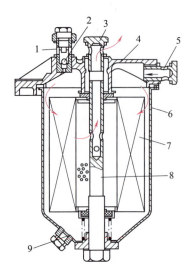

图5-46　纸质滤芯柴油滤清器

1—旁通孔；2—限压阀；3—出油口；4—滤清器盖；
5—进油口；6—滤清器壳体；7—纸质滤芯；
8—中心杆；9—放油塞

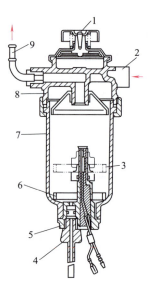

图5-47　油水分离器

1—手压膜片泵；2—进油口；3—放水水位；4—放水塞；
5—液面传感器；6—浮子；7—分离器壳体；
8—分离器盖；9—出油口

5.5　电控柴油喷射系统

5.5.1　电控柴油喷射系统特点与分类

柴油机电控燃油喷射系统的研究开发始于20世纪70年代，80年代进入应用阶段，90年代得到迅速发展。它对提高柴油机的动力性能、经济性能、运转性能和排放性能都产生了极大的影响。

5.5.1.1　电控柴油喷射系统的优点

传统的柴油喷射系统采用机械方式进行喷油量和喷油时间调节和控制，由于机械运动的滞后性，调节时间长，精度差，喷油速率、喷油压力和喷油时间难于准确控制，导致柴油机动力经济性能不能充分发挥，排气超标。因此，随着电子技术的发展和对发动机动力性、环保性要求的日益提高，电控柴油机技术获得了飞速发展。

与传统的机械方式比较，电控柴油喷射系统具有如下优点。

① 对喷油量的控制精确、灵活、快速，不同工况下可以改变喷油规律，较好地适应了不同燃烧的需求。

② 对喷油定时可以实现较高的控制精度，响应速度快。

③ 喷油压力高（高压共轨电控喷油系统高达250MPa），并可调控，不受发动机转速影响，雾化更细，优化了燃烧过程。

④ 体积小，可靠性好，适用性强，通过程序的改变可以适应不同要求的发动机。

5.5.1.2　电控柴油喷射系统的类型

柴油机电控喷射系统可分为两大类，即位置控制系统和时间控制系统。

第一代柴油机电控喷射系统采用位置控制系统。它不改变传统的喷油系统的工作原理和基本结构，只是采用电控组件，代替调速器和供油提前器，对分配式喷油泵的油量调节套筒或柱塞式喷油泵的供油齿杆的位置，以及油泵主动轴和从动轴的相对位置进行调节，以控制喷油量和喷油定时。其优点是无需对柴油机的结构进行较大改动，生产继承性好，便于对现有机型进行技术改造；缺点是控制系统执行频率响应仍然较慢、控制频率低、控制精度不够稳定，喷油率和喷油压力难于控制，而且不能改变传统喷油系统固有的喷射特性，因此很难较大幅度地提高喷射压力。

第二代柴油机电控喷射系统采用时间控制方式，其特点是在高压油路中，利用电磁阀直接控制喷油开始时间和结束时间，以改变喷油量和喷油定时。它具有直接控制、响应快等特点。

时间控制系统又有电控泵喷嘴系统和共轨式电控燃油喷射系统两类。电控泵喷嘴系统除了能自由控制喷油量和喷油定时外，喷射压力十分高（峰值压力可达240MPa），但其无法实现喷油压力的灵活调节，且较难实现预喷射或分段喷射。

共轨式电控燃油喷射系统是比较理想的燃油喷射系统。在中小柴油机上获得了广泛应用，共轨系统已发展到了第四代，喷油压力和控制达到了相当高的水平。

5.5.1.3　采用位置控制方式的电控系统

图5-48所示为日本电装公司ECD-V1电控喷射系统，它是在VE分配泵上进行电子控

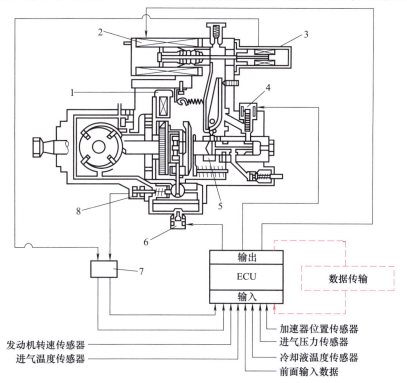

图5-48　日本电装公司ECD-V1电控喷射系统

1—发动机转速传感器；2—溢油环控制电磁线圈；3—溢油环位置传感器；4—断油电磁阀；
5—溢油环；6—正时控制电磁阀；7—功率放大器；8—供油提前器活塞位置传感器

制的系统。该系统保留了 VE 喷油泵上控制喷油量的溢油环 5（也称滑套），取消了原来的机械调速机构，采用一个布置在喷油泵上的线性电磁铁，通过一根杠杆来控制溢油环位置，从而实现喷油量的控制，并由溢油环位置传感器 3（电感式位置传感器）作为反馈信号，实现闭环控制。喷油正时控制也保留了 VE 泵上原有的液压提前器，它用一个正时控制电磁阀 6 来控制液压提前器的高压室和低压室之间的压差。电磁阀通电时，高压室与低压室形成通路，两室之间的压差消失，在回位弹簧的作用下，提前器活塞复位，带动滚轮架转动，形成喷油提前。同时，还设置了供油提前器活塞位置传感器 8，形成了喷油正时的闭环控制。

5.5.2 共轨式电控喷射系统

5.5.2.1 共轨喷射系统特点

共轨式喷油系统于 20 世纪 90 年代中后期才正式进入实用化阶段，其特点是将燃油压力产生和燃油喷射分离开来，它不再采用喷油系统柱塞泵分缸脉动供油原理，而是用一个设置在喷油泵和喷油器之间具有较大容积的共轨管，把高压油泵输出的燃油蓄积起来并稳定压力，再通过高压油管输送到每个喷油器上，由喷油器上的电磁阀控制喷射的开始和终止。电磁阀起作用的时刻决定喷油定时，起作用的持续时间和共轨压力决定喷油量。因此，共轨系统可实现在传统喷油系统中无法实现的功能，其优点如下。

① 能提供对最小喷油量和喷油量误差有极高要求的预喷射和主喷射。

② 能自由选择喷油压力，在低转速和小负荷时也能形成良好的喷束，从而优化柴油机综合性能。

③ 可独立地柔性控制喷油正时，不受供油凸轮的限制，配合高的喷射压力（120～250MPa），可同时控制 NO_x 和微粒在较小的数值内，以满足排放要求。

④ 柔性控制喷油速率变化，实现理想喷油规律，容易实现预喷射和多次喷射，既可降低柴油机燃烧噪声，又能保证优良的动力性和经济性。

⑤ 由电磁阀控制喷油，其控制精度较高，高压油路中不会出现气泡和残压为零的现象，因此在柴油机运转范围内，循环喷油量变动小，各缸供油不均匀可得到改善，从而减轻柴油机的振动。

5.5.2.2 高压共轨电控柴油喷射系统组成及主要部件

高压共轨电控柴油喷射系统基本组成如图 5-49 所示，主要由高压泵、共轨管、喷油器和电控单元等部件组成。由发动机凸轮轴驱动的齿轮泵（初级输油泵）将燃油从油箱经滤清器吸出，以 0.2MPa 的压力通过应急断油阀输入三联径向柱塞泵，该柱塞泵由配气凸轮轴驱动。然后，油流分流，一部分通过安全阀流向高压泵的凸轮室供作冷却用，再流向压力控制阀，由该处进入油箱回油通道，其余部分燃油被加压至 200MPa（传统喷油系统的最高压力仅 90MPa），再输往共轨管腔。锻钢制成的共轨上装有采集实时燃油压力的压力传感器和压力调节器，后者控制回油的容积流量，以达到发动机电控单元规定的共轨压力。高压燃油进入喷油器，一部分由喷油器上部安装的高速电磁阀控制，按设定的要求喷入气缸，另一部分在喷射过程中连同针阀体处和控制活塞处泄漏的油一起通过打开的电磁阀进入通向油箱的回油管。

（1）高压泵 如图 5-50 所示，其作用是产生高压油。它采用三个径向布置的柱塞泵油元件 8，相互错开 120°，由偏心凸轮 7 驱动，出油量大，受载均匀。

工作时，从输油泵来的柴油流过安全阀 4，一部分经节流小孔流向偏心凸轮室供润滑冷却用，另一部分经低压油路 5 进入柱塞室。当偏心凸轮转动导致柱塞下行时，进油阀 9 打

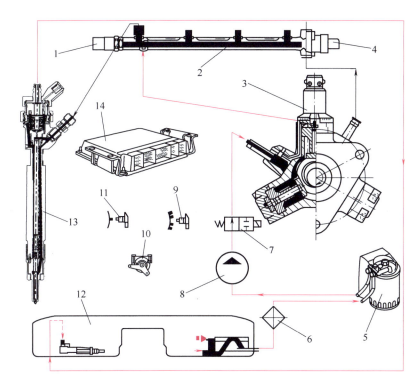

图 5-49 高压共轨电控柴油喷射系统

1—压力传感器；2—共轨；3—高压泵；4—压力调节阀；5—燃油滤清器；6—燃油加热器；7—电子切断阀；
8—机械输油泵；9—曲轴转角传感器；10—油门踏板传感器；11—凸轮转角传感器；
12—燃油箱；13—喷油器；14—电控单元

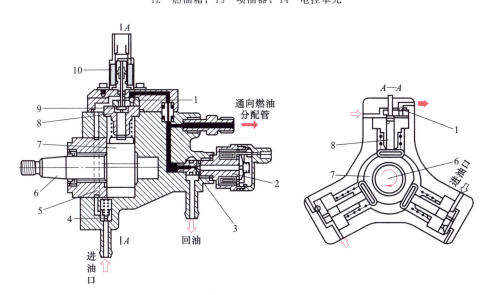

图 5-50 高压泵

1—出油阀；2—压力调节阀；3—球阀；4—安全阀；5—低压油路；6—驱动轴；7—偏心凸轮；
8—柱塞泵油元件；9—进油阀；10—断油电磁阀

开，柴油被吸入柱塞室；当偏心凸轮顶起时，进油阀关闭，柴油被压缩，压力剧增，达到共轨压力时，顶开出油阀 1，高压油被送去共轨管。

在怠速或小负荷时,输出油量有剩余,通过控制电路使断油电磁阀10通电,使电枢上的销柱下移,顶开进油阀,切断某缸柱塞供油,以减少供油量和功率损耗。

(2) 压力调节阀 它被安装在高压泵旁边或共轨管上(图5-51)。其作用是根据发动机负荷状况调整和保持共轨管中的压力。

当压力调节阀不工作时,电磁线圈4不带电,高压泵出口压力大于弹簧2的弹力,阀门6被顶开。根据输油量的不同,调节打开的程度。当需要提高共轨管中的压力时,电磁线圈带电,给电枢3一个附加作用力,压紧阀门6,使共轨管中的压力升高到与其平衡为止,然后调节阀门停留在一定开启位置,保持压力不变。

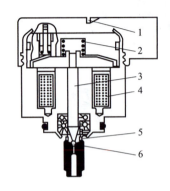

图 5-51　压力调节阀
1—电气接头;2—弹簧;3—电枢;4—电磁
线圈;5—回油孔;6—阀门

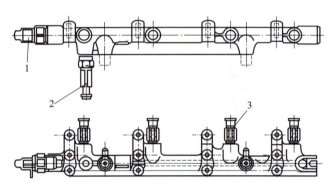

图 5-52　共轨管(蓄压器)
1—压力传感器;2—限压阀;3—流量限制器

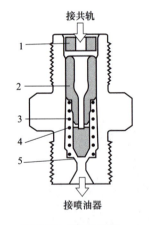

图 5-53　流量限制器
1—堵头;2—活塞;3—弹簧;
4—节流孔;5—密封座面

(3) 共轨管 其作用是储存高压油,保持压力稳定。结构如图5-52所示,共轨管上安装有压力传感器1、限压阀2、流量限制器3等零件。共轨压力传感器用螺纹紧固在共轨管上,通过其内部的压力传感膜片感受共轨压力,通过分析电路,把压力信号转换成电信号传至ECU进行控制。限压阀是一个单向阀,其作用是限制共轨管中的压力,当压力超过弹簧预设的弹力时,阀门打开卸压,高压油经回油孔流回油箱。

流量限制器(图5-53)的作用是防止喷油器出现持续喷油。活塞2在静止时,由于受弹簧3的作用力,总是靠在堵头1端。在一次喷油后,喷油器端压力下降,活塞在共轨压力作用下向喷油器端移动,但并不关闭密封座面5。只有喷油器在某种原因下流量突然加大时,导致活塞下移量大,才封闭通往喷油器的通道,切断供油。

(4) 电控喷油器 是共轨柴油喷射系统的核心部件,其作用是准确控制向气缸的喷油时间、喷油量和喷油规律。

图5-54所示为喷油器结构,轨道压力直接作用在喷油嘴针阀16的锥面和球阀活塞15的受力面上,而球阀活塞影响油嘴针阀的背压。由于球阀活塞具有比针阀锥面更大的受力面,作用在油嘴针阀上的合力将使之关闭。球阀活塞是通过Z孔19与轨道压力相连的,当电磁阀通电时,锚定螺栓4被吸上,球阀21打开,燃油经A孔20泄漏,就导致球阀活塞上方的压力下降,针阀锥面受力大于活塞上方压力,针阀上升,这样保证了油嘴的开启。如果电磁阀关闭,球阀在弹簧的作用下回位,A孔关闭,则全部轨道压力重新又作用在球阀

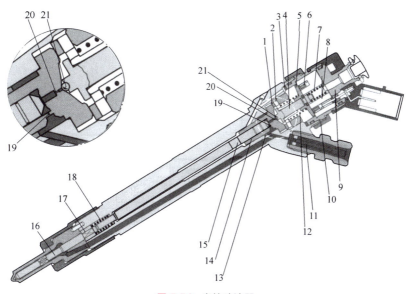

图 5-54 电控喷油器

1,3—定位垫圈；2—锚定导向圈；4—锚定螺栓；5—锚定板；6—线圈；7—球阀弹簧；8—磁芯；9—回流管；10—磁性螺母；11—缝隙式滤清器；12—锚定弹簧；13—密封圈；14—球阀体；15—球阀活塞；16—喷油嘴针阀；17—螺栓；18—喷油嘴弹簧；19—Z 孔；20—A 孔；21—球阀

活塞上，使油嘴再次关闭。就喷油器的功能来说，喷油嘴弹簧是并不需要的，它只是在轨道压力为零时防止燃烧压力造成燃气回流。

控制量孔 A、Z 的大小对喷油嘴的开启和关闭速度及喷油过程有决定性的影响。双量孔阀体的三个关键性结构是进油量孔、回油量孔和控制室，它们的结构尺寸对喷油器的喷油性能影响巨大。回油量孔与进油量孔的流量率之差及控制室的容积决定了喷油嘴针阀的开启速度，而喷油嘴针阀的关闭速度由进油量孔的流量率和控制室的容积决定。进油量孔的设计应使喷油嘴针阀有足够的关闭速度，以减少喷油嘴喷射后期雾化不良的部分。

此外，喷油嘴的最小喷油压力取决于回油量孔和进油量孔的流量率及控制活塞的端面面积。这样在确定了进油量孔、回油量孔和控制室的结构尺寸后，就确定了喷油嘴针阀完全开启的稳定、最短喷油过程，同时就确定了喷油嘴的稳定最小喷油量。控制室容积的减少可以使针阀的响应速度更快，使燃油温度对喷油嘴喷油量的影响更小。但控制室的容积不可能无限制减少，它应能保证喷油嘴针阀的升程以使针阀完全开启。两个控制量孔决定了控制室中的动态压力，从而决定了针阀的运动规律，通过仔细调节这两个量孔的流量系数，可以产生理想的喷油规律。

电控喷油器的喷油量大小取决于喷油嘴开启的持续时间（决定于 ECU 输出脉宽，可以达到 200μs）、喷油压力及针阀升程等。喷油器可以实现每循环最多达 5 次的喷射方式，图 5-55 所示为在中低转速采取的 2 次喷射方式，目的是降低燃烧噪声，预喷射控制精度可以达到 1mm³/循环。由于高压喷射压力非常高，喷油嘴喷孔非常小（如 BOSCH 公司的 6 孔、直径 0.12mm 的喷孔），使用中应特别注意柴油的高度清洁。

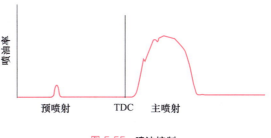

图 5-55 喷油控制

5.5.2.3 共轨喷射系统控制原理

共轨喷射系统控制系统包括传感器、控制单元（ECU）和执行机构，其控制原理和流程如图 5-56 所示。

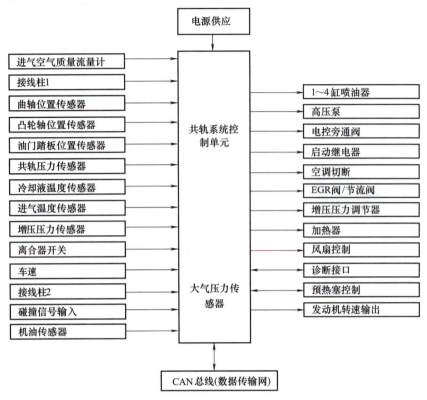

图 5-56　共轨喷射系统控制原理和流程

高压共轨喷油器的喷油量、喷油时间和喷油规律除了取决于柴油机的转速、负荷外，还与众多因素有关，如进气流量、进气温度、冷却水温度、燃油温度、增压压力、电源电压、凸轮轴位置、废气排放等，所以必须采用相应的传感器，采集相关数据。由各种传感器采集的数据，都被送入电控单元 ECU，并与存储在里面的大量经过试验得到的最佳喷油量、喷油时间和喷油规律的数据进行比较、分析，计算出当前状态的最佳参数，其运算速度达 2000 万次/s。通过 ECU 计算出的最佳参数，再通过执行机构（电磁阀等），控制喷油器、电动输油泵、高压油泵、废气再循环等机构工作，使喷油器按最佳的喷油量、喷油时间和喷油规律进行喷油，控制输出的速度达 2000 次/s 以上。同时通过 CAN 数据总线与汽车上其他 ECU 进行数据交换，其控制原理与汽油机电控燃油喷射相似。

需要说明的是，ECU 根据发动机转速和总喷油量的变化来决定是否接通或断开预喷射，而预喷射油量和相对于主喷射的预喷射始点则根据运转工况算出，并经大气压力以及空气和冷却水的温度修正。燃油压力由压力调节器和共轨上的高压传感器按照共轨压力特性曲线进行调节，其标定值也需随运转工况变化，根据增压压力、冷却水和空气温度进行修正。在部分负荷和等速行驶时，ECU 可通过切断高压泵中的某个泵油元件供油来减少其功率损耗。如果燃油温度超出许可限制，泵油元件也将被切断供油，但是在发动机启动、压力传感器失灵或压力调节器持续偏差的情况下，三个泵油元件均被强制接通供油。

共轨电控系统可以实现如下控制功能。

① 燃油喷射控制 主要包括供（喷）油量控制、供（喷）油正时控制、供（喷）油速率控制和喷油压力控制等。

② 怠速控制 柴油机的怠速控制主要包括怠速转速控制和怠速时各缸均匀性的控制。

③ 进气控制 柴油机的进气控制主要包括进气节流控制、可变进气涡流控制和可变配气正时控制。

④ 增压控制 柴油机的增压控制主要是由ECU根据柴油机转速信号、负荷信号、增压压力信号等，通过控制废气旁通阀的开度或废气喷射器的喷射角度、增压器涡轮废气进口截面大小等措施，实现对废气涡轮增压器工作状态和增压压力的控制，以改善柴油机的转矩特性，提高加速性能，降低排放和噪声。

⑤ 排放控制 柴油机的排放控制主要是废气再循环（EGR）控制。ECU主要根据柴油机转速和负荷信号，按内存程序控制EGR阀开度，以调节废气再循环率。

⑥ 启动控制 柴油机启动控制主要包括供（喷）油量控制、供（喷）油正时控制和预热装置控制，其中供（喷）油量控制和供（喷）油正时控制与其他工况相同。

⑦ 巡航控制 带有巡航控制功能的柴油机电控系统，当通过巡航控制开关选定巡航控制模式后，ECU即可根据车速信号等自动维持汽车以一定车速行驶。

⑧ 故障自诊断和失效保护 柴油机电控系统中也包含故障自诊断和失效保护两个子系统。柴油机电控系统出现故障时，自诊断系统将点亮仪表盘上的故障指示灯，提醒驾驶员注意，并储存故障码，检修时可通过一定的操作程序调取故障码等信息；同时失效保护系统启动相应保护程序，使柴油机能够继续保持运转或强制熄火。

⑨ 柴油机与自动变速器的综合控制 在装用电控自动变速器的柴油车上，将柴油机控制ECU和自动变速器控制ECU合为一体，实现柴油机与自动变速器的综合控制，以改善汽车的变速性能。

5.6 柴油供给系统故障检修

5.6.1 柴油供给系统维护

5.6.1.1 柴油滤清器的维护

① 柴油纸质滤芯为一次性使用，不允许清洗后再用。更换时应使用原厂规格的滤芯，否则会引起供油系统偶件的磨损。

② 一般新柴油机和大修后的柴油机，应在最初2500km更换新滤清器，正常行驶8000～10000km后更换新滤清器。

③ 第一级滤清器为燃油滤清器带油水分离器，应每天拧松阀塞放水。

④ 更换新滤清器时，将滤清器充满干净的柴油，在滤清器密封胶圈上涂上少许润滑油。用手拧紧，然后加力拧紧半圈，并检查是否有渗漏。

⑤ 应在柴油机运转中检查系统各个接头的密封情况，并进行放气。

5.6.1.2 油路密封性维护

当柴油管路中进气而形成气阻后，应进行排除空气操作。

（1）油箱加注足够的柴油。先用柴油滤清器上的放气螺栓，再用喷油泵上部的放气螺栓先后放掉本部位的空气。放气时，通过手动泵连续泵油，当放气螺栓流出的柴油无气泡时，即旋紧放气螺栓。

(2) 启动柴油机,旋松喷油器高压油管接头,排放该缸高压油管中的空气,必须在油管溢流的状态下无气泡冒出时紧固油管接头。

5.6.1.3 喷油泵的维护

喷油泵的维护主要有润滑油的加注、提前器的检查与润滑、检查供油提前角等。供油提前角应按以下程序进行检查。

① 按照柴油机工作旋向转动曲轴,使飞轮上的供油正时记号与飞轮壳上的标记对准(或采用前端带轮正时标记对准方式),并确保为压缩上止点。

② 将一缸分泵的高压油管拆下,装上正时管,反复旋转飞轮,使油面上升至可以观察到正时管的油面,然后缓慢转动曲轴,在正时管液面发生跳动时停止旋转,观察飞轮壳正时标记指示的飞轮刻度,即为供油提前角。

③ 如供油提前角不在规定范围内,可以松开喷油泵连接盘的紧固螺钉,转动油泵,顺着喷油泵凸轮旋转方向转动喷油泵,供油提前角变小,反之则增大。调整后需按上述方法再检查供油提前角,直至符合规定要求。

5.6.1.4 输油泵的维护

维护时应清洗输油泵,经清洗后,用手指压下推杆,应能将活塞完全压进;松开手柄,手柄应能完全弹出。密封性检查可以压下油泵活塞后,用食指将油泵口堵住,然后松开油泵手柄,看手柄是否会被吸住,若手柄回位,则油泵密封性不良,应更换。

5.6.2 柴油供给系统故障诊断

当柴油机燃油供给系统出现故障时,如不及时排除,则可能使柴油机不能正常工作,不仅动力性和经济性下降,还会引起零件早期磨损,甚至导致事故性损坏。柴油机有些故障,只需调整即可解决,有些故障则需要进行修理。

5.6.2.1 柴油机启动困难

(1) 启动时排气管无烟排出 故障现象是启动时发动机听不到爆发声音,无启动迹象,排气管无烟排出,显然气缸内无柴油进入,故障原因如表 5-1 所列。

表 5-1 启动时排气管无烟排出的故障原因

故障点	故 障 原 因
低压油路	油箱内无油或存油不足
	油箱开关未打开或油箱盖空气阀孔堵塞
	油箱至输油泵间管路堵塞或接头松动
	油箱至输油泵间管路中有漏气部位,使油路中进入空气
	柴油机滤清器或输油泵滤网堵塞
	供油电磁阀失效,不能打开
	输油泵进、回油阀黏滞,密封不严、弹簧折断
	输油泵活塞咬死或活塞弹簧折断,泵油作用失效
高压油路	高压油管中有空气或其接头松动
	喷油泵柱塞偶件磨损过大造成内泄漏大,启动油量不够
	喷油泵油量调节机构卡滞,使柱塞不能转到最大油量位置
	出油阀密封不良或黏滞,造成不供油或供油不足
	喷油器针阀积炭或烧结不能开启
	喷油器针阀开启压力调整过高
	喷油器喷孔堵塞

续表

故障点	故障原因
其他	空气滤清器堵塞，排气管排气不畅
	供油时间过早或过迟
	低温启动预热装置失效，发动机气缸内温度过低
	气缸漏气，压缩压力过低，压缩终了的温度不能使柴油自燃

对该故障现象，重点应检查供给系统是否堵塞、漏气和某些零部件是否损坏。首先应明确故障出自低压油路还是高压油路：将喷油泵放气螺钉松开，扳动手油泵，观察放气螺钉处是否流油，若不流油或流出泡沫状柴油，而且长时间扳动手油泵也排不尽，表明低压油路有故障；如果流油正常，则说明故障出在高压油路。

① 低压油路的故障诊断　松开喷油泵放气螺钉，扳动手油泵，若放气螺钉处无油流出，说明油箱中无油或油路堵塞。首先检查油箱中存油是否足够，油箱开关是否打开，油箱盖空气阀孔是否堵塞。若良好，可扳动手油泵进行试验。若手拉手油泵拉钮时，明显感到有吸力，松手后又自行回位，说明油箱至输油泵的油路堵塞；若拉出手油泵拉钮时感觉正常，但压下去比较费力，说明输油泵至喷油泵的油路堵塞，可检查柴油滤清器是否堵塞。如果上下拉动手油泵拉钮时，均无正常的泵油阻力，说明手油泵失效，应检查手油泵进、出油阀是否关闭不严等。在寒冷地区严寒季节，柴油牌号选用不当或油中有水，容易造成凝结或结冰而堵塞油管。

松开喷油泵放气螺钉，扳动手油泵，若放气螺钉处流出泡沫状柴油，而且长时扳动手油泵也是如此，说明油箱至输油泵之间的管路漏气，供油系中渗入空气而发生气阻。首先检查油管有无破裂，如无破损，应检查输油泵至油箱一段油管接头是否松动或油箱内上油管是否断裂等。若放气螺钉处流出的柴油中夹有水珠，则说明油中有水，应将滤清器（油水分离器）与油箱的放污螺塞旋出，放净沉淀物和水。

② 高压油路的故障诊断　松开喷油泵的放气螺钉，扳动手油泵，若放气螺钉处出油正常，但各缸喷油器无油喷出，可推断故障出自高压油路。判断高压油路故障时，应首先确定故障出自喷油泵还是喷油器。可以拆下高压油管，在发动机转动时，观察油泵接头是否出油。如出油，说明故障不在喷油泵而在喷油器；如不出油，说明故障在喷油泵。

可以按照下列顺序检查喷油泵和喷油器。

a. 接通启动机，查看喷油泵输入轴是否转动，联轴器是否连接可靠，否则应检查联轴器有无断裂，半圆键是否完好，同时检查供油正时是否正确。

b. 拆开喷油泵侧盖，检查供油调节拉杆是否总处于不供油位置，是否存在踏板拉杆、供油拉杆或调速器的卡滞故障。

c. 检查供油调节机构是否工作不良。踩下加速踏板，观察柱塞是否转动，若不转动应检查调节叉或扇形小齿轮的固定螺钉是否松动，调节臂有无从中脱出或柱塞与柱塞套是否卡住。

d. 检查喷油泵出油阀是否密封。用手油泵泵油，若出油阀溢油，说明出油阀密封不良。

e. 检查溢油阀的密封情况。

f. 喷油器可在试验器上进行检查。若就车检查，可以将喷油器从缸盖上拆下，接上高压油管，启动发动机，观察喷油情况。如喷油不良，则需修理或更换。

（2）启动时排气管排出白烟　接通启动机后，发动机不易启动并排出白色烟雾，一般为气缸内温度低、压力低，燃油未经燃烧便被排出去所致，故障原因如表5-2所列。

表 5-2 启动时排气管排出白烟的故障原因

故障点	故 障 原 因
供油	油路中渗入了水
	喷油泵供油过多或过少
	喷油器喷油雾化不良,混合气形成质量差
	喷油正时不准。一般为喷油过早
其他	气缸垫冲坏或气缸盖螺栓不紧固使水进入燃烧室
	气缸体或气缸盖冷却水套有破裂处
	低温启动预热装置失效,发动机温度过低
	进气通道堵塞,供气不足
	气缸漏气,气缸压力过低,柴油自燃条件差

柴油发动机若在低温(特别是冬季)启动时排气管排出白烟,可用手接近排气管消声器出口处,发现手上留有水珠,说明有水进入燃烧室。首先拔出油尺,观察下曲轴箱机油油面是否升高,机油中是否有水(机油颜色发白说明机油被水乳化),并在启动发动机时观察水箱上部有无气泡冒出。若机油有水或水箱上部在启动发动机时有大量气泡冒出,应检查气缸垫有无烧穿漏水、气缸盖螺栓有无松动、气缸盖和气缸体有无破裂漏水等。否则,应检查柴油中是否有水,可将油箱及柴油滤清器放污螺塞打开放出水和沉淀物。

检查低温启动预热装置是否完好,如果完好仍不能启动,再检查喷油正时,供油是否过多或过少。检查喷油雾化情况,喷油器针阀有无卡滞,气缸压力是否过低。

5.6.2.2 柴油机功率不足

柴油机功率不足分为以下两种情况。

(1)柴油机运转均匀、无高速、排气烟色正常 故障原因如表 5-3 所列。

表 5-3 柴油机运转均匀、无高速、排气烟色正常的故障原因

故障点	故 障 原 因
供油	调速器调整不当或调速弹簧过软、折断使喷油泵不能保证最大供油量
	喷油泵油量调节拉杆(或齿条)达不到最大供油位置
	喷油泵出油阀密封不良
	喷油泵柱塞磨损过度、黏滞或弹簧折断
	输油泵工作不良使供油不足
	低压油路堵塞使供油不足,油路中有空气
其他	喷油器喷油不正常
	柴油牌号不对
	空气滤清器、排气管消声器堵塞
	加速踏板拉杆行程不能保证供给最大供油量

① 首先检查加速踏板的行程。将加速踏板踩到底,然后用手扳动喷油泵油量调节臂,若还能向加油方向推动,说明加速踏板拉杆不能使喷油泵达到最大供油量,应予以调整。

② 检查、调整调速器高速限制螺钉和最大供油量限制螺钉。将两调整螺钉向增加方向旋进,直到急加速时排气管冒黑烟为宜。

③ 检查燃油滤清器、油箱通气孔、输油泵滤网有无堵塞等。

④ 检查喷油泵的出油阀是否密封不良。

⑤ 用断油比较法检查喷油器的喷油情况,断油后,若发现柴油机转速不变化,将此喷

油器拆下并测试调整。

⑥ 若以上各点没有不良情况，则需用喷油泵试验台来检查喷油泵和调速器的工作情况。

（2）柴油机运转不均匀、排气有黑烟　故障原因如表 5-4 所列。

表 5-4　柴油机运转不均匀、排气有黑烟的故障原因

故障点	故　障　原　因
供油	喷油泵供油量过多或各缸供油不均匀度过大
供油	喷油器喷雾质量不高或滴漏
供油	供油时间过迟
供油	喷油器喷油压力低
其他	空气滤清器严重堵塞，造成进气量不足
其他	气缸漏气，压缩压力不足
其他	柴油质量低劣，燃烧热值低
其他	柴油机运动件之间有咬死现象，有效功率损失大

柴油机排气黑烟多，大多是由各气缸供油量不均或过多、吸入空气量不足、雾化不良、喷油时间过迟等原因引起的不完全燃烧造成的。

① 拆下空气滤清器，观察排气烟色。若排黑烟情况好转，则该故障是由空气滤清器脏污严重造成的；检查供油时间是否正确，否则应调整。

② 在柴油机运转时，可逐缸进行断油试验。当某缸断油时，发动机转速降低，黑烟明显减少，敲击声变弱或消失，说明该缸供油量过多。若发动机转速变化小而黑烟消失，说明该缸喷油器喷雾质量差。找出有故障的单缸后，拆检喷油器。必要时，可换装新喷油器进行对比。若用新喷油器时故障消失，说明原喷油器有故障。

③ 用上述方法仍不能排除故障时，对于喷油泵柱塞挺杆具有调整螺钉的，应检查各缸喷油是否一致，必要时进行调整。检查喷油泵供油量过大和供油不均匀度是否符合标准时，应在喷油泵试验台上进行。

5.6.3　电控柴油机故障诊断

5.6.3.1　共轨柴油机故障维修注意事项

① 电控单元、传感器和执行器等是低电压元件，受电压影响较大，蓄电池亏电会影响电控系统的正常工作，需按要求对蓄电池进行定期检查。

② 系统对低压油路有非常高的要求，从油箱到油泵的管路包括油水分离器和输油泵。其中油水分离器的保养里程约为 12000km。如果燃油不能保证清洁度，达不到燃油标准，非常容易导致油水分离器堵塞，严重的情况下可能会出现输油泵的工作能力下降和油泵柱塞卡死的故障。系统要求油水分离器 30μm、精滤 5μm，保养过程中不可用常规滤清器替代。

③ 计算机控制共轨式柴油喷射系统需要较高的喷油压力，因此需要比传统的喷射系统更小的喷油孔和更精密的配合，因此，当共轨式柴油喷射系统维修时，必须维持绝对的清洁度。为了防止手套上的棉絮脱落或灰尘、杂质掉落燃油系统，在从事相关零件的拆卸与分解工作时，请徒手操作。

④ 柴油机运转时，绝对不可松开高压管进行断缸检查；高压油管压力很高，不可直接用手工泄放高压管油压，否则燃油可能会高速喷出，造成危险与伤害；必须使用柴油专业诊断仪泄放油压，检测系统高压压力值时，仅能通过共轨压力传感器的电压值读取，使用柴油

专用诊断仪进行检查。

5.6.3.2 共轨柴油机典型故障分析

(1) 柴油机不能启动

① 轨压无法建立　共轨系统对燃油油路要求较高，低压油路（油箱—粗滤—精滤—回油）、高压油路（高压油泵—共轨—高压油管—喷油器）都要保证密闭。任何一个环节出了问题，轨压都不能正常建立，将导致发动机不能启动。

排查：

a. 检查油箱油位是否过低；

b. 检查手压泵是否工作正常；

c. 检查低压油路是否有气，并排空气；

d. 用故障诊断仪检查轨压传感器初始电压值是否为500mV左右，设定轨压是否为30～50MPa；

e. 检查流量控制单元是否完好。

② 喷油器无驱动电压　部分传感器失效，造成控制单元无脉冲信号。

排查：

a. 检查曲轴位置传感器；

b. 检查凸轮轴位置传感器；

c. 检查ECU电源供应。

(2) 柴油机功率不足

① 功率限制　发动机带故障运行的一种模式。ECU检测到发动机出现了故障，但不会立即停车，而是会限制发动机的功率，使发动机转速只能增加到1500r/min，驾驶人员能将车开到就近的维修站进行维修。

排查：

a. 读取水温、机油温度、进气温度等数据流。当水温、机油温度、进气温度过高时，ECU会进入过热保护功能，限制发动机功率。

b. 曲轴传感器信号与凸轮轴传感器信号是否同步，一般是某个传感器的信号失效，或者机械正时错误。

c. 进气压力传感器、水温传感器、轨压传感器、油门位置传感器等信号是否正常，如出现信号漂移，将导致发动机进入功率限制状态；必须用诊断仪观察相应的数据以作出判断。

② 喷油器故障

排查：

a. 机械故障：针阀卡死，由于柴油中污物较多或进水腐蚀，针阀卡死在喷油器内，不能动作，ECU可能不报故障码。

b. 线路故障：喷油器线束由于振动、磨损等原因，连接断开或直接搭在缸盖上短接。ECU会报故障码。

单 元 练 习

一、选择题

1. 改变喷油泵柱塞斜槽与柱塞油孔的相对位置，其目的是（　　　）。

A. 改变柱塞有效行程，以调节供油量　　B. 改变柱塞总行程，以调节供油量

C. 改变柱塞总行程，以调节供油时刻　　D. 改变柱塞有效行程，以调整供油时刻

2. 电控高压共轨燃油系统功能，通过各种传感器检测出发动机的实际运行状态，通过发动机电控单元的计算和处理，可以对（　　）进行最佳控件。

A. 喷油时间　　B. 喷油压力　　C. 喷油量　　D. 以上都是

3. 在柴油机中产生氮氧化物的两个重要条件是：（　　）。

A. 高温、富氧　B. 高温、贫氧　C. 低温、富氧　D. 低温、贫氧

4. 对于电控柴油发动机某缸的断缸操作，技师甲说可以松开喷油器高压油管实现，技师乙说可以断开喷油器插接器实现，技师丙说可以利用解码仪断缸，下列选项说法正确的是（　　）。

A. 甲和乙　　B. 甲和丙　　C. 乙和丙　　D. 均正确

5. VE 分配泵工作时柱塞的运动状态为（　　）。

A. 旋转运动　　B. 往复运动　　C. 既往复又旋转　　D. 静止不动

二、判断题

1. 喷油器针阀与针阀体配合精度虽高，同一发动机上的零件也可以相互更换。（　　）
2. 设置电控 EGR 系统的主要目的是减低 CO 的排放量。（　　）
3. 孔式喷油器主要用于直喷式燃烧室的柴油机上，而轴针式喷油器适用于涡流燃烧室。（　　）
4. 电控柴油机凸轮轴位置传感器失效后，将不能启动或熄火。（　　）
5. 机械离心式调速器起作用的转速主要取决于调速器弹簧的刚度和预紧力。（　　）

三、问答题

1. 比较柴油机与汽油机混合气形成有什么不同。
2. 出油阀减压环带的作用是什么？
3. 查阅泵喷嘴系统的结构，并与共轨式喷射系统进行比较。
4. 预喷射与后喷射有何作用？
5. 简述柴油机供油提前角对柴油机性能的影响。

单元六
进排气系统、排放控制装置与维修

学习目标

1. 能够对进排气系统进行日常维护和调整
2. 能够对排放控制装置进行检测与维修
3. 掌握进排气系统的基本组成与结构原理
4. 熟悉排气污染物的分类、危害及控制方法
5. 培养集体主义精神和环保意识

6.1 进气系统与排气系统

6.1.1 进气系统

6.1.1.1 进气系统的功用与组成

进气系统的功用是尽可能多、尽可能均匀地向各缸供给可燃混合气或纯空气，保证发动机的连续运转。通常由空气滤清器和进气歧管等组成。图 6-1 为典型电控喷射汽油机进气系统组成，空气经空气滤清器过滤后，由节气门控制流量后进入动力腔，并分配给各缸进气管，空气与喷油器喷出的汽油混合后形成可燃混合气后进入气缸。节气门与汽车加速踏板联动，控制空气流量的大小。

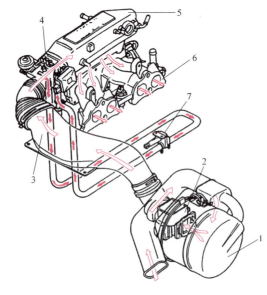

图 6-1 典型电控喷射汽油机进气系统
1—空气滤清器；2—空气流量计；3—进气总管；4—节气门；
5—动力腔；6—进气歧管；7—附加空气滑阀

6.1.1.2 空气滤清器

（1）空气滤清器功用 燃油燃烧需要大量的空气。以普通轿车为例，每消耗 1L 汽油需要消耗 5000～10000L 空气。大量的空气进入气缸，空气中灰尘的 75% 以上是高硬度的 SiO_2，若不将其中的杂质或灰尘滤除，必然加速气缸的磨损，缩短发动机使用寿命。实践证明，发动机不安装空气滤清器，将使活塞磨损量增加 3 倍，活塞环磨损量增加 9 倍，其寿命将缩短 2/3。空气滤清器的功用主要是滤除空气中的杂质或灰尘，让洁净的空气进入气缸，以减少磨损。另外，空气滤

清器也有降低进气噪声的作用。对空气滤清器的要求是具有高度不变的滤清能力;对通过气流的流动阻力小;能连续长期工作;维护方便。

(2) 空气滤清器的结构 空气滤清器结构多种多样,基本上分为惯性油浴式和过滤式两大类。

① 惯性油浴式 如图6-2所示,发动机工作时,空气以很高的速度从滤清器盖4与滤清器外壳1之间的夹缝中流入并下行,较大颗粒的尘土具有较大的惯性,冲向机油表面,被机油所黏附,较轻的尘土随空气转向上方的滤芯流去,被滤芯所黏附,这样经过两级过滤,空气中的尘土将滤去95%~97%。已滤清的空气从上方进入进气管,黏附在滤芯上的尘土由于受到被气流带起的油粒的清洗,渐渐流回机油盘。油浴式空气滤清器的优点是滤芯清洗后可以重复使用。

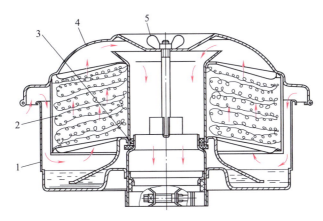

图6-2 惯性油浴式空气滤清器
1—滤清器外壳;2—滤芯;3—密封圈;4—滤清器盖;5—蝶形螺母

② 过滤式 利用滤芯材料滤除空气的尘土和杂质。

滤芯材料有纸滤芯、铁丝网滤芯等。纸滤芯具有重量轻、成本低、滤清效果好等优点。纸滤芯有干式和湿式两种。湿式纸滤芯经油浸处理,使用寿命更长,滤清效果更好,但不能反复使用,需定期更换。干式纸滤芯可以反复使用,其滤芯是用树脂处理的微孔滤纸经折叠、模压、黏结而成,滤清效率达99.5%,且使用方便,广泛应用于汽车发动机上。

如图6-3所示,干式纸滤芯空气滤清器的滤芯1制成波折状,以获得较大的过滤面积。滤芯的上下两端有塑料密封圈,以保证滤芯两端的密封。发动机工作时,空气由空气入口进入,经滤芯1被滤清进入发动机。

纸滤芯的最大缺点是一旦被油浸润,滤清阻力将急剧加大。为了延长纸滤芯的使用寿命,使用时切忌接触油质。一般情况下汽车行驶5000~10000km进行一次清洁与维护,即将滤芯取出用手拍打或用压缩空气由内向外将表面尘土吹掉。如果滤芯因使用超过一定的里程(根据使用条件一般为30000~50000km)或滤芯破损时,应及时更换新滤芯以免影响发动机功率。

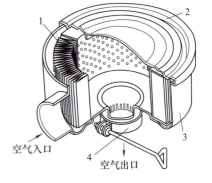

图6-3 干式纸滤芯空气滤清器
1—滤芯;2—滤清器盖;3—滤清器外壳;4—夹紧装置

6.1.1.3 进气管

进气管(也称进气歧管)是连接进气总管与气缸盖

进气道之间的管路（对汽油发动机，是指节气门与气缸盖进气道之间的管路）。其作用是将可燃混合气（或空气）分配到各缸进气道。对进气管的要求：一是各缸气体流道的长度尽可能相等，以保证气体尽可能均匀地分配到各个气缸；二是为减少流动阻力，提高进气能力，歧管的内壁应尽可能光滑。

进气管的材料通常采用铝合金，铝合金进气管具有重量轻、散热好、内壁光滑等特点。为了降低成本，近年来使用复合材料的进气管逐渐增多。

进气管按照功能分为简单进气管、共振式进气管和谐振式进气管。

（1）简单进气管　多使用于柴油机上或普通汽油机上，结构简单。但由于进入各气缸的气流阻力、路程长短和气流方向、速度的差异，致使各气缸进气不均。图 6-4 为丰田凯美瑞发动机进气管。

（2）可变式进气管　该类型进气管是利用气流的惯性和压力波动效应以增强进气效果，效果的强弱取决于进气管的长度、直径、容积和发动机转速。

气流压力波动效应是指由于各缸进气过程具有间歇性和周期性，导致进气管内产生一定幅度的气流压力波动。这个压力波会沿着进气管以高速传播，并在管内往复反射。如果进气管的形状有利于这一压力波的反射并产生一定的共振，就能利用共振后的压力波提高进气量。因此，利用改变进气管长度、直径等进气系统参数来改变进气压力波，提高充气效率。图 6-5 的试验证明：在中低转速时，较细长的进气管充气效果较好；而在高转速时，粗短型的进气管充气效果较好。

现代电控发动机采用了谐波进气控制系统（ACIS），即可变式进气管系统。

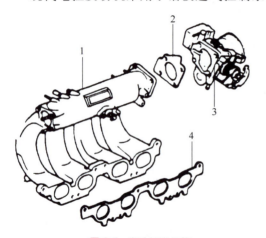

图 6-4　发动机进气管

1—进气歧管；2—垫片；3—节气门体；4—进气管垫

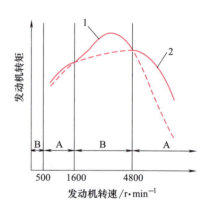

图 6-5　两种进气管的充气效率曲线

1—细长型进气管的充气效率曲线；
2—短粗型进气管的充气效率曲线

① 进气管长度可变结构　如图 6-6 所示，根据发动机转速变化而自动改变进气管有效长度。当发动机中低速时，发动机控制电脑指令转换阀关闭，空气沿弯曲而细长的进气支管进入气缸，细长的进气支管增强了气流的惯性，提高了进气速度，进气量增多；当发动机高速运转时，转换阀开启，空气直接进入短粗的进气支管，短粗的进气支管阻力小，使进气量增多。

② 进气管截面可变结构　如图 6-7 所示，能根据发动机转速变化而自动改变进气管有效截面。图 6-7 中显示每个气缸有四个气门（两个进气门和两个排气门），两个进气门各配

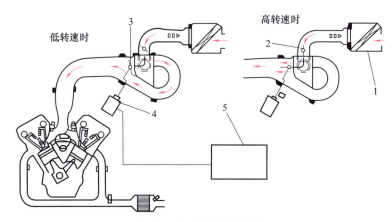

图 6-6 进气管长度可变结构
1—空气滤清器；2—节气门；3—转换阀；4—转换阀控制机构；5—发动机控制电脑

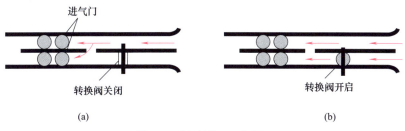

图 6-7 进气管截面可变结构

有一个进气管道，其中一个进气通道中装有进气转换阀。在发动机低速中小负荷时，转换阀关闭，只利用一个进气通道，即发动机进气通道的有效截面变小，此时进气流速提高，进气惯性大，可提高发动机转矩；当发动机高转速大负荷工作时，发动机控制电脑指令转换阀开启，两条进气通道同时工作，此时进气截面增加，进气阻力减小，充气量增加，可提高发动机高速时的动力性。

还有一些进气可变系统可以同时控制进气管道的长度与直径（有效截面）。

③ 谐振式进气管 如图 6-8 所示为带谐振腔的进气系统。在进气管路上附加谐振腔，容积较大的谐振腔减小了管路的长度，可以改变进气共振的转速点。谐振产生的效果一是通过改变谐振腔的容积，可以调节发动机的最大转矩和相对应的转速点，但不能在发动机整个转速范围内增加转矩；二是可以有效降低进气噪声。

6.1.2 排气系统

6.1.2.1 排气系统的组成与类型

传统的汽车排气系统主要由排气管、催化转换器、消声器、尾管等组成，如图 6-9 所

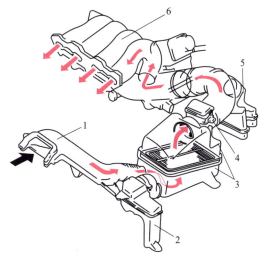

图 6-8 带谐振腔的进气系统
1—进气道；2—副谐振腔；3—空气滤清器；4—空气流量计；5—主谐振腔；6—进气歧管

示。排气系统看似简单的管道，其实设计时不仅要考虑到特定的底盘布置，而且排气系统的长度、管径大小及消声器的大小都要考虑到排气气体的流动，防止相邻气缸排气时气流的互相干涉。在电喷发动机上，在排气总管上装有氧传感器，它感应排气中氧分子含量并反馈至电控单元（ECU），从而决定进入发动机内的混合气比例。

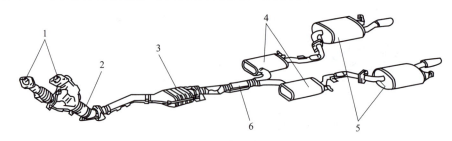

图 6-9　排气系统的组成与布置

1—与排气歧管安装面；2,4,6—副排气消声器；
3—三效催化转换器；5—主排气消声器

（1）单排气系统　直列型发动机在排气行程期间，气缸中的废气经排气门进入排气歧管，再由排气歧管进入排气管、催化转换器和消声器，最后由排气尾管排到大气中。这种排气系统称为单排气系统。

（2）双排气系统　V型发动机有两个排气歧管，在大多数装配V型发动机的汽车上仍采用单排气系统，即通过一个叉形管将两个排气歧管连接到一个排气管上。来自两个排气歧管的废气经同一个排气管、同一个催化转换器、同一个消声器和同一个排气尾管排出，如图6-10（a）所示。但有些V型发动机采用两个单排气系统，即每个排气歧管各自都连接一个排气管、催化转换器、消声器和排气尾管，这种布置形式称为双排气系统，如图6-10（b）所示。双排气系统降低了排气系统内的压力，使发动机排气更为顺畅，气缸中残余的废气较少，因而可以充入更多的空气燃油混合气或洁净的空气，发动机的功率和转矩都相应地有所提高。

6.1.2.2　排气管

排气管多用铸铁制成，将发动机强制排出的废气引向排气总管。直列式发动机有一个排气管，V型发动机左右两侧都有排气管。按照发动机缸数不同，一个排气管可有三个、四个或者六个通道，这些通道的另一端并入一个单通道，再连接到排气总管。

近些年来采用不锈钢排气歧管（图6-11）的汽车愈来愈多，其原因是不锈钢排气歧管重量轻，耐久性好，同时内壁光滑，排气阻力小。排气歧管的形状十分重要。为了不使各缸排气相互干扰及不出现排气倒流现象，并尽可能地利用惯性排气，应将排气歧管做得尽可能长，而且各缸支管应相互独立、长度相等。

6.1.2.3　消声器

（1）作用　消声器的作用是消声、灭火，即逐渐降低排气压力和衰减排气压力脉动，使排气能量消耗殆尽。

排气门刚打开时，排气压力达 0.3～0.5MPa，温度约 600～800℃，具有一定的能量。同时由于排气管内引起排气压力的脉动，如果让废气直接排入大气，必然产生强烈的频谱比较复杂的噪声，其频率从几十赫兹到 10000Hz 以上，并且高温气体排入大气，有时还带有未燃烧完全的火焰或火星，也会对环境造成危害。

（2）工作原理　消声器内部有一系列隔板、腔室、孔洞和管道，利用声波反射互相干扰

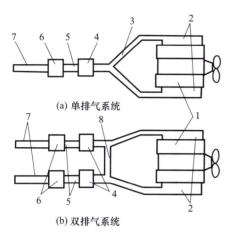

(a) 单排气系统

(b) 双排气系统

图 6-10　V型发动机排气系统

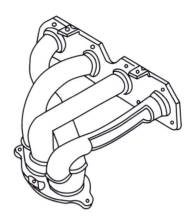

图 6-11　不锈钢排气歧管

1—发动机；2—排气歧管；3—叉形管；4—催化转换器；
5—排气管；6—消声器；7—排气尾管；8—连通管

抵消的现象，使声能逐渐削弱；通过多次地变动排气气流方向或重复地使气流通过收缩又扩大的断面，或将气流分割为许多小的支流并沿着不平滑的平面流动等方法，以消耗废气中的能量，衰减排气气流的压力波，降低噪声。

（3）结构　根据消减不同频段的噪声，消声器分为四种基本结构，如图 6-12 所示。

① 吸收式：吸收材料（如岩棉等）能消减中、高频噪声。
② 干涉式：对低频率的噪声消减效果好。
③ 扩张式：用来消减中、低频噪声。
④ 共振式：对共振频率附近的噪声消减效果好。

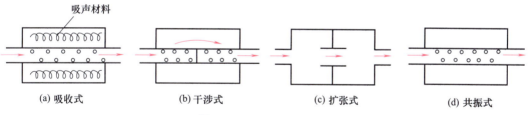

(a) 吸收式　　(b) 干涉式　　(c) 扩张式　　(d) 共振式

图 6-12　消声器的基本结构

实际使用的消声器是上述结构的组合，消声效果愈好，阻力也就愈大，功率损失也愈多。一般一根排气管安装 1～3 个消声器，消声器的容积是废气量的 15～20 倍，排气损失为 5%～10%。排气阻力与进气量的平方成正比，尤其是在高负荷、高转速时背压大，排气阻力更大。因此现在出现了可变排气消声器，以适应发动机不同工况的需要。

现在还出现了一种电子消声器，传感器从排气总管出口处截取气流压力波形，反馈至计算机并指令扬声器（装在系统内）产生一个同样波形的相反波去互相抵消，从而减少噪声。

6.2　排放污染控制装置与维修

汽车给人们的出行和运输带来了极大便利，同时也带来了严峻的环境问题，其产生的废气和噪声是一致公认的城市两大公害。大气中所含 CO 的 75%、HC 和 NO_x 的 50% 来源于汽车发动机的排放,特别是汽车保有量高的地区,汽车所造成的环境污染更加严重。因此,检测并控制汽车排放污染物和噪声级,对于保护人类生存环境具有重要意义。同时,汽车发动机所排出的污染物成分和浓度与发动机的技术状况密切相关,所以通过对发动机的排气污染物进行检测,也可评价发动机的技术状况,特别是燃油供给系统和点火系统的技术状况。

6.2.1 汽车排放污染物

6.2.1.1 汽车排放污染物的危害

汽车所排放的污染物主要有 CO(一氧化碳)、HC(碳氢化合物)、NO_x(氮氧化物)、颗粒 PM(由碳烟、铅氧化物等重金属氧化物和烟灰等组成)和硫化物等。污染物的排放途径为汽车发动机排气管、曲轴箱和燃油供给系统,分别称为排气污染物、曲轴箱污染物和燃油蒸发污染物。CO 是燃油的不完全燃烧产物,是一种无色、无臭、无味的气体。它与血液中血红蛋白的亲和力是氧气的 300 倍,因此当人吸入 CO 后,血液吸收和运送氧的能力降低,导致头晕、头痛等中毒症状。当吸入含体积分数为 0.3% 的 CO 气体时,可致人死亡。HC 是带刺激性的气体,破坏人的造血机能,造成贫血、神经衰弱,降低肺对传染病的抵抗力。NO_x 主要是指 NO 和 NO_2,产生于燃烧室内高温富氧的环境中。空气中 NO_x 浓度在 $(10\sim20)\times10^{-6}$ 时可刺激口腔及鼻黏膜、眼角膜等。当 NO_x 超过 500×10^{-6} 时,几分钟可使人出现肺气肿而死亡。同时,NO_x 与 HC 在阳光作用下形成有毒的光化学烟雾。颗粒对肺部组织产生伤害。

6.2.1.2 汽车排放污染物产生的原因

(1) CO 是烃燃料在局部缺氧或低温下不完全燃烧的产物。当发动机混合气过浓或燃烧质量不佳时,易生成 CO 而从发动机排气管排出。特别是发动机怠速时,混合气供给偏浓,发动机工作循环中的气体压力和温度不高,燃烧速度减慢,因不完全燃烧所生成的 CO 浓度增高;发动机在加速过程中供给较浓混合气,或因点火过分推迟补燃增多时,均会使 CO 的排放量增加。

在空气充足、高温下,燃烧生成的 CO_2 和 H_2O 也可能有一小部分发生离解反应生成 CO:

$$2CO_2 \Longrightarrow 2CO+O_2$$
$$2H_2O \Longrightarrow 2H_2+O_2$$

而离解反应生成的 H_2 又会使 CO_2 还原成 CO:

$$CO_2+H_2 \Longrightarrow CO+H_2O$$

(2) HC 是未燃的燃料、不完全燃烧或裂解反应的碳氢化合物及少量的氧化反应的中间产物(如醛、酮等)。在汽油机中,缸壁淬冷也是排气中 HC 的主要来源。如图 6-13 所示,当火焰传播到接近气缸壁面附近时,由于壁面的冷却作用,火焰不能完全传播到缸壁表面,使大约 0.05~0.4mm 厚度上的混合气无法燃烧,通常把这层烧不着的混合气称为激冷层。另外,气缸体和气缸盖接合面之间的缝隙、活塞顶部与第一道气环之间的空隙、火花塞瓷芯周围的空隙等,火焰也不能传播过去。上述激冷层和气隙中的混合

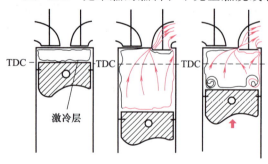

图 6-13　HC 的排放原理

气没有燃烧就随废气排出。在排气初期，靠近排气门附近的那一部分激冷层中的未燃气体首先随排气排出，在排气后期，活塞把气缸壁面的激冷层也卷进排气中，使HC的排放浓度大大增加。

发动机工作时，如果混合气过浓，由于空气不足，燃烧不完全，未燃燃料或燃烧过程中生成的HC增多，HC的排放浓度当然增加，而当混合气过稀或缸内废气过多时，则可能引起火焰不充分甚至完全断火，致使排气中的HC浓度显著增加。

（3）NO_x　是空气在燃烧室的高温条件下，由氧和氮的反应所形成的，它和其他废气成分不同，不是来自燃料。发动机所排出的NO_x，虽含有少量的NO_2，但大部分是NO。排气中的NO在大气中氧化成NO_2，通常把NO_2和NO统称为NO_x（氮氧化物）。

在发动机工作中，无论是进行完全燃烧反应，还是不完全燃烧反应，其最初燃烧反应所产生的热必将使空气中的氧分子裂解为氧原子，并与空气中的氮分子发生反应而生成NO和氮原子，而氮原子又与空气中氧分子发生反应生成NO和氧原子，这部分氧原子又可与空气中氮分子重新反应，产生NO，其反应式为

$$O_2 == 2O$$
$$N_2 + O == NO + N$$
$$N + O_2 == NO + O$$

在这些反应中，燃烧温度越高，燃烧过程中氧气浓度越大，高温下的持续时间越长，NO的生成量就越多。

（4）颗粒　汽油机排出的浮游颗粒主要有铅化物、硫酸盐、低分子量物质。当汽油机使用含铅汽油时，燃烧废气中将会有铅化合物以微粒状从排气管排出。柴油机排出的微粒比汽油机多30～60倍，主要为含碳物质（碳烟）和高分子量有机物（润滑油的氧化和裂解产物）。碳烟是柴油发动机燃烧不完全的产物，是烃类燃料在高温缺氧条件下裂解生成的，主要由直径为0.1～1.0μm的多孔性碳粒构成。当汽车启动、加速、上坡时，由于混合气过浓，碳烟排放量增加；或者柴油喷雾质量不高、雾化不良时，也会增大碳烟的排放量。

（5）硫化物　发动机排出的硫化物主要为SO_2（二氧化硫），由所用燃油中含有的硫与空气中的氧反应而生成。

6.2.2　排气污染的控制装置

发动机排气污染的控制方法大致可分为机内净化和机外净化。

6.2.2.1　机内净化

通过改善可燃混合气的品质和燃烧状况，抑制有害气体的产生，使排气中的有害气体成分减至最少，这种方式称为机内净化，这是治理汽车发动机排气污染的根本方法。

（1）改善发动机的燃烧状况　它是通过对配气相位、点火时刻等的优化调整和燃烧室、火花塞等的优化设计配置来达到的。

配气相位特别是气门重叠时间对NO_x、HC排放量的影响很大。试验表明：气门重叠时间长时，因排气彻底，进气充足，气缸内温度低，NO_x排放量将减少，而HC的增加量并不多；当气门重叠时间短时，HC将减少，而NO_x却增加较多。

延迟点火时刻，可降低燃烧最高温度，因而NO_x的排放量减少；同时，由于燃烧持续时间较长，促进氧化作用，使HC减少。

减小燃烧室的表面积和容积之比（面容比）可减少HC的排放量。面容比按浴盆形、盆形、楔形、半球形的燃烧室结构顺序逐渐减小。改变燃烧室设计、加强气体的涡流和紊流、

优化火花塞配置,都可对发动机排放产生影响。

(2) 废气再循环 是将 5%~20% 的废气再引入进气管,与新鲜混合气一道进入燃烧室。由于废气中含有大量的 H_2O 和 CO_2,降低了氧气的浓度,同时 H_2O 和 CO_2 有较高的比热容,在燃料燃烧过程中吸收大量的热,使气缸中混合气的燃烧温度降低,从而减少了 NO_x 的生成量。排气再循环是净化排气中 NO_x 的主要方法。在新鲜的混合气中掺入废气之后,混合气的热值降低,致使发动机的有效功率下降。为了做到既能减少 NO_x 的排放,又能保持发动机的动力性,必须根据发动机运转的工况对再循环的废气量加以控制。NO_x 的生成量随发动机负荷的增大而增多,因此再循环的废气量也应随负荷而增加。在暖机期间或怠速时,NO_x 生成量不多,为了保持发动机运转的稳定性,不进行排气再循环。在全负荷或高转速下工作时,为了使发动机有足够的动力性,也不进行排气再循环。

图 6-14 所示为现代汽车广泛使用的电子控制 EGR 系统。

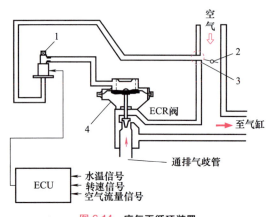

图 6-14 废气再循环装置
1—EGR 电磁阀;2—节气门;3—真空孔;4—EGR 阀

EGR 阀 4 膜片的下部通大气,装有弹簧的另一边为真空室,其真空度由 EGR 电磁阀 1 控制。增大真空室的真空度,使膜片克服弹簧力上拱,阀的开度增大,废气再循环量增大。当上部失去真空度时,膜片在弹簧力的作用下向下拱而使阀关闭,阻断废气再循环。

EGR 电磁阀有三个通气口,不通电时,通大气阀口被关闭,这时 EGR 电磁阀使进气管与 EGR 阀真空室相通,EGR 阀打开。当 EGR 电磁阀线圈通电时,产生的电磁力使阀体下移并将通进气管的真空通道关闭,而上端的通大气阀口打开,于是就使 EGR 阀的真空室与大气相通,EGR 阀关闭。

ECU 根据各有关传感器的信号确定废气再循环流量后,通过输出相应的占空比脉冲信号,控制 EGR 电磁阀在相应的占空比下工作,将 EGR 阀真空室的压力调节在相应值,使 EGR 阀有相应的开度。

当需要增大废气再循环流量时,ECU 输出的占空比减小,EGR 电磁阀相对的通电时间减小,EGR 阀真空室通进气管的相对时间增大,其真空度增大而使阀开度增大,使废气再循环流量相应增加。

当 EUC 输出占空比为零的信号(持续低电平)时,EGR 电磁阀断电,这时 EGR 阀真空室与进气管持续相通,其真空度达到最大(直接取决于进气管的真空度),阀的开度最大,废气的再循环流量也达到最大。

当不需要废气再循环时,ECU 输出占空比为 100% 的信号(持续高电平),使 EGR 电磁阀常通电,EGR 阀真空室与大气常通,阀关闭,阻断了废气再循环。

除了上述的 EGR 系统外,近年又出现了内部 EGR 系统。在发动机工作循环中,进气管和排气管中气流的压力脉动都很大。在这种压力脉动的作用下,使某一缸在进气过程中,其排气门处出现正压波。此时,如果能再次开启排气门,排气实现倒流,而进入气缸,可达到同样效果。内部 EGR 系统不需要排气节流,所以不影响泵气损失,因而对经济性无影响,同时不需要 EGR 阀以及 EGR 管路等,所以结构比较简单,只需对配气系统进行设计和控制。

6.2.2.2 机外净化

用设置在发动机外部的附加装置使排出的废气净化后再排入大气，这种措施称为机外净化。机外净化常用以下方法。

（1）二次空气喷射　这种方法将新鲜空气喷射到排气门附近，使高温废气和空气接触混合，以使未燃 HC、CO 进一步燃烧。

二次空气喷射装置（图 6-15）由电动空气泵产生压缩空气，发动机 ECU 根据需要控制喷射控制阀 2，把进气管真空送给空气喷射阀 3，间接控制进入排气管的空气量，达到降低 HC 和 CO 的目的。

（2）催化转换器　利用催化剂的作用，使排气中的有害成分 CO、HC 和 NO_x 尽量进行化学反应转化为对人体无害的 CO_2、H_2O 和 N_2 的一种排气净化装置，也称为催化转化净化器。金属铂、钯或铑均可作催化剂，在化学反应过程中，催化剂只促进反应的进行，不是反应物的一部分。

催化转换器有氧化催化转换器和三效催化转换器。

氧化催化转换器只将排气中的 CO 和 HC 氧化为 CO_2 和 H_2O，因此这种催化转换器也称为二元催化转换器。必须向氧化催化转换器供给二次空气作为氧化剂，才能使其有效地工作。三效催化转换器可同时减少 CO、HC 和 NO_x 的排放，它以排气中的 CO 和 HC 作为还原剂，把 NO_x 还原为氮（N_2）和氧（O_2），而 CO 和 HC 在还原反应中被氧化为 CO_2 和 H_2O。使用三效催化转换净化器时，必须把可燃混合气空燃比控制在理论值（约 14.7）附近，才能同时高效净化 CO、HC 和 NO_x。当同时采用两种转换器时，通常把两者放在同一个转换器外壳内，而且三效催化转换器置于氧化催化转换器前面。排气经过三效催化转换器之后，部分未被氧化的 CO 和 HC 继续在氧化催化转换器中与供入的二次空气进行氧化反应。三效催化转换器净化效果如图 6-16 所示。

催化转换器（图 6-17）的外形如同大型消声器，用耐高温耐腐蚀的不锈钢制成，安装在消声器之前。壳体内的催化剂是直径为 2～4mm 的氧化铝（Al_2O_3）颗粒，在其多孔性的表面上涂有铂。催化剂表面积很大，每克表面积可达 150～300m^2。催化转换器的构造应保

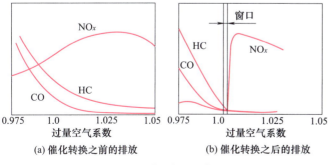

图 6-16　三效催化转换器净化效果

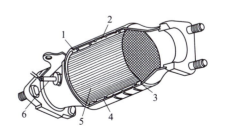

图 6-17　催化转换器
1,3—支撑环；2—波纹网眼环；4—密封垫；
5—整体式催化反应器载体；6—温度传感器

证在废气通过时和催化剂颗粒均匀接触。

催化转换器的使用条件相当严格。首先，装用催化转换器的发动机只能使用无铅汽油。如果使用加铅汽油，铅覆盖在催化剂表面将使催化剂失效。其次，仅当温度超过300～350℃时，催化转换器才起催化反应。温度较低时，转换器的转换效率急剧下降。因此，催化转换器都安装在温度较高的排气管后面。第三，催化剂与载体的容积必须与发动机的排量相匹配，具有足够的强度和抗热冲击性，才能保证对CO、HC和NO_x的净化率高。第四，催化转换器必须配有温度控制装置或旁通管道，避免载体过热烧毁堵塞排气管道。

（3）曲轴箱强制通风装置 发动机工作时，有部分可燃混合气和燃烧产物会经气缸、活塞环窜入曲轴箱内，它们含有HC等有害气体，不能排向大气，应进行净化。目前多用闭式曲轴箱强制通风装置，也称PCV装置（图6-18），它由PCV阀及进排气管路组成。发动机工作时，新鲜空气自空气滤清器1经空气软管3进入曲轴箱和曲轴箱内窜气混合，在经过气液分离器5后，经PCV阀6，被吸入进气管。因此有适量的窜气在气缸内再次燃烧。

PCV阀可随发动机运转状况自动调节吸入气缸的窜气量，其结构和原理如图6-19所示。在急速或小负荷时，窜气量较少，此时，由于进气管真空度较高，阀门被吸向右方[图6-19（a）]，气流通路关小，吸入气缸的窜气量较少。在加速或大负荷时，窜气量增多，进气管真空度变低，PCV阀的气流通路开大[图6-19（b）]，因而有较多的窜气量进入气缸再燃烧。

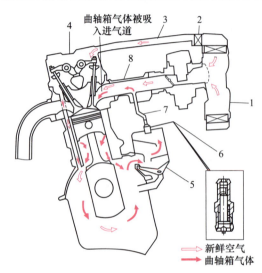

图6-18 曲轴箱强制通风系统（本田公司）
1—空气滤清器；2—滤网；3—空气软管；4—气缸盖罩；5—气液分离器；6—PCV阀；7—曲轴箱气体软管；8—通气管

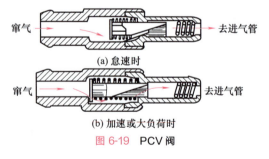

图6-19 PCV阀

在图6-18所示的闭式曲轴箱强制通风系统中，当发动机高速大负荷运转时，一旦窜气量过多而不能完全被吸尽时，窜气会从曲轴箱空气软管3倒流入空气滤清器，被吸入进气管。

PCV装置能完全防止窜入曲轴箱内的HC对外排放，现已得到广泛应用。

（4）汽油蒸发控制系统 汽油蒸发控制系统的功能是将燃油箱内蒸发的汽油蒸气收集和储存在炭罐内，在发动机工作时再将其送入气缸燃烧。

图6-20为广州本田轿车燃油蒸发（EVAP）排放物控制系统，它主要由活性炭罐储存装置、燃油蒸气净化控制装置和燃油箱燃油蒸气控制装置组成。

活性炭罐储存装置主要由炭罐体和罐体内的活性炭组成。发动机停熄时，燃油蒸气将和从活性炭罐下部进入的新鲜空气在罐内混合并储存在活性炭罐中。发动机工作时，燃油蒸气的混合物将受燃油蒸气净化控制装置的控制适量地被吸入气缸参加燃烧。

燃油蒸气净化控制装置主要包括EVAP排放控制膜片阀、EVAP排放控制电磁阀和软管等。EVAP排放控制膜片阀受EVAP排放电磁阀控制。EVAP排放电磁阀则由ECM/

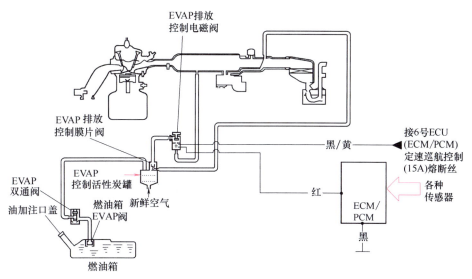

图 6-20 燃油蒸发（EVAP）排放物控制系统

PCM 根据各传感器信号进行控制。当 EVAP 排放控制电磁阀由 ECM/PCM 指令打开时，进气歧管的真空将导入 EVAP 排放控制膜片阀的上方，并使阀片上移开启，于是炭罐上部的定量排放小孔打开，燃油蒸气混合物便被吸入节气门体上的进气孔进而实行净化燃烧。

燃油箱燃油蒸气控制装置主要依靠 EVAP 双通阀来控制进入活性炭罐上方的燃油蒸气量。当燃油箱内的燃油蒸气压力高于 EVAP 双通阀的设定值时，双通阀打开，燃油蒸气便导向活性炭罐。

（5）颗粒捕集器　颗粒是柴油机排放的突出问题。对车用柴油机排气颗粒的处理，主要采用过滤法。颗粒捕集器（DPF）外形与催化转换器类似，内部的滤芯由多孔陶瓷制造，它有较高的过滤效率。排气穿过多孔陶瓷滤芯进入排气管，而颗粒则滞留在滤芯上。捕集器工作一段时间后，需及时清除积存在滤芯上的微粒，以恢复捕集器的工作能力和减小排气阻力。颗粒捕集器的技术难点是再生困难且再生频率高，碳颗粒物的热力氧化温度高达 600℃，而柴油机的排气温度为 300~500℃，因此需要外加热源（如电加热、微波加热等）或选择一种高活性的催化剂来降低碳颗粒的氧化温度，使碳颗粒被氧化除去而再生。为此，可以在捕集器入口处设置一个燃烧器，通过喷油器向燃烧器内喷入少量燃油，并供入二次空气，利用火花塞或电热塞将其点燃，将滞留在滤芯上的颗粒烧掉。

6.2.3　排放检测及控制系统故障分析

为有效地减少汽车的排气排放污染物，轿车采用了多种排放净化措施，如上述的三效催化转换器（TWC）、废气再循环（EGR）系统、曲轴箱强制通风（PCV）装置以及燃油蒸发（EVAP）排放控制系统等。

6.2.3.1　在用车排放检测

轿车尾气排放的检测方法采用双怠速法，步骤如下。

① 连接一个转速表、点火正时仪、冷却液和润滑油测温计等测量仪器。

② 启动发动机。在无负荷的条件（换挡操纵手柄置于"N"或"P"位置）下，使发动机转速保持在 3000r/min 运转，直到散热器风扇启动，发动机冷却液和润滑油温度应不低于 80℃，然后使发动机怠速运转。

③ 检查发动机怠速转速是否正常，必要时按照规定的方法调整发动机怠速转速。

④ 根据排放测量仪器制造厂商的说明，预热并且校准排放测量仪器。

⑤ 在关闭大灯、加热器鼓风机、后窗除雾器、冷却风扇和空调器的条件下，发动机从怠速状态加速至70%额定转速，运转30s后降至高怠速状态（2500r/min）。将取样探头插入排气管中，深度不少于400mm，并固定在排气管上。维持15s后，由具有平均值功能的仪器读取30s内的平均值，或者人工读取30s内的最高值和最低值，其平均值即为高怠速污染物测量结果。其值CO不得超过0.3%，HC不得超过$100×10^{-6}$，对于使用闭环控制电子燃油喷射系统和三效催化转化器技术的汽车，还应同时读取过量空气系数（λ）的数值，λ应在1.00±0.03的规定范围内。

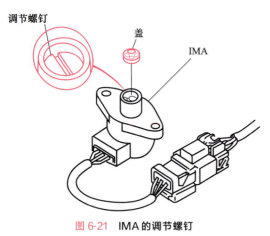

图 6-21　IMA 的调节螺钉

⑥ 发动机从高怠速降至怠速状态15s后，由具有平均值功能的仪器读取30s内的平均值，或者人工读取30s内的最高值和最低值，其平均值即为怠速污染物测量结果，其值CO不得超过0.8%，HC不得超过$150×10^{-6}$。

如果发动机怠速时的CO浓度超标，对于未装备有TWC的车型，通过旋动IMA（综合电机辅助）的调节螺钉（图6-21）进行调节；对于装备有TWC的车型，按照发动机控制系统的故障类别进行处理。如果通过上述步骤仍然不能达到规定的CO限值，则需进一步检查和维修。

6.2.3.2　排放控制系统的故障分析

轿车排放控制系统的故障诊断见表6-1。在表6-1中的每一行中，对于有可能出现某种故障的各个子系统均按照检查顺序进行了排列，因此在检查这些系统时应从①开始。首先在最左边一栏中查找故障症状，然后在该故障症状所在的行中找到最有可能出现的故障原因。如果经过检查证实这个系统正常，则再从②开始检查下一个最有可能引起故障的系统。依此类推。

表 6-1　轿车排放控制系统的故障诊断

故障症状		三效催化转换器	废气再循环系统	曲轴箱强制通风系统	燃油蒸发排放控制系统
发动机怠速不稳定			①	②	
发动机频繁失速	发动机升温时		①	②	
	发动机升温以后		①		②
发动机性能不良	发动机排放检测不合格	①	③		②
	发动机功率损失过大	①	②		

6.2.4　排放控制系统的维修

6.2.4.1　三效催化转换器（TWC）及其检查

三效催化转换器是利用三效催化剂铂、铑、钯与排气中的有害成分HC、CO、NO_x发生反应，使之转换成无害的CO_2、NO_2和H_2O。但是只有当空燃比为14.7时，三效催化剂才能使三种有害成分均能获得比较高的转换效率。因而三效催化剂只有借助于加热氧传感器并通过ECM/PCM实行闭环控制才能充分发挥其效能。三效催化转换器的结构如图6-22

所示。氧传感器则安装在排气歧管内，氧传感器（图 6-23）中的敏感元件氧化锆（陶瓷材料）测量排气中氧的含量（混合气的稀浓），即可通过其内外层两铂电极产生一信号电压，ECM/PCM 将根据此信号电压来控制喷油器喷油持续时间的长短，以使混合气的空燃比控制在 14.7 的目标上。

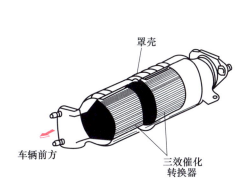

图 6-22　三效催化转换器的结构

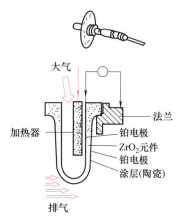

图 6-23　氧传感器

为了使氧传感器在进气量小、排气温度低时也能发挥功效，在氧传感器中还装有对氧化锆元件进行加热的加热器，即氧传感器加热器，该加热器也受 ECM/PCM 控制。

当发动机出现诸如熄火等故障时，可能导致废气温度超过 700℃，从而使三效催化转换器基质熔化，烧坏三效催化转化器。如果使用含铅汽油，废气中的铅会覆盖在催化剂表面，阻止催化反应的进行。废气中的残留燃油也有可能毒害催化剂。三效催化转换器位于汽车下部正中央，用螺栓固定在排气歧管的后部管上。在车辆使用过程中，如果怀疑车辆排气系统的阻力过大，则可按下述方法对三效催化转换器进行检查。

(1) 三效催化转化器的目测检查

① 检查三效催化转换器的外观，观察其外壳有无被压扁、锈蚀或凹痕。

② 从汽车上拆除三效催化转换器，如图 6-24 所示，使用手电筒沿轴向照射 TWC，检查者在 TWC 的另一端目视检查 TWC 有无堵塞、熔化或开裂现象。

③ 轻轻摇动听三效催化转换器内部元件有无松动的迹象。

如果发生元件堵塞、熔化或其他形式的损坏，应更换三效催化转换器。

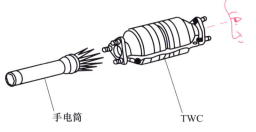

图 6-24　三效催化转换器的目测检查

(2) 三效催化转换器的功能测试

① 以 2500r/min 的转速运转发动机约 2min，将三效催化转换器加热至工作温度。

② 在其废气入口处和出口处分别接一支表面温度探头测量温度，出口处温度至少应比进口处温度高 38℃。

如果温差低于规定值，则更换三效催化转换器。

(3) 三效催化转换器的排气受阻检测

① 在加热型氧传感器或一氧化碳测试管处安装排气压力表。

② 在正常工作温度下发动机怠速时，压力表读数不应超过 8.6kPa。

③ 发动机转速提高至 2000r/min，压力表读数不应超过 20.7kPa。
④ 如果在两种转速中的任何一种情况下压力超出规定值，那么表明排气系统受阻，应检查排气系统有无管路压扁，是否发生热变形或内部消声器有故障。
⑤ 如果没有找到排气系统压力过高的明显原因，那么可能是三效催化转化器受阻。
⑥ 完成检测后，在重新安装前用防粘剂涂敷热氧传感器的螺纹。

（4）氧传感器的检查（氧化锆式）
① 测量加热电阻　拔下氧传感器线束插头，在氧传感器接线端中测量加热器接线柱与搭铁接线柱之间电阻，其阻值应为 4～40Ω，若不符合应更换氧传感器。
② 测量氧传感器反馈电压　停止发动机运转，拔下氧传感器线束的插头。对照被检测车辆的电路图，从氧传感器反馈电压输出端引出一条细导线，然后接好线束插头。在发动机运转时从引出线上测量反馈电压，与正常值进行比较。有些车型上，也可从故障诊断插口上测得氧传感器的反馈电压。

6.2.4.2　曲轴箱强制通风（PCV）装置检修

PCV 装置的检修方法如下。
① 在发动机怠速时，检查 PCV 软管、通气软管及其接头是否有泄漏现象。如有，则应予更换。
② 拆下 PCV 软管和通气软管（图 6-25），检查软管有无堵塞和老化等不良现象。如有，则应予更换。
③ 在发动机怠速时，用手或钳子轻轻地不断捏夹 PCV 软管（图 6-26），此时应听到 PCV 阀反复开闭的"咔嗒"声，否则应检查 PCV 阀座密封圈是否裂损。如果密封圈正常，则应更换 PCV 阀并重复上述检查。还可以直接拆下 PCV 阀，把干净的软管接到 PCV 阀上，从气缸盖一侧吹气，空气应能顺畅地通过，从进气歧管一侧吹气，空气应很难通过，否则需更换 PCV 阀。

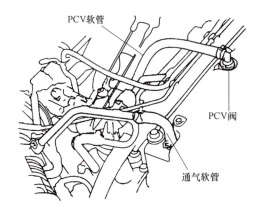

图 6-25　PCV 软管和通气软管

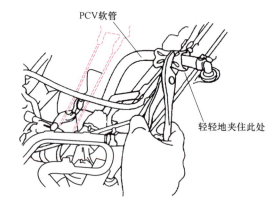

图 6-26　捏夹 PCV 软管

6.2.4.3　燃油蒸发（EVAP）排放控制系统检修

以图 6-20 为例，进行系统检修。
（1）系统的故障检测诊断　燃油蒸发（EVAP）排放控制系统如有故障，可从检查其活性炭罐真空软管冷、热车时的真空度入手，进行逐一分析。
① 冷车时（冷却液温度不高于 75℃）的检测方法
a. 如图 6-27 所示，从活性炭罐上拆开真空软管，并在真空软管上连接上真空表。

b. 启动发动机并使其怠速运转（冷却液温度不得高于 75℃），检查真空表有无真空指示。如无，则应按后述内容检查其热车时的真空情况。

c. 如上述检测有真空指示，则关闭点火开关，从 EVAP 排放控制电磁阀上拆开 2 芯插头。

d. 启动发动机，并在 EVAP 排放控制电磁阀 2 芯插头的线束侧用万用表 V 挡检测其 1 号与 2 号端子之间的电压（图 6-28）。如为蓄电池电压，并且真空软管安装正常，则更换 EVAP 排放控制电磁阀。

② 热车时的检测方法

a. 启动发动机，在无负荷的情况下，使发动机快速热启至正常工作温度（散热器风扇运转），然后怠速运转发动机并检查活性炭罐真空软管的真空情况。

b. 如果有真空，请进行步骤 c。如果无真空，则从 EVAP 排放控制阀上拆开其 2 芯插头，再检查真空表有无真空指示。如有，则检查真空软管的安装情况，如正常，则应更换 EVAP 排放控制电磁阀。

c. 如果步骤 a 检测有真空指示，则重新将真空软管连接到 EVAP 排放控制电磁阀上，并拆下燃油加注口盖；再如图 6-29 所示将真空表连接到活性炭罐下部的空气软管上，然后启动发动机并将发动机转速提高到 3500r/min，检查真空表是否在 1min 之内有真空显示。如果真空表在 1min 之内有真空显示，则检查 EVAP 双通阀工作是否正常。如果真空表在 1min 之内无真空显示，则更换该活性炭罐。

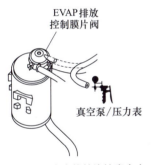
图 6-27 真空软管连接真空表

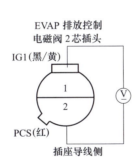
图 6-28 检测 1 号与 2 号端子的电压

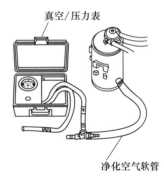
图 6-29 活性炭罐的检查

(2) 双通阀的检测诊断

① 拆下燃油加注口盖。

② 从燃油箱上拆下 EVAP 双通阀的燃油蒸气管路，并按图 6-30 所示的方法用一个三通管接头将其同时与真空/压力表和真空泵相连。

③ 使用真空泵持续缓慢地给 EVAP 双通阀施加真空，并观察真空表的指示。真空表的指针应在真空度为 0.7~2.0kPa 时有短暂的稳定现象（阀开启）。如果真空度在低于 0.7kPa 或高于 2.0kPa 时真空表指针稳定（即双通阀打开），不偏摆，则说明其设定值不当，应予更换一个新双通阀并重复上述检查。

④ 拆下真空/压力表与三通管接头的连接，如图 6-31 所示，将真空泵软管与真空/压力表的压力管相接，并将真空/压力表的真空软管从真空端转换到压力端。

⑤ 缓慢地给 EVAP 双通阀加压，并观察压力表的指示情况。其压力应稳定在 1.3~4.7kPa。如果压力在低于 1.3kPa 或者高于 4.7kPa 时稳定（即双通阀打开），则说明该双通阀有故障，应予更换一个新的双通阀并重复上述检查。

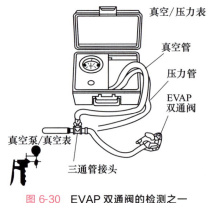
图 6-30 EVAP 双通阀的检测之一

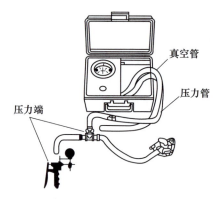
图 6-31 EVAP 双通阀的检测之二

单 元 练 习

一、选择题

1. 纸质滤芯的最大缺点是一旦被（　　）浸润，滤清阻力将急剧加大。
   A. 灰尘　　　B. 杂质　　　C. 水　　　D. 油

2. 进气歧管的温度很重要，因为温度（　　），汽油将凝结在管壁上，混合气雾化不良，对燃烧过程和排放影响较大。
   A. 变高　　　B. 变低　　　C. 太低　　　D. 太高

3. 轿车排气系统主要由排气管、（　　）、消声器、尾管等组成。
   A. 进气管　　B. 催化转换器　　C. 进气管垫　　D. 排气管垫

4. 汽车发动机排气功率损失一般为（　　）。
   A. 5%～10%　　B. 10%～15%　　C. 15%～20%　　D. 5%

5. 发动机排出的硫化物主要为（　　），由所用燃油中含有的硫与空气中的氧反应而生成。
   A. NO_2　　B. N　　C. SO　　D. SO_2

二、判断题

1. 空气滤清器结构形式多种多样，基本上分为惯性式和过滤式两大类。（　　）

2. 谐振式进气管不仅可以调节发动机的最大扭矩和相对应的转速点，也可使发动机在整个转速范围内增加扭矩。（　　）

3. HC 是高温下未燃和未完全燃烧的燃油、润滑油及其裂解产物。（　　）

4. 污染物的排放途径为汽车发动机排气管、曲轴箱和燃油供给系统，分别称为排气污染物、曲轴箱污染物和燃油蒸发污染物。（　　）

5. 催化转换器是利用催化剂的作用，使排气中的有害成分 CO、HC 和 NO_x 尽量进行化学反应转化为对人体无害的 CO_2、H_2O 和 N_2 的一种排气净化装置。（　　）

三、问答题

1. 分析发动机在大负荷、高转速时和在低转速、小负荷时对进气歧管的要求，说明原因。
2. 我国在用车排气污染物检测有哪些方法？
3. 汽油发动机空燃比对污染物排放有何影响？
4. 催化转换器在什么情况下会过热，为什么？
5. 分析 EGR 工作原理，在什么工况下 EGR 阀处于关闭状态？

单元七
冷却系统与维修

学习目标

1. 能够对冷却系统进行日常维护
2. 能够对冷却系统主要部件进行拆装和检修
3. 掌握冷却液的分类与选用方法
4. 熟悉冷却水工作循环及调节方式
5. 培养大局意识和沟通能力

7.1 基本认知

7.1.1 冷却系统的功用及分类

7.1.1.1 冷却系统的功用

冷却系统的主要功用是把发动机受热零件吸收的部分热量及时散发出去，保证发动机在最适宜的温度状态下工作，使发动机在所有工况下都保持在适当的温度范围内。发动机冷却系统既要防止发动机过热，也要防止冬季发动机过冷。过热和过冷都会使发动机运动件的正常间隙被破坏，润滑状况恶化，加速发动机磨损。在发动机冷启动之后，冷却系统还要保证发动机迅速升温，尽快达到正常的工作温度。车用发动机正常的工作温度应在 80~95℃ 的范围内。

7.1.1.2 冷却系统的分类

汽车发动机冷却系统按照冷却介质不同可分为风冷和水冷。把发动机中高温零件的热量直接散入大气而进行冷却的装置称为风冷系统；把这些热量先传给冷却水，再散入大气而进行冷却的装置称为水冷系统。由于水冷系统冷却均匀，效果好，而且发动机运转噪声小，目前汽车发动机上，尤其是轿车发动机大都采用水冷系统，只有少数汽车发动机采用风冷系统。

7.1.2 水冷却系统

7.1.2.1 水冷却系统的组成

汽车发动机的水冷却系统均为强制循环水冷却系统，即利用水泵提高冷却液的压力，强制冷却液在发动机中循环流动。这种系统的组成包括水泵、散热器、冷却风扇、节温器、补偿水桶、发动机机体和气缸盖中的水套以及其他附加装置等，如图 7-1 所示。

7.1.2.2 水冷却系统的工作原理

如图 7-1 所示，水套是直接铸造在气缸体和气缸盖内相互连通的空腔。水套通过散热器

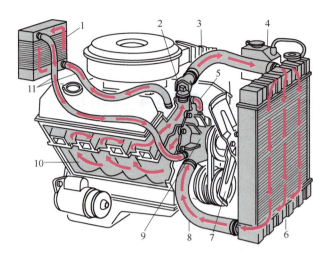

图 7-1 汽车发动机水冷系统组成

1—暖风芯；2—节温器；3—散热器进水软管；4—补偿水桶；5—旁通软管；6—散热器；
7—风扇；8—散热器出水软管；9—冷却水泵；10—水套；11—暖风芯进出软管

进水软管 3、出水软管 8 与固定在发动机前端的散热器 6 相连，形成封闭的冷却水循环空间，冷却水泵 9 安装在水套与散热器之间。发动机工作时，水套和散热器内充满冷却液，曲轴通过带传动驱动冷却水泵工作，使冷却水在水套与散热器之间循环流动，冷却水流经气缸体和气缸盖内水套时带走发动机的热量使发动机冷却，在流经散热器时将热量散发给大气。节温器 2 安装在发动机水套的进水口处（即散热器的出水口，轿车发动机多采用这种安装方式），根据发动机工作温度，它可自动控制通向散热器和水泵的两个冷却水通路，以调节冷却强度。风扇 7 安装在发动机与散热器之间，风扇转动产生强大的吸力，增大流经散热器的空气流量和速度，加强散热器的散热效果。

暖风芯是一个热交换器，热的冷却液从气缸盖或机体水套流入，然后流回水泵。吹过暖风机的空气被冷却液加热之后，一部分送到风窗玻璃除霜器上，一部分送入驾驶室或车厢。

7.1.2.3 水冷却系统冷却强度的调节

为使汽车适应不同环境条件的变化（转速、负荷、环境、气候），要求能够调节冷却系统的冷却强度，保证发动机经常在最佳的温度状况下工作。在夏季高温地区，发动机在低速大负荷工况下，将因冷却强度不足而出现过热现象；在冬季寒冷地区，发动机以高速小负荷工作时，将因冷却强度过强而出现过冷现象。

在冷却系统中调节冷却强度采取的措施是：改变通过散热器的空气流量和改变冷却液的流量。

利用百叶窗和各种自动风扇离合器来改变通过散热器的空气流量。近年来在汽车发动机上采用各种自动式（如硅油式、机械式和电磁式）风扇离合器，控制风扇的风量以改变冷却强度。风扇离合器根据发动机的温度自动控制风扇的转速，以达到改变通过散热器空气流量的目的。

利用节温器来控制通过散热器冷却液的流量。节温器装在冷却水循环的通路中，一般装在气缸盖出水口处。根据温度的不同实现冷却液流量不同的循环方式。

（1）大循环 当发动机冷却液温度升高到一定值（如奥迪轿车高于 105℃），节温器主阀门完全开启、副阀门关闭。冷却液经节温器及散热器进水软管流入散热器，在散热器中，冷却液向流过散热器周围的空气散热而降温，最后冷却液经散热器出水软管返回水泵，进行大循环（图 7-2）。

（2）小循环　当发动机冷却液温度较低时（低于 85℃），节温器主阀门关闭、副阀门打开。冷却液经水泵增压后，进入发动机的机体水套，再从水套壁周围流过并从水套壁吸热而升温，然后向上流入气缸盖水套，从气缸盖水套壁吸热之后流经节温器、小循环管 6（图 7-2），返回发动机机体水套，进行小循环。此时冷却液不经过散热器，以使发动机迅速升温至最佳工作状态。

当发动机冷却液温度处于大、小循环的温度范围内时，节温器主阀门和副阀门都部分开启，冷却液大、小循环同时存在，以调节发动机温度基本稳定。

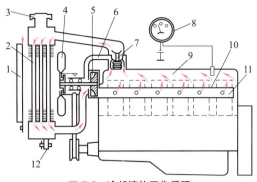

图 7-2　冷却液的工作循环

1—百叶窗；2—散热器；3—散热器盖；4—风扇；5—水泵；6—小循环管；7—节温器；8—水温表；9—气缸盖水套；10—机体水套；11—分水管；12—放水阀

7.1.2.4　冷却液

冷却液是水与防冻剂的混合物。冷却液用水最好是软水，否则将在发动机水套中产生水垢，使传热受阻，易造成发动机过热。纯净水在 0℃ 时结冰。如果发动机冷却系统中的水结冰，将使冷却水终止循环引起发动机过热。尤其严重的是水结冰时体积膨胀，可能将机体、气缸盖和散热器胀裂。为了适应冬季行车的需要，在水中加入防冻剂制成冷却液以防止循环冷却水的冻结。最常用的防冻剂是乙二醇。冷却液中水与乙二醇的比例不同，其冰点也不同（表 7-1）。50% 的水与 50% 的乙二醇混合而成的冷却液，其冰点约为 −35.5℃。

表 7-1　冷却液的冰点与乙二醇质量分数的关系

冷却液冰点/℃	乙二醇质量分数/%	水的质量分数/%	密度/kg·m^{-3}
−10	26.4	73.6	1.0340
−20	36.2	63.8	1.0506
−30	45.6	54.4	1.0627
−40	52.3	47.7	1.0713
−50	58.0	42.0	1.0780
−60	63.1	36.9	1.0833

在水中加入防冻剂还同时提高了冷却液的沸点。例如，含 50% 乙二醇的冷却液在大气压力下的沸点是 130℃。因此，防冻剂有防止冷却液过早沸腾的附加作用。

防冻剂中通常含有防锈剂和泡沫抑制剂。防锈剂可延缓或阻止发动机水套壁及散热器的锈蚀或腐蚀。冷却液中的空气在水泵叶轮的搅动下会产生很多泡沫，这些泡沫将妨碍水套壁的散热。泡沫抑制剂能有效地抑制泡沫的产生。在使用过程中，防锈剂和泡沫剂会逐渐消耗殆尽，因此定期更换冷却液是十分必要的。在防冻剂中一般还要加入着色剂，使冷却液呈蓝绿色或黄色以便识别。

7.1.3　风冷却系统

7.1.3.1　风冷发动机的特点

风冷发动机利用大流量风扇使高速空气流直接吹过气缸盖和气缸体的外表面。为了有效地降低受热零件的温度和改善其温度的分布，在气缸盖和气缸体的外表面精心布置了一定形状的散热片，确保发动机在最适当的温度范围内可靠地工作，如图7-3所示。

风冷发动机的主要特点如下。

（1）对地理环境和气候环境的适应性强　风冷发动机特别适于在沙漠或高原等缺水的地区工作。另外，在酷热的气候条件下工作不会过热，在严寒季节也不易过冷。因为散热片的温度很高，散热片与环境空气间的温差远比水冷却系统中冷却液与环境空气间的温差大，所以气温的变化对散热片与环境空气间温差的影响相对较小，即风冷发动机对气温的变化不敏感。

（2）热负荷高　风冷发动机的气缸盖、气缸体等受热零件的温度高，润滑油的工作温度在100～120℃之间，这是因为空气的传热系数只有水的1/20～1/30，空气的比热容只有水的1/4。这表明风冷发动机要得到足够的冷却，不仅要合理地布置散热片，而且需要较大的空气流量。因此，一般风冷发动机的缸径不超过165mm。

（3）冷启动后暖机时间短　由于风冷发动机在冷启动后气缸温度上升快，在短时间内即可进入大负荷工作状态。

（4）结构简单、维护简便　风冷发动机由于省去了散热器和许多管道而减少了维护点，而且由于通用化、系列化的程度高，主要零件均可互换，因此拆装容易，维修简便。

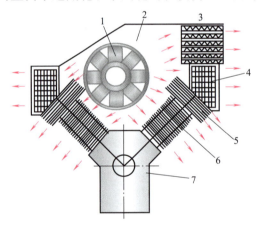

图7-3　风冷却系统布置示意
1—冷却风扇；2—风压室；3—液力传动油冷却器；4—机油冷却器；5—气缸盖；6—气缸体；7—曲轴箱

7.1.3.2　风冷却系统的布置及冷却风扇

如图7-3所示，冷却风扇位于两排气缸中间，由气缸盖、气缸体、机油冷却器、前挡板、后挡板和顶盖板等构成风压室。在气缸盖和气缸体的背风面设有挡风板，用来调节风量的分配。冷空气经冷却风扇增压后进入风压室，再由风压室流过各个需要冷却的零部件表面。由于各零部件的通道阻力不同，因此流过的风量有多有少，以保证其适度而又可靠冷却。

7.1.3.3　风冷却系统冷却强度的调节

为了保持风冷发动机在不同工况下都能在最适当的温度范围内正常工作，需对其冷却强度随时进行调节。通常采用调节风扇转速的方式进行，当发动机负荷增加时，排气温度升高，安装在排气管上的控制机油流量的温控阀开度增大，进入风扇液力耦合器的油量增多，风扇转速增高，风量增加，冷却强度增强；反之，当负荷减小时，冷却强度随之减弱。自动调节系统能够根据发动机负荷的变化，自动调节冷却风量，使发动机始终保持在最佳的热状态。

7.2　水冷却系统部件与检修

7.2.1　散热器

散热器的作用是将水套中流出的热水分成许多股小水流，以增大散热面积，加速冷却液的冷却。冷却液经过散热器后，其温度可降低10～15℃。为了将散热器传出的热量尽快带走，散热器一般用铜或铝制成，在散热器后面装有风扇与散热器配合工作。

7.2.1.1 散热器的构造

散热器由上水室、散热器芯和下水室等组成（图7-4）。

散热器上水室顶部有加水口，冷却水由此注入整个冷却系统并用散热器盖1盖住。在上水室2和下水室8分别装有进水管3和出水管7，进水管和出水管分别用橡胶软管与气缸盖的出水管和水泵的进水管相连。在散热器下面一般装有减振垫，防止散热器受振动损坏。在出水管上还有放水开关9，必要时可将散热器内的冷却水放掉。

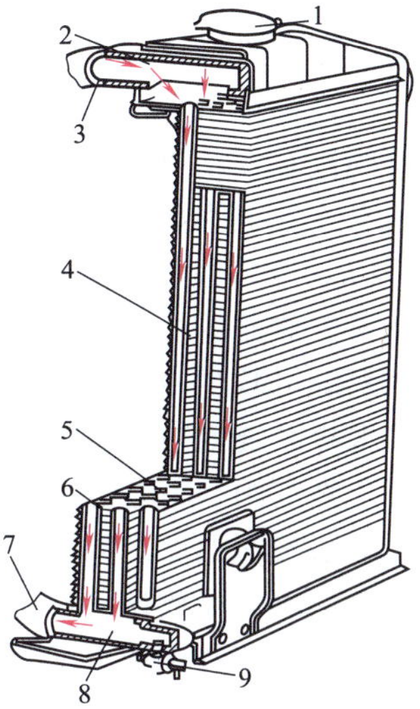

按照散热器中冷却液流动的方向可将散热器分为纵流式和横流式两种。纵流式散热器芯竖直布置，上接上水室，下连下水室，冷却液由上水室自上而下地流过散热器芯进入下水室。横流式散热器芯横向布置，左右两端分别为上、下水室，冷却液自上水室经散热器芯到下水室横向流过散热器。大多数新型轿车均采用横流式散热器，这可以使发动机罩的外廓较低，有利于改善车身前端的空气动力性。

图7-4 散热器
1—散热器盖；2—上水室；3—进水管；
4—散热器芯；5—冷却管；6—散热片；
7—出水管；8—下水室；9—放水开关

7.2.1.2 散热器芯的结构

散热器芯4由许多冷却管5和散热片6组成（图7-4），设置散热片是为了增加散热器芯的散热面积。散热器芯的结构有多种，常用的有管片式、管带式和板式三种。

管片式散热器芯［图7-5（a）］冷却管的断面大多为扁圆形，它连通上、下水室，是冷却水的通道。与圆形断面的冷却管相比，扁形管不但散热面积大，而且万一管内的冷却水结冰膨胀，扁形管可以借其横断面变形而避免破裂。采用散热片不但可以增加散热面积，还可增大散热器的刚度和强度。这种散热器芯强度和刚度都较好，耐高压，但制造工艺较复杂，成本高。

管带式散热器芯［图7-5（b）］采用冷却管和散热带沿纵向间隔排列的方式，散热带上的缝孔4是为了破坏空气流在散热带上形成的附面层，使散热能力提高。这种散热器芯散热能力强，制造工艺简单，成本低，但其刚度不如管片式，一般多为轿车发动机采用。

板式散热器芯［图7-5（c）］的冷却液通道由成对的金属薄板焊合而成。这种散热器芯

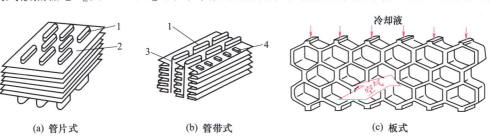

(a) 管片式　　(b) 管带式　　(c) 板式

图7-5 散热器芯的结构
1—冷却管；2—散热片；3—散热带；4—缝孔

散热效果好,制造简单,但焊缝多、不坚固,容易沉积水垢且不易维修。

7.2.1.3 散热器盖

散热器盖的作用是密封水冷系统并调节系统的工作压力。当发动机工作时,冷却液的温度逐渐升高。由于冷却液体积膨胀使冷却系统内的压力增高。当压力超过预定值时,压力阀开启,一部分冷却液经溢流管流入补偿水桶,以防止冷却液胀裂散热器。当发动机停机后,冷却液的温度下降,冷却系统内的压力也随之降低。当压力降到大气压力以下出现真空时,真空阀开启,补偿水桶内的冷却液部分流回散热器,可以避免散热器被大气压力压坏。

现代的汽车发动机强制循环水冷系统都用散热器盖密封,使水冷系统成为封闭系统,通常称这种水冷系统为闭式水冷系统。其优点有两个:闭式水冷系统可使系统内的压力提高98~196kPa,冷却液的沸点相应地提高到120℃左右,从而扩大了散热器与周围空气的温差,提高了散热器的换热效率,由于散热器散热能力的增强,可以相应地减小散热器尺寸;闭式水冷系统可减少冷却液外溢及蒸发损失。

闭式水冷系统散热器多采用压力式散热器盖(图 7-6)。压力式散热器盖包括一个压力阀 4 和一个真空阀 6,均为单向阀。发动机正常状态时阀门均关闭,使冷却系统与大气隔开。当冷却系统内温度升高,蒸汽压力升高到一定值时,压力阀弹簧受压缩,打开阀门,过高的压力由溢流管释放掉,冷却系统内的压力下降,以防止散热器胀裂;当压力下降到一定值时,压力阀在弹簧作用下又重新关闭。这样就使冷却系统内压力稍高于大气压力,从而可提高冷却液沸点。各种汽车发动机散热器盖阀门开启压力略有差别,一般超过大气压的2.6%~3.7%。当散热器内的压力继续降低,超过某一值时,真空阀开启,使外部空气进入散热器,以防止散热器内产生真空;当散热器内的压力升高到一定值后,真空阀在其弹簧的作用下重新关闭。

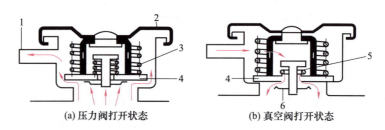

图 7-6 压力式散热器盖

1—溢流管;2—加压盖;3—压力阀弹簧;4—压力阀;5—真空阀弹簧;6—真空阀

7.2.1.4 补偿水桶

补偿水桶由塑料制造并用软管与散热器加冷却液口上的溢流管连接(如图 7-1 所示)。其功用是减少冷却系冷却液的损失。当冷却液受热膨胀时,散热器内多余的冷却液流入补偿水桶;而当温度降低后,散热器内产生一定的真空度,补偿水桶中的部分冷却液又被吸回散热器,因此冷却液损失很少。补偿水桶内的液面有时升高,有时降低,而散热器却总是为冷却液所充满。在补偿水桶上印有两条液面高度标记线:"FULL"(充满)标记和"ADD"(添加)标记。当冷却液温度在50℃以下时,补偿水桶内的液面高度应不低于ADD线;若低于此线时,需向桶内补充冷却液。补充冷却液时,可从补偿水桶口加入,桶内液面高度不应超过 FULL 线。补偿水桶还可消除水冷却系统中的所有气泡。

7.2.2 散热器百叶窗

有些货车和大客车发动机在散热器前面装有百叶窗,其作用是通过改变流过散热器的空气量来调节发动机的冷却强度，以保证发动机经常在适当的温度范围内工作。在发动机冷启动或暖车期间，冷却液的温度较低，这时将百叶窗部分或完全关闭，以减少流过散热器的空气流量，使冷却液的温度迅速升高。

百叶窗可由驾驶员通过驾驶室内的手柄来操纵其开闭，也可用感温器自动控制。图 7-7 所示为货车上使用的散热器百叶窗的自动控制系统。控制系统的感温器 2 安装在散热器进水管上，用来感受来自发动机的冷却液温度。在发动机冷启动或暖机期间，百叶窗关闭。当发动机达到正常工作温度后，感温器打开空气阀，使制动空气压缩机 3 产生的压缩空气进入空气缸 4，并推动空气缸内的活塞连同调整杆 5 一起下降，带动杠杆 7 使百叶窗 9 开启。

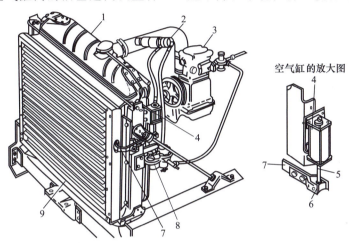

图 7-7 百叶窗自动控制系统
1—散热器；2—感温器；3—制动空气压缩机；4—空气缸；5—调整杆；
6—调速螺母；7—杠杆；8—空气滤清器；9—百叶窗

7.2.3 冷却风扇

7.2.3.1 风扇的功用及结构

冷却风扇置于散热器后面，其结构如图 7-8 所示。当发动机在车架上纵向布置时，风扇一般安装在水泵轴上，并由驱动水泵和发电机的同一根 V 带传动。风扇的功用是当风扇旋转时吸进空气使其通过散热器，以增强散热器的散热能力，加快冷却液的冷却速度。汽车发动机水冷系统多采用低压头、大风量、高效率的轴流式风扇，即风扇旋转时，空气沿着风扇旋转轴的轴线方向流动。

风扇的扇风量主要与风扇直径、转速、叶片形状、叶片安装角及叶片数有关。叶片的断面形状有圆弧形和翼形两种，前者由薄钢板冲压而成，后者用塑料或铝合金铸制。翼形风扇效率高、消耗功率少，在轿车和轻型汽车上得到了广泛的应用。一般叶片与风扇旋转平面成 30°～45°（叶片安装角）。叶片数为 4、5、6 或 7 片。叶片之间的间隔角或相等，或不相等。间隔角不等的

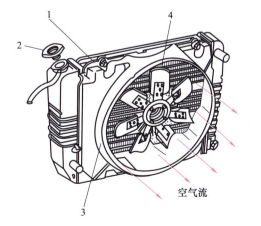

图 7-8 冷却风扇与导风罩
1—散热器；2—散热器盖；3—导风罩；4—冷却风扇

叶片可以减小叶片旋转时的振动和噪声。

7.2.3.2 硅油风扇离合器

在风扇和风扇带轮之间布置一个硅油风扇离合器（图7-9），利用流经散热器的空气温度来控制风扇转速的变化。

硅油风扇离合器的前盖2、壳体9和从动板8用螺钉1连成一体，靠轴承10安装在主动轴11上。风扇15安装在壳体上。为了加强硅油的冷却，前盖板上铸有散热片。从动板与前盖之间空腔为储油腔，其中装有硅油（油面低于轴中心线），从动板与壳体之间的空腔为工作腔。主动板7固定连接在主动轴上，主动轴与水泵轴连接。主动板与工作腔壁有一定间隙，用毛毡圈3密封防止硅油漏出。从动板上有进油孔A，平时由阀片6关闭，若偏转阀片，则进油孔即可打开。阀片的偏转靠螺旋状双金属感温器4控制。从动板上有凸台限制阀片最大偏转角。感温器外端固定在前盖上，内端卡在阀片轴5的槽内，从动板外缘有回油孔B，中心有漏油孔C，以防静态时从阀片轴周围泄漏硅油。

当发动机冷启动或小负荷下工作时，冷却水及通过散热器的气流温度不高，进油孔被阀片6关闭，工作腔内无硅油，离合器处于分离状态。主动轴转动时，仅仅由于密封毛毡圈和轴承的摩擦，使风扇随同

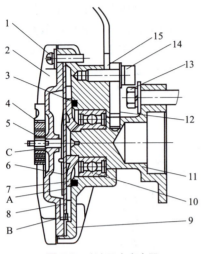

图7-9 硅油风扇离合器

1—螺钉；2—前盖；3—密封毛毡圈；4—双金属感温器；5—阀片轴；6—阀片；7—主动板；8—从动板；9—壳体；10—轴承；11—主动轴；12—销止板；13—螺栓；14—内六角螺钉；15—风扇；A—进油孔；B—回油孔；C—漏油孔

壳体在主动轴上空转打滑，转速极低。

当发动机负荷增加时，冷却水和通过散热器的气流温度随之升高，感温器受热变形而带动阀片轴及阀片转动。当流经感温器气流温度超过65℃时，进油孔A被完全打开，于是硅油从储油腔进入工作腔。硅油十分黏稠，主动板即可利用硅油的黏性带动壳体和风扇转动。此时风扇离合器处于接合状态，风扇转速迅速提高。由于主动板转速高于从动板，因此受离心力作用从主动板甩向工作腔外缘的油液压力比储油腔外缘的油液压力高，油液从工作腔经回油孔B流向储油腔，而储油腔又经进油孔A及时向工作腔补充油液。由此可见，在离合器接合风扇转动时，硅油在储油腔和工作腔之间循环流动，这样可防止工作腔内的硅油温度过高，黏度下降，而影响离合器的正常工作。为使硅油从工作腔流回储油腔的速度加快，缩短风扇脱开时间，在从动板8的回油孔B旁，有一个刮油突起部伸入工作腔缝隙内，使回油孔一侧压力增高，回油加快。当发动机负荷减小，流经感温器的气流温度低于35℃时，感温器恢复原状，并带动阀片将进油孔关闭，工作腔中油液继续从回油孔流回储油腔，直到甩空为止。硅油液力离合器又回到分离状态。

硅油风扇离合器的优点：功率损失小，燃油消耗率低，噪声小，还可以延长发动机的使用寿命。

7.2.3.3 电动风扇

电动风扇（图7-10）是指用电动机驱动的风扇，它不使用发动机作直接动力源，而是使用蓄电池的电能，所以其转速与发动机转速无关，只在冷却液温度超过一定值时才开始工作，所以电动风扇无动力损失，构造简单，总体布置方便，为大多数现代轿车所使用。

电动机一般有高速和低速两个挡位，其工作状态通过温度传感器（开关）由冷却液温度控制。当散热器出口冷却液温度为 92～97℃ 时，温控开关接通电动机Ⅰ挡（低速挡），风扇开始运转，保证有足够的空气流经散热器；当冷却液温度在 99～105℃ 时，温控开关接通电动机Ⅱ挡（高速挡），风扇以更高的转速运转，以提高冷却强度，防止发动机过热；当冷却液温度下降到 91～98℃ 时，风扇电动机恢复Ⅰ挡（低速挡）运转；当冷却液温度下降到 84～91℃ 时，风扇电动机停止工作。

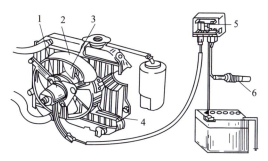

图 7-10 电动风扇
1—电动机；2—护风罩；3—风扇叶片；4—风扇框架；5—继电器；6—温度传感器（开关）

7.2.4 节温器

7.2.4.1 节温器的功用

节温器是控制冷却液流动路径的阀门。当发动机冷启动时，冷却液的温度较低，这时节温器将冷却液流向散热器的通道关闭，使冷却液经水泵入口直接流入机体或气缸盖水套，以便使冷却液能够迅速升温。如果不装节温器，让温度较低的冷却液经过散热器冷却后返回发动机，则冷却液的温度将长时间不能升高，发动机也将长时间在低温下运转。

7.2.4.2 节温器的结构

汽车发动机装用的节温器基本上是蜡式节温器（图 7-11），主要由主阀门 2、副阀门 6、推杆 3、壳体 7 和石蜡 4 等组成。推杆的一端固定在支架 1 上，另一端插入胶管 5 的中心孔内。石蜡装在胶管与节温器壳体之间的腔体内。

7.2.4.3 节温器的工作原理

如图 7-12 所示，温度较低时，石蜡呈固态，主阀门被弹簧推向上方与阀座压紧，处于关闭状态 [图 7-12（a）]，此时，副阀门开启，冷却液进行小循环，来自发动机水套的冷却液经副阀门、小循环水管直接进入水泵，被泵回到发动机水套内。

温度升高时，石蜡逐渐熔化成液态，体积膨胀，迫使胶管收缩对推杆端部产生向上的

冷却系统节温器工作原理

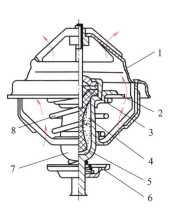

图 7-11 蜡式节温器的构造
1—支架；2—主阀门；3—推杆；4—石蜡；5—胶管；6—副阀门；7—壳体；8—弹簧

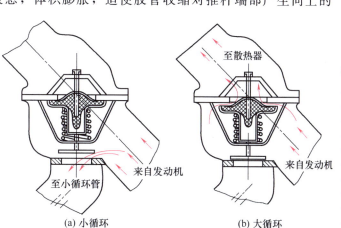

图 7-12 蜡式节温器的工作原理

推力，由于推杆固定在支架上，推杆对胶管、节温器壳体产生向下的反推力。当冷却液温度升高到一定值时，反推力克服弹簧的弹力使胶管、节温器壳体向下运动，主阀门开始开启，同时副阀门开始关闭。当冷却液温度进一步升高到一定值时，主阀门完全开启，而副阀门也正好关闭小循环水路[图7-12（b）]，此时来自发动机水套的冷却水全部经过散热器进行大循环。冷却液温度在主阀门开始开启温度与完全开启温度之间时，主阀门和副阀门均部分开启，在整个冷却系统内，部分冷却液进行大循环，部分冷却液进行小循环。

主阀门的开始开启到开到最大时的温度随不同的车型有所不同，如桑塔纳JV型发动机节温器，主阀门开始开启温度应为85℃，完全开启时的温度应为105℃。一般载货汽车发动机节温器的开启温度较低，如CA6102发动机节温器，主阀门开始开启温度应为76℃，完全开启时的温度应为86℃。

7.2.5 冷却水泵

7.2.5.1 冷却水泵的功用

冷却水泵的功用是对冷却液加压，保证其在冷却系统中循环流动。

7.2.5.2 冷却水泵的基本工作原理

水泵叶轮3（图7-13）固定在水泵轴2上，水泵壳体1安装在发动机缸体上。发动机工作时，冷却系统内充满冷却液，曲轴通过带传动驱动水泵轴并带动叶轮转动，从而使水泵腔内的冷却液也一起转动，在离心力作用下，冷却液被甩向叶轮边缘，以切线方向从出水管5泵出。同时，

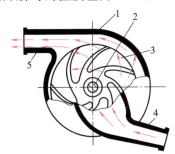

图7-13 离心式水泵的基本工作原理
1—水泵壳体；2—水泵轴；3—叶轮；
4—进水管；5—出水管

叶轮中心部位形成一定的真空，将散热器内的冷却液经进水管4吸入泵腔，使整个冷却系统内的冷却液循环流动。

7.2.5.3 冷却水泵的典型构造

汽车发动机常用的离心式水泵的结构如图7-14所示。

水泵轴12的一端用两个球轴承11支承在水泵壳体1内，其伸出壳体以外的部分用半圆键13与安装风扇带轮的凸缘盘14连接。水泵轴的另一端安装水泵叶轮2，并用螺栓5紧固。在叶轮与球轴承之间装有水封，用来防止水泵内的冷却液沿水泵轴渗漏。水封中的弹簧7通过水封环18将水封皮碗6的一端压在水封座圈10上，而将皮碗的另一端压在夹布胶木密封垫圈3上。夹布胶木密封垫圈在弹簧的压力下与水泵叶轮毂的端面贴合。密封垫圈上有两个凸耳卡在水泵上的槽孔内。因此，在水泵工作时，水封不随水泵轴旋转。水泵壳体上有泄水孔C，位于水封之前。一旦有冷却液漏过水封，可从泄水孔泄出，以防止冷却液进入轴承而破坏轴承的润滑。

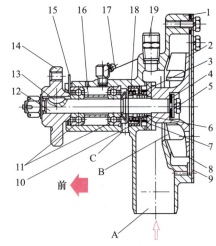

图7-14 离心式水泵的结构
1—水泵壳体；2—叶轮；3—密封垫圈；4,8—衬垫；
5—螺栓；6—水封皮碗；7—弹簧；9—水泵盖；
10—水封座圈；11—轴承；12—水泵轴；13—半圆键；14—凸缘盘；15—轴承卡环；16—隔离套；
17—润滑脂嘴；18—水封环；19—管接头；
A—进水口；B—水泵内腔；C—泄水孔

7.2.5.4 冷却水泵的驱动

冷却水泵一般由曲轴通过V带驱动。传动带环绕在曲轴带轮和水泵带轮之间,因此水泵转速与发动机转速成比例。有些发动机的水泵由凸轮轴直接驱动。

7.2.6 自动变速器机油冷却器

装有自动变速器的汽车必须装备变速器机油冷却器,因为自动变速器中的机油可能过热。机油过热会降低变速器性能甚至造成变速器损坏。变速器机油冷却器通常就是一根冷却管,置于散热器的出水室内,由冷却液对流过冷却管的变速器机油进行冷却。在变速器和冷却器之间用金属管或橡胶软管连接。当汽车牵引挂车时,需要对变速器机油进行附加冷却。在这种情况下,可在变速器机油冷却器的管路中串接一个外部变速器机油附加冷却器,并置于散热器前面。

7.2.7 水冷却系统主要部件的检修

7.2.7.1 水泵检修

水泵常见的损坏形式为水泵壳体、卡环槽及叶轮破裂;带轮凸缘配合孔松动;水封变形、老化及损坏;泵轴磨损、轴承磨损等。

(1) 水泵的拆卸 拆卸水泵,一般采用如下顺序。

① 拆卸风扇总成的固定螺栓,取下风扇和风扇带轮。

② 卸下水泵盖的紧固螺栓,取下水泵盖和衬垫。拧下水泵叶轮固定螺栓,用专用拉器拉出水泵叶轮,取出水封密封圈、水封总成等。

③ 拆卸水泵轴前端的开口销,拆下固定螺母、带轮凸缘盘、半圆键,取下轴承卡环,压出水泵轴及轴承总成,取下水泵轴卡环和抛水圈。用专用工具支承在水泵轴承内圈端面上,压出水泵轴。

④ 清洗各零部件,并用压缩空气吹净。

各种车型应用的水泵结构大同小异,为避免拆卸方法不当而损坏零部件,拆卸前应看清图纸,了解结构,合理选择使用工具,采用正确的操作方法。

(2) 水泵的检修步骤

① 检查泵壳和带轮有无损伤。泵壳裂纹可进行焊接或更换。可在裂纹两端各钻直径为2.5mm的孔,沿裂纹开V形口,采用铸铁焊条乙炔焊时,需在焊前对壳件预热,也可以用铸铁焊条电焊。若壳与盖接合面变形大于0.05mm,应予以修平。

② 检查水泵轴有无弯曲及轴颈的磨损程度,轴端螺纹有无损坏。水泵轴弯曲大于0.05mm的应冷压校直。水泵轴一般用中碳钢制造,轴颈工作时经常发生磨损,轴颈磨损用镀铬、镀铁法进行修复。

③ 轴承轴向间隙大于0.50mm、径向间隙大于0.15mm,应予以更换。

④ 检查水泵叶轮的叶片有无破损,叶轮上的轴孔是否磨损过甚。叶片破损的应予以焊修或更换,轴孔磨损过甚的可进行镶套修复。

⑤ 检查水封、胶木垫、弹簧等零件的磨损及损伤程度,如有必要应予更换。

⑥ 检查带轮轮毂与水泵轴的配合情况。泵轴孔磨损过甚的可镶套修复或更换。

(3) 水泵装合后试验

① 水泵装合后,用手转动带轮,泵轴转动应无卡滞现象,且水泵叶轮与泵壳应无碰擦现象。

② 将水泵装在试验台上按原厂规定进行规定转速下的压力-流量试验。例如，大众 AJR 发动机水泵规定在转速 6000r/min 时，进口压力为 0.1MPa，系统压力为 0.14MPa，出口压力为 0.16MPa。

7.2.7.2 散热器的检修

（1）散热器的清洗　散热器的清洗，即清洗散热器的水垢，一般采用化学法，利用酸或碱类物质与水垢的化学反应，生成可溶于水的物质，而将水垢清洗除去。

清洗时，一般采用循环法，即先用酸性溶液洗涤，再用碱性溶液冲洗中和，清洗时除垢剂以一定的压力（一般为 10kPa）在气缸体水套或散热器内循环。一般经 3～5min 后即可清洗完毕。

若散热器内积垢严重时，应拆去上、下室，用通条疏通。

（2）散热器的检查　以大众速腾发动机为例，将专用检查仪 VW1274 安装到散热器上，用检查仪手泵对冷却系统加压到 100kPa，观察检查仪上压力表的指示压力，当压力出现明显下降时，说明冷却系统存在渗漏部位，应予以排除。例如，堵死散热器的进、出口，在散热器内充入 50～100kPa 压力的压缩空气，并将其浸泡在水中，检查有无气泡冒出，如有气泡冒出，则冒泡部位应做好记号，以便焊修。

再将冷却系统压力提高到 120～150kPa，此时补偿水桶盖上的压力阀必须打开，否则应更换新件。

（3）散热器的维修

① 焊漏。在用焊锡焊漏时，最好使用小型号的乙炔焊炬加热，并尽可能使散热器焊漏后，保留较多的散热面积。焊漏后切断的冷却管数量不得超过管数总量的 10%，切断散热片的面积不得大于迎风总面积的 10%。

② 疏整散热片。

③ 检查散热器盖与补偿水桶。对于具有空气-蒸汽阀的散热器盖可用专用手动气泵检查（图 7-15）：蒸汽阀的开启压力应在 0.026～0.037MPa 的范围内，空气阀的开启压力应为 0.01～0.02MPa。补偿水桶应无渗漏，盖子密封良好，通气孔畅通，否则就会破坏冷却液的回流，必须立即更换。

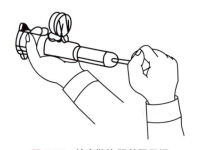

图 7-15　检查散热器盖限压阀

冷却系统维修竣工时，应进行系统泄漏试验。系统内压力为 103.4kPa 时，2min 内压力不应降低；发动机在 3000r/min 时，随转速的变化，系统的压力不应改变。若压力随发动机转速的变化而变化，说明压缩气体或燃烧室内的气体已进入冷却系统，若数次急速改变发动机的转速可看到有冷却液从排气管排出，则应检修气缸体、气缸盖的裂纹及更换已损坏的气缸垫。

7.2.7.3 节温器的检测与更换

（1）节温器的检测　现以奥迪轿车为例，其检测步骤如图 7-16 所示。

① 将节温器放在一个充满水的容器内加热，用温度表监测温度。

② 水温约 85℃时，节温器阀门必须开启。

③ 水温约 105℃时，节温器阀门应完全打开，阀门最低行程为 8mm。

（2）节温器的更换　蜡式节温器安全寿命一般为 50000km。因其安全寿命较短，且失效后无法修复，因此要求按照其安全寿命定期更换。

7.2.7.4 风扇的检修

(1) 风扇叶片的检修 风扇叶片出现变形、弯曲、破损时应及时更换。由于风扇连接板强度不足或其他原因,使风扇叶片向前弯曲或扭转变形,破坏了风扇叶片原设计的角度,使其丧失平衡性能,不但影响通过散热器的空气流速和流量,降低了散热器的冷却能力,甚至打坏散热器,加速水泵轴承、水封的损坏,还会大幅度地增大风扇的噪声。

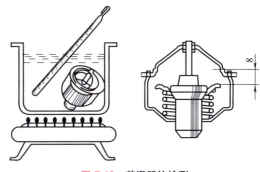

图 7-16 节温器的检测

(2) 电动风扇热敏开关的检修 发动机若已熄火,风扇仍可能转动。如果冷却液温度很高但风扇不转,应检查熔断器。若熔断器完好,则应停机检查温控开关,必要时检查电动机的功能或更换有关部件。

检查电动风扇热敏开关。如图 7-17 所示,将电动风扇热敏开关放入加热的水中,用万用表测量第一挡,当水温达到 93～98℃ 时应能导通,当水温到 88～93℃ 时,应断开,而测量第二挡时 105℃ 为导通,93～98℃ 时应断开,否则,应更换电动风扇热敏开关。

图 7-17 热敏开关的检查

(3) 风扇离合器的检修

① 硅油风扇离合器在日常维护时,应就车冷态时进行检查。

当汽车停放约 12h 后,在发动机启动前用手指拨动风扇叶片应感到有明显的转动阻力。发动机启动后,运转 1～2min 后熄火,此时拨转风扇叶片若感到转动阻力明显减小,可以认为硅油风扇离合器工作正常。

② 在汽车一级维护时,应就车对电磁风扇离合器进行检查。

检查时,先把点火开关旋到"ON"挡,并使风扇离合器脱离温控器的控制,观察风扇应转动平衡,其工作电流应符合原设计规定的范围。

③ 在汽车二级维护时,应就车检查风扇离合器的接合、分离状况。

检查时,在导风圈上部打一个小孔,把管式温度计从小孔插入风扇和散热器之间,测量风扇离合器开始接合与分离时散热器后端热风流的温度是否符合原厂规定。

在发动机进行总成修理时,先检查双金属感温器,若双层线胀系数不同的金属间出现脱层开裂,即失去温控能力,应予以更换。

装配后在台架上进行性能试验。首先进行全速试验,检查风扇离合器主、从动叶轮的转差率。试验时取下双金属感温器和传动销,保证硅油以最大流量流入工作腔,再把主动叶轮转速提高至 3000r/min,测出从动叶轮的转速,该转速应为主动叶轮转速的 95%±2%,也就是转差率的允许范围为 3%～7%,若大于 7%,可向蓄油室注入 $3cm^3$ 硅油,增加传扭介质,以提高从动叶轮转速。然后进行接合、分离温控试验,并进行调整。

(4) 风扇皮带的检修 检查风扇皮带的松紧度,以免工作过程中皮带打滑或断裂,检修时可依照说明书进行调整。皮带开裂或变形需及时更换。

7.2.8 冷却液的使用与检查

7.2.8.1 冷却液使用注意事项

① 坚持常年使用冷却液,保持冷却液使用的连续性。除了防冻功能,还有防腐、防沸、防垢等作用。

② 根据汽车使用地区的气温,选用不同冰点的冷却液,冷却液的冰点至少要比该地区最低温度低10℃,以免失去防冻作用。

③ 针对各种发动机具体结构特点选用冷却液种类,强化系数高的发动机,应选用高沸点冷却液;缸体或散热器用铝合金制造的发动机,应选用含有硅酸盐类添加剂的冷却液。此外,有一些高档汽车还为其发动机规定专用的冷却液。因此,选用冷却液时,应严格按照发动机使用说明书中的要求进行。

④ 冷却液的膨胀率一般比水大,若无膨胀水箱,冷却液只能加到冷却系统容积的95%,以免冷却液溢出。

⑤ 不同牌号的冷却液不能混装混用,以免起化学反应,破坏各自的综合防腐能力。如果发动机冷却系统原先使用的是水或换用另一种冷却液,在加入新的一种冷却液之前,务必要将冷却系统冲洗干净。

⑥ 乙二醇冷却液有毒,对肝脏有害,切勿吸入口中,皮肤接触后,应立即用水清洗干净。另外,这种冷却液中的亚硝酸盐防腐添加剂具有致癌性,废液必须集中处理,以免污染环境。若购买的是浓缩冷却液,如乙二醇型浓缩冷却液,可按规定比例添加适量的纯水,以配制出适合本地区气温的冷却液。

此外,在使用后,若因冷却系统渗漏引起散热器液面降低时,应及时补充同一品牌冷却液,若液面降低系水蒸发所致,则应向冷却系统添加蒸馏水或去离子水,切勿加入井水、自来水等硬水;当发现冷却液中有悬浮物、沉淀物或发臭时,证明冷却液已起化学反应,已变质失去功效,应及时地清洗冷却系统,并全部更换其冷却液。

注意防止冷却液的渗漏,渗漏的结果不但会造成冷却液的损失,而且严重的渗漏会稀释机油,使润滑系统产生故障。要定期检查气缸盖接合情况,保证气缸垫密封完好,缸盖螺栓要按规定力矩拧紧。

酒精型冷却液容易挥发,使用中应注意防火,在发动机水温高时,不要打开散热器盖,也不要让发动机立即熄火,以免因冷却液急剧升温而突然喷出,造成失火;如果因酒精挥发使散热器液面下降时,可用80%的乙醇加注补充。

7.2.8.2 冷却液的检查

冷却液的损耗通常表明冷却系统有渗漏,应检查散热器及软管,并排除渗漏故障。

封闭的冷却系统,只有在冷却液过热,温度超过其沸点时才会发生损耗。驾驶方式不当或冷却气流受阻会引起过热。

引起过热的原因如下。

① 冷却空气流量减少。如果散热器损坏,或在散热器护栅上装了附加灯光装置,都会使冷却空气流量减少。

② 散热风扇不工作,或工作不正常,或风扇皮带过松。

③ 车辆行驶在陡坡上挡位太低,或行驶在长坡上,或环境温度过高。

7.2.9 皮带的张紧

交流发电机及水泵是由 V 带传动的,使用一段时间后,由于传动带磨损或其他原因,带张紧程度变松,影响传动效率和传动件的使用寿命,因此应经常检查传动带的张紧度而使其适中。一般轿车冷却系统 V 带的检验标准如表 7-2 所列。

表 7-2　V 带的检验标准

V 带检查部位	拇指将传动带压入深度/mm
交流发电机处	新带 2,旧带约 5
水泵处	约 10

7.2.10 冷却系统故障维修

发动机在长期使用过程中,冷却系统会因零件的腐蚀、磨损和积垢等原因,影响发动机的冷却效果,表现为发动机冷却液温度过低和过高等,这都将严重影响发动机的正常工作。

冷却液温度过低,使燃油雾化不良,油耗增加,发动机功率下降,柴油机还会出现工作粗暴的现象。在低温情况下,润滑油因温度低使其泵送能力变差,增加了机件的运动阻力;同时,会加剧缸壁的"冷激"现象,加剧缸壁和活塞的腐蚀与磨损。

冷却液温度过高,发动机易出现爆燃和早燃,甚至引起活塞烧顶事故。由于高温使各运动零件受热膨胀过度,使原有的配合间隙发生变化,破坏了正常的工作状态;同时,由于润滑油黏度下降和变质,破坏润滑油膜,导致烧蚀、结胶、积炭,加剧发动机零件的磨损,甚至造成拉缸、烧瓦等致命故障,使发动机丧失工作能力。冷却液温度过高还会出现气缸水封圈(湿式缸套)等橡胶件老化损坏、漏水、漏油等故障。

综上所述,发动机的工作温度过高或过低,都会影响发动机的动力性、经济性、可靠性以及其使用寿命。实验证明,当冷却系统的水温在 80～90℃时,发动机的工况处在最佳状态。为了使水冷系统持久保持这个温度范围,应经常对水冷系统各部件进行检查与修理。

7.2.10.1 冷却液温过高

运行中的汽车,在百叶窗完全打开的情况下,冷却液温度表指针经常指在 100℃以上,且散热器伴随有"开锅"现象;燃烧室内出现"炽热点",发动机熄火困难;汽油机易发生爆燃或早燃,柴油机易发生早燃使工作粗暴。出现这些现象,可判定发动机有冷却液温度过高的故障发生。

造成冷却液温过高的原因及处理方法如下。

① 冷却液不足。按规定补充冷却液。
② 风扇皮带松弛、沾油打滑或断裂。调整带的松紧度或更换皮带。
③ 混合气过稀。调整混合气浓度。
④ 水套和分水管积垢或堵塞。清理水套和分水管。
⑤ 水泵工作性能不良。检修或更换水泵。
⑥ 点火时间不当。调整点火提前角。
⑦ 燃烧室内积炭过多。清洗燃烧室。
⑧ 风扇离合器接合时间过晚或打滑。检修或更换风扇离合器。
⑨ 散热器的进水管或出水管凹瘪。检修或更换散热器水管。

⑩ 节温器主阀门不能打开或打开时间过迟。检修或更换节温器。
⑪ 散热器内部水垢堵塞或外部过脏。清洗散热器。
⑫ 百叶窗不能完全打开。检修百叶窗及控制机构。
⑬ 电动风扇性能不良。检修或更换电动风扇。
⑭ 温控开关或冷却液温度传感器和控制器失效。检修或更换温控开关、冷却液温度传感器或控制器。

7.2.10.2　冷却液温过低

冬季运行的汽车，在百叶窗完全关闭，冷却液温度表和冷却液温度传感器技术状况完好的情况下，发动机达不到正常的工作温度；发动机动力不足，油耗增加。出现这些现象，可判定发动机有冷却液温度过低的故障发生。

造成冷却液温过低的原因及处理方法如下。

① 百叶窗关闭不严。检修百叶窗及控制机构。
② 风扇离合器接合过早。检修或更换风扇离合器。
③ 温控开关闭合太早。检修或更换温控开关。

7.2.10.3　冷却液消耗过多

是指冷却液比正常情况下消耗过快的现象。其主要原因有冷却系统内部渗漏、冷却系统外部渗漏和散热器盖开启压力过低。

通过目测检查外部有没有漏水的痕迹，确定有无外部渗漏；通过检查机油是否发白（乳化）或在发动机冷却液温度正常时排气是否冒白烟确定内部是否渗漏。此外还可用专用手动压力测试器进行就车检测。

单 元 练 习

一、选择题

1. 当节温器失效后冷却系统（　　）。
 A. 只有小循环　　　　　　　　　B. 只有大循环
 C. 既有大循环又有小循环　　　　D. 电控风扇停转
2. 发动机正常工作时，其冷却水的温度应为（　　）之间。
 A. 50～60℃　　B. 60～70℃　　C. 70～80℃　　D. 80～90℃
3. 发动机温度过热时，以下哪个描述是错误的（　　）。
 A. 将使发动机经济性变好　　　　B. 将使汽油机早燃和爆燃的倾向增大
 C. 将使发动机熄火困难　　　　　D. 将使柴油机容易发生工作粗暴
4. 未装节温器，在冬季行车时容易使冷却系统温度（　　）。
 A. 偏高　　　　　B. 偏低　　　　C. 不影响　　　　D. 视具体情况而定
5. 以下哪个不是冷却液添加剂的作用（　　）。
 A. 防腐、防垢　　　　　　　　　B. 减小冷却系统压力
 C. 提高冷却介质沸点　　　　　　D. 降低冷却介质冰点

二、判断题

1. 蜡式节温器失效后无法修复，应按照其安全寿命定期更换。（　　）
2. 当发动机冷却系统"开锅"时，应立即打开散热器盖添加冷却液。（　　）
3. 一般水泵轴承的轴向间隙大于0.50mm，径向间隙大于0.15mm时，应予以更换。（　　）

4. 夏天发动机温度过高时，应把冷却液放掉换用自来水冷却发动机。（   ）
5. 炎热夏季为防止发动机温度过高，可以拆掉节温器。（   ）

三、简答题

1. 简述冷却系统的功用，发动机的冷却强度为什么要调节？如何调节？
2. 水冷却系中为什么要装节温器？什么叫大循环？什么叫小循环？
3. 如果蜡式节温器中的石蜡漏失，节温器将处于怎样的工作状态？发动机会出现什么故障？
4. 分析冷却水温过低产生的原因？
5. 分析冷却液温度过高而沸腾，发动机会出现什么故障？

单元八 润滑系统与维修

学习目标

1. 能够对润滑系统主要部件进行拆装与检修
2. 能够对润滑系统常见故障进行调整和排除
3. 掌握润滑系统的基本组成与结构原理
4. 熟悉润滑油的主要性能、分类与选用方法
5. 培养国家安全意识

8.1 基本认知

8.1.1 润滑系统的功用及组成

发动机工作时,传力零件的相对运动表面(如曲轴与主轴承、活塞与气缸壁、正时齿轮副等)之间必然产生摩擦。金属表面之间的摩擦不仅会增大发动机内部的功率消耗,使零件工作表面迅速磨损,而且由于摩擦产生的大量热可能导致零件工作表面烧损,致使发动机无法运转。因此,为了保证发动机正常工作,必须对相对运动表面加以润滑,减小摩擦阻力,降低功率损耗,减轻机件磨损,延长发动机使用寿命。

8.1.1.1 润滑系统功用

润滑系统的功用就是在发动机工作时连续不断地把数量足够、温度适当的洁净机油输送到全部传动件的摩擦表面,并在摩擦表面之间形成油膜,实现液体摩擦,从而减小摩擦阻力、降低功率消耗、减轻机件磨损,以达到提高发动机工作可靠性和耐久性的目的。

(1)润滑作用 机油在运动零件的所有摩擦表面之间形成连续的油膜,以减小零件之间的摩擦。

(2)冷却作用 机油在循环过程中流过零件工作表面,可以降低零件的温度。

(3)清洗作用 机油可以带走摩擦表面产生的金属碎末及冲洗掉沉积在气缸、活塞、活塞环及其他零件上的积炭。

(4)密封作用 附着在气缸壁、活塞及活塞环上的油膜,可起到密封防漏的作用。

(5)防锈作用 机油有防止零件发生锈蚀的作用。

8.1.1.2 润滑方式

由于发动机传动件的工作条件不尽相同,因此,对负荷及相对运动速度不同的传动件采用不同的润滑方式。

(1)压力润滑 以一定的压力把机油供入摩擦表面的润滑方式。这种方式主要用于主轴

承、连杆轴承及凸轮轴承等负荷较大的摩擦表面的润滑。

（2）飞溅润滑 利用发动机工作时运动件溅泼起来的油滴或油雾润滑摩擦表面的润滑方式。该方式主要用来润滑负荷较轻的气缸壁面和配气机构的凸轮、挺柱、气门杆以及摇臂等零件的工作表面。

（3）润滑脂润滑 通过润滑脂嘴定期加注润滑脂来润滑零件的工作表面，如水泵及发电机轴承等。

8.1.1.3 润滑系统的组成

润滑系统由机油泵、机油滤清器、机油冷却器、机油集滤器等组成（图8-1）。此外，润滑系统还包括机油压力表、温度表和机油管道等。

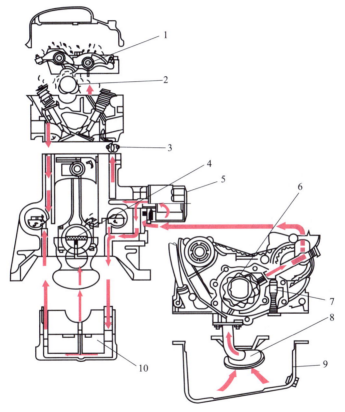

图 8-1 润滑系统组成

1—摇臂轴；2—凸轮轴；3—节流孔；4—曲轴；5—机油滤清器；6—机油泵；7—限压阀；
8—机油集滤器；9—油底壳；10—曲轴主轴承

8.1.2 润滑系统的油路

现代汽车发动机润滑系统的油路大致相同，如图8-2所示。

图8-3为大众AJR发动机润滑油路，油底壳内的润滑油经集滤器滤掉大的机械杂质后，被机油泵压入机油滤清器后分三路送出。第一路经主油道送入曲轴主轴承分油道，润滑主轴承，经曲轴内油道润滑连杆大端轴承，再经连杆内油道润滑连杆小端轴承后回到油底壳；第二路通过安装在机油滤清器上的一个单向阀进入气缸盖主油道，分配到凸轮轴径和液力挺柱，单向阀的作用是发动机停机后保证气缸盖油道内的油压，确保发动机再次启动时液力挺

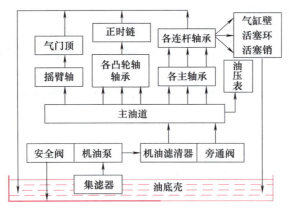

图 8-2 发动机润滑油路示意图

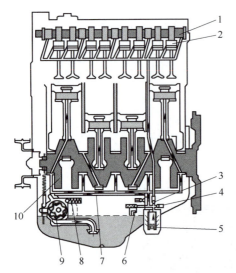

图 8-3 AJR 发动机润滑油路
1—凸轮轴；2—液力挺柱；3—单向阀；4—旁通阀；
5—机油滤清器；6—限压阀；7—主油道；
8—安全阀；9—机油泵；10—曲轴

柱能够正常工作；第三路通往限压阀，在油道内压力过大时打开，将部分润滑油旁通流回油底壳。

机油滤清器上设有旁通阀，启动压力为 0.18MPa。当机油滤清器堵塞，润滑油通过压力开关短路进入主油道，防止发动机运动副因缺润滑油而烧坏。

在气缸盖主油道末端也设置一个压力开关，该开关为最低压力报警开关。发动机点火后，该开关指示灯点亮，当油压超过 0.031MPa 时熄灭。发动机转速降低时，如果油压回落到 0.031MPa 以下时，该低压开关触点又闭合，指示灯又闪亮。

8.1.3 润滑剂

汽车发动机润滑剂包括机油和润滑脂两种。

8.1.3.1 机油的使用特性

汽车发动机机油在润滑系统内循环流动，循环次数每小时可达 100 次。机油的工作条件十分恶劣，在循环过程中，机油与高温的金属壁面及空气频频接触，不断氧化变质。窜入曲轴箱内的燃油蒸气、废气以及金属磨屑和积炭等，使机油受到严重污染。另外，机油的工作温度变化范围很大：在发动机启动时为环境温度；在发动机正常运转时，曲轴箱中机油的平均温度可达 95℃ 或更高；同时，机油还与 180~300℃ 的高温零件接触，受到强烈的加热。因此，发动机对机油有严格的要求。

（1）适当的黏度　机油黏度对发动机的工作有很大的影响。黏度过小，在高温、高压下容易从摩擦表面流失，不能形成足够厚度的油膜；黏度过大，冷启动困难，机油不能被泵送到摩擦表面。机油的黏度随温度而变化。温度升高，黏度减小；温度降低，黏度增大。

（2）优异的氧化安定性　氧化安定性是指机油抵抗氧化作用不使其性质发生永久变化的能力。当机油在使用及储存过程中与空气中的氧气接触而发生氧化作用时，机油的颜色变暗，黏度增加，酸性增大，并产生胶状沉积物。氧化变质的机油将腐蚀发动机零件，甚至破坏发动机的工作性能。

（3）良好的防腐性　机油在使用过程中不可避免地被氧化而生成各种有机酸。这类酸性物质对金属零件有腐蚀作用，可能使铜铅和镉镍一类的轴承表面出现斑点、麻坑或使合金层剥落。

（4）较低的起泡性　由于机油在润滑系统中快速循环和飞溅，必然会产生泡沫。如果泡沫太多，或泡沫不能迅速消除，将造成摩擦表面供油不足。控制泡沫生成的方法，是在机油中添加泡沫抑制剂。

（5）强烈的清净分散性　是指机油分散、疏松和移走附着在零件表面上的积炭和污垢的能力。为使机油具有清净分散性，必须加入清净分散添加剂。

（6）高度的极压性　在摩擦表面之间的油膜厚度小于 $0.3\sim0.4\mu m$ 的润滑状态，称为边界润滑。习惯上把高温、高压下的边界润滑，称为极压润滑。机油在极压条件下的抗摩性称为极压性。

8.1.3.2　机油的分类

国际上广泛采用美国 SAE 黏度分类法和 API 使用分类法，而且它们已被国际标准化组织（ISO）确认。美国工程师学会（SAE）按照机油的黏度等级，把机油分为冬季用机油和非冬季用机油。冬季用机油有六种牌号：SAE0W、SAE5W、SAE10W、SAE15W、SAE20W 和 SAE25W。非冬季机油有四种牌号：SAE20、SAE30、SAE40 和 SAE50。号数较大的机油黏度较大，适于在较高的环境温度下使用。为了使用方便，除了上述的单级油外，还有一种多级油，适用于更大的温度范围，如 5W-30 等，它的黏度变化可以跨越几个黏度级别，可以实现冬夏通用，因此多级油目前使用范围很广。

API 使用分类法是美国石油学会（API）根据机油的性能及其最适合的使用场合，把机油分为 S 系列和 C 系列两类。S 系列为汽油机机油，目前有 SA、SB、SC、SD、SE、SF、SG 和 SH 八个级别。C 系列为柴油机机油，目前有 CA、CB、CC、CD 和 CE 五个级别。级号越靠后，使用性能越好，适用的机型越新或强化程度越高。其中，SA、SB、SC 和 CA 级别的机油，除非汽车制造厂特别推荐，否则将不再使用。

我国的机油分类法参照采用 ISO 分类方法。GB/T 7631.3—1995 规定，按机油的性能和使用场合分为以下几种。

① 汽油机机油：SC、SD、SE、SF、SG、SH 六个级别。
② 柴油机机油：CC、CD、CD-Ⅱ、CE、CF-4 五个级别。
③ 二冲程汽油机机油：ERA、ERB、ERC 和 ERD 四个级别。

机油的选用首先应根据汽车发动机的强化程度选用合适的润滑油使用等级，其次根据当地气温条件选用适当黏度等级的润滑油，可参见图 8-4 选择。具体机型应按使用说明书进行机油选用与保养。

8.1.3.3　合成机油

合成机油是利用化学合成方法制成的润滑剂。其主要特点是有良好的黏度-温度特性，可以满足大温差的使用要求；有优良的热氧化安定性，可长期使用不需更换。使用合成机油，发动机的燃油经济性会稍有改善，并可降低发动机的冷启动转速。目前，合成机油的价格比从石油提炼出来的机油贵。但是，随着生产规模的扩大和制造工艺的改进，合成机油的价格将会越来越便宜，未来将是合成机油的时代。

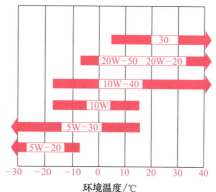

图 8-4　发动机润滑油选用

8.1.3.4 润滑脂

润滑脂是将稠化剂掺入液体润滑剂中所制成的一种稳定的固体或半固体产品,其中可以加入旨在改善润滑脂某种特性的添加剂。润滑脂在常温下可附着于垂直表面而不流淌,并能在敞开或密封不良的摩擦部位工作,具有其他润滑剂所不能代替的特点。因此,在汽车的许多部位都使用润滑脂润滑。目前,进口汽车和国产新车普遍推荐使用汽车通用锂基润滑脂(GB/T 5671—2014)。这种润滑脂具有良好的高低温适应性,可在-30~120℃的宽温度范围内使用;具有良好的抗水性和防锈性能,可用于潮湿和与水接触的摩擦部位;具有良好的安定性和润滑性,在高速运转的机械部位使用,不变质、不流失,保证润滑。它能够满足我国从哈尔滨到海南岛广大地区汽车的使用要求,与使用钙基或复合钙基润滑脂比较,可以延长换油期2倍,使润滑和维护费下降40%以上。

8.2 润滑系统部件与检修

8.2.1 润滑系统的主要部件

8.2.1.1 机油泵

机油泵的功用是保证机油在润滑系统内循环流动,并在发动机任何转速下都能以足够高的压力向润滑部位输送足够数量的机油。

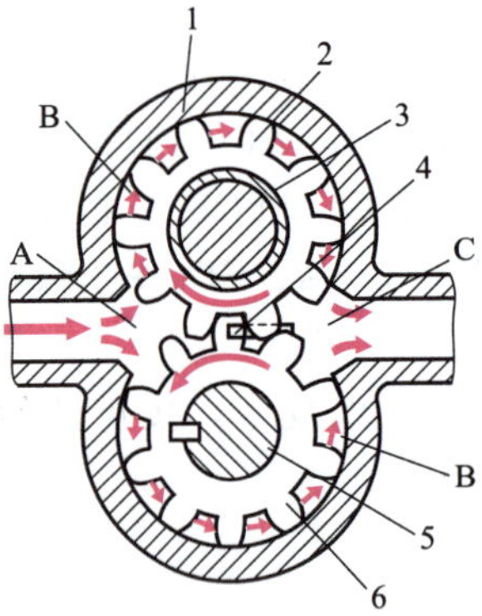

机油泵可分为齿轮式和转子式两类。齿轮式机油泵又分内接齿轮式和外接齿轮式。

(1)外接齿轮式机油泵 如图8-5所示,齿轮式机油泵由两个齿数相同的齿轮相互啮合,装在壳体内,齿轮与壳体的径向和端面间隙很小。主动轴与主动齿轮用键连接,从动齿轮空套在从动轴上。主动轴由曲轴或凸轮轴经中间传动机构驱动。

工作时,主动齿轮带动从动齿轮反向旋转。两齿轮旋转时,充满在齿轮齿槽间的机油沿油泵壳壁由进油腔带到出油腔,在进油腔一侧由于齿轮脱开啮合以及机油被不断地带出而产生真空,使油底壳内的机油在大气压力作用下经集滤器进入进油腔,而在出油腔一侧由于齿轮进入啮合和机油被不断带入而产生挤压作用,机油以一定压力被泵出。

图8-5 外接齿轮式机油泵
1—机油泵体;2—机油泵从动齿轮;3—衬套;4—卸压槽;5—驱动轴;6—机油泵主动齿轮
A—进油腔;B—过渡油腔;C—出油腔

为了防止封闭在轮齿径向间隙内的油压过高引起的工作阻力加大和加快机油泵轴衬套的磨损,在泵盖上加工有卸压槽4,使轮齿径向间隙内的机油经卸压槽流入出油腔。

在机油泵齿轮与泵盖之间加有垫片密封,同时可以通过调整垫片厚度,调整齿轮端面间隙在0.05~0.20mm,该间隙过大,机油压力下降,泵油量减少。

外接齿轮式机油泵结构简单,机械加工方便,工作可靠,使用寿命长,应用较广泛。

(2)内接齿轮式机油泵 如图8-6所示,外齿轮3为主动齿轮,套在曲轴前端,通过花键套直接由曲轴驱动。内齿轮2为从动齿轮,安装在机油泵体内,泵体固定在发动机机体前端。当主动齿轮旋转时,带动从动齿轮旋转,进油容积由小变大,不断进油;出油容积不断由大变小，油压升高。这种齿轮泵直接由曲轴驱动，无需中间传动机构。所以零件数少，体积小，成本低，但泵油效率较低。

（3）转子式机油泵　如图8-7所示，它由内、外转子等零件组成。内转子4有多个凸齿，外形为次摆线，固定在机油泵传动轴上，由机油泵齿轮驱动。外转子3比内转子多一个凹齿，它自由地安装在机油泵体2内，并与内转子啮合转动。内、外转子有一定偏心距，它们与机油泵体和泵盖组成了进油腔A、过渡油腔B和出油腔C。

机油泵工作时，内转子带动外转子旋转，进油腔容积不断由小变大，腔内产生一定真空度，润滑油从油底壳被吸入进油腔A，随后经过渡油腔B，再进入出油腔C，出油腔容积由大变小，使润滑油压力升高，再送往各润滑油道。

8.2.1.2　安全阀

机油泵必须在发动机各种转速下都能供给足够数量的机油，以维持足够的机油压力，保证发动机的润滑。机油泵的供油量与其转速有关，而机油泵的转速又与发动机转速成正比。因此，在设计机油泵时，都是使其在低速时有足够大的供油量。但是，在高速时机油泵的供油量明显偏大，机油压力也显著偏高。另外，在发动机冷启动时，机油黏度大，流动性差，机油压力也会大幅度升高。为了防止油压过高，在润滑油路中设置安全阀或限压阀。一般安全阀装在机油泵或机体的主油道上（图8-7）。当安全阀安装在机油泵上时，如果油压达到规定值，安全阀开启，多余的机油返回机油泵进口。如果安全阀安装在主油道上，则当油压达到规定值时，多余的机油经过安全阀流回油底壳。

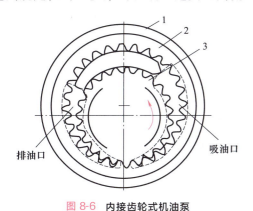

图8-6　内接齿轮式机油泵

1—机油泵体；2—从动内齿轮；3—主动外齿轮

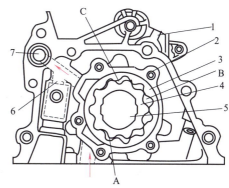

图8-7　转子式机油泵

1—发动机体；2—机油泵体；3—外转子；4—内转子；
5—驱动轴；6—安全阀；7—出油孔；
A—进油腔；B—过渡油腔；C—出油腔

8.2.1.3　机油滤清器

机油滤清器的功用是滤除机油中的金属磨屑、机械杂质和机油氧化物。如果这些杂质随同机油进入润滑系统，将加剧发动机零件的磨损，还可能堵塞油管或油道。

机油滤清的方式有两种：全流式和分流式。全流式机油滤清器串联于机油泵和主油道之间，因此全部机油都经过它滤清。目前在轿车上普遍采用全流式机油滤清器。

（1）全流式机油滤清器　现代汽车发动机所采用的全流式滤清器（也称为粗滤器）多为过滤式，用于滤去机油中粒度较大（直径为0.05～0.10mm以上）的杂质。它对机油的流动阻力较小，故可以串联于机油泵与主油道之间。如图8-8所示，机油从纸滤芯的外围进入滤清器中心，然后经出油口流进机体主油道。机油流过滤芯时杂质被截留在滤芯上。如果滤清器使用时间达到了更换周期，就把整个滤清器拆下换上新滤清器。纸滤芯由经过酚醛树脂

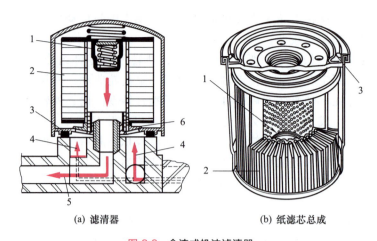

(a) 滤清器　　　　　(b) 纸滤芯总成

图 8-8　全流式机油滤清器
1—安全阀；2—纸滤芯；3—密封圈；4—来自机油泵的机油；
5—过滤后的机油；6—防漏阀

处理的微孔滤纸制造，这种滤纸具有较高的强度，较好的耐腐蚀性和耐湿性。纸滤芯则具有重量轻、体积小、结构简单、滤清效果好、阻力小和成本低等优点，因而得到了广泛的应用。机油滤清器的滤芯还可以采用其他纤维滤清材料制作。

(2) 分流式机油滤清器　也称为细滤器，较多地应用在大型货车发动机上，主要滤去机油中的细小杂质（直径在 0.001~0.005mm 之间），其流量小、阻力大，机油流量不超过机油泵流量的 10%~15%。故多数细滤器安装方法为分流式，即与主油道并联。机油细滤器有纸质细滤器、锯末滤芯细滤器和离心式细滤器。过滤式存在着滤清能力与通过能力的矛盾，而离心式则有滤清能力高，通过能力大，且不受沉淀物影响等优点。因此，车用发动机多以离心式机油滤清器作为分流式机油细滤器。

图 8-9 所示为离心式细滤器，滤清器壳体 1 上固定着带中心孔的转子轴 3。转子体 14 与转子体端套 6 连成一体，其上压入三个衬套 13，衬套在转子轴上可以自由转动。压紧螺母 12 将转子盖 8 与转子体紧固在一起。转子下面装有止推轴承 4。转子上面装有支撑垫 9，并用弹簧 10 压紧，以限制转子轴向移动。整个转子用滤清器盖 7 盖住，压紧螺套 11 将滤清器盖固定在壳体上。转子下端装有两个水平安装的互成反向的喷嘴 5。

发动机工作时，从油泵来的机油进入滤清器进油孔 B。当油压较低时（低于 0.1MPa），进油限压阀 19 不开，机油则不进入细滤器而全部供入主油道，以保证发动机可靠润滑。当油压高于 0.1MPa 时，进油限压阀被顶开，机油沿外壳和转子轴的中心孔，经出油孔 C 进入转子内腔，然后经进油孔 D、油道 E 从两喷嘴喷出。于是转子在喷射反作用力的推动下便高速旋转。当油压为 0.3MPa 时，转子转速高达 5000~6000r/min。由于转子内腔的机油随着转子高速旋转，机油中的机械杂质在离心力的作用下被甩向转子壁。因此，由孔 D 进入、经喷嘴喷出的是洁净的机油。喷出的机油经滤清器出油孔 F 流回油底壳。

在发动机工作中如机油温度过高，可旋松调整螺钉 17，机油通过球阀，经管接头 20 流向机油散热器。当油压高于 0.4MPa 时，旁通阀 18 打开，机油流回油底壳。

离心式滤清器滤清能力高，通过能力好，且不受沉淀物影响，不需更换滤芯，只需定期清洗即可；但对胶质滤清效果较差。这种滤清器由于出油无压力，一般只用作分流式细滤器。在有些小功率发动机上也有用全流式离心细滤器的。

(3) 复合式机油细滤器　为了提高机油过滤效果，有的发动机采用双滤芯（图 8-10），

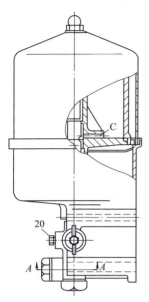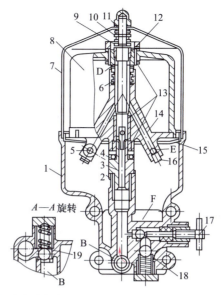

图 8-9 离心式细滤器

1—壳体;2—锁片;3—转子轴;4—止推轴承;5—喷嘴;6—转子体端套;7—滤清器盖;8—转子盖;
9—支撑垫;10—弹簧;11—压紧螺套;12—压紧螺母;13—衬套;14—转子体;15—挡板;
16—螺塞;17—调整螺钉;18—旁通阀;19—进油限压阀;20—管接头;
B—滤清器进油孔;C—出油孔;D—进油孔;
E—通喷嘴油道;F—滤清器出油孔

称复合式滤清器。正常情况下,从机油泵来的机油经进油口进入外滤芯(粗滤芯)6,再进入内滤芯(细滤芯)7,然后经中心油道从出油口流向主油道。

当内滤芯堵塞,其前后压差达 0.09~0.1MPa 时,旁通阀 15 打开,机油从旁通阀流向主油道;当外滤芯堵塞,其前后压差达 0.2~0.25MPa 时,安全阀 3 打开,机油从安全阀流向主油道。

8.2.1.4 油底壳

油底壳用于存储润滑油。它由薄钢板冲压而成,为防止润滑油渗漏,其与机体结合面加垫片和密封胶密封。

8.2.1.5 机油集滤器

机油集滤器安装在油底壳润滑油的入口,整体形状取决于油底壳内的安装空间,头部装有金属网,埋入机油中,用来滤除润滑油中粗大的杂质,图 8-11 为几种发动机的集滤器。

8.2.1.6 机油散热器和冷却器

在高性能大功率的强化发动机上,由于热负荷大,机油温度高达 95℃ 以上,过

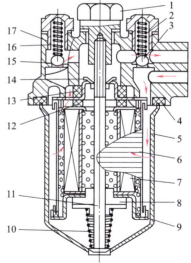

图 8-10 复合式滤清器

1—拉杆螺母;2—安全阀弹簧;3—安全阀;4—橡胶垫;
5—壳体;6—外(粗)滤芯;7—内(细)滤芯;
8—橡胶下油封;9—橡胶密封圈;10—滤芯底
座弹簧;11—拉杆螺栓;12—橡胶上油封;
13—密封圈;14—锁紧螺母;15—旁通阀;
16—旁通阀弹簧;17—滤清器盖

图 8-11 机油集滤器

高的温度使机油黏度下降,不利于在摩擦表面形成油膜润滑,同时加快机油氧化变质,失去作用,必须装设机油冷却装置。

(1) 机油散热器　机油散热器由散热管、限压阀、开关及进、出油管等组成。其结构与冷却水散热器相似。

机油散热器一般安装在冷却水散热器的前面,与主油道并联。机油泵工作时,一方面将机油供给主油道,另一方面经限压阀、机油散热器开关、进油管进入机油散热器内,冷却后从出油管流回机油盘,如此循环流动。

(2) 机油冷却器　将机油冷却器置于冷却水路中,利用冷却水的温度来控制润滑油的温度。当润滑油温度高时,靠冷却水降温,发动机启动时,则从冷却水吸收热量使润滑油迅速提高温度。机油冷却器由铝合金铸成的壳体、冷却器芯、安全阀和机油滤清器等组成,如图 8-12 所示。冷却水在管外流动,润滑油在管内流动,两者进行热量交换。也有使油在管外流动,而水在管内流动的结构。水冷式机油冷却器外形尺寸小,布置方便,且不会使机油冷却过度,机油温度稳定,因而在轿车上应用较广。

图 8-12　机油冷却器

1—冷却器壳体;2—冷却器芯;3—安全阀;4—机油滤清器

8.2.2　润滑系统主要部件的检修

8.2.2.1　机油泵的检修

机油泵的主要损伤形式是由零件的磨损所造成的泄漏,使泵油压力降低和泵油量减少。机油泵的端面间隙、齿顶间隙、齿轮啮合间隙、轴与轴承间隙的增大及各处密封性、限压阀的调整将影响泵油量和泵油压力。机油泵工作时若润滑条件好,则零件磨损速度慢,使用寿命长,故可以根据它的工作性能确定是否需拆检和修理。

(1) 齿轮式机油泵的检测　各部位的检测方法如图 8-13 所示。

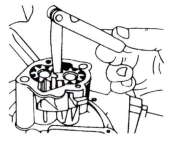
(a) 检查机油泵的齿间间隙

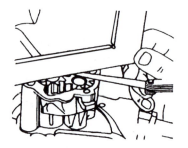
(b) 检查机油泵的端面间隙

图 8-13　齿轮式机油泵的检测

① 用直尺和塞尺检查齿轮端面到泵盖端面的距离（端面间隙），一般为 0.05～0.15mm，磨损极限为 0.20mm。

② 用直尺和塞尺检查泵盖端面的平面度，平面度误差若大于 0.05mm，应修磨平面。

③ 用塞尺检查齿顶与泵体之间的间隙，一般为 0.05～0.15mm，其磨损极限为 0.20mm。

④ 用塞尺测量齿轮的啮合间隙（齿间间隙），应同时在相邻 120°的三点上进行测量。间隙值一般为 0.05～0.20mm，三点齿隙相差不应超过 0.10mm。外接式机油泵的磨损极限为 0.25mm，内接式机油泵的磨损极限为 0.20mm。

(2) 转子式机油泵的检测　对于转子式机油泵，应检查其端面间隙、啮合间隙、外转子与泵壳之间的间隙，检测方法如图 8-14 所示。

① 用塞尺测量内转子齿顶与外转子内廓面间的径向间隙。其间隙值应小于 0.15mm，极限值为 0.25mm。

② 用塞尺测量外转子与泵体的径向间隙，其标准值一般为 0.10～0.16mm，许用极限为 0.30mm。

③ 用直尺与塞尺或游标深度尺测量泵体与转子之间的轴向间隙，其标准值一般为 0.03～0.09mm，许用极限为 0.20mm。

  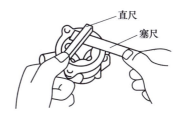

(a) 检查内转子齿顶与外转子内廓面间的间隙　(b) 检查外转子与泵体间的间隙　(c) 检查泵体与转子之间的间隙

图 8-14　转子式机油泵的检测

机油泵磨损后，若各部位间隙大于磨损极限，应更换零件或更换总成。

(3) 机油泵性能试验　机油泵检修装复后可通过下列试验方法进行试验，以检验其性能。

① 简易试验法　将机油泵和集滤器安装好之后，一起放入装有清洁机油的机油池中，用螺丝刀按顺时针方向转动机油泵传动轴，应有机油从出油孔中排出。如果用拇指堵住出油孔，继续转动机油泵时，应感觉到有压力。

② 试验台试验法　将机油泵安装好之后在试验台上试验，检查其压力。例如，桑塔纳 2000 型轿车发动机机油泵在油温为 80℃、转速为 1000r/min 时，进口压力为 0.01MPa，输出压力为 0.65MPa，最小流量为 8.3L/min。

机油泵压力的调整，可以通过增减限压阀螺塞下面的调整垫片或增减限压阀弹簧座处的垫片进行。

8.2.2.2　机油滤清器的检修

(1) 机油集滤器的检修　轿车油滤清器为整体式，更换时应将外壳与滤芯一起更换。机油滤清器的更换步骤如下。

① 趁热放出发动机机油。

② 用专用工具拆卸机油滤清器。更换时，注意清洗滤清器安装表面。

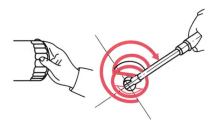

图 8-15 用专用工具拧紧机油滤清器

③ 安装新滤清器时,应在密封圈上涂上干净的机油。若不涂机油,安装时密封圈与接合面发生干摩擦,密封圈易翘曲和损坏,造成密封不良而漏油。

④ 用手轻轻拧进机油滤清器,直到感觉有阻力为止,再用专用工具重新拧紧机油滤清器 3/4 圈,如图 8-15 所示。

(2) 机油细滤器的检修　离心式细滤器在使用中会发生机件磨损、密封圈损坏、喷嘴堵塞、转子停转及轴承松旷等故障。

若喷嘴堵塞,可以用压缩空气吹通。注意不能用金属丝穿通,以免刮伤喷孔。若密封圈损坏、变形或老化发硬,应及时更换。若转子轴磨损,轴与孔的配合间隙超过 0.15mm 或轴与轴承的配合间隙大于 0.10mm 时,可用镀铬法修复转子轴。若进油阀座磨损,可用细研磨剂研磨阀座,并更换新的钢球。如弹簧弹力降低,应更换新的弹簧。

此外,还应注意以下几点。

① 维修细滤器时,注意转子座下面的单向推力球轴承座圈不可丢失。

② 装复转子总成时,应对准转子罩与转子座之间的装配记号,以免破坏转子总成的平衡。

③ 转子上的锁紧螺母不可拧得过紧,如超过 29～49N·m,会破坏转子的正常工作。

④ 转子总成上端与压紧弹簧之间应有一个止推垫片,装配时注意光面对着转子,不得漏装或反装。否则,转子无法转动。

为了检验细滤器的性能指标,应在专用的试验台上进行试验。其试验技术数据应符合相关维修手册要求。

8.2.2.3　机油压力的检测

润滑系统机油压力检测

(1) 机油压力开关的检测　机油压力开关的性能,可以用 VAG1342 检测仪和辅助线缆 VAG1594A 进行检测。图 8-16 所示为导线的连接情况。现以速腾轿车发动机为例介绍其操作步骤。

① 拆下 0.03MPa 压力开关,然后拧紧到检测仪的蓝色导线上。

② 将检测仪压力管的接口软管拧在 0.03MPa 开关的安装口上。

③ 将检测仪的棕色导线接地。

④ 将发光二极管表笔接在蓄电池正极和 0.03MPa 压力开关之间,此时发光二极管应发光。

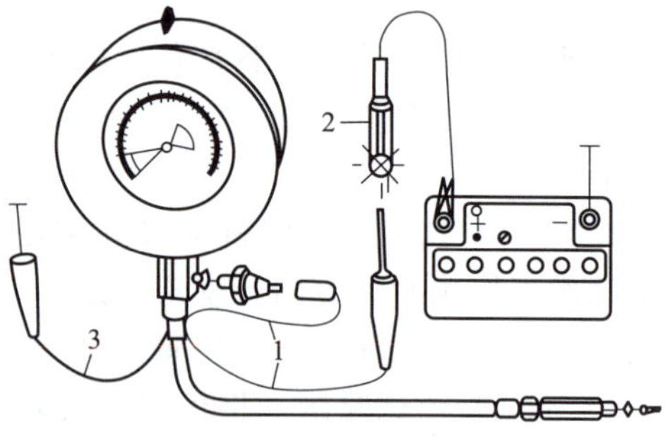

⑤ 启动发动机并慢慢升高转速,检测仪 VAG1342 上显示的压力在 0.015～0.045MPa 之间时,发光二极管应熄灭,否则应更换 0.03MPa 压力开关。

图 8-16　机油压力开关的检测
1—蓝色导线；2—发光二极管；3—棕色导线

⑥ 将 0.03MPa 压力开关拆下,换接 0.18MPa 压力开关。

⑦ 发动机转速大于 2000r/min 时,检测仪 VAG1342 显示压力在 0.16～0.20MPa 之间时,发光二极管应熄灭,否则应更换 0.18MPa 压力开关。

(2) 机油压力的检测　机油压力是发动机润滑系统技术状况的重要指标。保证发动机正常的机油压力是润滑系统发挥作用的先决条件。正常发动机在常用转速范围内,汽油机机油压力应为 196～392kPa，柴油机机油压力应为 294～588kPa。如机油压力在发动机中等转速下低于 147kPa，在怠速下低于 49kPa，则发动机应停止运转。

机油压力值，通常根据汽车仪表板上的机油压力表或油压信号指示灯显示而获得，虽然测量精度较差，但能满足检测要求。

正常情况下，当打开点火开关时，机油压力表指针指示为"0"，如装有油压信号指示灯，则灯亮。发动机启动后，若油压信号指示灯在数秒内熄灭，则机油压力表则指示为某一较高数值，然后随发动机热起来而逐渐指示正常。当机油压力不符合要求时，可使用仪器进行诊断。

现以速腾发动机为例，利用仪器检测其机油压力的具体步骤如下（该发动机正常的机油压力为 0.2～0.4MPa）。

① 拆下 0.03MPa 压力开关，拧到检测仪 VAG1342 上。
② 将检测仪的压力管拧在 0.03MPa 开关的接口处。
③ 启动发动机，升高转速，当转速大于 2000r/min 且机油温度约为 80℃时，机油压力至少应达到 0.20MPa；若继续升高转速，机油压力不得超过 0.70MPa。

8.2.3　润滑系统故障维修

发动机润滑系统的技术状况直接影响整机的工作性能和使用寿命。润滑系统技术状况变差，将导致机件摩擦加剧，甚至引起发动机拉缸、抱轴等致命故障，使发动机丧失工作能力。润滑系统技术状况变化的主要标志是主油道压力过低和机油变质。

8.2.3.1　润滑系统的维护

（1）日常维护　每日检查机油储量和质量，以及时补给。行车中注意观察机油指示压力，定期更换机油。机油的正常消耗率一般为 0.1～0.3g/(kW·h)。

更换机油的周期一般为 5000km 或三个月。更换机油时，应在发动机热态下，放净旧机油，然后用专用的清洗设备清洗机油道之后，再按原厂规定的容量和牌号加注新机油。

（2）一级维护　一般每行驶 5000km 需进行一级维护。内容为按规定的润滑部位加注润滑剂，检查各总成内润滑油平面，更换、添加润滑油；检查离心式机油滤清器的运转是否正常，清洗细滤器，更换粗滤芯。

（3）二级维护　一般每行驶 12000～15000km 需进行二级维护。内容为清洗润滑油道和油底壳；拆下细滤器壳体，清洗转子罩内壁沉积物，并清洗转子，保持机油喷口畅通，装配后转子应转动灵活，无渗漏现象；更换、添加润滑油。

最后检查和调整离心式机油滤清器进油限压阀的开启压力，如东风 EQ6100-1 型发动机为 98～176kPa，解放 CA6102 型发动机为 147～196kPa，AFE 发动机机油泵的最高工作压力均为 0.6MPa，AJR 型发动机机油泵的最高工作压力为 1MPa。

8.2.3.2　润滑系统常见故障分析

（1）机油压力过高　发动机在正常工作温度和转速下，机油压力表读数高于规定值。此时可判定为机油压力过高故障。产生此故障的原因及处理方法如下。

① 机油黏度过大。更换机油或重新选用机油。
② 机油限压阀弹簧压力调整过大。重新调整弹簧压力。
③ 机油限压阀的润滑油道堵塞。清洗润滑油道。
④ 曲轴主轴承、连杆轴承或凸轮轴轴承间隙过小。必要时光磨曲轴、凸轮轴或更换轴承。

⑤ 机油压力表或其传感器工作不良。检修或更换机油压力表及其传感器。

（2）机油压力过低　发动机在正常工作温度和转速下，机油压力表读数低于规定值或油压报警器报警。此时可判定为发生机油压力过低故障。产生此故障的原因及处理方法如下。

① 机油集滤器网堵塞。清洗机油集滤器。

② 机油滤清器堵塞。清洗或更换机油滤清器。

③ 油底壳内机油油面过低。按规定补充机油。

④ 机油黏度降低。更换机油。

⑤ 机油限压阀弹簧失效或调整不当。更换弹簧或重新调整。

⑥ 润滑油油管接头漏油或进入空气。检修机油管路，排出空气。

⑦ 润滑油道堵塞。清洗润滑油道。

⑧ 机油泵性能不良。检修或更换机油泵。

⑨ 曲轴主轴承、连杆轴承或凸轮轴轴承间隙过大。必要时光磨曲轴、凸轮轴或更换轴承。

⑩ 机油压力表或其传感器工作不良。检修或更换机油压力表及其传感器。

（3）机油消耗过多　如果机油消耗量超过规定值，排气冒蓝烟，气缸内积炭增多，则可判定有机油消耗过多的故障。此故障主要是由泄漏和烧机油造成的，具体原因及处理方法如下。

① 活塞、活塞环与气缸壁的间隙过大或活塞环与环槽的侧隙过大。检修或更换活塞、活塞环和气缸。

② 气门与气门导管间隙过大或气门密封圈失效。检修或更换气门，更换气门导管或气门密封圈。

③ 发动机各部件密封表面漏油。检查发动机各部件的可能漏油表面。

④ 曲轴箱通风不良。检修曲轴箱通风装置。

⑤ 大修后扭曲环或锥面环装反。重新安装活塞环。

单 元 练 习

一、选择题

1. 新装的发动机，若曲轴主轴承间隙偏小，将会导致机油压力（　　）。
   A. 过高　　　　B. 过低　　　　C. 略偏高　　　　D. 略偏低

2. 发动机的活塞与气缸壁间多采用（　　）。
   A. 压力润滑　　B. 定期润滑　　C. 飞溅润滑

3. 正常工作的发动机，其机油泵的限压阀应该是（　　）。
   A. 经常处于关闭状态　　　　　　B. 热机时开，冷机时关
   C. 经常处于溢流状态　　　　　　D. 热机时关，冷机时开

4. 曲轴连杆轴承处的润滑油多来自于（　　）。
   A. 曲轴主轴颈　　B. 凸轮轴轴颈　　C. 活塞与气缸壁

5. 粗滤器滤芯堵塞时，旁通阀打开（　　）。
   A. 使机油不经滤芯，直接流回油底壳　　B. 使机油直接进入细滤器
   C. 使机油直接流入主油道　　　　　　　D. 使机油流回机油泵

二、判断题

1. 为既保证各润滑部位的润滑要求，又减少机油泵的功率消耗，机油泵实际供油量一般应与润滑系统需要的循环油量相等。（　　）
2. 主轴承、连杆轴承间隙过大会造成油压过低。（　　）
3. 润滑油路中机油压力越高越好。（　　）
4. 机油变黑说明机油已经变质。（　　）
5. 气缸磨损过大会造成机油消耗过多。（　　）

三、简答题

1. 叙述润滑系统一般由哪些零部件组成？卸压阀、旁通阀各有何功用？
2. 叙述机油有哪些功用？分析机油SAE5W-40和SAE10W-30有什么不同？
3. 润滑系统二级维护的基本作业项目有哪些？
4. 机油压力过低，分析可能的原因，如何排除？
5. 机油压力过低怎样诊断处理？

单元九 汽车发动机增压

学习目标

1. 能够对增压系统进行保养维护
2. 掌握发动机增压系统的原理和特点
3. 掌握涡轮增压器结构和工作原理
4. 熟悉多级增压系统
5. 培养创业精神和心理承受力

9.1 基本认知

如果气缸完全依靠活塞向下运动时产生的真空度而吸入空气和燃油混合气,这种发动机称为自然吸气式发动机。而发动机进气系统的空气预先由压气机压缩,提高压力后才进入气缸,该类发动机称为增压发动机。增压是将空气预先压缩后再供入气缸,以提高进气密度、增加进气量的一项技术。

汽车装备增压发动机后,由于进气量增加,可相应地增加循环供油量,从而可以增加发动机功率,一般可增加功率10%～60%,有的甚至成倍增长;同时,增压还可以改善燃油经济性。实践证明,采用增压系统的车辆,以正常的车速行驶时,不仅可以获得相当好的燃油经济性,而且还由于发动机功率增加,可以得到驾驶人所期望的良好的加速性,同时降低有害气体排放,其CO和HC排放仅为非增压发动机的1/3～1/2。

9.1.1 进气增压衡量参数

(1) 增压度 指发动机增压后增长的功率与增压前的功率之比。

$$\varphi = \frac{P_{eb} - P_{eo}}{P_{eo}} = \frac{P_{eb}}{P_{eo}} - 1$$

式中 P_{eb}——发动机增压后的有效功率;
P_{eo}——发动机增压前的有效功率。

多数车用发动机的增压度在0.1～0.6的范围内,而高增压柴油机的增压度可达3以上。

(2) 增压比 指增压后空气压力 p_b 与增压前空气压力 p_o 之比。

$$\pi_b = \frac{p_b}{p_o}$$

增压发动机按增压比的大小可分为低增压（$\pi_b<1.5$）、中增压（$1.5<\pi_b\leqslant2.5$）、高增压（$2.5<\pi_b\leqslant3.5$）和超高增压（$\pi_b>3.5$）。

9.1.2 发动机增压的种类

按增压的工作原理，增压发动机的基本类型可分为机械增压、涡轮增压和气波增压三种，对应的增压器称为机械增压器、涡轮增压器和气波增压器。现代汽车增压系统主要以机械增压和涡轮增压为主，其中以废气涡轮增压技术最为成熟，效率也高，应用最为广泛。

（1）机械增压　能有效提高发动机功率，与涡轮增压相比，其低速增压效果更好。机械增压器由发动机曲轴经齿轮增速器驱动，或由曲轴齿形传动带轮经齿形传动带及电磁离合器驱动。由于机械增压器与发动机有直接的机械联系，因此其变工况的瞬态响应性好，加速性好，尤其是低速时加速性好，与发动机容易匹配，结构也比较紧凑，但发动机驱动机械增压器要消耗发电机输出功率，因此发动机的燃油经济性较差，一般适用于小型汽油机或与涡轮增压器复合使用。

（2）涡轮增压　涡轮增压器轴的一端是废气涡轮，另一端是压气机，吸入的空气经废气涡轮压缩之后，进入发动机气缸（有些加装中间冷却器）。一般增压压力可达180~200kPa，最高甚至可达300kPa。现代的涡轮增压器已经变得部件更少、体积更小、转速更高（高达280000r/min），空气压缩比已经达到（2~2.5）∶1（汽油机）和（4~6）∶1（柴油机）。

9.1.3 汽车发动机增压的优点

① 功率相同时，排量可减小，可使发动机的尺寸减小，重量减轻，提高强化程度。在常用工况下，它可以在较高的负荷率下运行，相当接近发动机的最佳燃油经济性工况区域工作。一旦汽车需要加速，发动机很快达到需要的功率。

② 排放降低，节能显著，相应地减少燃料燃烧产生的有害气体和温室气体二氧化碳的排放。增压柴油机与同样排量的自然吸气式柴油机相比，会给燃烧室提供更多的空气，使燃烧更彻底，排放更干净；对于汽油机，二氧化碳的排放与相同功率的自然吸气式发动机相比，要少10%~20%，碳烟和一氧化碳的排放大幅度减少；由于燃烧充分，燃烧温度升高，燃烧室的化学反应更趋强烈，碳氢化合物的排放也会减少。

③ 噪声降低，有效地降低发动机的粗暴程度。发动机增压后，可燃混合气的温度升高，着火延迟期的时间相对缩短，燃烧过程变得柔和，可有效地降低噪声。

④ 在高海拔和稀薄空气的地方也可以满足空气供给，有效地改善发动机的燃烧，提高功率。

9.2　机械增压

9.2.1 系统组成

图9-1为电控汽油喷射式发动机上所采用的一种机械增压系统示意图。图中机械增压器5为罗茨式压气机，由曲轴带轮9经传动带和电磁离合器带轮8驱动。空气经增压器增压后再经中冷器6降温，然后进入气缸。当发动机在小负荷下运转时不需要增压，这时电控单元

ECU 根据节气门位置传感器的信号,使电磁离合器断电,增压器停止工作。与此同时,电控单元向进气旁通阀 4 通电使其开启,空气经旁通阀及旁通管道进入气缸。

9.2.2 机械增压器

9.2.2.1 机械增压器的构造

(1) 罗茨式压气机

机械增压器为罗茨式压气机,它由转子、转子轴、传动齿轮、壳体、后盖和齿轮室罩等构成。压气机中有两个转子,发动机曲轴带轮经传动带、电磁离合器带轮和电磁离合器驱动其中的一个转子,而另一个转子则由传动齿轮带动与第一个转子同步旋转。

罗茨式压气机有两叶(直线型)和三叶(直线型和扭叶型)之分。三叶转子与两叶转子相比有较低的工作噪声、转动的相对平稳及

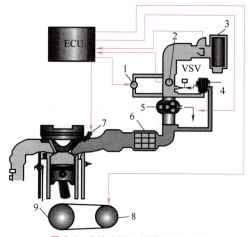

图 9-1 电控汽油机机械增压示意图
1—怠速空气控制阀;2—节气门及节气门位置传感器空气流量计;3—空气滤清器;4—进气旁通阀;
5—机械增压器;6—中冷器;7—喷油器;
8—电磁离合器带轮;9—曲轴带轮

较好的排量特性。通常两叶转子为直线型,而三叶转子为螺旋型。三叶螺旋型转子有较低的工作噪声和较好的增压器特性,在相互啮合的转子之间以及转子与壳体之间都有很小的间隙,并在转子表面涂敷树脂,以保持转子之间以及转子与壳体间较好的气密性。转子用铝合金制造。故三叶转子应用广泛。转子叶型如图 9-2 所示。

(2) 电磁离合器 安装在传动带轮中。电控单元根据发动机工况的需要,发出接通或切断电磁离合器电源的指令,以控制增压器的工作。当接通电源时,电磁线圈通电,主动板吸引从动摩擦片,使离合器处于接合状态,增压器工作。当切断电源时,电磁线圈断电,主动板与从动摩擦片分开,增压器停止转动。

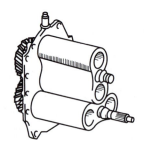 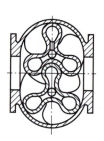

(a) 两叶转子　　　　(b) 三叶转子

图 9-2 转子叶型

9.2.2.2 机械增压器的工作原理

罗茨式压气机工作原理如图 9-3 所示。当转子旋转时,空气从压气机入口吸入,在转子叶片的推动下空气被加速,然后从压气机出口压出。出口与进口的压力比适合增压比小于 1.8 的发动机,发动机转速越高,进气压力越大。

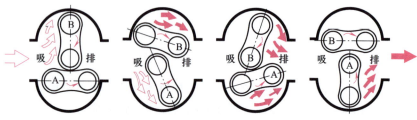

图 9-3 罗茨式压气机工作原理

9.3 涡轮增压

9.3.1 涡轮增压的基本结构与工作原理

废气涡轮增压是利用发动机排气时的能量，冲击涡轮机2（图9-4），使它高速旋转。通过传动轴，带动压气机3也高速旋转，将空气增压，再经进气管进入气缸。

9.3.2 涡轮增压器

涡轮机与压气机通过中间体组装在一起，称为增压器。按废气在涡轮机中的不同流动方向可分为径流式和轴流式两大类，车用发动机多用径流式涡轮增压器。下面介绍径流式涡轮增压器的结构。

增压器由离心式压气机（动力涡轮）、径流式涡轮机（增压涡轮）和中间体三部分组成，如图9-5所示。增压器轴5通过两个浮动轴承支承在中间体14内。

（1）离心式压气机　如图9-6所示，由进气道、叶轮2、叶片式扩压管3及蜗壳4组成。叶轮包括叶片1和轮毂，由增压器轴带动旋转。

当压气机旋转时，空气经进气道轴向进入叶轮，在离心力的作用下被压缩并被甩到叶轮外缘。空气从旋转的叶轮获得能量，使其流速、压力和温度均有较大的提高，然后进入扩压管。扩压管是一个断面渐扩的通道，空气流过扩压管时流速降低，压力和温度均升高，气流将在叶轮中得到的动能大部分转变为压力能。

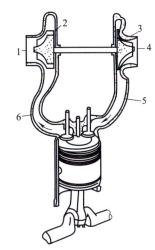

图9-4　废气涡轮增压器的工作原理
1—排气口；2—涡轮机；3—压气机；4—进气口；5—进气管；6—排气管

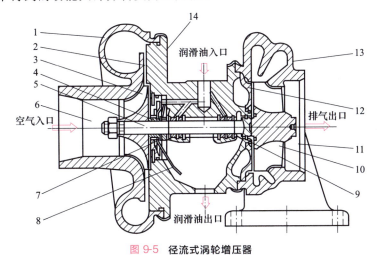

图9-5　径流式涡轮增压器
1—压气机蜗壳；2—无叶式扩压管；3—压气机叶轮；4—密封套；5—增压器轴；6—进气道；7—推力轴承；8—挡油板；9—浮动轴承；10—涡轮机叶轮；11—出气道；12—隔热板；13—涡轮机蜗壳；14—中间体

扩压管分为叶片式和无叶式两种。无叶式扩压管实际上是由蜗壳和中间体侧壁所形成的环形空间。无叶式扩压管构造简单，工况变化时对压气机效率影响较小，适于车用增压器。叶片式扩压管是由相邻叶片构成的流道，其扩压比大，效率高，但结构复杂，工况变化时对压气机效率影响较大。

蜗壳收集从扩压器流出的空气，并继续将动能转变为压力能，引向压气机的出口。

（2）径流式涡轮机 如图9-7所示，它是将发动机排气能量转变为机械功的装置。由蜗壳4、叶片式喷管3、叶轮1和出气道等组成。

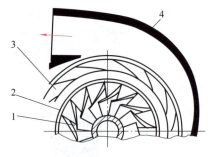

图9-6 离心式压气机示意
1—叶片；2—叶轮；3—叶片式扩压管；4—蜗壳

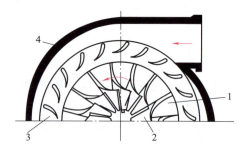

图9-7 径流式涡轮机示意
1—叶轮；2—叶片；3—叶片式喷管；4—蜗壳

蜗壳的进口与发动机的排气管相连，发动机排气经蜗壳引导进入叶片式喷管。喷管是相邻叶片构成的渐缩形流道。排气流过喷管时降压、降温、增速、膨胀，使排气的压力转变为动能。由喷管喷出的高速气流冲击叶轮，并在叶片所形成的流道中继续膨胀做功，推动叶轮旋转。

涡轮机的喷管也有叶片式和无叶式两种。现代车用径流式涡轮机多采用无叶式喷管。涡轮机的蜗壳引导发动机的排气以一定的角度进入涡轮机叶轮，同时将排气的压力能和热能部分地转变为动能。

（3）中间体 如图9-8所示，中间体内装有增压器轴及轴承1和4。增压器轴上安装有涡轮机叶轮、压气机叶轮和密封套等零件，组成涡轮增压器转子，转子以$(1\sim2)\times10^5$

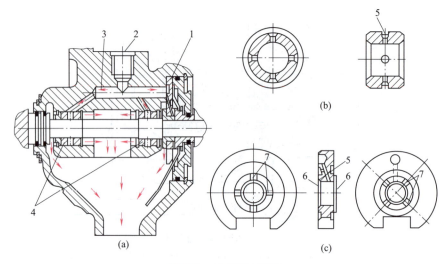

图9-8 中间体及其润滑
1—推力轴承；2—润滑油入口；3—润滑油道；4—浮动轴承；5—进油孔；6—止推面；7—布油槽

r/min 的速度高速旋转。增压器轴承常采用浮动轴承,浮动轴承实际上是套在轴上的圆环。圆环与轴以及圆环与轴承座之间都有间隙,形成双层油膜。圆环浮在轴与轴承座之间。一般内层间隙为 0.05mm 左右,外层间隙约为 0.1mm。轴承壁厚约为 3~4.5mm,用锡铅青铜合金制造,轴承表面镀一层厚度约为 0.005~0.008mm 的铅锡合金或金属铟。在增压器工作时,轴承在轴与轴承座中间转动。

增压器轴与增压器轴承是车用涡轮增压器可靠性的关键部位,要保证良好的润滑与冷却。

来自发动机润滑系统主油道的机油,经增压器中间体上的机油入口进入增压器,润滑和冷却增压器轴和轴承。然后经中间体上的机油出口返回发动机油底壳。在增压器轴上装有油封,用来防止机油窜入压气机或涡轮机蜗壳内。如油封损坏,将导致机油消耗量增加和排气冒蓝烟。

由于汽油机增压器的热负荷大,因此在增压器中间体的涡轮机侧设置冷却水套,并用软管与发动机的冷却系统连通。冷却液从中间体上的冷却液进口流入冷却水套,从冷却液出口流回发动机冷却系统。冷却液在中间体的冷却水套中循环,对增压器轴及增压器轴承进行冷却。

9.3.3 增压系统的控制与分类

9.3.3.1 增压压力的控制

(1) 机械式控制机构 采用涡轮增压技术后,由于平均有效压力的增加,汽油机爆震倾向增大,热负荷偏高;同时,为了保证发动机在不同转速及负荷等工况下都能得到最佳增压度,对涡轮增压系统增压压力必须进行控制。

通常在增压系统中设有进气旁通阀或排气旁通阀。排气旁通阀及其控制装置在增压器上的安装位置如图 9-9 所示。其工作原理是当压气机出口压力(增压压力)低于限定值时,膜片式控制阀 1 的膜片在膜片弹簧的作用下,带动连动杆 2 使排气旁通阀保持关闭状态。当增压压力超过限定值时,增压压力克服膜片弹簧力,推动膜片并带动连动杆将旁通阀打开,使部分排气不经过涡轮机直接排放到大气中,从而达到控制增压压力及涡轮转速的目的。进气旁通阀的工作原理与排气旁通阀类似。

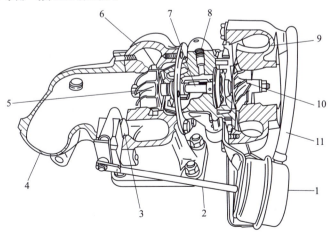

图 9-9 排气旁通阀

1—膜片式控制阀;2—连动杆;3—排气旁通阀;4—排气管;5—涡轮机叶轮;6—涡轮机蜗壳;
7—增压器轴;8—中间体;9—压气机蜗壳;10—压气机叶轮;11—连通管

（2）电子式控制机构　现代电控汽油机中，排气旁通阀通常由发动机电脑控制。图9-10所示为带有废气涡轮增压的发动机电子控制系统。在发动机电脑存储器中，存储着发动机增压压力特性图的有关数据。在发动机工作时，发动机控制模块根据增压压力等传感器输入的信息，确定当时的实际进气增压压力，并与理论压力值进行比较。若实际增压压力值与理论压力值不符合，发动机电脑就输出控制信号，通过对增压压力电磁阀6进行控制，改变膜片式控制阀7上的压力，使旁通阀5动作，改变实际增压压力。即当实际进气压力低于理论值时，旁通阀关闭；当进气压力高于理论值时，旁通阀打开。

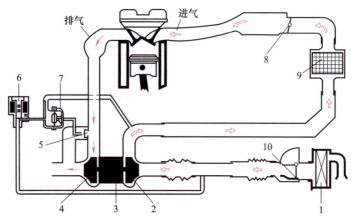

图9-10　发动机电脑控制增压压力系统原理

1—空气滤清器；2—压气机；3—涡轮增压器；4—涡轮机；5—旁通阀；6—增压压力电磁阀；
7—膜片式控制阀；8—节气门；9—冷却器；10—空气流量计

可变截面增压控制

在实际应用中，一般采用调节点火正时和调节增压压力相结合的办法来获得更好的控制效果。因为仅通过降低增压压力的办法，会引起发动机性能降低；而采用涡轮增压后，发动机排气温度较高，所以也不宜只通过调节点火正时的办法来控制爆震，否则由于温度增高，对高温排气驱动的涡轮有不利影响。因此，两种方法并用，通常是当发动机电脑根据传感器输入的信号鉴别出发生爆震时，随即推迟点火提前角，同时平行地降低增压压力。在这两方面调节生效（爆震消失）时，仍将增压压力逐渐降低，再通过点火正时调节装置将点火提前角调节至最佳值，以便保持发动机获得更大转矩。当点火提前角到达最佳值时，再逐渐增加增压压力。

（3）可变几何截面增压器　为了达到根据发动机的转速和负荷来控制增压压力的目的，涡轮机喷嘴流通截面采用可变截面。如图9-11所示，在涡轮转子周围增加了能调整角度的

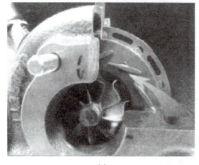
(a)

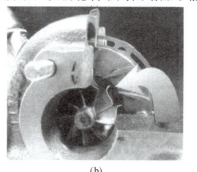
(b)

图9-11　可变几何截面增压器

导流叶片，导流叶片的角度通过液压或者电磁来控制调整，集成于发动机电脑中的电子控制元件以及电动调节机构控制叶片的开启角度。发动机低速运转时，叶片开度减小，通流面积减小，气流流速较快，能充分利用废气的能量，气流以较高的能量冲击涡轮，快速推动涡轮高速旋转起来；在大负荷、高转速的情况下，叶片全开或者开度较大，通流面积增大，保证发动机获得所需要的空气和动力，满足发动机不同转速下的增压需要，使其兼备小涡轮增压器的低延迟性和大涡轮增压器高效率的特性。

9.3.3.2 增压中冷

由于进气增压，空气温度必然升高，若不对增压空气进行冷却，则实际进气充量减少，影响增压效果。因此在废气涡轮增压系统中，一般都带有冷却器 9（图 9-10），也称中冷器，对进气进行冷却，以提高充气效率，同时降低发动机的热负荷和排气温度。

试验证明，增压空气温度每降低 10℃，它的密度就增大 3%，当空气、燃油消耗率都保持不变时，发动机的功率一般能够提高 3%，而发动机工作效率也会随着增压空气温度的下降而上升，进气温度下降 10℃，发动机工作效率会相应提高约 0.5%。柴油机增压采用中冷器后，空气温度可以下降 40~50℃，功率提高 10%~18%，发动机经济性得到改善。

9.3.3.3 两级涡轮增压

图 9-12 所示为 BMW3.0 柴油机上采用的两级废气涡轮增压原理示意。

在增压系统的进气侧，发动机的进气空气进入大增压器 5 的压气机入口处，其出口有一节增压器连接管接至小增压器 6 的压气机。增压空气再经过增压空气管和中冷器进入发动机进气总管。通过增压器连接管和增压空气管之间的旁通阀 7 可以绕过小增压器的压气机，该旁通阀由一个二位（开/关）阀门控制通断。

在排气侧，发动机的废气经过排气歧管，首先流入小增压器 6 的涡轮，然后再经过涡轮连接管进入大增压器 5 的涡轮。大涡轮的出口与发动机排气总管相连。借助于一个无级可调的旁通阀 3，可以根据发动机万有特性曲线的需要，使一部分废气绕过小增压器的涡轮，直至旁通阀全开，使大部分废气直接流入大增压器的涡轮。大涡轮上也装备一个放气阀 4，它为增压器最大质量流量范围进一步提供调节的自由空间。

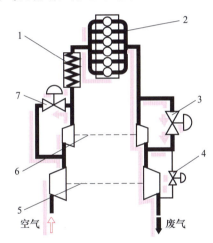

图 9-12 两级废气涡轮增压原理示意
1—中冷器；2—柴油机；3—涡轮机旁通阀（无级）；
4—废气放气阀（无级）；5—大涡轮增压器；
6—小涡轮增压器；7—压气机旁通阀

吸入的新鲜空气流经大压气机，再根据转速和负荷的不同决定是否经过小压气机。然后，增压空气经过中冷器冷却后再进入发动机燃烧室。在废气侧，在发动机低转速工况时，废气为了尽快建立起瞬时急需的增压压力和获得良好的动态响应特性，直接进入小增压器的涡轮；在发动机高转速工况时，为了获得最大功率，废气直接进入大增压器的涡轮。为了调节大增压器的增压压力，使用大涡轮壳中的放气阀。在发动机低转速情况下，大增压器作为小增压器的前置压气机使用，两个压气机串联有助于增压压力的建立。在中等转速和负荷范围内，废气质量流量根据工作点的不同分配给两个涡轮。系统的所有调节机构都是由发动机电控单元借助真空膜盒（执行器）气动操纵的。压气机侧的压气机旁通阀在两个调节位置（开/关）上转换，而废气侧的涡轮旁通阀和废气放气阀是用增压压力作为参考变量来调节的。两级增压达到了增加发动机最大功率和低速加速瞬时响应的双重效果。

9.3.3.4 复合增压系统

图 9-13 所示为大众 1.4TSI 发动机复合增压系统原理示意,机械增压器 3 和涡轮增压器 10 在进气道中是被串联在一起的。空气从空气滤清器进入到进气管以后,首先要经过机械增压器,然后通过进气管的引导再经过涡轮增压器,最后进入到进气歧管当中去。当发动机处于急速工况时(通过节气门开度传感器测得),机械增压器的电磁离合器分离,发动机与机械增压器之间动力断开(增压器不消耗发动机功率),而且机械增压器附近的进气旁通阀 4 打开,空气不经机械增压器而从旁通阀直接吸入,再经涡轮增压器的进气旁通阀直接被吸入气缸。即在急速工况时,涡轮增压器和机械增压器都不工作,相当于一台自然吸气式发动机。在小于 1500r/min 时的高负荷区域,机械增压器起作用,在发动机转速为 1500r/min 时,涡轮增压器和机械增压器同时工作,稳态全负荷最大增压比达到 2.5 左右。只有在发动机转速不超过 2400r/min 的高负荷区才需要用机械增压器,以发挥机械增压

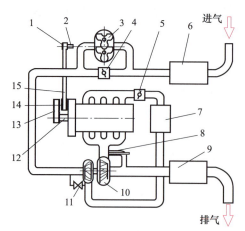

图 9-13 复合增压系统原理示意

1—电磁离合器;2—机械增压器传动轴;3—机械增压器;4—进气旁通阀;5—节气门;6—空气滤清器;7—中冷器;8—排气旁通阀;9—消声器;10—涡轮增压器;11—进气旁通阀;12—曲轴;13—V 带;14—从动轮;15—增压器传动带

高转矩的特点。由于按照所选择的变速挡位动态运行时,涡轮增压器达到规定增压压力的时间会滞后,所以机械增压器要动态地保持一段较长的工作时间,最迟至发动机转速达到 3500r/min 时机械增压器就要退出工作。这时,涡轮增压器在任何情况下,包括从拖动到全负荷动态的过渡过程,能单独提供所要求的增压压力。通过合理组合,提高了发动机的动力性和经济性,图 9-14 所示为增压器工作区域。

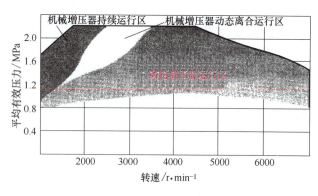

图 9-14 不同增压器工作区域

9.3.4 涡轮增压发动机的使用和维护

涡轮增压器是利用发动机排出的废气驱动涡轮,处于高速、高温下工作,废气涡轮端的温度在 800℃ 以上,增压器的转速也非常高,因此为了保证增压器的正常工作,对它的正确

使用与维护十分重要。

① 汽车发动机启动之后，不能急踩加速踏板，应先怠速运转3min，使机油温度升高，流动性能变好，从而使涡轮增压器得到充分润滑，然后再提高发动机转速，起步行驶。这点在冬天显得尤为重要，至少需要热车5min以上。

② 发动机长时间高速运转后，不能立即熄火。发动机工作时，有一部分机油供给涡轮增压器转子轴承润滑和用于冷却，如果突然停机，机油压力迅速下降为零，机油润滑会中断，涡轮增压器内部的热量也无法被机油带走，这时增压器涡轮部分的高温会传到中间轴，轴承支承壳内的热量不能迅速带走，而同时增压器转子仍在惯性作用下高速旋转，会造成涡轮增压器转轴与轴套之间"咬死"而损坏轴承和轴。此外，发动机突然熄火后，排气歧管的温度很高，其热量就会被吸收到涡轮增压器壳体上，将停留在增压器内部的机油变成积炭。累积的积炭会阻塞进油口，导致轴套缺油，加速涡轮转轴与轴套之间的磨损。因此，发动机熄火前应怠速运转3min左右。另外，涡轮增压发动机同样不宜长时间怠速运转，一般应该保持在10min之内。

③ 选择合适的机油。增压使进入燃烧室的空气质量与体积有大幅度提高，发动机的工作强度更高，机械加工精度和装配技术要求更严格。所有这些都决定了涡轮增压发动机的高温、高转速、大功率、大转矩、低排放的工作特点，同时也就决定了发动机的内部零部件要承受较高的温度及更大的负荷。在选用涡轮增压汽车机油时，使用的机油必须抗磨性好、耐高温、油膜建立快、强度高和稳定性好。合成机油或半合成机油较好地满足了这一要求，所以机油除了最好使用原厂规定机油外还可以选用合成机油、半合成机油等高品质润滑油。

④ 发动机机油和滤清器必须保持清洁，防止杂质进入。涡轮增压器的转轴与轴套之间配合间隙很小，如果机油润滑能力下降，会造成涡轮增压器的过早损坏。

⑤ 按时清洁空气滤清器。防止灰尘等杂质进入高速旋转的压气叶轮，造成转速不稳或轴套和密封件加剧磨损。

⑥ 经常检查涡轮增压器的密封环是否密封。密封环密封失效，废气会通过密封环进入发动机润滑系统，造成机油变质，并使曲轴箱压力迅速升高。此外，发动机低速运转时机油也会通过密封环从排气管排出或进入燃烧室燃烧，造成烧机油现象。

⑦ 经常检查涡轮增压器有没有异响或者不寻常的振动，润滑油管和接头是否有渗漏。

⑧ 涡轮增压器转子轴承精密度很高，维修及安装时的工作环境要求很严格，装配前转子需要动平衡校验，因此当增压器出现故障或损坏时应到指定的维修站进行维修。

单 元 练 习

一、选择题

1. 发动机采用增压后易出现（　　）。
 A. 机械负荷下降和热负荷上升　　　　B. 机械负荷上升和热负荷下降
 C. 机械负荷和热负荷均下降　　　　　D. 机械负荷和热负荷均上升

2. 在涡轮增压器中，空气经过离心式压气机的工作轮到扩压器后其参数变化特性为（　　）。
 A. 压力升高，温度降低，速度降低　　B. 压力升高，温度升高，速度降低
 C. 压力降低，温度升高，速度升高　　D. 压力降低，温度降低，速度升高

3. 径流式涡轮机的进气涡壳截面是（　　）。

A. 逐渐收敛　　　　　B. 逐渐扩大　　　　　C. 不变　　　　　D. 视情况而定

4. 通常带有复合增压系统的发动机怠速时，增压器的工作情况是（　　）。

A. 机械增压器工作，涡轮增压器不工作　　B. 机械增压器不工作，涡轮增压器工作

C. 两个增压器均工作　　　　　　　　　　D. 两个增压器均不工作

5. 目前应用最广的增压方式是（　　）。

A. 涡轮增压　　　　　B. 机械增压　　　　　C. 气波增压　　　　　D. 谐波增压

二、判断题

1. 增压系统安装中冷器的作用是为了进一步提高增压压力。（　　）
2. 机械增压发动机比涡轮增压发动机经济性更好。（　　）
3. 涡轮增压系统比机械增压系统更具备良好的加速性能。（　　）
4. 涡轮增压器的润滑油来自发动机油底壳。（　　）
5. 工作时，涡轮增压器转子转速通常在 10000r/min 以下。（　　）

三、简答题

1. 什么是发动机增压？分析发动机需要采用增压的原因。
2. 说明离心式压气机的基本结构及其工作原理。
3. 分析两级涡轮增压有什么优势。
4. 分析复合增压系统两种增压器的工作情况，并说明原因。
5. 涡轮增压发动机保养与普通发动机有什么不同？

单元十
发动机装配调整与试验

 学习目标

1. 能够编制发动机装配的工艺流程
2. 能对大修后的发动机进行技术验收
3. 掌握汽车大修技术与验收标准
4. 熟悉发动机特性曲线及试验方法
5. 培养职业自信心

10.1 发动机装配与磨合

10.1.1 发动机维修要求

国产汽车发动机大修技术标准规定：承修单位对大修竣工的发动机应给予质量保证。质量保证期自出厂之日起，不少于3个月或行驶里程不少于10000km。在客户严格执行走合期的规定，合理使用、正常保养的情况下，质量保证期内的修理质量问题，承修单位应负责保修。因此，发动机大修后的装配与调试显得极为重要。

发动机修理过程的总成装配与发动机制造时不同，因为修理过程中进入总成装配的零件有三类：具有允许磨损量的旧零件；经修复合格的零件；换用的零件。这三类零件中，通常前两类零件尺寸公差比第三类新零件制造公差要大，为使配合副的配合特性达到装配技术条件的要求，在组装时必须按装配技术条件的要求对配合件进行选配，包括按尺寸进行选配和按质量进行选配（如活塞和缸套的选配；曲轴轴承和曲轴轴颈的选配等）。维修中，发动机装配质量的好坏直接影响修复后的发动机性能。

按装配技术要求完成装配后的发动机还需经过磨合、调试和竣工验收，这样才能保证为汽车提供高质量符合技术标准要求的发动机。发动机总装及磨合后还要进行相关性能试验，以确定包括动力性、经济性和排放特性等是否满足技术性能要求。

10.1.2 发动机的装配

把零件（新件、修复件、符合技术要求的旧件）和总成按照一定的工艺顺序和原则而安装成为完整的发动机，称为发动机的总装。装配质量的好坏直接影响发动机的技术和使用性能。

10.1.2.1 发动机装配前的准备

① 装配前，所有零部件和总成均应经过检验或试验，确保质量合格。
② 装配前，所有零部件、总成、润滑油路以及工具、工作台等应彻底清洗，并用压缩

空气吹干,工作场地保持清洁。

③ 装配前,检查全部螺栓螺母,不符合要求的应更换;在大修时,气缸垫、衬垫、开口销、锁片、垫圈等应全部更换。

④ 不可互换的零部件,如各缸活塞连杆组、轴承盖、气门等,应按相应位置和方向摆放整齐,以免错装。

10.1.2.2 装配顺序与调整

发动机装配顺序随结构的不同而有所变化,但基本工艺过程大同小异。下面就以丰田3S-FE汽油机为例加以说明。

① 曲轴与飞轮的装配。

a. 将气缸体侧置在安装工作台上,将各道曲轴主轴承上片放入缸体的轴承座内,并涂上清洁机油,注意各轴瓦、轴承盖应对号入座,不得错乱;止推片带储油槽的减摩合金面朝向曲柄臂。

b. 将曲轴飞轮组件平稳地轻轻放入已放好主轴承上片的轴承内,然后将带有下片主轴承的主轴承盖对号装在各自的轴承座上。

c. 按规定扭矩均匀地从中间轴承座向两端分3～4次拧紧主轴承螺栓,最后一次拧紧力矩为60N·m。在拧紧过程中,应注意检查各道主轴承间隙,具体方法是:每上紧一道主轴承,转动曲轴几周,检查有无阻滞现象。全部主轴承拧紧后,检查曲轴转动的阻力矩。

d. 安装飞轮。为了不破坏曲轴的平衡,飞轮与曲轴之间有严格的位置关系。安装飞轮时,应注意辨认安装记号、定位销或螺栓孔的不等距分布等。

② 机油泵总成的装配。将曲轴前端油封涂上机油后装入机油泵的座孔中。注意油封的开口端应朝向需密封的一侧,装入时可用橡胶锤轻击其平面端。将机油泵连同衬垫一起装入曲轴前端,然后用螺栓紧固。

③ 活塞连杆组的装配。

a. 安装前的检查。

i. 活塞圆度的检查。活塞裙部为椭圆形,其短轴在活塞销方向上。活塞圆度的检验应在圆度检验仪上进行。圆度值为0.3～0.4mm。

ii. 活塞上止点位置的检查。为保证一定的压缩比,应检查活塞处于上止点时,活塞顶距气缸体上平面的距离。距离过小,有可能顶撞气门,且使压缩比增大,发动机工作粗暴;距离过大,压缩比下降,发动机功率下降。活塞上止点位置不符合要求,应查找出原因,排除故障后,方可继续装配。

iii. 活塞环的检查。用塞尺检查活塞环与环槽的侧隙,标准间隙为0.02～0.05mm,使用极限为0.15mm。把活塞环放入气缸,测量环的端隙,应在规定范围内。

b. 活塞销的安装。活塞销为全浮式,不能强行装入活塞销,需要时应将活塞用油加温至70～90℃,按正确的装配关系(连杆大头中部有凸台一面应与活塞顶上凹点标记在同一侧)将活塞和连杆上的活塞销孔对准,然后装入活塞销。

c. 活塞环的安装。安装时,应确定镀铬环、平环、锥形环、扭转环、油环等各种活塞环的环槽位置和方向。本发动机第一道环是矩形环,第二道环是锥形环,第三道是油环(组合环),要用活塞环拆装钳依次装好。气环的标记应朝向活塞顶,两道气环和两个油环刮片的切口位置应如图10-1所

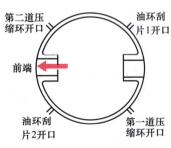

图10-1　活塞环开口方向

示。注意避开活塞销方向和最大侧压力方向。

d. 活塞连杆组的安装。

ⅰ. 在各摩擦表面涂以清洁的机油。

ⅱ. 确认活塞连杆组的顺序和安装方向后,摆好活塞环开口位置,用专用工具收紧活塞环,活塞顶方向标记朝向发动机前端,将活塞连杆组从上面装入气缸内。装入时,可用木榔头轻轻敲击活塞顶,并注意引导连杆大端靠向连杆轴颈。

ⅲ. 确认连杆轴承盖(瓦)的顺序和安装方向后,将其套在连杆轴颈上,按规定力矩交替拧紧连杆螺栓至40N·m。

④ 气缸盖的装配。

a. 将各气门插入相应的气门导管中,检查气门与气门座的密封性(可用汽油进行渗漏检查),不符合要求时,应进行手工研磨。

b. 取出各气门,装好气门弹簧下座,用专用工具将气门油封压装到气门导管上,再重新插入各气门,装好气门弹簧、上弹簧座及锁片(使用过的旧锁片不允许再用),并用塑料锤轻轻敲击数次,以确保锁片安装的可靠性。

c. 将气缸盖衬垫安装在缸体上,然后将气缸盖对准位置放在气缸盖衬垫上。

d. 在气缸盖螺栓的螺纹表面涂上一层干净的机油,然后拧入缸盖螺栓。

e. 螺栓分三次拧紧:第一次旋至开始用力;第二次40N·m;第三次转90°。螺栓拧紧顺序从中间向外。

⑤ 进、排气凸轮的装配。

a. 进气凸轮的装配。

ⅰ. 在进气凸轮轴的工作部分涂上润滑油。

ⅱ. 将进气凸轮轴放置在气缸盖凸轮轴轴承座内,使其1、3缸凸轮同时顶开进气门的量基本相同。

ⅲ. 将进气凸轮轴各轴承盖按装配标记放回原位。

ⅳ. 在轴承盖螺栓的螺纹表面涂上薄薄的一层机油,装上10个螺栓并按规定的顺序,分几步均匀地拧紧螺栓(拧紧力矩为20N·m)。

b. 排气凸轮的装配。

ⅰ. 在排气凸轮轴的工作部分涂上润滑油。对齐排气凸轮轴齿轮与进气凸轮轴齿轮上的正时标记(图10-2),使两齿轮啮合。

ⅱ. 顺时针或逆时针方向慢慢地转动进气凸轮轴,直到排气凸轮轴轴颈完全落入轴承座内,并使2号和4号气缸排气凸轮轴的凸轮同时顶开排气门的量基本相同。

ⅲ. 按照标号放上排气凸轮轴轴承盖。

ⅳ. 在轴承盖螺栓的螺纹表面涂上薄薄的一层机油,装上10个螺栓并按规定的顺序,分几步均匀地拧紧螺栓(拧紧力矩为20N·m)。

⑥ 安装水泵及管路、机油集滤器、油底壳及气缸盖罩。

⑦ 安装配气机构。配气相位正时是为了确保配气和点火(喷油)正时。一般在曲轴齿轮、凸轮轴齿轮、喷油泵齿轮及中间齿轮(或正时

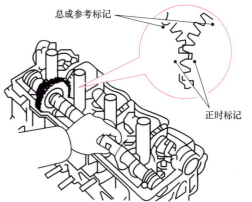

图10-2 凸轮轴齿轮正时标记的位置

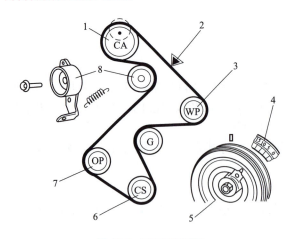

图 10-3 配气正时调整

1—进气凸轮轴正时带轮；2—正时带张紧度检测处；
3—水泵带轮；4—正时带罩；5—曲轴带轮；
6—曲轴正时带轮；7—机油泵带轮；8—中间带轮

带轮、正时皮带、中间轴惰轮）上刻有记号，装配时只需对好记号即可。

a. 按照图 10-3 所示，将齿形带套到曲轴、凸轮轴等齿形带轮上。移动中间带轮 8 张紧正时带，然后将中间带轮紧固。按图 12-3 所示的检测位置，压下皮带中部的下陷量不超过 5mm 为合格，否则再拧松中间带轮紧固螺栓进行调整至合格。

b. 使分火头指向分电器壳上的一缸标记，将分电器插入气缸盖安装孔中，扁平端插入凸轮轴的槽口，并固定好分电器压板。

c. 装好齿形带下护罩及曲轴前端的 V 带轮，并装好发电机、水泵及空调压缩机，套上发电机及压缩机 V 带。

⑧ 安装其他附件。将机油滤清器、汽油泵、进排气歧管、启动机及齿形带轮护罩等依次安装到发动机机体上。

10.1.2.3 发动机总成的装车

将发动机总成装到车上，并连接好各管路及线路。具体操作可按拆卸的相反顺序进行，并注意以下问题。

① 注意不要碰伤变速器输入轴。
② 发动机橡胶支承块的自锁螺母应换用新件。
③ 将发动机装入支架座上，旋紧紧固螺栓。
④ 调好离合器踏板自由行程及节气门拉索，安装好排气管。
⑤ 连接启动机接线时，导线不得碰到发动机。
⑥ 正确连接好进出水管，使用规定牌号的冷却液，加注完成后检查是否有渗漏。

10.1.3 发动机的磨合与验收

汽车的磨合目的是使零部件之间的摩擦表面承受载荷的能力得到调整提升。汽车磨合的优劣会对汽车寿命、安全性和经济性将产生重要影响。

总成修理的发动机使用的零件有新有旧，零件的技术状况相差较大，修理工艺装备和企业生产技术水平又存在着很大的差异，因此总成修理的发动机进行科学的磨合就更为必要。由于磨合期内机件配合间隙较小，油膜质量差，温升大，机油易氧化变质。加上较多的金属颗粒混入机油，使机油质量下降。同时，机件之间较大的摩擦阻力也使油耗增加。磨合期满应更换润滑油，进行全面调整、紧固，使车辆达到正常技术状态。

10.1.3.1 发动机磨合的意义

（1）形成适应工作条件的配合性质

① 扩大配合表面的实际接触面积　新零件和经过修理的零件，由于表面微观粗糙和各种误差，装配后配合副的实际接触面积仅为设计面积的 1/100～1/1000，配合表面上单位实际接触面积的载荷就会超过设计值的百倍乃至千倍。微观接触面积在高应力、高摩擦热作用下容易产生塑性变形和粘着磨损，引起咬粘等破坏性故障。因此，新零件在特定的磨合规范下运动，粗糙表面的微观凸点镶嵌其上并产生微观机械切削现象，使实际接触面积不断扩

大，在短期内形成适应正常工作条件的配合表面。

② 形成适应工作条件的表面粗糙度　每一种工作条件均有其相应的表面粗糙度，零件加工的表面粗糙度与实际工作条件的要求差距甚大。在磨合中才能形成适应工作条件的表面粗糙度。

③ 改善配合性质　由于磨合磨损形成了适应工作条件的实际接触面积和表面粗糙度以及配合间隙，不但显著地提高了零件综合抗磨损性能，也减少了其摩擦阻力与摩擦热，故障率降低，提高了大修发动机的可靠性与耐久性。

(2) 改善配合副的润滑效能　磨合使配合间隙增大到适应正常工作条件的配合间隙，改善了润滑油的泵送性能，增大了配合副间润滑油流量，不但改善了配合副油膜的承载能力，也有利于保持正常的工作温度和配合表面的清洁。

(3) 提高发动机的可靠性与耐久性　金属在低于或近于疲劳极限下，磨合一定的时间，实现"次负荷锻炼"，可以明显提高金属零件的抗磨损能力和抗疲劳破坏能力，从而提高机械的可靠性和耐久性。

发动机全部磨合过程由微观几何形状磨合期、宏观几何形状磨合期、适应最大载荷表面准备期三个时期组成。微观几何形状磨合期内（第一时期），微观粗糙表面因微观机械加工作用逐渐展平，表面金属被强化，显微硬度成倍地提高，产生剧烈的磨损，增大配合间隙，形成适应摩擦状态下的工作表面质量。宏观几何形状磨合期内（第二时期），零件表面形位误差部分地得以消除，磨损量逐渐减小，机械损失减弱。适应最大载荷表面准备期内（第三时期），零件磨损率和发动机动力性、经济性逐渐稳定，故障率降低，可靠性提高。后两个磨合时期发动机装限速片，在限速限载条件下的运行过程中完成，称为"汽车走合"。第一时期磨合则于出厂前在台架上完成，称为"发动机磨合"。

10.1.3.2　磨合规范

发动机磨合分冷磨合与热磨合两个阶段。冷磨合是由外部动力驱动总成或机构的磨合。而发动机自行运转的磨合则称为热磨合。其中发动机自行空运转的磨合则称为空载热磨合；加载自运转磨合称为有载热磨合。发动机的磨合质量在材料、结构、装配质量等条件已定的情况下，主要取决于磨合时期的转速、载荷、磨合时间、润滑油品质。因此，由磨合转速、载荷和磨合时间组成了发动机的磨合规范。

(1) 冷磨合规范

① 冷磨合转速　起始转速 $400 \sim 500 \text{r/min}$ $[(0.2 \sim 0.25)n_e]$，终止转速 $1200 \sim 1400 \text{r/min}$ $[(0.4 \sim 0.55)n_e]$。起始转速过低，由于曲轴溅油能力不足、机油泵输油压力过低，难以满足配合副很大摩擦阻力和摩擦热对润滑、冷却、清洁能力的需求，极易造成配合副破坏性损伤。起始转速也不能过高。

发动机磨合的关键是气缸与活塞环、活塞和曲轴与轴承等配合副的磨合。配合面上的载荷主要由活塞连杆组的往复惯性力和离心力形成。图 10-4 所示为某发动机在不同冷磨合转速下测得的连杆与轴承配合副的总压力变化曲线。低转速磨合后，再以高于 1200r/min 的转速进行磨合，对改善摩擦面的接触状态已无意义。

磨合转速应采取有级调速，通常为四级调速。有级过渡时，每一磨合转速下的磨合时间是根据该转速下的磨损率已趋于稳定确定的。因此，转速的提高与表面的承载能力是相适应的。而无级过渡时，转速变化导致的配合副单位压力的变化往往来不及与表面的磨合过程相适应，因此磨损量较高。发动机冷磨合时的磨损如图 10-5 所示。

② 冷磨合载荷　单靠活塞连杆组所产生的载荷显然不够，磨合效率低。实践证明，装

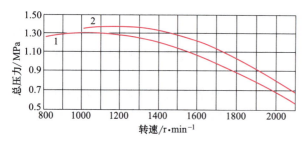

图 10-4 某发动机连杆轴颈与轴承配合副的
总压力和转速的关系
1—冷磨合；2—空载热磨合

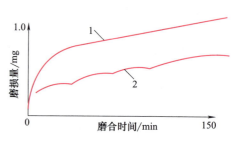

图 10-5 发动机冷磨合时的磨损
1—转速无级调速；2—转速有级调速

好气缸盖，堵死火花塞螺孔，借助气缸的压缩压力来增加冷磨合载荷是极为有益的。

③ 冷磨合的润滑　现行的润滑方式有自润滑、油浴式润滑和机外润滑。实践证明：机外润滑方式最佳，对提高磨合效率极为有利。机外润滑是指由专门的泵送系统，将专门配制的黏度较低、硫化极性添加剂含量高的专用发动机润滑油，以较大的流量送入发动机进行润滑的润滑方式，不但使摩擦表面松软，加速磨合过程，而且润滑、散热以及清洁能力很强，还可以提高磨合过程的可靠性。

④ 磨合时间　各级转速的冷磨合时间约 15min，共 60min。

（2）热磨合规范

① 无载热磨合　为有载热磨合做准备，其磨合原理与冷磨合类似，因此无载热磨合转速取 $(0.4\sim0.55)n_e$（n_e 为发动机额定转速）。

② 有载热磨合　起始转速为 $(0.4\sim0.5)n_e$，磨合终了转速一般取 $0.8n_e$，四级调速。起始加载取 $0.2P_e$（P_e 为发动机额定功率），磨合终了前载荷取 $0.8P_e$，采取四级加载方式，与四级调速相应组合。

磨合时间的确定，多以每级磨合中的转速变化或润滑油温度来判断。当每级负载不变时，随着磨合时间的延续、零件工作表面质量的改善、摩擦损失的减小，发动转速会有明显的升高，表明这一级磨合已达到了磨合要求，可以转入高一级的磨合。也可以用润滑油的温度变化评价每级磨合时间，在发动机冷却液温度保持恒定的条件下，摩擦阻力进入稳定阶段后，润滑油温度也从升温转入温度稳定状态，即可以转入高一级磨合。

实践证明，上述磨合规范的总磨合时间约 120～150min。

在热磨合过程中，必须进行发动机的检查调整，排除故障，使发动机符合大修竣工技术条件。磨合结束后清洗润滑系统，更换润滑油和滤清器滤芯，加装限速装置。

10.1.3.3　磨合试验设备

发动机的冷、热磨合一般在测试台架上进行。测试台架包括拖动设备、测功设备、油耗测取设备和相关控制设备。冷磨合时利用电动机作为拖动设备来带动发动机，热磨合时测功设备则可以对发动机进行加载，通常为水利测功机或电力测功机。

随着配件质量的提高，大修作业中手工加工量的减少，冷磨合在实际中的应用日趋减少。

10.1.3.4　发动机总成修理竣工技术条件

发动机总成修理竣工的一般技术要求如下。

① 装备齐全、按规定完成发动机的磨合，无漏油、漏水、漏气、漏电现象。

② 发动机在正常工作温度下，3～5s 时间内能启动。柴油机在 5℃ 环境下，汽油机在

−5℃环境下，启动顺利。

③ 发动机在正常温度下，在低速、中速、高速（原机最高转速的75%）运转稳定，加速性能良好，不得有回火和冒黑烟现象。运转中无异响。

④ 气缸压力、机油压力和排放限制符合规定。

⑤ 最大功率和最大转矩不低于原厂规定的90%。

⑥ 最低燃料消耗率不得高于原厂的规定。

⑦ 电子控制系统的设置应正确无误。自检警告灯应显示系统正常，或通过系统自诊断功能读取的故障码应为正常。

10.2 发动机特性与试验

10.2.1 发动机特性

发动机特性是发动机性能指标随调整情况和使用工况而变化的关系，通常用曲线表示，该曲线称为特性曲线。

发动机特性主要包括发动机调整特性和发动机使用特性：发动机调整特性是指发动机性能指标随调整情况而变化的规律，如汽油机点火提前角调整特性、柴油机供油提前角调整特性等；发动机使用特性是指发动机性能指标随使用工况而变化的规律，如速度特性、负荷特性、柴油机调速特性等。

10.2.2 试验条件

发动机性能试验涉及的主要性能指标有功率、转速、转矩、燃油消耗率等。

发动机试验的一般条件如下。

① 所用燃油及润滑油符合制造厂的规定。

② 测试仪器的精度及测量部位应符合规定要求。

③ 试验前发动机应按规定的磨合规范进行磨合。

④ 发动机冷却液出液温度为（80±5）℃，机油温度为（85±5）℃，柴油温度为（40±5）℃。

⑤ 排气背压按制造厂规定或低于3.5kPa。

⑥ 发动机可不带风扇，但需带其他附件。

⑦ 所有数据要在工况稳定后测量。转速、转矩及排气温度稳定1min后再进行各种参数的测量，且转速、转矩及燃料消耗量三者应同时测量。注意油耗测量时间应不少于30s。

10.2.3 速度特性及试验

发动机节气门位置（柴油机为油泵供油拉杆位置）不变时，其性能指标随转速的变化而变化的关系，称为发动机的速度特性。发动机沿速度特性工作时，相当于驾驶员将加速踏板位置保持一定，汽车行驶速度随道路阻力的变化而变化的情况。用图来表示速度特性时，一般横坐标表示发动机的转速，纵坐标（性能参数）主要是性能指标，如有效功率P_e、有效转矩T_e和有效燃料消耗率g_e等。由发动机台架试验测取一系列数据，绘制成速度特性曲线。节气门（或柴油机油泵供油拉杆）保持最大开度时，所测得的速度特性，称为发动机的外特性。通过分析发动机的速度特性，可找出发动机在不同转速情况下工作时，其动力性和经济性的变化规律，及对应于最大功率（P_{max}）、最大转矩（T_{max}）、最小燃料消耗率（g_{min}）时的转速，从而确定发动机工作时最有利的转速范围。

图 10-6 所示为奥迪 1.8 轿车四缸汽油机的外特性曲线。试验时节气门全开，在发动机工作转速范围内，顺序地调节负荷（由小到大或由大到小加），改变转速，进行测量。适当地分布八个以上测量点，绘制外特性曲线。

试验中主要测量进气状态、转速、转矩、燃油消耗量、排气烟度、噪声、排气温度、点火或喷油提前角及汽油机进气管真空度等。

通常在进行发动机速度特性试验时，仅测定发动机的外特性，分析评定所测发动机在全负荷下的动力性和经济性。

10.2.4　负荷特性及试验

发动机的负荷特性是指当发动机转速不变时，其经济性指标随负荷而变化的规律。发动机沿负荷特性工作时，相当于汽车以等速在不同阻力的道路上行驶时的情况。用图来表示负荷特性时，一般横坐标（负荷）表示发动机的有效功率 P_e，纵坐标（性能参数）主要是经济性指标，如每小时燃料消耗量 G_T、有效燃料消耗率 g_e 等。由发动机台架试验测取一系列数据，绘制成负荷特性曲线。通过分析发动机的负荷特性，可了解发动机在各种负荷情况下工作时的经济性以及最低燃料消耗率的负荷状态。

图 10-7 所示为 6135Q 型车用柴油机负荷特性曲线。试验时，发动机在 50%～80% 的额定转速下运行，从小负荷开始逐渐增大负荷，相应增大节气门开度直到全开。适当地分八个以上测量点，绘制负荷特性曲线。试验中主要测量进气状态、转速、转矩、燃油消耗量、汽油机进气管真空度等。

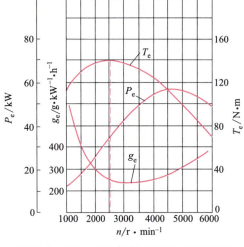

图 10-6　奥迪 1.8 轿车四缸汽油机外特性曲线

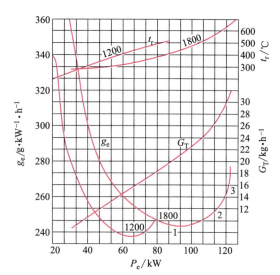

图 10-7　6135Q 型车用柴油机负荷特性曲线

10.2.5　万有特性及试验

负荷特性只能分析某一转速下发动机各性能参数随负荷的变化，而速度特性只能分析在某一油量调节机构位置下发动机的各性能参数随转速的变化。实际上发动机的转速、负荷均在很大范围内变化，要分析各工况下发动机的性能就需要许多张图形，很不方便，也不清晰。能在一张图上表示发动机各性能参数与转速、负荷之间的相互关系就称为万有特性，相应的曲线称为万有特性曲线。通常以转速作横坐标，转矩或平均有效压力为纵坐标。

万有特性曲线可以利用发动机各种转速下的负荷特性曲线来转换作图，通常每隔 200r/min，作出一条负荷特性曲线（纵坐标为转矩），然后将多条负荷特性曲线合成为一张万有特性曲线。图 10-8 所示为奔驰 OM668 柴油机万有特性曲线，

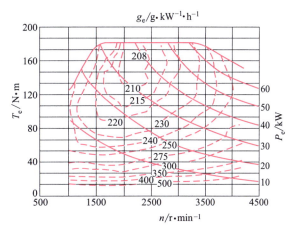

图 10-8　奔驰 OM668 柴油机万有特性曲线

虚线为等油耗线，实线为等功率线；最内层的等油耗曲线耗油率最低，为最经济区，越往外层，经济性越差；若等油耗线呈横向拉长，说明发动机在转速变化较大情况下工作，燃料消耗率变化小，较经济；若等油耗线呈纵向拉长，说明发动机在负荷变化较大情况下工作，燃料消耗率变化小，较经济。不同用途的发动机对万有特性曲线有不同的要求。对于车用发动机，希望最经济区最好在万有特性的中间位置，使常用转速和负荷落在最经济区域内，并希望等油耗线沿横坐标方向长一些。

10.2.6　柴油机调速特性及试验

调速特性是指柴油机喷油泵调速手柄位置一定时，柴油机性能参数（转矩、功率、转速、燃油消耗率等）随负荷而变化的规律，对应的曲线称为调速特性曲线，它被用来评价柴油机带调速器以后的实际工作性能指标，还可以用来评价调速器的工作性能。

调速特性与全负荷速度特性图有密切联系，两者通常画在一张图上。图 10-9 所示为横坐标是功率的调速特性和速度特性曲线。根据分析需要，调速特性曲线也可以采用转速和转矩为横坐标。

从标定转速（曲线拐点）到最高空转转速这一段的曲线，为调速特性曲线，发动机负荷变化很大，但转速变化很小，这是柴油机喷油泵调速器起调速作用的结果，随着负荷增大，自动增加供油量，以维持转速基本稳定，所以该段是调速器的调速区段，也有称特殊的负荷特性段，因为它很类似于发动机的负荷特性，只是发动机转速略有变化。可以从这一段曲线进行经济性分析及调速器工作性能（如稳定调速率等）分析。

从标定工况到最大转矩点的曲线段，随着外界负荷增加，喷油泵调速器依靠校正功能而变动供油拉杆，少量增加供油量，

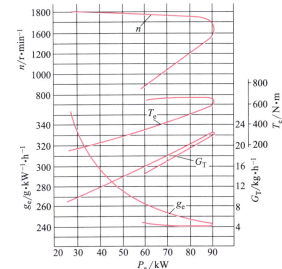

图 10-9　柴油机调速特性曲线

以满足发动机短时间超负荷的需要,当发动机转矩达到最大,如再增加外界负荷,喷油泵供油拉杆已经无法再移动增加供油量,随负荷的增加发动机转速急剧下降,功率、转矩下降,耗油率增大,此段曲线为发动机速度特性曲线。

从调速特性曲线上可以方便地找到标定工况和任一工况下的转速、功率、转矩、燃油消耗率等各种动力、经济性能指标之间的相互关系,用以比较不同柴油机的性能优劣,从而指导正确使用和维修柴油机;还可以计算柴油机的转矩储备,以判定发动机的短时超负荷能力;计算出稳定调速率,以判断调速器的工作性能。

试验方法基本与速度特性类似,只是在标定点时转矩由逐渐增加改为逐渐减小,测取相关参数变化。

单 元 练 习

一、选择题

1. 装配活塞时,两道气环开口之间的角度应该相差(   )。
   A. 180°　　　　B. 30°　　　　C. 60°　　　　D. 90°
2. 发动机试验用常规仪器、设备的检定截止有效期通常为(   )。
   A. 半年　　　　B. 一个月　　　C. 一年　　　　D. 两年
3. 发动机磨合的主要目的是(   )。
   A. 摩擦副表面光滑　　　　　　B. 使发动机的摩擦损失最小并提高其耐久性
   C. 避免发动机拉缸　　　　　　D. 提高气缸表面硬度
4. 油门固定不变时,其发动机性能指标随转速的变化而变化的关系,称为发动机的(   )。
   A. 万有特性　　B. 负荷特性　　C. 速度特性　　D. 调速特性
5. 气缸磨损,当圆度达到什么数值时发动机进行大修(   )。
   A. 0.050～0.063mm　　　　　B. 0.063～0.0750mm
   C. 0.175～0.250mm　　　　　D. 0.250～0.300mm

二、判断题

1. 发动机的有效功率可以在台架上利用测功机直接测量出来。
2. 发动机磨合时间的长短取决于发动机的装配制造水平。
3. 汽油机的最大扭矩与标定工况的扭矩之差越大,则汽车在不需要换用低挡的情况下,克服阻力的潜力越大。
4. 汽车以某一固定挡位在行驶阻力多变的道路上行驶,若保持汽车行驶速度不变,此时发动机按负荷特性工作;若油门踏板位置保持不变,则发动机按速度特性工作。
5. 气缸磨损,圆柱度达到0.175～0.250mm时,应进行大修。

三、问答题

1. 修理竣工的发动机为什么必须经过磨合才能投入正常使用?
2. 列举发动机装配前的准备工作。
3. 某发动机在4000r/min、160N·m工况下运转,其功率为多少?
4. 查阅一种发动机的万有特性曲线,并进行分析。
5. 发动机大修验收项目有哪些?

参 考 文 献

［1］ 谭本忠. 汽车发动机构造与维修图解教程［M］. 北京：机械工业出版社，2008.
［2］ 王海林，蔡兴旺. 汽车构造与原理（上册　发动机）［M］. 3版. 北京：机械工业出版社，2013.
［3］ 陈文华. 汽车发动机构造与维修［M］. 北京：北京航空航天大学出版社，2007.
［4］ 郑伟光. 汽车发动机构造与维修［M］. 北京：机械工业出版社，2003.
［5］ 子川. 发动机维修学［M］. 合肥：中国科学技术大学出版社，2005.
［6］ 郭新华. 汽车构造［M］. 2版. 北京：高等教育出版社，2008.
［7］ 邓东密，邓杰. 柴油机喷油系统［M］. 北京：机械工业出版社，1996.
［8］ 蒋德明. 高等内燃机原理［M］. 西安：西安交通大学出版社，2002.
［9］ 邹广德等. 汽车构型发展［M］. 北京：机械工业出版社，2008.
［10］ 杨庆彪. 电控柴油发动机结构原理与维修［M］. 北京：中国劳动社会保障出版社，2010.
［11］ 栾琪文. 上海通用别克车系发动机维修精华［M］. 沈阳：辽宁科学技术出版社，2012.
［12］ 刘越琪. 发动机电控技术［M］. 北京：机械工业出版社，2005.
［13］ 陈家瑞. 汽车构造（上册　发动机）［M］. 5版. 北京：人民交通出版社2006.
［14］ 宋进桂. 进口丰田汽车结构图解与维修规范［M］. 北京：机械工业出版社，2002.
［15］ 张德友，多晓丽. 汽车发动机构造与维修［M］. 哈尔滨：哈尔滨地图出版社2005.
［16］ 吴克刚，曹建明. 发动机测试技术［M］. 北京：人民交通出版社，2002.
［17］ ［德］Krebs R等. 采用汽油直接喷射和复合增压的Volkswagen新型汽油机. 国外内燃机［J］2007，（4）.
［18］ 胡光辉. 汽车电器设备构造与检修［M］. 2版. 北京：机械工业出版社2011.
［19］ 董正身. 汽车检测与维修［M］. 北京：机械工业出版社，2006.
［20］ 李春明. 汽车发动机电控燃油喷射技术［M］. 北京：国防工业出版社2009.
［21］ 张西振. 汽车发动机电控技术［M］. 2版. 北京：机械工业出版社2009.
［22］ 王秀红，田有为. 汽车发动机电控技术［M］. 大连：大连理工大学出版社2007.